雲笈七籤
（五）

〔宋〕張君房 編
李永晟 點校

荊楚文庫編纂出版委員會
湖北人民出版社

雲笈七籤卷之一百

紀

真宗皇帝御製先天紀叙

蓋聞幽通造化，是謂神功；胥泪範圍，斯云聖迹。若乃六合無外，億世相因，仰之若日星，遵之若繩墨。上賓之御，默贊於高旻；長發之祥，隆興於丕緒。故當遹追盛烈，昭示羣倫，廣五典之闕疑，爲六經之首冠者也。思文聖祖，肇初生民，時屬洪荒，政方朴略。儲精曾宙，下撫於八紘；應運中央，茂宣於三統。先覺以化庶彙，總已以御衆靈。涿鹿觀兵，濟人而定難；梁峯紀號，奉天而告成。順拜峒山，所以尊乎沖妙；輕舉冶谷，所以登乎紫清。俗畏其神，民習其教。九國承於世祀，三代繼於大宗。宜乎竹帛之文，紀丕功而罔盡；車書之域，仰遺迹而咸周。豈止唐堯之協和萬邦，姬文之本支百世，庖犧之始畫八卦，高辛之正是五行者哉！顧以眇躬，紹兹寶曆。元符之降，實荷於鴻仁；真馭之臨，獲聞於諄誨。知開先之有自，懷積累之無疆。由是寶綏以奉徽稱，棟宇以新原廟。夙夜之意，靡捨於歸尊；卿士之心，彌思乎順美。樞密使檢校太尉同平章事王欽若，樞機協贊，文史博通。仰錫羨於元都，徇追崇於涼德。覃精紬素，盡銓魯壁之編；率勵鉛黃，感正晉河之誤。以至琅函瓊蘊，竹簡芸籤，遠訪名山，近觀藏室，羣分類聚，索隱造微。纘集成書，蓋無乎遺論；封章來上，尤見乎資忠。庶諧永世之期，求乃冠篇之作。慶基紹祚，思祖德之垂鴻；惇史揚輝，表孫謀之繼志。雖有慗於麗薄，蓋聊敘乎徽音。式製佳名，用標紺袠，題曰"先天紀"。冀夫恢隆世表，丕顯天宗。龍門補藝之言，常傳[1]其實錄；闕里升堂之士，莫得而措辭云爾！

軒轅本紀

軒轅黃帝姓公孫，自周制五等諸侯後，乃有公孫姓。軒轅爲黃帝，長於姬水，合以姬爲姓，不知古史何據也？有熊國君少典之次子也。伏羲生少典，少典生神農及黃帝，襲帝位，居有熊之封焉。其母西喬氏女，名附寶，瞑見大電光繞北斗樞星照于郊野，附寶感之而有娠，以樞星降，又名曰天樞，懷之二十四月，生軒轅於壽丘。地名，在魯東門之外。帝生而神靈，幼而徇齊，疾而速也。弱而能言，長而敦敏，成而聰明。龍顏日角，河目[2]隆顙，蒼色大肩，始學於大項，長於姬水。帝年十五，心慮無所不通，乃受國於有熊，襲封君之地。在鄭州新鄭縣。以制作軒冕，乃號軒轅，以土德王曰黃帝。得奢龍辨乎東方，解在下文。得祝融辨乎南方，心星以火，火在正南大明也。融，光明也，主火之官號祝融，南字從南從午。南，求也，求正對爲明爲暗。則南爲陽，北爲陰也。得火封辨乎西方，酉之半也，雞之鳴[3]旦，則望東而身居西也。酉，雞也，以小[4]入時名之，酉半爲西也。得后土辨乎北方。北，陰也，背也，故曰北。四方之名也。東者，動也，日出萬物乃動也。東字從日穿木，以日出望之，如穿扶桑之林木也。日所出在扶桑東數十萬里。帝娶西陵氏於大梁，曰嫘祖，爲元妃。生二子玄囂、昌意。初喜天下之戴己也，養正娛命，自取安而順之，爲鴻黃之代，以一民也[5]。時人未使而自化，未賞而民勸，其心愉而不偽，其事素而不飾，謂之太清之始也。耕者不侵畔，漁者不爭岸，抵市不預價，市不閉鄽，商旅之人相讓以財，外戶不閉，是謂大同。

帝理[6]天下十五年之後，憂念黎庶之不理，竭聰明，進智力，以營百姓，具修德也，考其功德而務其法教。時元妃西陵氏始養蠶爲絲，今《禮記》，皇后祭先蠶西陵氏。葛稚川《西京記》曰："宮內有先蠶壇。"乃有天老五聖以佐理化。帝取伏犧氏之卦象法而用之，據神農所重六十四卦之義，帝乃作八卦之説，謂之《八索》，求其重卦之義也。時有臣曹胡造衣，臣伯余造裳，臣於則造履，帝因之作冠冕，冠者則服之又名，冕者則冠中之別名，以其後高前下，有俛仰之形，因曰冠冕也[7]。始代毛革之弊，所謂黄帝垂衣裳而天下理也。帝因以別尊卑，令男女異處而居，取法乾坤天尊地卑之義。帝見浮葉方爲舟，即有共鼓化狄三臣助作舟檝[8]，所謂"刳木爲舟，剡木爲檝"也。以取諸《渙》，渙，散也，物大通也，所以濟不通也。帝又觀轉蓬之象以作車。時有神馬出生澤中，因名澤馬。一曰吉光，又曰吉良，出大封國[9]，亳州[10]東，古國也。文馬縞身朱鬣，乘之壽千歲，以聖人爲政應而出。今飛龍司有吉良廄，因此也。薛綜曰："與騰黄一也。"[11]所出之國各別。葛稚川曰："騰黄之馬，吉光之獸。"則獸馬各異。今據吉光即馬，騰黄即獸，稚川之説又別。又有騰黄神獸，其色黄，狀如狐，背上有兩角龍翼，一本云，龍翼而馬身，一名乘黄，一名飛黄，或曰古黄，又曰翠黄，出日本國，壽三千歲[12]。日行萬里，乘此令人壽二千歲[13]。出日本國，壽二千歲。《六典》曰，宋齊梁陳皆有車府乘黄之官，今太僕寺有乘黄署，即其事。黄帝得而乘之，遂周遊[14]六合，所謂乘八翼之龍遊天下也。故遷徙往來無常。帝始教人乘馬，有臣胲作服牛以用之。《世本》云，所謂服牛乘馬，引重致遠，以取諸《隨》，得隨所宜也。有臣黄雍父始作舂[15]，所謂斷木爲杵，掘地爲臼，以濟萬人，取諸《小過》也。小過者，過而通也。帝作竈以著經，始令鑄釜造甑，乃蒸飯而烹粥，以易茹毛飲血之弊。有臣揮始作弓，臣夷牟作矢，所謂"弦木爲弧，剡木爲矢"也。《史記》云，黄帝爲之也。弧矢之利，以威天下，取諸《睽》。睽，乖也，制不順也。帝始作屋築宫室，以避寒暑燥濕，謂之宫室，言處於中也[16]。所謂上棟下宇，以待風雨，取諸《大壯》。大者，壯也。帝又令築城邑以居之，始改巢居穴處之弊。又重門擊柝，以待暴客，以取諸《豫》，備不虞也。又易古之衣薪，葬以棺槨，以取諸《大過》也。帝服齋於中宫，於洛水上坐玄扈石室，與容光等觀[17]。忽有大鳥銜圖置於帝前，帝再拜受之。是鳥狀如鶴，而雞頭鷰喙，龜頸龍形，駢[18]翼魚尾，體備五色，三文成字，首文曰"慎德"[19]，背文曰"信義"，膺文曰"仁智"。天老曰：

"是鳥麟前鹿後蛇頸，背有龍文，足履正，尾繫武[20]。有九苞：一曰口包命[21]，二心合度，三耳聰達，四舌屈伸，五采色備，六冠鉅鋭鉤，七金目鮮明[22]，八音激揚，九腹大[23]。一名鷗，其雄曰鳳，其雌曰凰，高五六尺，朝鳴曰登晨，晝鳴曰上祥，夕鳴曰歸昌，昏鳴曰固常，夜鳴曰保長[24]，皆應律呂，見則天下安寧。"黃帝曰："是鳥遇亂則去居九夷矣[25]！出於東方君子之國[26]，又出丹穴之山。"有臣沮頌蒼頡觀鳥跡以作文字，此文字之始也。先儒論文字之始不同，或始於三皇，或始於伏羲，或云與天地並興。今據司馬遷、班固、韋延、宋衷[27]、傅玄等云，蒼頡，黃帝臣，今據此載之。諸家說蒼頡，亦無定據。

　　黃帝修德義，天下大理。乃召天老謂之曰："吾夢兩龍挺白圖出於河，以授予，敢問於子。"天老對曰："此《河圖》《洛書》將出之狀，天其授帝乎！試齋戒觀之。"黃帝乃齋于中宮，衣黃服，戴黃冕，駕黃龍之乘，載交龍之旃，與天老五聖遊于河洛之間，求夢未得。帝遂沉璧於河，乃大霧三日，又至翠嬀之泉，有大鱸魚於河中泝流而至。殺三牲以醮之，即甚雨七日七夜，有黃龍負圖而出於河。黃帝謂天老五聖曰："子見河中者乎？"天老五聖乃前跪受[28]之，其圖五色畢具，白圖蘭葉而朱文，以授黃帝，乃舒視之，名曰《綠錯圖》[29]，令侍臣寫之，以示天下。黃帝曰："此謂《河圖書》。"是歲之秋也，帝既得龍鳳之圖書，蒼頡之文，即制文章，始代結繩之政[30]，以作書契，蓋取諸《夬》。夬，決也，決斷萬事。自垂衣裳至制文字凡九事，按皇甫謐《帝王世[31]記》載此九事，皆黃帝之功。今各以當時事及眾書所載，列之如前以明之。然於《易·繫》說此九事，則上自黃帝下至堯舜，以其先儒說者，或以為不獨黃帝。若以皇甫所載及今所引眾書，則九事皆黃帝始創制之以服用，後代聖人至堯舜，但繼作修飾爾！於是黃帝定百物之名，作八卦之說，謂之《八索》。一號帝鴻氏，一號歸藏氏，乃名所制曰《歸藏書》，此《易》之始也。

　　黃帝垂衣裳之後，作龍袞之服，畫日月星辰於衣上以象天，故有龍袞之頌。帝納女節為妃，其後女節見大星如虹，下臨華渚，女節感而接之，生少皞。《世記》云，女節即嫘祖，非也。帝又納醜女號嫫母，使訓宮人，而有淑德，奏六德之頌。又納費修氏爲夫人。是時庶民甘其食，美其服，樂其俗，安其居，無羨欲之心，鄰國相望，雞犬之音相聞，至老而不相往來，無求故也。所謂黃帝理天下，便民心，謂之至理之代。是時風不鳴條，謂之天下之喜風也。雨不破塊，謂十日一小雨，應天下文，十五日一大雨，以叶運也。以嘉禾爲糧，謂大禾也，其穗異常。以醴泉爲漿，謂泉水味美如酒，可以養老也。以五芝爲芳，謂有異草生於圃，則芝英紫芝金芝黑芝五芝草生，皆神仙上藥。時有水物洋湧，山車滿野，於是德感上天，故有黃星之祥，謂之異星，形狀似月，助月爲光，名曰景星。又有赤方氣與青方氣相連，赤方中有二星，青方中有一星，凡三星。又有異草生於庭，月一日生一葉，至十五日生十五葉，至十六日一葉落，至三十日落盡。若小月，即一莢[32]厭而不落，謂之蓂莢，以明於月也，亦曰曆莢。帝因鑄鏡以象之，爲十五面神鏡，寶鏡也。于時大撓能探五行之情，占北斗衡所指，乃作甲乙十干以名日，立子丑十二辰以名月，以鳥獸配爲十二辰屬之，以成六旬，謂造甲子也。黃帝觀伏犧之三畫成卦，八卦合成二十四氣，即作紀曆，以定年也。帝敬大撓以爲師，因每方配三辰，立孟仲季，自是有陰陽之法焉。黃帝聞之，乃服黃衣，帶黃紳，首黃冠，齋于中宮，即有鳳凰蔽日而至。帝乃降階，東面再拜稽首曰："天降丕祐，敢不承命。"鳳乃止帝東園，集于梧桐，又巢于阿閣，非竹實不食，非醴泉不飲。其飲也則自鳴舞，音如笙簫。帝即使伶倫往大夏之西，大夏國在西，去長安萬里。阮榆之谿，崑崙之陰嶰谷，采鍾龍之竹，取其竅厚均者[33]，斷兩節間三寸七分，吹之爲黃鍾之宮[34]。十一月律爲黃鍾，謂冬至一陽生，萬物之始也。以本至理之代天地之風氣。所謂黃帝能理日月之行，調陰陽之氣，爲十二律呂，雄雌各六也。《晉書》云，律管長尺，六孔，十二月之音[35]。裹之以竹，取自然圓虛也；以玉，取堅貞溫潤也。時有女媧之後容成氏，善知音律，始造律曆，元起辛卯[36]。又推冬至日在之星。南斗後星也。又問天老，得天元日月星辰之書、天文刻漏之書以紀時。有臣隸首善筭法，始作數著筭術焉。臣伶倫作權量，權、秤也。量即斗斛也。黃帝得蚩尤，始明乎天文。據《管子》言之，蚩尤有術，後乃叛。帝又獲寶鼎，乃迎日推策。於是順天地之紀，旁羅日月星辰，作蓋天儀，測玄象，推分星度，以二十八宿爲十二次。角亢爲壽星之次，房心爲大火之次，箕斗爲析木之次，牛女爲星紀之次，虛危爲玄枵之次，室壁爲諏訾[37]之次，奎婁爲降婁之次，昴畢爲大梁之次，觜參爲實沉之次，井鬼爲鶉首之次，星張爲鶉火[38]之次，翼軫爲鶉尾之次。立中外之星，作占日月之書，此始爲觀象之法也，皆自《河圖》[39]而演之。又使羲和[40]占日，常儀占月，鬼臾區占星，帝作占候之法、占日之書，以明休咎焉。

　　黄帝有茂德，感真人來遊玉池，至德所致也。有瑞獸在囿，玄枵之獸也。《尚書中候》云：麇身牛尾，狼蹄一角，角端有肉，示不傷物也。音中黄鍾，文章彬彬然。牝曰麒，牡曰麟。生於火，遊於土。春鳴曰歸禾，夏鳴曰扶幼，秋冬鳴曰養信[41]。帝又得微蟲蛄螻，有大如羊者，大如牛者，蟲名蟥，大如虹者，應土德之王也。有獸名獌[42]如師子，食虎而循常近人，或來入室，人畏而患之，帝乃上奏於天，徙之北荒。帝以景雲之瑞，慶雲之祥，即以雲紀官，官以雲爲名，故有縉雲之官。或云帝鍊金丹有縉雲之瑞，自號縉雲氏。赤多白少爲縉。於是設官分職，以雲命官，春爲青雲官，夏爲縉雲官，秋爲白雲官，冬爲黑雲官，帝以雲爲師也。是時炎帝之裔，姜姓者也。縉雲者帝之祥雲，其雲非雲非煙，非紅非紫。又以帝鍊丹於婺州縉雲之堂，有此祥雲也。帝置四史官，令沮誦[43]、蒼頡、隸首、孔甲居其職，主圖籍也。《周禮》，掌版圖、人户版籍也。又令蒼頡主人儀，孔甲始作盤盂，以代凹尊坯飲[44]之朴，著《盤盂篇》，盤盂之誡也。帝作巾几之法以著經，黄帝書中通理，黄帝史謂之墳，墳，大也。孔安國曰：遭秦焚之，不可聞也。有臣史王[45]始造畫，又濟南人公玉帶上黄帝《明堂圖》，有複道，上有樓，從西南入，此樓之始也。帝依圖制之，曰合宫，可以觀其行也。乃立明堂之議，以觀於賢也。時有仙伯出於岐山下，號岐伯，善説草木之藥性味，爲大醫，帝請主方藥。帝乃修神農所嘗百草性味，以理疾者，作《内外經》。又有雷公述《炮炙方》，定藥性之善惡。扁鵲、俞附二臣定《脈經》，療萬姓所疾。帝與扁鵲論脈法，撰《脈書上下經》。漢文里陽公[46]淳于意能知疾之生死，按《脈經》也。帝問岐伯脈法，又制《素問》等書及《內經》。今有二帙各九卷，後來就修之。按《素問》序云岐伯作，今卷數大約闕少其《八十一難》，後來增修。又云天降素女以治人疾，帝問之遂作《素問》也。帝問少俞鍼注，乃制《鍼經》明堂圖灸之法，此鍼藥之始也。

黃帝理天下，始以中方之色稱號。初居有熊之國，曰有熊帝，如顓頊爲高陽帝，帝嚳爲高辛帝，唐堯爲陶唐帝也。不好戰爭。當神農之八代榆岡始衰，諸侯相侵。以黃帝稱中方，故四方僭號亦各以方色稱。史載而不言名號，即青帝太皥、赤帝神農、白帝少昊、黑帝顓頊，時有四帝之後，子孫僭越而妄有稱者也[47]。僉共謀之，邊城日駭。黃帝乃罷臺榭之役，省靡麗之財，周戎士，築營壘。帝問於首陽山，在河中郡，不安其居。令采首山之金，始鑄刀造弩。有於東海流波山得奇獸，狀如牛，蒼身無角一足，能出入水，吐水則生風雨，光如日月，其音如雷，名曰夔牛。帝令殺之，以其皮冒之以爲鼓，擊[48]之聲聞五百里。《世本》云，殷巫咸始作鼓，則非也。帝令軍人吹角爲龍鳴，此鼓角之始也。於是又令作蹴踘之戲，以練武士。今擊毬也。《西京記》曰，踘場即毬場也。黃帝云："日中必熭，操刀必割。"狂屈豎聞之曰："黃帝知言也。"

帝有天下之二十有二年，忽有蚩尤氏不恭帝命，諸侯中彊暴者也。兄弟八十人，並獸身人語，銅頭鐵額，不食五穀，啗沙吞石。蚩尤始作鎧甲兜牟，時人不識，謂是銅頭鐵額。李太白曰："南人兵士見北地人所食麥飯糗粮不識，謂之啗沙吞石，以喻於此。"[49]不用帝命，作五虐之刑，以害黎庶。於葛盧山發金作冶，制爲鎧甲及劍，造立兵仗刀戟大弩等，威震天下，不順帝命。帝欲伐之，徵諸侯，一十五旬未剋敵，思念賢哲以輔佐，將征不義。乃夢見大風吹天下塵垢，又夢一人執千鈞之弩驅羊數萬羣。覺而思曰："風號令，執政者也；垢去土，解化清者也[50]。天下當有姓風名后者。夫千鈞之弩，冀力能遠者也；驅羊萬羣，是牧人爲善者也。豈有姓力名牧者乎？"帝作此二夢及前數夢龍神之驗，即作夢之書[51]。令依二夢求其人，得風后於海隅，得力牧於大澤。即舉風后以理民，初爲侍中，後登爲相，力牧以爲將，此將相之始也。以大鴻爲佐理。於是順天地[52]之紀，幽明之數，生死之說，是謂帝之謀臣也。帝問張若謀敵之事，張若曰："不如力牧，能於推步之術，著《兵法》十三卷，可用之。"乃習其干戈，以征弗享。始制三公之職，以象三台。天象有三台星。風后配上台，天老配中台，五聖配下台。太公《六韜》曰：風后力牧五聖爲七公，則五聖五人也。黃帝於是取合己者四人，謂之四面而理時[53]。獲寶鼎，迎日推策。又得風胡爲將，作五牙旗及烽火戰攻之具，著《兵法》五篇。又以神皇爲將，帝之夫人嫘修之子爲太子，好張羅及弓矢，付[54]以大將，謂之撫軍大元帥，爲王前敵，張若、力牧爲行軍左右別乘，以容光爲大司馬，統六師兼掌邦國之九法。容光一曰常光。又置左右大監，監於萬國。臣龍紆者，有勇有義，亦爲將。帝之行也，以師兵爲營衞，乃與榆岡合謀，共擊蚩尤。帝以玉爲兵，玉飾兵器。帝服黃冕，駕象車，交六龍，大丙、太一爲御，載交龍之旟，張五牙綵旗引之，以定方位。東方青牙旗，餘各依方色。帝之行也，常有五色雲氣，狀如[55]金枝玉葉，止於帝上，如葩華之象，帝因令作華蓋。今之繖蓋是也。黃帝即與蚩尤大戰于涿鹿之野。地在上谷郡南，有涿鹿城。帝未克敵，蚩尤作百里大霧彌三日，帝之軍人皆迷惑。乃令風后法斗機作指南車，以別四方。崔豹《古今注》曰："周公作指南之車。"據此時已有指南車，即周公再修之爾。帝乃戰，未勝，歸太山之阿，慘然而寐。夢見西王母遣道人披玄狐之衣[56]，以符受帝曰："《太一》在前，《天一》在後，得之者勝，戰則剋矣。"帝覺而思之，未悉其意，即召風后告之。后曰："此天應也，戰必剋矣！置壇祈之。"帝依以設壇，稽首再拜，果得符，廣三寸，長一尺，青色，以血爲文，即佩之。仰天歎所未捷，以精思之，感天大霧冥冥三日三夜。天降一婦人，人首鳥身，帝見稽首，再拜而伏。婦人曰："吾玄女也，有疑問之。"帝曰："蚩尤暴人殘物，小子欲萬戰萬勝也[57]。"玄女教帝三宮祕略五音權謀陰陽之術。兵法謂《玄女戰術》也。衞公李靖用《九天玄女法》是也。又神符，黃帝之符也。《陰陽術》即《六壬太一遁甲運式法》也。玄女傳《陰符經》三百言，帝觀之十旬，討伏蚩尤。授帝《靈寶五符真文》及《兵信符》，帝服佩之，滅蚩尤。又令風后演《河圖》法而爲式用之，創十八局[58]，名曰《遁甲》。周公時約爲七十二局，漢張子房共向映一云[59]，四皓議之爲十八局。案神龍負圖，文遁其甲，乃名之《遁甲》，今爲一局揭帖是也。以推主客勝負之術。黃帝又著《十六神曆》，推《太一》《六壬》等法。又述《六甲陰陽之道》，作《勝負握機之圖及法要訣》《黃帝兵法》三卷。宋武傳，云神人出之[60]。《河圖出軍訣》稱黃帝得王母兵符，又有《出軍大帥年命立成》[61]各一卷，《太一兵曆》一卷，《黃帝出軍新用訣》一十二卷，《黃帝夏氏占兵氣》六卷，此書至夏后時重修之也。《黃帝十八陣圖》二卷，諸葛亮重修爲八陣之圖。《黃帝問玄女之法》三卷，《風后孤虛訣》二十卷，《務成子玄兵災異占》十四卷，《鬼臾區兵法》三卷，圖一卷。或作《鬼容區》[62]。設兵法以來皆起於黃帝，亦後來增修也。

黃帝於是納五音之策，以審攻戰之事。復率諸侯再伐蚩尤于冀州。蚩尤率魑魅魍魎，請風伯雨師，從天大風而來[63]。命應龍蓄水以攻黃帝[64]。黃帝請風伯、雨師及天下女祓以止雨[65]。於東荒之地北隅諸山，黎土羌兵，驅應龍以處南極[66]，殺蚩尤與夸父。不得復上，故其下旱，所居皆不雨。蚩尤乃敗於顧泉，遂殺之於中冀，其地因名絕轡之野。在媯州也。既擒殺蚩尤，乃遷其庶類善者於鄒屠之鄉，其惡者以木械之。帝令畫蚩尤之形於旗上，以厭邪魅，名蚩尤旗。殺蚩尤於黎山之丘，東荒之北隅也。擲械于大荒之中宋山之上，其械後化爲楓木之林。《山海經》曰：融天山有楓木之林，蚩尤之桎梏所化也。所殺蚩尤，身首異處，帝閔之，令葬其首冢於壽張，縣名，在鄆州，冢高七尺，土人常以十月祀之，則赤氣如絳見，謂之蚩尤旗。其肩髀冢在山陽，縣名，在楚州，肩髀，府藏也。其髀冢在鉅鹿。邢州鉅鹿縣也。收得《蚩尤兵書行軍祕術》一卷，《蚩尤兵法》二卷。黃帝都於涿鹿城。上谷郡涿州，地名獨鹿，又曰濁鹿，聲傳記誤也。黃帝又與榆岡爭天下，榆岡恃神農帝之後，故爭之。黃帝始以鵰鶡鷹鸇，一云隼之羽，爲旗幟，《六典》曰：今鷄鷓旗也。以熊羆貙虎爲前驅，戰于阪泉之野，地名，在上谷郡，今媯州也。三戰而後剋之。帝又北逐獯鬻之戎，即匈奴也。諸侯有不從者，帝皆率而征之。凡五十二戰，天下大定。

帝以伐叛之功，始令岐伯作軍樂[67]鼓吹，謂之《簫鐃歌》，以為軍之警衛。《櫺鼓曲》《靈夔吼》《鵰鶚爭》《石墜崖》《壯士怒》《玄雲》《朱鷺》[68]等曲，所以揚武德也，謂之凱歌。《六典》曰：漢時張騫得之於西域，凡八曲，軍樂之遺音。簫，筱也。金鐃，如鈴而無舌有柄，執之以止鼓也。於是諸侯咸尊軒轅為天子。帝以己酉歲立，承神農之後，火生土，帝以土德稱王天下，號黃帝，位居中央，臨制四方。帝破山通道，未嘗寧居。令風后負篹[69]書，伯常[70]荷劍，旦出流沙[71]，夕歸陰浦，行萬里而一息，反涿鹿之阿。帝又試百神而朝之。帝問風后："予欲知河所泄。"對曰："河凡有五，皆始於崑崙之墟。黃河出於崑崙山東南腳下，即其一也。"餘四河說在於東方朔《十洲記》。帝令豎亥步自東極，至于西極，得五億十選九千八百八步，一云[72]二億三萬三千。南北二億三萬一千三百里。一云二億二十萬。豎亥左手把筭，右手指青丘北，東盡泰遠，西窮邠國，東西得二萬八千里，南北得二萬六千里。萬里曰選。神農時東西九千萬里，南北八千萬里，逾四海之外。韋昭注《漢書》，不信此闊遠於海外，臣瓚據道書，神農乘龍遊遠也，黃帝乘馬以理土，境祇四海內也。《淮南子》云：北極至于南極，二億三萬三千五百七十里也[73]。淮南王學道，此言絕遠，亦據道書也。黃帝始畫野分州，令百郡大臣授德教者，先列珪玉於蘭蒲席上，使春雜寶為屑，以沉榆之膠和之為泥，以分土別尊卑之位與華戎之異。文出《封禪記》[74]。帝旁行天下，得百里之國者萬區。今之縣邑者也。所謂"首出庶物，萬國咸寧。"有青烏子能相地理，帝問之以制經。帝又問地老，說五方之利害。時有瑞草生帝庭，名屈軼，佞人入則指之，是以佞人不敢進。時外國有以神獸來進，名獬豸，如鹿一角，置於朝，不直之臣，獸即觸之。帝問食何物？對曰："春夏處水澤，秋冬處松竹。"此獸兩目似熊。

容成子，有道知律者，女媧之後，初為黃帝造律曆，元起辛卯[75]，至此時造笙以象鳳鳴。素女於廣都來，教帝以鼓五十絃瑟，《古史考》曰琴，則非也。黃帝損之為二十五絃，其瑟長七尺二寸。伏羲置琴，女媧和之。黃帝之琴名號鍾，作清角之弄。帝始制七情，行十義之教。七情者，喜、怒、哀、樂、懼、惡、欲七情也。十義者，君仁、臣忠、父慈、子孝、兄良、弟悌、夫義、婦聽、長惠、幼順十義也。帝制禮作樂之始也。《黃帝書》説東海有度索山[76]，或曰度朔山，譌呼也。此山間以竹索懸而度也。山有神荼、鬱壘神，能禦凶鬼，爲百姓除患，制驅儺之禮以象之。帝以容成子爲樂師，帝作《雲門》《大卷》《咸池》之樂。乃張樂於洞庭之野，北門成曰：其奏也，陰陽以之和，日月以之明[77]，和風俗也。唐至德二年，洞庭側有人穿地得古鍾，有古篆文，黃帝時樂器也。永泰二年，巴陵令康通中得采藥人石季德於洞庭鄉採藥得古鍾，上有篆，岳州刺史李蘷進之。可明《莊子》所謂黃帝於洞庭張樂，誠不妄者也。黃帝將會神靈於西山之上，乃駕象車六交龍，畢方並轄，蚩尤居前，蚩尤旗也。風伯進掃，雨師灑道，鳳凰覆上，乃到山大合鬼神，帝以號鍾之琴，奏清角之音，師曠善於琴，晉平公强請奏角弄，師曠不得已，一奏雲從西北起，再奏大風起、大雨作，平公懼而成疾焉。謂崑崙山之靈封[78]，致豐大之祭，以詔後代，斯封禪之禮也。于時崑崙山北玉山之神人也西王母，太陰之精，天帝之女也。人身虎首《山海經》曰虎顔[79]，一云虎色。豹尾，蓬頭戴勝，顥然白首善嘯，石城金臺而穴居，坐于少廣之山，有三青鳥常取食此神人西王母也。慕黃帝之德，乘白鹿來獻白玉環。又有神人自南來，乘白鹿獻鬯，帝德至地，秬鬯乃出。黃帝習樂以舞衆神，又感玄鶴二八翔舞左右。帝於西山嘗木果，味如李，狀如棠華，赤無核，因名沙棠，食之禦水不溺。帝立臺於沃人國[80]西王母之山，名軒轅臺，帝乃休于冥伯之丘崑崙之墟。帝遊華胥國，此國神仙國也。伏羲生於此國，伏羲母此國人。帝往天毒國居之，因名軒轅國。後來曰天竺，去長安一萬二千里，《古史考》曰在海外，妄也。

帝又西至窮山女子國北，又復遊逸於崑崙宫赤水北，及南望還歸而遺其玄珠，使明目人離婁求之不得，使罔象求而得之，後爲蒙氏之女奇相氏竊其玄珠，沉海去爲神。玄珠喻道，蒙氏女得之爲水神。帝巡狩東至海，登桓山，於海濱得白澤神獸，能言達於萬物之情。因問天下鬼神之事，自古精氣爲物、遊魂爲變者，凡萬一千五百二十種，白澤言之，帝令以圖寫之，以示天下。帝乃作祝邪之文以祝之。帝周遊行時，元妃螺祖死於道，帝祭之以爲祖神。令次妃嫫母監護於道，以時祭之，因以嫫母爲方相氏。嚮其方也，以護喪亦曰防喪氏，今人將行，設酒食先祭道，謂之祖餞。祖，送也。顏師古注《漢書》云黃帝子爲道神，乖妄也。崔寔《四民[81]月令》復曰黃帝之子，亦妄也。皆不得審詳祖嫘祖之義也。黃帝以天下大定，符瑞並臻，乃登封太山，禪于亭亭山泰山下小山也。又禪於几几山，勒功於喬嶽，作下時以祭炎帝。以觀天文、察地理、架[82]宫室、制衣服、侯氣律、造百工之德[83]，故天授輿服、斧鉞、華蓋、羽儀、天神之兵[84]，黃帝著軒輿之銘。帝以事周畢，即推律定姓，孔子京房皆行此事。紀鍾甄聲。帝之四妃，嫘祖、嫫母、費修、女節是也。生二十五子，得姓者十二人[85]，一云十三人。姬、酉、祈、己、滕、箴、任、苟、僖、詰、旋、依[86]。《史記》云一十一姓，惟釐、嫘二姓不同[87]。所云黃帝姓公孫者十八代，合一千五百年，其十二姓十三代，合一千七十二年。《史記》[88]又云"十二姓德薄不記錄"，亦不可也。姬、祁、滕、任、僖、詰皆有德有名者也。所云黃帝姓公孫，雖古史相傳，理終不通。且黃帝生於有熊，長於姬水，秖合以姬爲姓。至周武王稱黃帝十九代孫姬姓之後，即黃帝姬姓，非公孫也。且周置五等諸侯以公侯伯子男，後諸侯子孫多稱公孫，言公之子孫也。故連公子爲姓者且有八十五氏，皆非黃帝時人。黃帝九子，各封一國。潘安仁詩言之，未知其源。元妃嫘祖生二子玄囂、昌意，並不居帝位。玄囂得道，爲北方水神[89]。昌意娶蜀山氏之女，生顓頊，居帝位，即黃帝嫡孫也，號高陽氏。摯字青陽，即帝位，號金天氏，黃帝之小子也[90]。少昊後有子七人，顓頊時，以其一子有德業，高陽帝賜姓曼氏，餘不聞。

　　黃帝以天下既理，物用具備，乃尋真訪隱，問道求仙，冀獲長生久視，所謂先理代而後登仙者也。時有甯子爲陶正，有神人過，教火法，出五色煙，能隨之上下，道成仙去，往流沙之所，食飛魚暫死，二百歲更生，作《沙頭頌》[91]曰："青蘳灼爍千載舒，百[92]齡暫死餌飛魚。"有務光子者，身長八尺七寸，神仙者也。至夏時餌藥養性鼓琴，有道壽永者。有赤將子輿[93]不食五穀，啗百花而長年。堯時爲木工，能隨風上下，即已二千歲矣。有容成公善補導之術，守生養氣，谷神不死，能使白髮復黑，齒落復生。黃帝慕其道，乃造五城十二樓以候神人。即訪道遊華山首山，東之太山，時致怪物，而與神仙通。接神人於蓬萊回，乃接萬靈於明庭、京兆、仲山、甘泉、寒門、谷口。在長安北，甘泉、雲陽。黃帝於是祭天圓丘，將求至道，即師事九元子，以地皇元年正月上寅日齋於首山，在河東蒲坂縣。復周遊以訪真道。令方明爲御，昌宇驂乘，張若謬廖道焉[94]，謬音習；廖，舒氏切，或作明。昆閽、滑稽從車，而至襄城之野，七聖俱迷。見牧馬童子，黃帝問曰："爲天下若何？"小童曰："理天下何異牧馬？去其害馬而已。"黃帝稱天師而退。至于圓丘，其國有不死樹，食其子與葉，人皆不死。有丹巒之泉，飲之而壽。有巨蛇害人，黃帝以雄黃卻逐之，其蛇留一時而反。《外國記》云，留九年也。帝令三子習服之，皆壽三百歲。北到洪隄，上具茨山，在於陽翟。見大隗君，密縣大隗神也。又見黃蓋童子，受《神芝圖》七十二卷[95]。適中岱見中黃子[96]，受九茄之方。一云至崆峒山見中黃真人，其方原州有崆峒之山。應劭云在隴右，非也。登崆峒山見廣成子問至道，司馬彪注《莊子》云：崆峒，當斗下之山也[97]。一云[98]在梁國虞城東三十里是也。廣成子不答。帝退，捐天下，築特室，藉白茅，間居三月，方往再問修身之道，乃授以《自然經》一卷。黃帝捨帝王之尊，託猳豚之文，登雞山，陟王屋山，開石函，發玉笈，得《九鼎神丹注訣》。南至江，登熊、湘山。熊山在召陵長沙也，湘山在長沙益陽縣。往天台山，受《金液神丹》。東到青丘山，見紫府先生，受《三皇內文大字》[99]，《抱朴子》云有二十卷[100]。以劾召萬神。南至五芝玄澗，登圜壠，蔭建木，觀百靈所登降，采若乾之芝，一云花。飲丹巒之水。南至青城山，禮謁中黃丈人，乃間登雲臺山，見甯先生，受《龍蹻經》。問真一之道，皇人曰[101]："子既居海內，復欲求長生不死，不亦貪乎！"頻相反覆，而復受道即中黃真人[102]。黃帝拜謝訖，東過廬山祠使者，以次青城丈人也[103]。廬山使者秩比御史，主總仙官之道，是五嶽監司也。又封潛山君爲九天司命，主生死之錄。黃帝以四嶽皆有佐命之山，而南嶽孤特[104]無輔，乃章詞三天太上道君，命霍山爲儲君，命潛山爲衡嶽之副以成之，時參政事，以輔佐之。帝乃造山躬寫形象，以爲五嶽真形之圖。

黃帝往練石於縉雲堂，於地練丹時，有非紅非紫之雲見，是曰縉雲，因名縉雲山。在婺州金華縣，一云永康縣也。帝藏兵法勝負之圖、六甲陰陽之書於苗山。禹會計功於此集諸侯，因名會稽也。黃帝合符瑞於釜山，得不死之道。奉事太一元君，受要記修道養生之法。於玄女素女受房中之術，能御三百女。玄女授帝《如意神方》，即藏之崆峒山。帝精推步之術于山稽力牧，著體診之訣於岐伯雷公，講占候於風后，窮律度於容成[105]，救傷殘綴金冶之事，故能[106]祕要，窮盡道真也。黃帝得玄女授《陰符經義》，能內合天機，外合人事。帝所理天下，南及交趾，北至幽陵，西至流沙，東及蟠木。蟠桃在度索山，具在《山海經》也。帝欲棄天下，曰："吾聞在宥天下，不聞理天下。我勞天下久矣，將息駕於玄圃，以返吾真矣。"崑崙山上有玄圃也。黃帝修興封禪禮畢，采首山之銅，將鑄九鼎於荊山之下，以象太一於雍州。虢州湖城縣有石記述黃帝鑄鼎於此，舊曰[107]鼎州弘農郡，《地理志》云，馮翊懷德縣南之荊山是也。是鼎神質文精也，知吉知凶，知存知亡，能輕能重，能息能行，不灼而沸，不汲自滿，中生五味，真神物也。黃帝鍊九鼎丹服之。逮至鍊丹成後，以法傳於玄子，此道至重，盟以誠之。帝以中經所紀，藏於九嶷山東號委羽[108]，承以文玉，覆以盤石，其書金簡玉字，黃帝之遺讖[109]也。夏禹得之，亦仙化去。又云藏之於會稽覆釜山中也。帝又以所佩《靈寶五符真文》書金簡一通封於鍾山，一通藏於宛委之山。帝嘗以金鑄器，皆有銘題上古之字也，以記年月，或有祠也[110]。時有薰風至，神人集，成獸代之志，即留冠劍珮舄於鼎湖極峻處崑臺之上，立館其下，崑崙山之軒轅臺也。

　　時有馬師皇善醫馬，有通神之妙思。有龍下于庭，伏地張口閉目，師皇視之曰："此龍病求我醫也。"師皇乃引鍼於龍口上下[111]，以牛乳煎甘草灌之。龍病愈，師皇乘此龍仙去。黃帝聞之，自擇日卜云，還宅升仙之日得戊午，果有龍來垂胡髯下迎，黃帝乃乘龍與友人無爲子及臣僚等從上，七十二人同去。小臣不得上者，將龍髯拔陊[112]及帝之弓，小臣抱其弓與龍髯而號泣，弓因曰烏號，鑄鼎之地後曰鼎湖。至周王時封虢叔於此，因名曰虢州[113]，古曰鼎州，於漢曰湖縣[114]也。其後有臣左徹削木爲黃帝象，率諸侯朝奉之。臣僚追慕，靡所措思，或取几杖立廟而祭，或取衣冠置墓而守，是以有喬山之冢。在上郡陽周縣[115]，又膚施縣有黃帝祠四所，邠州喬山，黃帝冢在焉。黃帝曾遊處皆有祠，五百年後喬山墓崩，惟劍與赤舄在焉，一旦亦失。《荆山記》《龍首記》具載之也。黃帝居代總百一十年，在位一百年。自上仙後，昇天爲太一君，其神爲軒轅之宿，在南宮，黃龍之體象。火體，祭天神，軒轅星一也。後來享之，列爲五帝之中方君也，以配天，黃帝土德，居中央之位，以主四方。東方青帝太昊，南方赤帝神農，西方白帝少昊，北方黑帝顓頊。以鎮星配爲子，名樞紐之神爲佐，配享於黃帝。

帝之子昌意居弱水[116]，昌意弟少昊，帝妃女節所生也。帝之女溺於東海，化爲鳥名精衛，常銜西山木石以堙東海。少昊名摯字青陽，即帝位號金天氏，黃帝之子也。顓頊高陽氏，黃帝之孫也，有聖德[117]，在位七十八年終，母蜀山氏所生，都商丘濮陽。禺强，黃帝之胤，不居帝位，與顓頊俱得道，居北方爲水神。顓頊已來，以所興之地爲名號。帝嚳高辛氏，黃帝之孫，蟜極生高辛也。帝嚳高辛神靈，自言其名，都偃師，亳州，河南。在位七十年，壽一百五歲。帝堯陶唐氏，黃帝之玄孫也。姓伊祁，名放勛，興於定陶，以唐侯爲帝，濟陰定陶，又云定州唐縣。都於平陽，郡在晉州。在位九十八年，一百一十八歲。

舜，有虞氏，黃帝八代孫。禹爲玄孫也。按《遁甲開山圖》曰："禹，得道仙人也。古有大禹，女媧十九代孫，大禹壽三百六十歲，入九嶷山仙飛去。後三千六百歲，堯理天下，洪水既甚，人民墊溺，大禹念之，乃化生於石紐山泉。女狄暮汲水，得石子如珠，愛而吞之有娠，十四月生子。及長，能知泉源，代父鯀理洪水，三年功成。堯帝知其功[118]，如古大禹知水源，乃賜號禹。"推之，是黃帝玄孫無疑也。殷湯，黃帝十七代孫[119]。黃帝子少昊生蟜極，蟜極生高辛，十四世後即天一爲殷王是也。黃帝子孫各得姓於事，帝推律定姓者十二。具在中卷。少昊有子姓曼，顓頊姬姓，以黃帝居姬水，帝嚳子后稷，姬姓也。堯姓伊祁，舜姓姚，禹姓姒，湯姓子，又張鄧軒路黃寇宋酈白薛虞資伊祁申屠黃公託拔。昌意少子封北土，以黄帝土德化俗，以土爲託，以君爲拔，乃以託拔爲姓。黄帝有九子，各封一國。具在中卷。總三十三氏，出黄帝之後。黄帝相承[120]凡一千二百五十年，自黄帝己酉歲至今[121]。

【校記】

〔1〕"傅"，《道藏輯要》本作"傅"。

〔2〕"目"原作"日"，據《歷世真仙體道通鑑》（下稱《仙鑑》）卷一《軒轅黄帝》改。

〔3〕"鳴"，上書作"明"。

〔4〕"小"，《道藏輯要》本作"日"。

〔5〕"鴻黄之代，以一民也"，《文選·論晉武帝革命》云："鴻黄世及，以一民也"。

〔6〕"理"原作"里"，據《仙鑑》卷一《軒轅黄帝》改。

〔7〕"因曰冠冕也"原作"因曰冠，冠，冕也"，據上書删。

〔8〕"三臣"當作"二臣"，"化"當作"貨"。《説文》釋"舟"云："共鼓貨狄剡木爲舟，剡木爲楫。"《藝文類聚》卷七一引《世本》云："共鼓貨狄作舟。"

〔9〕"大封國"，《山海經·海内北經》作"犬封國"，"吉良"作"吉量"。

〔10〕"亳州"原作"毫州"，據《仙鑑》卷一《軒轅黄帝》改。

〔11〕"與騰黄一也"，《文選·東京賦》注引薛綜曰："然吉良騰黄，一馬而異名也。"

〔12〕"又曰翠黄，出日本國，壽三千歲"，《初學記》卷二九引《符瑞圖》云："或曰翠黄，一名紫黄，其狀如狐，背上有兩角，出白民之國，乘之壽可三千歲。"

〔13〕"乘此令人壽二千歲"，《山海經·海外西經》云："白民之國在龍魚北，白身被髮。有乘黄，其狀如狐，其背上有角，乘之壽二千歲"。

〔14〕"遊"原作"旋"，據《仙鑑》卷一《軒轅黄帝》改。

〔15〕"春"原作"春"，據上書改。

〔16〕"謂之宮室，言處於中也"，上書作"謂之宮，宮言處於中也"。

〔17〕"觀"，上書作"內觀"，《初學記》卷三十引《春秋合誠圖》作"臨觀"。

〔18〕"駢"，《初學記》卷三十引皇甫謐《帝王世紀》作"麟"。

〔19〕"首文曰慎德"，上書作"首文曰順德"。

〔20〕"尾繫武"，上書作"尾擊武"。

〔21〕"一曰口包命"，原無"口"字，據《初學記》卷三十引《論語摘衰聖》增。以下"二"至"九"後，上書均有"曰"字。

〔22〕"六冠鉅銳鉤，七金目鮮明"，《初學記》卷三十引皇甫謐《帝王世紀》作"六曰冠矩州，七曰距銳鉤"。

〔23〕"九腹大"，上書作"九曰腹文戶"。

〔24〕"朝鳴"至"保長"，上書作"行鳴曰歸嬉，止鳴曰提扶，夜鳴曰善哉，晨鳴曰賀世，飛鳴曰郎都"。

〔25〕"是鳥遇亂則去居九夷矣"，《初學記》卷三十注引宋均曰："鳳遇亂則潛居九夷"。

〔26〕"出於東方君子之國"，上書上卷引許慎《說文》作天老曰："出東方君子之國"。

〔27〕"韋延"，疑當作"韋誕"。"宋衷"，《史記·日者列傳》作"宋忠"。

〔28〕"受"原作"授"，據《仙鑑》卷一《軒轅黃帝》改。

〔29〕"綠錯圖"，上書無"錯"字。

〔30〕"即制文章，始代結繩之政"，上書"章"作"字"，"始"作"以"。

〔31〕"世"原避諱作"代"，今逕改。下同。

〔32〕"莢"，《仙鑑》卷一《軒轅黃帝》作"葉"。

〔33〕"伶倫往大夏之西，阮榆之谿，崑崙之陰嶰谷，采鍾龍之竹，取其竅厚均者"，《呂氏春秋·仲夏紀第五·古樂》作"伶倫自大夏之西，乃之阮隃之陰，取竹於嶰谿之谷，以生空竅厚鈞者"，《漢書·律曆志》作"泠綸自大夏之西，昆侖之陰，取竹之解谷生，其竅厚均者"。

〔34〕"宮"原作"音"，據上二書改。又"三寸七分"，上二書前者作"三

寸九分"。

〔35〕"晉書云，律管長尺，六孔，十二月之音"，《晉書·律曆志》上引傅云："律之始造，以竹爲管。"又云："黃帝作律以玉爲管，長尺，六孔，爲十二月音。"

〔36〕"元起辛卯"，《仙鑑》卷一《軒轅黃帝》作"元起丁亥"，夾注云："本紀作辛卯，今準混元實錄年譜。"

〔37〕"諏觜"，《爾雅·釋天》作"娵觜"。

〔38〕"鶉火"原作"朱火"，據《仙鑑》卷一《軒轅黃帝》改。

〔39〕"河圖"原作"何圖"，據上書改。

〔40〕"羲和"原作"義和"，據《〈史記·曆書〉索隱》改。

〔41〕"春鳴曰歸禾，夏鳴曰扶幼，秋冬鳴曰養信"，《初學記》卷二九引何法盛《晉中興徵祥記》云："牡曰麒，牝曰麟，牡鳴曰遊聖，牝鳴曰歸昌，夏鳴曰扶幼，秋鳴曰養綏。"

〔42〕"獹"原作"蟖"，據文義改。

〔43〕"沮誦"原作"沺誦"，據《仙鑑》卷一《軒轅黃帝》改。

〔44〕"凹尊坏飲"，《禮記·禮運》作"汙尊而抔飲"。

〔45〕"史王"，《仙鑑》卷一《軒轅黃帝》作"史玉"。

〔46〕"漢文里陽公"，疑當作"漢元里陽公"，"文""元"形近而譌。按《史記·扁鵲倉公列傳》云："淳于意師同郡元里公乘陽慶"，"傳黃帝扁鵲之《脈書》"。

〔47〕"而妄有稱者也"，《仙鑑》卷一《軒轅黃帝》作"而妄稱也"。

〔48〕"擊"前原有"以"字，據上書刪。

〔49〕"謂之啗沙吞石，以喻於此"，上書作"謂之啗沙吞石故也"。

〔50〕"解化清者也"，《〈史記·五帝本紀〉正義》引《帝王世紀》作"后在也"。

〔51〕"即作夢之書"，《仙鑑》卷一《軒轅黃帝》作"帝作釋夢之書"。上書引《帝王世紀》云："黃帝因作《占夢經》十一卷。"

〔52〕"地"原作"下"，據上二書改。

〔53〕"取合己者四人,謂之四面而理時",《史記·五帝本紀》作"舉風后、力牧、常先、大鴻以治民"。

〔54〕"付"字原無,據《仙鑑》卷一《軒轅黃帝》增。

〔55〕"如"字原無,據上書增。

〔56〕"遣道人披玄狐之衣",本書卷一一四《西王母傳》"道人"作"使","衣"作"裘"。

〔57〕"萬戰萬勝也",上書作"一戰則必勝也"。

〔58〕"法而爲式用之,創十八局",上書無"法"字,"十"作"百"。

〔59〕"一云",上書作"云"。

〔60〕"黃帝兵法三卷宋武傳,云神人出之",《隋書·經籍志》三作"皇帝兵法一卷宋武帝所傳神人書"。

〔61〕"出軍大帥年命立成",上書作"黃帝軍出大師年命立成"。

〔62〕"鬼臾區兵法三卷,圖一卷。或作鬼容區",《漢書·藝文志·陰陽家》作"鬼容區三篇。圖一卷"。注引師古曰"即鬼臾區也"。"或作鬼容區","容"原作"谷"。據改。

〔63〕"從天大風而來",《山海經·大荒北經》作"縱大風雨",《史記·五帝本紀》引《山海經》作"以從大風雨",《藝文類聚》卷七十九引作"所從大風雨"。"而"疑當作"雨"。

〔64〕"命應龍蓄水以攻黃帝",上三書分別作"黃帝乃令應龍攻之冀州之野""黃帝令應龍攻蚩尤""黃帝乃令應龍攻於冀州之野"。

〔65〕"黃帝請風伯雨師及天下女魃以止雨",上三書分別作"黃帝乃下天女曰魃,雨止""黃帝乃下天女曰魃以止雨""黃帝乃下天女魃止雨"。

〔66〕"於東荒之地北隅諸山,黎土羌兵,驅應龍以處南極",《山海經·大荒東經》作"大荒東北隅中,有山名曰凶犁土丘,應龍處南極",《藝文類聚》卷一百引作"東荒北隅有山名土丘,應龍處南極"。

〔67〕"軍樂"原作"車樂",據《仙鑑》卷一《軒轅黃帝》改。

〔68〕"玄雲朱鷺",上書作"玄朱鷺"。

〔69〕"籌"原作"壽",據上書改。《拾遺記》卷一《軒轅黃帝》無此字。

〔70〕"伯常",《拾遺記》卷一《軒轅黃帝》作"常伯"。

〔71〕"旦出流沙",上書作"旦遊洹流"。

〔72〕"一云"原無,據上書增。

〔73〕"二億三萬三千五百七十里也",《淮南子·墬形訓》作"二億三萬三千五百里七十五步"。

〔74〕"文出封禪記",《拾遺記》卷一《軒轅黃帝》"文"作"事",《仙鑑》卷一《軒轅黃帝》作夾注語"出卦禮記"四字。

〔75〕"元起辛卯",《仙鑑》卷一《軒轅黃帝》作"元起丁亥"。

〔76〕"度索山",《後漢書·禮儀志》中及《論衡·訂鬼篇》均引《山海經》作"度朔山"。

〔77〕"其奏也,陰陽以之和,日月以之明",《莊子·天運》作"吾又奏之以陰陽之和,燭之以日月之明",乃黃帝答北門成之語。

〔78〕"謂崑崙山之靈封",《仙鑑》卷一《軒轅黃帝》作"登崑崙之靈峯"。

〔79〕"虎顏",《山海經·西山經》及《大荒西經》均作"虎齒"。

〔80〕"沃人國",《山海經·大荒西經》原作"沃之國",王念孫、郝懿行增作"沃民之國"。

〔81〕"民"原作"人",疑避諱改易,今正。

〔82〕"架"原作"駕",據《仙鑑》卷一《軒轅黃帝》改。

〔83〕"造百工之德",上書作"造百工之藝,累功積德"。

〔84〕"兵"原作"丘",據上書改。

〔85〕"生二十五子,得姓者十二人",《史記·五帝本紀》作"黃帝二十五子,其得姓者十四人",《索隱》引《國語》云:"黃帝之子二十五宗,其得姓者十四人,爲十二姓"。

〔86〕"姬酉祈己滕箴任苟僖詰旋依",《〈史記·五帝本紀〉索隱》引《國語》、《集解》引虞翻語:"祈"作"祁","箴"作"葴","苟"作"荀","詰"作"姞","旋"作"儇","依"作"衣"。

〔87〕"史記云一十一姓,惟鼇嬛二姓不同","一十一姓"原作"六十一姓",按《〈史記·五帝本紀〉集解》引徐廣曰:"凡有二十五人,其二人同姓

姬，又十一人爲十一姓，酉、祁、己、滕、葴、任、荀、釐、姞、儇、衣是也，餘十二姓德薄不記録。"據改。

〔88〕"史記"原作"史"，據《史記·五帝本紀》改。

〔89〕"神"字後，《仙鑑》卷一《軒轅黄帝》尚有"昌意居弱水（"弱水"，上書作"若水"），弟少昊，黄帝之小子也，帝妃女節所生，號金天氏，後即帝位。黄帝之女溺於東海，化爲鳥名精衛，常銜西山木石以堙東海"。

〔90〕"摰字青陽，即帝位，號金天氏，黄帝之小子也"，《仙鑑》卷一《軒轅黄帝》作"黄公託拔，昌意之少子也，封北土。禺强，黄帝之胤，不居帝位，亦得道，居北方爲水神"。

〔91〕"沙頭頌"，上書作"遊沙海七言頌"。

〔92〕"百"原作"萬"，據上書改。

〔93〕"赤將子輿"，"將"原作"蔣"，據上書改。

〔94〕"張若謬廖道焉"，《莊子·徐无鬼》作"張若謵朋前焉"。

〔95〕"神芝圖七十二卷"，《太上靈寶五符序》卷下作"神仙芝圖十二卷"。

〔96〕"中黄子"原作"黄子中"，據上書及《抱朴子·地真篇》改。

〔97〕"當斗下之山也"，《莊子·在宥》司馬彪注云："當北斗下山也"。

〔98〕"一云"原作"一方"，據《仙鑑》卷一《軒轅黄帝》改。

〔99〕"三皇内文大字"，《太上靈寶五符序》卷下及《廣黄帝本行記》均作"三皇内文天文大字"，《抱朴子·地真》作"三皇内文"。"東到青丘山"，《太上靈寶五符序》卷下作"東到青丘，過風山"。

〔100〕"抱朴子云有二十卷"，《抱朴子·遐覽》作"三皇内文天文三卷"。

〔101〕"問真一之道，皇人曰"，《仙鑑》卷一《軒轅黄帝》作"問真一之道於中黄丈人，丈人曰"。又"皇人曰"之上，《太上靈寶五符序》下及《廣黄帝本行記》各有百餘字。

〔102〕"而復受道即中黄真人"，《仙鑑》卷一《軒轅黄帝》作"而復授道"。

〔103〕"東過廬山祠使者，以次青城丈人也"，"祠"原作"爲"，據上書改。《五嶽真形序論》作"拜青城爲丈人，署廬山爲使者"。

〔104〕"孤特",《五嶽真形序論》作"孤峙"。

〔105〕"窮律度於容成"原作"先生",據《廣黃帝本行記》改。

〔106〕"故能",上書作"畢該"。

〔107〕"曰"原作"日",據《道藏輯要》本改。上書作"名"。

〔108〕"藏於九嶷山東號委羽",《廣黃帝本行記》作"藏於九疑之東委羽之山"。

〔109〕"識",《仙鑑》卷一《軒轅黃帝》作"誡"。

〔110〕"帝嘗以金鑄器,皆有銘題上古之字也,以記年月,或有祠也","銘題"原作"名題",據上書改。《廣黃帝本行記》作"帝所鑄劍鏡鼎器,皆以天文古字題銘其上,或有祕讖之詞焉"。"祠"疑當作"詞"。

〔111〕"於龍口上下",《廣黃帝本行記》作"以鍼龍口中"。

〔112〕"陊"原作"陔髯",據《仙鑑》卷一《軒轅黃帝》改。《史記·封禪書》作"墜"。

〔113〕"虢州"原作"號州",據《道藏輯要》本改。

〔114〕"湖縣",上本作"湖城縣"。

〔115〕"上郡陽周縣"原作"上谷郡周陽縣",據《〈史記·五帝本紀〉索隱》引《地理志》改。

〔116〕"昌意居弱水",《史記·五帝本紀》作"昌意降居若水"。

〔117〕"有聖德"原作"各有聖德",據《仙鑑》卷一《軒轅黃帝》及《廣黃帝本行記》删。

〔118〕"堯帝知其功",《廣黃帝本行記》作"舜以其功爲司徒"。

〔119〕"十七代孫"原作"七十代孫",據上書改。

〔120〕"黃帝相承",上書作"子孫相承"。

〔121〕"今"字後,上書有"大唐廣明二年辛丑歲,計三千四百七十二年矣"。

雲笈七籤卷之一百一

紀

元始天王紀

元始天王稟天自然之胤，結形未沌之霞，託[1]體虛生之胎，生乎空洞之際。時玄景未分，天光冥遠，浩漫太虛。積七千餘劫，天朗氣清，二暉纏絡，玄雲紫蓋映其首，六氣之電翼其真，夜生自明，神光燭室。散形靈馥之煙，棲心霄霞之境，練容洞波之濱，獨秉靈符之節，抗御玄降之章。內氣玄崖，潛想幽窮，忽焉逍遙，流盼忘旋。瓊輪玉輿，碧輦玄龍，飛精流霓，耀電虛宮。東遊碧水豪林之境，上憩青霞九曲之房，進登金闕，受號玉清紫虛高上元皇太上大道君，受金簡玉札，使奏名東華方諸青宮。於時受命，總統億津，玄降玉華之女、金晨之童各三千人。飛龍毒獸，巨虹千尋，獲天奮爪，備衛玉闕。天威煥赫，陳于廣庭，飛青羽蓋，流紫鳳章。《金真玉光》，《豁落七元》，《神虎上符》，《流金火鈴》，結編元皇，位在玉清，掌括上皇，高帝之真。

太上道君紀

《洞玄本行經》云：太上道君者，於西那天[2]鬱察山[3]浮羅之嶽，坐七寶騫木之下，清齋空山，靜思神真，合慶冥樞，蕭朗自然，擁觀萬化，俯和衆生。是時十方大聖，至真尊神，詣座燒香，稽首道前，上白道君："不審《靈寶》出法從何劫而來？至于今日凡幾度人爲盡？如是復有轉輪，天尊是何劫生，值遇《真文》，得今太上之任？致是得度，何獨如之！巍巍德宗，高不可勝。願垂賜告，本行因緣，解說要言，開悟後生。"道言："天元輪轉，隨劫改運。一成一敗，一死一生。滅而不絕，幽而復明。《靈寶》出法，隨世度人。自元始開光，至于赤明元年，經九千九百億萬劫，度人有如塵沙之衆，不可勝量。赤明之前，於眇莽之中，劫劫出化，非可思議。赤明已後，至上皇元年，宗範大法，得度者衆，終天說之，亦當不盡，今爲可粗明真正之綱維，標得道者之遐迹爾。今聊以開示於後來，領會於靈文之妙。我濯紫晨之流芳，蓋皇上之胄胤。我隨劫死生，世世不絕，常與《靈寶》相值同出。經七百億劫中，會青帝劫終，九氣改運。於是託胎於洪氏之胞，凝神於瓊胎之府，積三千七百年，至赤明開運，歲在甲子，誕於扶刀蓋天西那玉國浮羅之嶽，復與《靈寶》同出度人。元始天尊以我因緣之勳，錫我太上之號，封鬱悅那林昌玉臺天帝君，位登高聖，治玄都玉京。實由我身尊承大法《靈寶真文》，世世不絕，廣度天人，慈心於萬劫，溥濟於衆生，功德之大，勳名繕於億劫之中，致今報爲諸天所宗焉。"

上清高聖太上玉晨大道君紀

《洞真大洞真經》云："上清高聖太上大道君者，蓋二晨之精氣，慶雲[4]之紫煙。玉暉煥耀，金映流真。結化含秀，苞凝玄神。寄胎母氏，育形爲人。諱囧賨，字上開元[5]。母姙三千七百年，乃誕於西那天鬱察山浮羅嶽丹玄之阿。""於是受籙紫皇，受書玉虛，眺景上清，位司高仙，爲高聖太上玉晨大道君，治藥珠日闕館七映紫房，玉童玉女各三十萬人侍衛。""於是振策七圃，揚青九霄。騰空儷旌，駕景馳飆。徘徊八煙，盤桓空塗。仰簪日華，俯拾月珠。摘絳林之琅實，餌玄河之紫藥。偃蹇靈軒，領理帝書。萬神入拜，五德把符。上真侍晨，天皇抱圖。""乃仰空言曰：'子欲爲真，當存日中君，駕龍驂鳳，乘天景雲，東遊桑林[6]，遂入帝門。若必昇天，當思月中夫人，駕十飛龍，乘我流鈴，西朝六嶺，遂詣帝堂。精根運思，上朝玉皇。薈薈敷《鬱儀》以躡景，晃晃散《結璘》以曁霄。'雙皇合輦，後天而凋。""夫大有者，九天之紫宮；小有者，清虛三十六天之首洞。"

於是高聖太上大道君初乘一景之輿，駕八素紫雲，攝希微蒼帝名錄豐子俱東行，詣鬱悦那林昌玉臺天，見玉清紫道虛皇上君，受《九暉大晨隱符》。

太上大道君次乘二景之輿，駕七素絳雲，攝中微赤帝名定無彦俱南行，詣高桃厲冲龍羅天，見玉清翼日虛皇太上道君，受《觀靈元晨隱符》。

太上大道君次乘三景之輿，駕六素紅雲，攝太微白帝名蘽淵石俱西行，詣碧落空歌餘黎天，見玉清昌陽始虛皇高元君，受《總晨九極隱符》。

太上大道君次乘四景之輿，駕五素青雲，攝玄微黑帝名齊元旋俱北行，詣枷摩坦婁于翳天，見玉清七静導生高上虛皇君，受《沓曜旋根隱符》。

太上大道君次乘五景之輿，駕四素黃雲，攝始微上帝名接空子俱東北行，詣扶刀蓋華浮羅天，見玉清大明虛皇洞清君，受《玄景晨平[7]隱符》。

太上大道君次乘六景之輿，駕三素緑雲，攝靈微中帝名秉巨文俱東南行，詣貝渭耶蘽初默天，見玉清始元虛皇太霄君，受《合暉晨命隱符》。

太上大道君次乘七景之輿，駕二素紫雲[8]，攝宣微下帝君名宏膚子俱西南行，詣冲容育鬱離沙天，見玉清七觀無生虛皇金靈君，受《齊暉晨玄隱符》。

太上大道君次乘八景之輿，駕一素靈雲，攝洞微真帝名泗澄攄俱西北行，詣單綠察寶輪法天，見玉清八觀高元虛皇淳景君，受《高上龍煙隱符》。

太上大道君又乘洞景玉輿，駕太霞紫煙玄景之暉，攝九微内帝君名申明閑[9]及上皇九玄九天諸真仙王等，俱仰登彌梵羅臺霄絕寥丘飛元雲根之都玉清上天，見玉清紫暉太上玉皇明上大道君，受《高清太虛無極上道君隱符》。"

三天君列紀

　　上清真人總仙大司馬長生法師主三天君姓栢成諱欻生字芝高，乃中皇時人，歲在東維之際，誕于北水[10]中山栢林之下。夫名爲欻生者，以母感日華而懷孕。年九歲，求長生之道。至十四，與西歸公子巨靈伯尹俱師事黃谷先生。黃谷先生者，能爲不死。修静無爲，不營他術，含精内觀，凝神空漠，思真安恙，以致不死。後五百年，遇金仙石公甯氏先生晁夜童子三人，受《胎精中記化胞内經》養神上法解結之要。又登太帝滄浪山洞臺中雙玉穴，酣紫明芝液[11]，遇上清萬石先生，授以乘飛駕虛八氣景龍之蹻，反胎守白越度之法。又廣成子授以丹青玉爐鍊雲根柔金剛之經[12]，又授以飛煙發霜沈雪浮日朱之法。又遇始元童子丰車小童受《虛皇帝籙仙忌真戒》化一成萬解形之法[13]。後遇玉清文始東王金暉仙公，號曰玉皇二道君，告以胎閉静息内保百神開洞雲房堅守三真之事。後復詣二玉皇君問雲房之道三真之訣。二玉皇君曰："三真者，兆一身之帝君，百神之始真也。若使輔弼審正，三皇内寧，太一保胎，五老扶精。一居丹田，司命護生；一居絳宮，紫氣灌形；一居洞房，三素合明。於是變化離合，與真同靈。明堂雲宮，紫户玉門，黃闕金室，丹城朱憁，皆帝一之内宅，三真之寶室也。於是雲房一景，混合神人。上通崑崙，下臨清淵。雲蓋嵯峨，林竹蔥芊。七靈廻轉，七門幽深。金扉玉匱，符籍五篇。公子内伏，外牽白元。混一成形，呼陽召陰。上帝司命，各保所生。微哉難言，非仙不傳。"又問呼陽召陰出入無方之法，氣出神變之道。二玉皇曰："呼陽者，三氣之所出入也；召陰者，六丁之所往來也。若得三氣之所生，能知六丁之所因者，則陽氣化爲龍車，陰氣變爲玉女，則騰轉無方，輪舞空玄之上也。夫氣之所在，神隨所生焉。神在則氣成，神去則氣零[14]。氣者，即二十四神之正氣，是爲二十四氣也。氣能成神，神亦成氣。散之爲雲霧，合而爲形影，出之爲仙化，入之爲真一。上結三元，下結萬物，靜爲兆身，動爲兆神[15]。是以常混合二十四神，變化三五之真人，混成正一，合爲帝君，即兆本神也。夫人受生於天魂，結成於元靈。天魂生之根，元靈生之胎。流會太一，達觀三道，神積玉宮，液溢玄府，津流地戶，澤憩洞房。日月煥於霄暉，五神混於元父。元父主氣，化散帝極；玄母主精，變會幽元。是以司命奉符，固形扶神；公子內守，桃康保魂。左攜無英，右引白元。雲行雨施，萬關流布也。"後二玉皇授歘生《大洞真經》三十九章迴風混合帝一之道，斷環割青，盟誓而傳，得爲上清真人，位曰總仙大司馬長生法師主三天君，理太玄都閬風玉臺，總司學道之仙籍，主括三天之人神，萬仙受事於玉臺，五帝北朝於靈軒矣。

青靈始老君紀

《洞玄本行經》云：東方安寶華林青靈始老帝君者，往在白氣御運於金劫之中，暫生鬱悅金映雲臺那林之天西婁無量玉國浩明玄嶽，厥名元慶。於此天中，大建功德，初無懈心，勳名仰徹，朱陵火宮書其姓名，記於赤簡。仙道垂成，而值國多綵女，元慶遂以寄世散想，靈魔舉其濁目，朱宮輟其仙名，一退遂經三劫，中值火劫改運，元慶又受氣，寄胎於洪氏之胞。上天以其先身好色，故轉爲女子。朱靈元年，歲在丙午，誕於丹童龍羅衛天洞明玉國丹霍之阿[16]，改姓洪諱那臺。年十四，敬好道法，心願神仙。常市香膏，然燈照暝，大作功德，諸天所稱，名標上清。南極上靈[17]紫虛元君託作傭人[18]，下世教化。見那臺貞潔，好尚至法。迴駕於丹霍之阿，授那臺《靈寶赤書南方真文》一篇。於是那臺勵志殊勤，自謂一生作於女子，處於幽房，無由得道。因齋持戒思念，願得轉身爲男。丹心遐徹，遂致感通上真下降。元始天尊時於琅碧之溪扶瑶之丘，坐長林枯桑之下，衆真侍坐。是日那臺見五色紫光，曲照齋堂。於是心悟，疑是不常。仍出登墻四望，忽見東方桑林之下，華光赫奕，非可勝名，去那臺所住數百里，中隔礙暘谷滄海之口，心懷踊躍，無由得往。因叉手遥禮稱名："那臺先緣不厚，致作女身。發心願樂，志期神仙，高道法妙，不可得攀，日夕思念，冀得滅度，轉形爲男。歷年無感，常恐生死，不得遂通，彌齡之運，有於今日，天河隔礙，無由披陳。今當投身碧海，没命于天[19]，冀我形魂，早得輪轉，更建功德，萬劫之中，冀見道真。"言訖，便從墻上投身擲空，命赴滄海極淵之中，紛然無落，即爲水帝神王以五色飛龍捧接。女身俄頃之間，已於懸中得化形爲男子，乘龍策虚，飛至道前。於是元始即命仙都錫加帝號，於火劫受命，輔於《靈寶青帝玉篇》。七百年中，火劫數極，青氣運行，隨元滅度。以開光元年，於彌梵羅臺霄絶寥丘[20]飛元雲根之都滄霞九雲之墟，元始又錫安寶華林青靈始老帝君號。

丹靈真老君紀

《洞玄本行經》云：南方梵寶昌陽丹靈真老君者，本姓鄭字仁安，大炎之胤，生於禪黎世界赤明天中。生有三氣之雲纏其身，朱鳥鼓翻覆其形。三日能言，便知宿命。年及十二，面有金容玉顔，便棄世離俗，遠遊山林。於寒靈洞宮遇玄和先生，授仁安《靈寶赤書五氣玄天黑帝真文》一篇、《智慧上品十戒》而去。仁安於是奉戒而長齋，大作功德，珍寶布施，以拯諸乏，割口[21]飴鳥，功名徹天。因於西那國[22]遇天洪災，大水滔天，萬姓流漂。仁安於洪波之上汎舟，誦《戒書》《黑帝真文》，以投水中，水爲開道百頃之地，鳥獸麞鹿虎豹師子皆往依親，悉得無他。是時國王百口登樓而漂没，歎不能得度。仁安見王垂没，乃浮舟而往，以所佩《真文》授與國王。王敬而奉之，水劫即退，翕然得過。王既得免，《真文》於是即飛去入雲中，莫知所在。仁安失去《真文》，退仙一階，運應滅度，託命告終，死於北戎之阿。暴露靈屍三十餘年，形體不灰，光色鮮明，無異生時，在于北戎長林之下。時國王遊獵，放火燒山，四面火帀，去其靈屍之間百步之內，火不得然，麋鹿虎豹，莫不依親。王怪而往，見靈屍之上，有三色之光，雲霧鬱冥，鳥獸帀繞。王乃伐薪圍屍，放火焚燒。于時屍放[23]火中，鬱起成人，坐青煙之上，指拈虛無，五色煥爛，左右侍者，仙童玉女，三百餘人，肅然而至。凡是禽獸依親之者，並在火中，皆得過度。仁安以赤明二年，歲在丙午，於伽摩坦婁于翳天中洞寥之嶽，改姓洞浮，諱曰極炎，受錫南單梵寶昌陽丹靈真老帝君[24]，號丹靈老君也。

中央黃老君紀

《洞真九真中經》云：中央黃老君者，太上太微天帝君之弟子也，以混皇二年始生焉[25]。年七歲，乃知長生之要，天仙之法。仍眇綸上思，欽納真玄，蕭條靈想，棲心神源。解脫於文蔚之羅，披素於空任之肆。於是太上授九真之訣[26]八道祕言，施修道成，受書爲太極真人。

金門皓靈皇老君紀

《洞玄本行經》云：西方七寶金門皓靈皇老君者，本乃靈鳳之子也。靈鳳以呵羅天中降生於衛羅天堂世界，衛羅國王取而蓄之。王有長女，字曰配瑛[27]，意甚憐愛，常與共戲，於是靈鳳常以兩翼扇女面。後十二年中，女忽有胎，經涉三月，王意怪之，因斬鳳頭，埋著長林丘中。女後生女，墮地能言，曰："我是鳳子，位應天妃。"王即名曰皇妃。生得三日，有羣鳳來賀，玄哺玉霜洪泉曲水八鍊芝瑛。年八歲，執心肅操，超拔俗倫，常朝則謁日，暮則揖月。於重宮之內，王設廚膳，物不味口。天作大雪，一年不解，雪深十丈，鳥獸餓死。王女思憶靈鳳往之遊好，駕而臨之長林丘中，歌曰：

"杳杳靈鳳，綿綿長歸。悠悠我思，永與願違。萬劫無期，何時來飛？"於是王所殺鳳鬱然而生，抱女俱飛，徑入雲中。王女今於景霄之上，受書爲南極上元君，常乘九色之鳳。此女前生萬劫已奉《靈寶》，致靈鳳降形，得封南極元君之號。皇妃功德遐徹，天真感降，以上元之年，歲在庚申，七月七日中時，元始天尊會於衛羅玉國鳳麟之丘，坐騫華之下，衆真侍坐。是時皇妃所住室內，忽有日象如鏡之圓，空懸眼前。皇妃映見天真大神普在鏡中長林之下，一室光明。於是自登通陽之臺，遙望西方，見鳳生丘上，紫雲鬱勃，神光煒煥，非可得名，去皇妃所住五百步許。逼以女限[28]處在宮內，無由得往。須臾，忽有神鳳來翔，集於臺上。皇妃白鳳言曰："西方有道，心願無緣，不審神鳳可得暫駕見致與不？"於是鳳即敷翮，使坐翮上，舉之徑至道前。元始天尊指以金臺王母，"即汝師也，便可施禮。"皇妃叩頭上啓："惟願衆尊，特垂哀矜，則枯骸更生。"言畢，金母封以西靈玉妃之號，即命九光靈童披霜羅之蘊，出《靈寶赤書白帝真文》一篇，以授皇妃。受號三百年中，仍值青劫改運，皇妃方復寄胎於李氏之胞三年，於西那玉國金壟幽谷李樹之下而生，化身爲男子，改姓上金諱曰昌。至開光元年，歲在上甲[29]，元始天尊錫西方七寶金門皓靈皇老君號。

五靈玄老君紀[30]

《洞玄本行經》云：北方洞陰朔單鬱絶五靈玄老君者，本姓浩字敷明，蓋玄皇之胤，太清之胄，生於元福棄賢世界始青天中。年十二，性好幽寂，心翫山水，遠於家中，或去十日，時復一還[31]。時天下災荒，人民餓殍，一國殆盡。敷明於地境山下，遇一頃巨勝，身自採取，餉係窮乏，日得數過，救度垂死數千餘口。隨取隨生，三年不訖，他人往覓，莫知其處。是時辛苦，形體憔悴，不暇營身，遂致疲頓，死於山下。九天書其功德，金格記其玉名，度其魂神於朱陵之宮。後帝遣金翅大鳥，常敷兩翼，以覆其尸。七百年中，尸形不灰。至水劫改運，水泛尸漂於無崖之淵〔32〕。水過而後，敷明尸泊貝渭邪渠初默天〔33〕鬱單之國北壘玄丘。四十年中，又經山火盛行，焚燒尸形，尸〔34〕於火中，受鍊而起，化成真人，五色之雲，覆蓋其上。至開明元年，於北壘玄丘改姓節諱靈會，元始天王錫靈會洞陰朔單鬱絶五靈玄老君號。

【校記】

〔1〕"託"原作"記"，據《洞真上清青要紫書金根衆經》下《元始天王經》改。

〔2〕"西那天"，本卷下文及本書卷九《釋洞玄智慧大誡經》作"西那玉國"。

〔3〕"鬱察山"，《太上洞真智慧上品大誡》作"鬱刹之山"。

〔4〕"慶雲"原作"九慶"，據《上清高聖太上大道君洞真金元八景玉錄》及本書卷八《釋太上大道君洞真金玄八景玉籙》改。

〔5〕"諱閶霱，字上開元"，上二書分別作"諱閶霱字上開""諱閶天真諱開元"。

〔6〕"桑林"，《上清高聖太上大道君洞真金元八景玉錄》及《太上玉晨鬱儀結璘奔日月圖》均作"希林"。

〔7〕"平"，本書卷八《釋太上大道君洞真金玄八景玉籙》作"光"。

〔8〕"紫雲"，上文有"駕八素紫雲"，二"紫雲"疑有一誤。

〔9〕"申明閑"，"明"原作"名"，據《上清高聖太上大道君洞真金元八景玉錄》及本書卷八《釋太上大道君洞真金玄八景玉籙》改。

〔10〕"北水"，《上清道寶經》卷一作"北海"。

〔11〕"酣紫明芝液"，上書卷二作"酣紫巖明芝液"。

〔12〕"廣成子授以丹青玉爐鍊雲根柔金剛之經"，上書卷二作"上清真人登太帝滄浪山，太極真人授以丹青玉爐經雲根柔金經"，其卷三又云"受金丹鍊雲根柔金剛之經"。本書卷一〇二《總真主錄紀》作"受金丹鍊雲芝之根柔金剛之經"。

〔13〕"又遇始元童子丰車小童受虛皇帝籙仙忌真戒化一成萬解形之法"，

《上清道寶經》卷三作"遇始元童子丰車小童受虛皇帝錄化一成萬之法"。

〔14〕"氣之所在，神隨所生焉。神在則氣成，神去則氣零"，《三洞珠囊》卷七引《上清三天君列紀經》作"氣之所在，隨神所生。神在則氣在，神去則氣去"。

〔15〕"動爲兆神"，上書作"動用爲兆神"。

〔16〕"丹霍之阿"，《無上祕要》卷十五《衆聖本迹品》及《上清道寶經》卷三《死生品》均作"朱霍之阿"。

〔17〕"靈"，《上清道寶經》卷三《死生品》作"臺"。

〔18〕"傭人"，《無上祕要》卷十五《衆聖本迹品》作"庸人"。

〔19〕"没命于天"，上書作"歸命十天"。

〔20〕"彌梵羅臺霄絶寥丘"，《上清道寶經》卷三《死生品》作"梵那彌羅臺"。

〔21〕"割口"，《無上祕要》卷十五《衆聖本迹品》作"割肉"。

〔22〕"西那國"，上書"西"作"胄"。

〔23〕"放"，疑作"於"，形近而譌。

〔24〕"丹靈真老帝君"，原無"君"字，據《無上祕要》卷十五《衆聖本迹品》增。

〔25〕"之弟子也，以混皇二年始生焉"，《上清太上帝君九真中經》卷上作"之弟也，以清虛上皇二年混爾始生"。

〔26〕"九真之訣"，上書"訣"作"經"。

〔27〕"配瑛"，本書卷九七《靈鳳歌》作"醜瑛"。

〔28〕"限"原作"根"，據《無上祕要》卷十五《衆聖本迹品》改。

〔29〕"歲在上甲"，上書作"歲在壬申"。

〔30〕"紀"原作"結"，據《四部叢刊》本、《道藏輯要》本改。

〔31〕"或去十日，時復一還"，《上清道寶經》卷一引《墨錄中篇》作"千日一還"。

〔32〕"水泛尸漂於無崖之淵"，《無上祕要》卷十五《衆聖本迹品》作"水捧其屍，漂於無涯"，本書卷八六《水火蕩鍊尸形》引《洞玄本行經》作"洪災

滔天，水捧其尸，漂於無涯"。

〔33〕"貝渭邪渠初默天"，"渠"原作"源"，據本書卷八六《水火蕩鍊尸形》及本書卷八《釋太上大道君洞真金玄八景玉籙》改。

〔34〕"尸"字原無，據本書上二篇改。

雲笈七籤卷之一百二

紀

混元皇帝聖紀

太上老君者，混元皇帝也。乃生於無始，起於無因，爲萬道之先，元氣之祖也。蓋無光無象，無音無聲，無宗無緒[1]，幽幽冥冥。其中有精，其精甚真。彌綸無外，故稱大道焉。夫道者，自然之極尊也，於幽無之中而生空洞焉。空洞者，真一也。真一者，不有不無也。從此一氣化生後九十九萬億九十九萬歲，乃化生上三氣，三氣各相去九十九萬億九十九萬歲，三合成德，共生無上也。自無上生後九十九萬億九十九萬歲，乃化生中三氣，三氣各相去[2]九十九萬億九十九萬歲，三合成德，共生玄老也。自玄老生後九十九萬億九十九萬歲，乃化生下三氣，三氣各相去九十九萬億九十九萬歲，三合成德，共生太上也。自太上生後，復八十一萬億八十一萬歲，乃生一氣。一氣生後，復八十一萬億八十一萬歲，乃生前三氣。三氣各相去八十一萬億八十一萬歲，三合成德，共生老君焉。老君生後八十一萬億八十一萬歲，化生一氣。一氣生後八十一萬億八十一萬歲，化生後三氣。三氣又化生玄妙玉女。玉女生後八十一萬億八十一萬歲，三氣混沌，凝結變化，五色玄黃，大如彈丸，入玄妙口中，玄妙因吞之。八十一年乃從左腋而生，生而白首，故號爲老子。

老子者，老君也，此即道之身也，元氣之祖宗，天地之根本也。夫大道玄妙，出於自然，生於無生，先於無先，挺於空洞，陶育乾坤，號曰無上正真之道。神奇微遠，不可得名。故曰：吾生於無形之先，起乎太初之前，長乎太始之端，行乎太素之元。浮游幽虛，出入杳冥。觀混沌之未判，視清濁之未分，盼髣髴之興光，瞻響罔之眇然，窺惚恍之容象，覩鴻洞之無邊，步宇宙之曠野，歷品物之族羣。惟吾生之卓兮！獨立而無倫。消則爲氣，息則爲人矣。

老君者，乃元氣道真，造化自然者也。強爲之容，則老子也。以虛無爲道，自然爲性也。夫莫能使之然，莫能使之不然；亦不知其所以然，不知其所以不然，故曰自然而然者也。至若以地爲輿，操[3]天爲蓋，馳騖曠蕩，翶翔八外，不足比其大也。窮幽極微，至纖無際，析毫剖釐，刃鋏鋒鋭，不足言其細也。絲竹八音，《簫韶》九成，宮商調暢，律呂和平，不足言其聲也。玄黃煥爛，丹青熻煜，焜煌煒曄，麗靡華飾，不足言其色也。皦耀熠爍，神明恍惚，風流電遊，霆振響逸，不足言其疾也。結根九泉，沈嶠八海，水凝藪澤，淵渟嶽峙，不足言其止也。陰陽不測，變化無倫，飄飄太素，師虛友真，不足言其神也。光燭玄昧，洞鑒無形，仰觀太極，俯察幽冥，不足言其明也。影離響絕，雲銷霧除，鑽冰求火，探巢捕魚，不足言其無也。滌宇宙之塵穢，掃雲漢於天衢，下坑宏而無底，上寥廓而無隅，包六合而造域，跨八維以爲區，不足言其虛也。然則道固無形，夫何爲名？故乃託虛寄無，假道以言之。言之不足以盡意，故歸之自然。自然者，理之極，乃道之常也，故衆聖所共尊。道尊德貴，夫莫之爵，而常自然。惟老氏乎！

老君者，乃元生之至精，兆形之至靈也。昔於虛空之中，結氣凝真，強爲之容，體大無邊，相好衆備，自然之尊。上無所攀，下無所躡，懸身而處，不頽不落。著光明之衣，照虛空之中，如含日月之光也。或在雲華之上，身如金色，面放五明，自然化出：神王、力士，青龍、白獸、麒麟、師子，列於前後。或坐千葉蓮花，光明如日，頭建七曜冠，衣晨精服，披九色離羅帔，項負圓光。或乘八景玉輿，駕五色神龍，建流霄皇天丹節，廕九光鶴蓋，神丁執麾，從九萬飛仙，師子啓塗，鳳凰翼軒。或乘玉衡之車，金剛之輪，驂駕九龍，三素飛雲，寶蓋洞耀，流煥太無，燒香散華，浮空而來，伎樂駭虛，難可稱焉！或坐寶堂大殿，光明七寶之帳，朱華羅網，垂覆其上，仙真列侍，神丁衛軒，旛幢旌節，騎乘滿空。或金容玉姿，黃裳繡帔，凭几振拂，爲物祛塵。或玄冠素服，白馬朱駿，仙童夾侍，神光洞玄。夫妙相不可具圖，學上道之子，宜識真形。真形不測，但存此足以感會也。

夫學不知其本，如嬰兒之失母。能知其母，又知其子。既知其子，復守其母。母者何也？無中之有也，是道也，至真也，宗極也，一切所崇也。隨感而應，應有著微。微則妙象恍惚，乍存乍亡。屈者資之得伸，暗者向之獲明，迷者歸之果定。故神明之君，應著之時，形像相好，動靜有則，以正理邪，周徧無滯，救度無窮，故稱爲聖。或君或臣，或師或友，依緣相逢。逢此應者，皆由精心感道，道氣通感，是故隨機適品矣！夫大道處於無形，無形非凡所見。應感以形，妙相隨時而出。或玉姿金體，爰及肉身。或飛或步，或尊或卑，或山或岱，或夷或夏，不可測量。隨感麤妙，應已則藏。或來無所從，去無所至。洞有洞無，周徧一切。悟者即心得道，迷者觸向乖真。能崇識老君，尊而敬之，則得正真道矣！

論曰：夫道不可見，見而非也；道不可聞，聞而非也。蓋示理教俱空，寂而不動也。而道亦能使未見者見，未聞者聞。此明境智相發，感而遂通也。然通寂雖殊，其至一焉。故曰："道常無爲而無不爲。"以此論之，蓋由人心者也。夫心之念道，凡有二種：一念法身，七十二相，八十一好，具足微妙，三界特尊。二念真身，猶如虛空，圓滿清淨，不生不滅。若於此相，未能明審，須憑圖像，係録其心，當鑄紫金，寫此真形。泥水銅綵，稱力所爲。殿堂帳座，旛華燈燭，隨心供養，如事真身。想念丹倒[4]，功德齊等。若能洞觀非身之身，圖像真形，理亦無二。是以敬像，隨心獲福，報之輕重，惟在其心，念念增進，自然成道。所謂人能念道，道亦念人，即此之謂也。

太微天帝君紀

《紫度炎光神玄變經》云：太微天帝君生于始青之端，九曜神靈之胤，玄氣未凝之始，結流芳之胄[5]而法形焉。連光映靈，紫雲曜電，玄煙流靄，丹暉纏絡，妙覺潛啓，仍採納上契，條暢純和，吐納冥津，遂降靈生之胎，哺兼洪泉曲芝。行年二七，金容內發，玉華外映，洞慧神聰，朗覩虛玄，編掌帝號，其所任乎！澄流九霄之霞，飛眺洞清之源。明機覽於極玄，領綜運于億津，積感加於冥會，妙啟發於自然。是以得御[6]紫度炎光廻神飛霄登空之法，修行內應，上登玉清，高上之尊道備，以付中央黃老君焉。

青要帝君紀

《洞真青要紫書金根眾經》云：青要帝君者，九陽元皇玉帝之弟子也。以中皇元年，歲在東維，天始告暉，君育於玄丘玉[7]國無崖之天瓊林七寶之下，溟濛九域之濱，法化應圖，三日啓晨。厥姓堯諱字伯開，仍有九龍翼君側，七色瓊鳳廕君身，神麟含芝以哺玄，天女吐精以灌真，玉童擲華以却穢，神妃散香以攘塵。含漱胎息，法秀自然。年冠二六，面發金容，體生靈符，容與順化，應運浮沉。棲心明霞之境，遨遊玉國[8]之墟，執抗元皇之策，落景九域之丘。逍遙流盼，遂經萬劫。方還清齋雲房之間，以紫雲為屋，青霞為城，黃金為殿，白玉為牀，五氣交結，高臺連甍，玉陛文階，鳳闕四張，金童侍側，玉華執巾，天仙羅衛，五千餘人。九陽元皇玉帝君時乘碧霞九鳳飛輿，瓊輪羽蓋，從桑林千真，萬乘億騎，飛行侍仙，三十六人，宴景霄庭，來降於君，與君共登九老仙都之京九曲之房，命西臺龜母開雲鳳之蘊，紫錦之囊，出《紫書真訣玉篇》，以授[9]於君。君修行道備，位登玉清。太上大道君授君飛雲羽蓋，流紫鳳章，《金真玉光》、《豁落七元》、《金、神虎[10]符》、《流金火鈴》，青精[11]玉璽，九色無縫之章，單青羽裙，飛行上清。於是縱景萬變，廻轉五晨，策虛召月，攝日揚輪。洞化離合，與真同靈，解形遯變，儵歘億千。上登三元，朝謁玉官，遊覽無崖，匡落九天。出入洞門，攜契玉仙，仰稟高上，元始太真。應氣順命，位掌帝晨，總[12]統萬道，無仙不關。下攝十天，山靈河源，五嶽四海，莫不上隸於君者也。

總真主錄紀

《洞真變化七十四方經》云：上清總真主錄南極長生司命君姓王諱改生字易度，乃太虛元年，歲洛西番，孟商啓運，朱明謝遷，天元冥遯，三暉翳昏，晨風迅虛，六日明焉，君誕于東林廣昌之城長樂之鄉。行年十四，棄世離俗，心慕神仙，遇紫府華先生授陰陽補養、削死修生、三五變鍊、七九復神、道御中和、胎息之方。行其術，壽至四百年。登玄溪之澗隱巖之房，詣屠先生受金丹鍊雲芝之根柔金剛之經[13]，飛煙起霜沈雪之方，招霞咽精之道[14]。服御七年，與日合景，行經神州空洞之山，遇太一真人戴先生受帝君九鍊之方。

中天玉寶元靈元老君紀[15]

《洞玄本行經》云：中天玉寶元靈元老君者，本姓瑰字信然，蓋洞元之胤，中和之胄，生於善忍世界青元天中流生之丘。受生一劫，默然不語，混沌無心，食氣爲糧。天地未光，無常童子於無色之國，授信然《靈寶赤書赤帝真文》一篇，於是而言[16]。是時惟修一身，初不開張，廣度天人，善功未充，運應更滅。於青元天中，命終流生之州，靈體絕丘之下，經一百餘年，死而不灰，常有黃氣覆蓋其上。至水劫流行，天下溟然，靈骸四面，涌土連天，遏塞[17]水道。信然應化，鬱然而起，更生成人，改姓通班，諱曰元氏。水過之後，天地開光，三象玄[18]曜，七元高明，元始天尊以開光[19]元年，歲在己丑，於高桃厲冲龍羅天反魂林中，錫元氏玉寶元靈元老君號。

赤明天帝紀

《洞玄本行經》云：昔禪黎世界墜王有女字緒音，一音繼音。生乃不言，年至十四，王怪之，乃棄女於南浮長桑之阿空山之中。女乏糧食，常仰日咽氣，引月服精，自然充飽，體不疲損。常行山中，周帀巖洞，忽與神人會於丹陵之舍栢林之下[20]，執緒音右手題赤石之上，語緒音曰："汝雖不能言，可憶此也。"緒音私心自悼，受生不幸，口不能言，棄在窮山。誓心自願，得還人中，當作功德，無有愛惜。百劫之後，冀與願會。天爲其感，遣朱宮靈童下教緒音理身之術，受《赤書》八字之音[21]，於是能言。緒音晨夕朝禮天文，道真既降，逆知吉凶，役使百靈，坐命十方。於山而出，還於王國。時天下大旱，人民燋燎。王大懼怖，祈請神明。緒音往白王言："常聞山中，有女不言，能感於天，王識之乎？"王於是悟，識是王女，乃迎女還宮。見女能言，王有[22]愧顏。女顯其道，爲王仰嘯，天降洪雨，注水至丈，於是化形隱景而去。仍更寄形王氏[23]之胞，運未應轉，方又受生，還爲女身。父字以福慶，名曰阿丘曾[24]。年及人禮，乃發大慈之心，布施窮乏，獨寢一處，不雜於物，然燈燒香，長齋幽室。丹誠積感[25]，道爲之降。以開光元年，十方大聖尊神妙行真人，會南圃丹霍之阿三元洞室[26]青華林中，衆真侍坐，香華妓樂，五千餘衆，真文奕奕，光明洞達，映朗內外，雲景煒爍，如星中之月，去阿丘曾所住舍數十里中。丘曾時年十六，見舍光明，內外朗照，疑似不常，乃出南向，望見道真。丘曾歡喜，叉手作禮，遙稱名曰："丘曾今遭幸會，身覩天尊，非分之慶，莫知所陳。歸命十方，天中之天。惟蒙玄鑒，賜以誠言，萬劫滅度，冀得飛仙。"魔見丘曾心發大願，力過魔界，因化作五帝老人，往告丘曾云："我受十方尊神使命，來語汝曰：《靈寶》法興，吾[27]道方行。每欲使人[28]仁愛慈孝，恭奉尊長，敬承二親。如聞汝父，當娉汝身，已相許和，受人之言，父母之命，不可不從，宜先從之。人道既備，餘可投身，違父之教，仙無由成。"女答魔言："我前生不幸，夙無因緣，功德未充，致作女身。晨夕尅勵，誓在一心，用意堅固，應於自然。生由父母，命歸十天，誠違父教，不如君言。"魔見丘曾執心晷正，於是便退。丘曾自云："道既高邈，無緣得暢。乃聚柴發火，焚燒身形，冀形骸得成飛塵，隨風自舉，得至道前。"於是火然，丘曾投身，紛然無著，身如蹈空，俄頃之間，已見丘曾化成男子，立在道前。元始天尊即[29]命南極尊神爲丘曾之師，授丘曾《十戒靈寶真文》。元始天尊又告南極尊神曰："丘曾前生萬劫，已奉《靈寶》。功德未備，致寄生轉輪。至于今日，化生人中。見吾出法，即得化形。當更度人九萬九千，乃得至真大神，爲洞陽赤明天帝。"

南極尊神紀

《洞玄本行經》云：南極尊神者，本姓皇字度明，乃閻浮黎國宛王之女也。生於禪黎世界赤明天中，生乃當貴，父爲國王，女居宮内，金牀玉榻，七色寶帳，明月雙珠，光照内外。王給妓女數千人，國中珍寶，無有所乏。常欲布散，大建功德。志極山水，訪及神仙。逼限宮禁，津路無緣。志操不樂，心自愁煎。王意憐愍，慰諭百端。問女意故，女終不言，淚落如雨，切無一歡。王加其妓樂，日日作唱，度明聞樂，常如不聞。獨在一處，清淨焚香，長齋持戒，日中乃餐。王知其意，乃於宮中爲踊土作山，山高百丈，種植竹林，山上作臺，名曰尋真玉臺。度明棄於宮殿，登臺棲身，遮遏道徑，人不得通。單影獨宿一十二年，積感昊蒼。天帝君遣朱宮玉女二十四人，乘雲駕鳳，下迎度明。當去之夕，天起大風雨，雷電激揚，地舍旋轉，驚動一國。王大振懼，莫知所從。天曉分[30]光，失去山臺，不見其女。天帝迎度明於陽丘之嶽丹陵上舍栢林[31]之中，朱鳳侍衛，神龍翼軒，玉童玉女三百餘人。於後大劫數交，天地易位，度明應在棄蕩[32]之例。南上感其丹至，朱宮書其紫名，化其形骸於無始之胞[33]，一劫而生，得爲男身。於南丹洞陽上館明珠七色寶林，赤帝梵寶昌陽丹靈真老君錫度明以南極上真之號[34]。

【校記】

〔1〕"緒"，本書卷二《混沌》引《太始經》作"祖"。

〔2〕"乃化生中三氣，三氣各相去"，上書作"乃生中二氣也，中三氣也。中二氣中三氣各相去"。

〔3〕"操"，《淮南子·原道訓》作"以"。

〔4〕"倒"，《道藏輯要》本作"成"。

〔5〕"冑"原作"胃"，據《洞真太上紫度炎光神元變經》改。

〔6〕"御"原作"禦"，據上書改。

〔7〕"玉"原作"王"，據《洞真上清青要紫書金根衆經》卷上改。

〔8〕"玉國"原作"玉圖"，據上書改。

〔9〕"以授"原作"已受"，據上書改。

〔10〕"虎"原作"虛"，據上書改。

〔11〕"精"字原無，據上書增。

〔12〕"總"原作"縱"，據上書改。

〔13〕"受金丹鍊雲芝之根柔金剛之經"，《上清道寶經》卷三作"受金丹鍊雲根柔金剛之經"。

〔14〕"飛煙起霜沈雪之方，招霞咽精之道"，本書卷一〇一《三天君列紀》作"飛煙發霜沈雪浮日朱之法"。

〔15〕"中天玉寶元靈元老君紀"，按《無上祕要》卷十五《衆聖本迹品》，本篇應與本書卷一〇一之《中央黃老君紀》互易。又"中天"，《元始五老赤書玉篇真文天書經》及《太上洞玄靈寶赤書玉訣妙經》卷下均作"中央"。

〔16〕"於是而言"，《無上祕要》卷十五《衆聖本迹品》作"於"字連下句。

〔17〕"塞"原作"雲"，據上書改。

〔18〕"玄"，上書作"朗"。

〔19〕"光"，上書作"冥"。

〔20〕"丹陵之舍柏林之下"，《太上洞玄靈寶赤書玉訣妙經》卷下作"丹陽柏林舍下"。

〔21〕"下教絓音理身之術，受赤書八字之音"，《無上祕要》卷十五《衆聖本迹品》及本書卷七《石字》"理"作"治"，"受"作"授其"，"之音"作"絓音"連下句。

〔22〕"有"原作"見"，據《無上祕要》卷十五《衆聖本迹品》改。

〔23〕"王氏"，上書作"洪氏"。

〔24〕"父字以福慶，名曰阿丘曾"，上書作"父字福慶，名女曰阿丘曾"。又"福慶"，《太上洞玄靈寶赤書玉訣妙經》卷下作"福度"。

〔25〕"積感"原作"感積"，據《無上祕要》卷十五《衆聖本迹品》及《上清道寶經》卷三《死生品》改。

〔26〕"三元洞室"，《上清道寶經》卷三《死生品》作"三光洞臺"。

〔27〕"吾"原作"五"，據《無上祕要》卷十五《衆聖本迹品》改。

〔28〕"人"，上書作"女"。

〔29〕"即"原作"師"，據上書改。

〔30〕"分"，上書作"成"。

〔31〕"栢林"原作"相林"，據上書改。

〔32〕"蕩"原作"落"，據上書及《太上洞玄靈寶赤書玉訣妙經》卷下改。

〔33〕"無始之胞"，《太上洞玄靈寶赤書玉訣妙經》卷下作"元君之胞"。

〔34〕"赤帝梵寶昌陽丹靈真老君錫度明以南極上真之號"，上書作"師赤帝梵寶昌陽丹靈真老君，赤書道成，位登南極"。

雲笈七籤卷之一百三

傳

宋真宗御製翊聖保德真君傳序[1]

蓋聞天心降顧，邦家所以會昌；靈命丕昭，神道所以協贊。考載籍之攸記，固今古而同符。矧復吾宗，在于戰國，基緒方始，精感寔繁。或山祇而見形，或帝所而協[2]夢，其來已久，斯謂不誣。乃有接三統而開基，將隆景業；冠百神而儲佑，茂顯明徵。奠條梅之名區，號龜玉之奧主，見之於翊聖保德真君[3]矣。太祖肇膺元曆，觀德而無言；太宗祇紹睿圖，順期而前告。若夫述玉晨之寶睠，序斗極之仙階，告國命之延洪，示真科之祕賾，洪威顯洽，屏乎物魅神姦；諄誨博臨，揚乎天祺民祉。由是靈壇爰峙，徽稱斯崇，欽奉於芬馨，仰祈於先覺。固惟九域，咸被底綏，豈止三秦，獨增忻戴？暨茲沖眇，纘乃基扃[4]。仰嘉話之在人，瞻至神之佑世。由是載稽茂典，恭益尊名，以爲上帝之恒符[5]，文考之真應，安可默而無述？故當垂之不刊。爰詔輔臣，俾詮靈訓，詢求斯至，編帙旋成。想風烈而昭然，思音徽而可覿，誠足鏤之金板，祕于蘭臺。披封奏歸美之心，願裁於序引；屬乙夜觀文之暇，聊志於歲時。題曰《翊聖保德真君傳》[6]云爾。

翊聖保德真君傳[7]

推忠協謀同德守正佐理功臣樞密使、開府儀同三司行吏部尚書同中書門下平章事上柱國太原郡公[8]臣王欽若編集。

建隆之初，鳳翔府盩厔縣民張守真，因遊終南山，忽聞空中有召之者，聲甚清徹。守真驚懼，四顧無所見，默行悚聽，約數里，又聞語云："汝若先行，吾即在後。"如是者數日，守真莫能測。既還其家，又聞於室中曰："吾受命降靈，汝何爲頑梗如此？不聽吾言！吾若不爲宋朝大事，當已粉碎汝矣。"守真方異之而且懼，因曰："未審是何星辰？如此臨降，守真性本愚戇，且昧神祇，願勿憑陵，必無事奉。"乃曰："吾是高天大聖玉帝輔臣，授命衛時，乘龍降世。但以非正真之士，無以奉吾教。汝有異骨，不類常流，汝可虔心奉吾道訓也。"守真曰："竊聞在男曰覡，在女曰巫[9]，守真雖處凡庸，恥爲茲類[10]。"又曰："吾上天之神，非鬼魅也。五嶽四瀆，吾能役使。汝若廻心入道，勤奉香火，當令汝應大國之徵命，受真主之恩遇，豈同巫覡之輩耶！"守真曰："神人既若此教導，敢不虔事？"乃設酒肉之饌以祀焉！又聞言曰："吾神人也，汝何爲以腥穢瀆我？以汝未曉，不欲罪汝。此去[11]但以香茶及素食鮮果爲供，吾雖不食，歆汝之意也。"守真稽首而謝。又曰："吾爲汝天上之師，汝別有人間之師，但訪高士，以求度焉。"守真乃禮古樓觀先生梁筌爲師，度爲道士，遂於所居之側，擇隙地，出家財，搆[12]北帝宮，內立殿以事神，旦暮崇奉，頗極清至。神謂之曰："觀汝虔心，稱吾教導，貞潔之士，可以驅邪。吾先將誨汝劍法，俾汝爲民除妖。後當令汝結壇，俾汝爲國祈福。"守真再拜曰："守真本實凡庸，粗懷愚直。當緣夙生奉事，乃致今獲歸依。願以至心，永奉靈德，壇儀劍法，恭俟靈訓。"

真君曰："劍法有三。但以剛鐵鍛爲利刃，吾目一視，便可用也。有疾之人，俾汝揮擊，邪氣銷鑠，其人無損。或地祇作孽，水族生妖，分野爲災，國家軫慮，當以上劍治之；或山澤之怪，飛走之雄，震駭閭閭，侵毒黎庶，當以中劍治之；或魑魅之徒，夒魖之輩，挾邪暴物，作祟害人，當以下劍治之。"守眞曰："三劍之法，已聞命矣。結壇之儀，伏俟指教。"

眞君曰："結壇之法有九。上三壇則爲國家設之。其上曰順天興國壇，凡星位三千六百，爲普天大醮，旌旗鑑劍，弓矢法物，羅列次序，開建門户，具有儀範；其中曰延祚保生壇，凡星位二千四百，爲周天大醮，法物儀範，降上壇一等；其下曰祈穀福時壇，凡星位一千二百，爲羅天大醮，法物儀範，降中壇一等。儻非時禱祀，不及備此三壇，亦當精潔詞章，鮮異花果，扣鼓集神，懇禱而告，去地九尺，焚香以奏，亦可感應也。中三壇則爲臣寮設之。其上曰黃籙延壽壇，凡星位六百四十；其中曰黃籙臻慶壇，凡星位四百九十；其下曰黃籙去邪壇，凡星位三百六十。此三壇所用法物儀範，各有差降。下三壇則爲士庶設之。其上曰續命壇，凡星位二百四十；其中曰集福壇，凡星位一百二十；其下曰却災壇，凡星位八十一。所用儀範，量有等差。此九壇之外，別有應物壇，或六十四位，或四十九位，或二十四位。法物所須，各以差降，士民之類，可量力而爲之。如臣庶上爲帝王祈祐，當作祈穀福時壇，凡一千二百位。或爲父母師尊禳災祈福，當爲醮設壇，隨儀[13]增益也。"守眞拜而受之，自爾多有徵驗，不能備紀。

乾德中，太宗皇帝方在晉邸，頗聞靈應，乃遣近侍齎信幣香燭，就宮致醮。使者齋戒焚香告曰："晉王久欽靈異，欲備俸緡，增修殿宇，仍表乞勅賜宮名。"

眞君曰："吾將來運值太平君宋朝第二主，修上清太平宮，建十二座堂殿，儼三界中星辰，自有時日，不可容易而言。但爲吾啓大王，言此宮觀上天已定增建年月也，今猶未可。"使者歸以聞，太宗驚異而止。太祖皇帝素聞之，未甚信異。遣使齎香燭青詞，就宮致禱，召守眞詣闕，備詢其事。守眞具言之，且曰："非精誠懇至，不能降其神。"仍以上聖降靈事迹聞奏[14]。太祖召小黃門長嘯於側，謂守眞曰："神人之言若此乎？"守眞曰："陛下[15]儻謂臣妖妄，乞賜按驗，戮臣於市，勿以斯言，褻黷上聖。"詔守真止於建隆觀，翌日遣內臣王繼恩就觀設醮，移時未有所聞。繼恩再拜虔告，須臾真君降言曰："吾乃高天大聖玉帝輔臣，蓋遵符命，降衛宋朝社稷，來定遐長基業，固非山林魑魅之類也。今乃使小兒呼嘯，以比吾言，斯爲不可。汝但説與官家，言上天宮闕已成玉鏁開，晉王有仁心，晉王有仁心。"凡百餘言。繼恩惶懼不敢隱，具録以奏，因復面言，神音歷歷，聞者兢悚。太祖默然異之，時開寶九年十月十九日之夕也。翌日太祖升遐，太宗嗣位。尋召守真於瓊林苑爲周天大醮，作延祚保生壇。醮罷，真君降言於內臣王繼恩曰："吾有言，汝當爲吾奏之曰：

建隆元年奉帝言，乘龍下降衛人君。掃除妖孽猶閑事，縱橫整頓立乾坤。國祚已興長安泰，兆民樂業保天真。八方效貢來稽首，萬靈振伏自稱臣。親王祝壽須焚禱，遞相虔潔向君親。吾有捷疾一百萬，諸位靈官萬垓人。若行忠孝吾加福，若行悖逆必誅身。賞罰行之既平等，天無氛穢地無塵。愛民治國勝前代，萬年基業永長新。"

繼恩録之於簡，翌日以聞。太宗覽之驚異，稽首謝曰："國家之幸，宗廟之慶，虔荷上聖，賜此格言。"命緘藏於內殿，尋遣內供奉官王守節起居舍人王龜從就終南山下築宮。方卜地於終南鎮，真君忽降言於龜從等曰："此地乃修建上帝宮闕之地，不可易也。"於是乃定，凡三年宮成。中正之位，列四大殿，前則玉皇通明殿，次紫微殿，次七元殿，次真君所御殿。東廡之外，有天蓬、九曜、東斗、天地水三官四殿。西廡之外，有真武、十二元神[16]、西斗、天曹四殿。又有靈官堂[17]南斗閣，並列星宿諸神之像。豎鐘經二樓，齋道堂室，靡不完備。建碑以紀其事，題曰上清太平宮，一如真君預言之制。命常參官一人監宮，擇道士焚修。每歲三元及誕節、上本命日，並遣中使致醮。祀神之夕，上望拜焉。歲或水旱，或國家將舉事，率致禱焉。初宮成，真君忽降言，謂王龜從等曰："汝奉詔修宮，勤則至矣。然何爲不開日月華門？不畫八小殿？壁堦墀甓甃亦未嚴備，惟求速成，以冀恩寵。然上天亦不掩爾功，亦不赦爾罪。"守節龜從頗切驚懼，然已奏訖役，不及增備，惟稽首祈謝。及至闕，皆獲增秩，賜白金千兩。既而守節染疾而亡，龜從歿於兵刃，此乃不掩功不赦罪之戒明矣。

太平興國初，太宗皇帝親征太原，真君忽降言於守真曰："官家已臨汾晉，非久尅復城池，汝當令監官內臣等設醮，以謝勝捷於上帝。"守真等曰："國家大事，乞俟捷音。"真君曰："上天已定勝負也。"踰旬而王師告捷，監宮等以聞。帝遣內臣盧文壽齎內庫香藥，御署詞章，詣宮陳醮，以謝上帝。是夕真君降言曰："官家設此大醮，上帝與諸天皆喜，國祚延遠，過於有唐矣。"至六年，守真以乾明節詣闕朝賀，召見，因面奏曰："聖真下降，俯爲昌朝，乞降詔加號，以答靈貺。"上允其奏，尋下詔曰："太平宮神，受命上穹，降靈下土。苾芬致薦，肸蠁有徵。大庇斯民，屢垂丕貺。宜加美號，以答神休。其封神爲翊聖將軍。"詔命至宮，守真焚香以告，真君忽降言曰："汝當上問官家，所言翊聖者，翊於何聖？"守真數日疑懼，不敢答。復言曰："汝但馳奏，官家不罪汝。"守真遂具章以聞，太宗覽之，召近臣謂之曰："玉帝輔臣所輔翊者，上帝也。當以此意報守真，令啓白也。"既而內臣傳命到宮，守真詣殿，焚香以告。真君曰："此意是也。"七年，守真復詣闕朝賀，真君忽降言曰："吾有言，汝當聞於官家曰：'大道興隆陰謀滅[18]，諸天衆聖皆欣悦。宋朝社稷甚延年，太平景運初興發。君上端心顯明哲，愛民治國常須切。萬年基業永長新，金枝玉葉無休歇。'"守真得之，到闕以聞。詔賜守真紫衣，號崇元大師。自後每遣使醮告，真君或有言，守真皆密以聞。至道初，忽降言謂守真曰："吾建隆之初，奉上帝命下降衛時，今基業已成，社稷方永，承平之世，將繼有明君。吾已有期，却歸天上，汝等不復聞吾言矣。儻國家祈禱，但嚴潔焚香北面告，吾雖不降言，當授福衛護宗社。"又曰："汝遇吾下降，至今三十五年，勤亦多矣。上帝已有符命，授汝爲五土之主。此限滿日，升汝仙官，汝亦不久住也。"自是不復降言。明年閏七月十六日，守真謂門人等曰："吾已領符命，今將去矣。"言訖而化。

既而聖上嗣位，崇奉之典，率遵舊式。洎[19]受元符，封泰山，建玉清昭應宮，於宮中寶符閣之西北隅作凝命殿，殿後爲凝命閣，以奉真君。大中祥符七年詔曰：“誕敷寶命，仰荷於至神；昭報殊徵，虔增於懿號。蓋爲邦之大典，庇民之深旨也。而況翊宣元化，式表衆靈，司陰隲於含生，播明威於福地。當王基肇啓，固降治而已彰；洎文考纘承，復先期而斯應。由是亟營珍館，備薦徽章，蒙介福於無垠，佐鴻圖於累盛。顧惟眇質，紹撫綿區，屬典禮之交修，實祺祥之沓委。緬懷幽贊，罔[20]怠欽崇。是用益以丕稱，奉之茂則，式達至精之懇，庶伸祇答之文。期克享於夤恭，永保寧於品彙。爰頒成命，俯告宰司，深體予懷，共宣其事。翊聖將軍宜加號曰翊聖保德真君。”

自真君之降世也，或時有所唉，人即傳録。而岐雍之間，有物魅妖怪爲害之極者，皆投誠致告，則守真祈禱，奉教而往，靡不袪殄。凡所靈驗，不可勝紀，今録其傳聞者云。守真常朝禮至玉皇大殿，覩其題曰通明殿，不曉其旨，因焚香告曰：“通明之理，竊所未諭，敢祈真教。”真君曰：“上帝在無上三天，爲諸天之尊，萬象羣仙，無不臣者。常陞金殿，殿之光明照於帝身，身之光明照於金殿，光明通徹，無所不照，故爲通明殿。諸天帝君萬靈侍衛，仙衆梵佛悉來朝謁，仰視其殿，惟見大光明中，上帝儼然。仙班既退，光明徧徹諸天焉。”

有王叟者，年七十餘，少事戎帥，老而退居終南鎮，膽氣雄傑，談五代時事，歷歷可聽。每聞妖怪誕妄之事，則扼腕切齒。自真君之始降，未甚信嚮。洎目覩靈異，欣然歸仰。自後常日二時赴宮，焚香伏拜，雖風雨霜雪，未嘗暫曠。一日忽告守真啓殿門，瞻禮焚香，且泣曰：“老夫本懷剛氣，幼事軍門，不信邪魔，常守正直。百生有幸，得遇上真，今已衰耗，大期將至。所願歸全之後，得在左右，以備驅使，爲萬足矣。”真君降言而許之。未幾，叟無疾而終。踰旬，守真忽於真君殿前，聞空中有呼其名者曰：“我鐵輪將軍也，汝何以略不見録？”守真仰而問曰：“真君左右有四將軍，常侍殿中，守真常所虔事，未知鐵輪將軍是何星辰名位？”空中又曰：“我即王叟也。曾有至願，乞侍左右，今蒙收録，使掌鐵輪，位在四將軍之下。汝今後或有醮祭，勿忘吾名也。"真君嘗謂守真曰："吾每巡遊周天，有諸位靈官捷疾吏兵，數逾百萬。彗孛妖沴，知吾騎從所至，皆屏跡遠避。嶽鎮海瀆，可以麾召，而世之物魅邪怪，豈足數耶！吾念汝正直，付汝劍法，俾汝爲民救患禳災。汝宜精勤，無或懈怠，積功立名[21]，加惠及物，上天所鑒，當錄汝名。若慢道輕教，不守虛寂，自有陰責矣！吾若一怒，萬物立爲埃塵，汝其可當乎！然汝每有責罰，乃吾[22]小將軍怒汝不專謹爾！汝自宜致恭於彼。汝所興念，彼各預知，不可欺心，貽汝禍患。"

守真嘗一日從容焚香，虔誠問曰："守真覩釋氏之教，言天上天下無如佛者。未知三清之上，品位何若？願賜真語，以蠲蒙滯。"真君降言曰："佛即西方得道之聖人也，在三清之中，別有梵天居之，於上帝則如世之九卿奉天子也。"守真曰："其教流演，頗盛於世，又何理也？"真君曰："教流中夏，帝之念也。隨世盛衰，亦帝之念也。"守真曰："道釋經典並垂於世，未審崇奉何者即獲其福？"真君曰："太上《道德經》大無不包，細無不納，修身鍊行，治家治國。世人若悟其指歸，達其妙用，造次於是，信奉而行，豈惟增福，諒無所不至矣。釋氏之《四十二章經》，制心治性，去貪遠禍，垂慈訓誡，證以善[23]惡，亦一貫於道矣！奉之求福，固亦無涯。至于周公孔子，皆列儔品，而五經六籍，治世之法，治民之術，盡在此矣。世雖諷誦，多不依從。若口誦而心隨，心隨而事應，仁義信[24]行禮智之道，常存于懷，豈惟正其人事，長生久視之理，亦何遠矣！"

守真又嘗啟請云："終南山中赤谷神祠者，近鄉之人多所祈祀。屠牛擊豕，以爲饗饌。酒樂喧沸，民氓鼓舞。若斯之事，其獲佑乎？"真君曰："終南山寔名山福地，人凡境聖，今古皆然。興妖致邪，殺命祈福。以茲俟福，斯亦遠矣！"既而草竊潛匿其下，捕賊者積薪焚之，祠宇煨燼，寂無靈異。

建隆末，長安進士劉頒頗有文學，出於流輩，嘗詣宮再拜，禱曰："頒欲知將來位秩高卑，願賜靈誥[25]。"真君降言曰："天賦汝文性，不賦汝祿位。汝若學道退閒，當猶延永。若妄求進身，慮促汝壽筭也。"頎聞之，不悅而退。後三歲，果無成而卒。

雍熙中，華山希夷先生陳摶卒於張超谷石室中，世多傳其羽化。守真朝禮之次，因焚香啓告曰："華山陳摶近卒，時人謂之尸解，未審其人功行證仙階乎？敢希上真，略賜指諭。"真君降言曰："摶之鍊氣養神，頗得其要。然及物之功未至，但有所主掌爾。"

端拱中，知鳳翔府比部郎中高凝祐嘗就宮致禮。既去，真君忽降言於監宮李鑄曰："高凝祐行虧忠信，死非久矣！"鑄竊志之。俄而，凝祐秩滿還京，爲三司判官。鑄聞之，乃復焚香啓告曰："高凝祐今爲此職，又何福耶？"真君降言曰："死將至矣。"數月而凝祐卒。吏部尚書宋白，乾德中家于盩厔。有弟顯[26]，小字曰岐哥。年十餘歲，爲狐魅所惑，號呼無度，舉動失常，忽力敵數夫，家人莫能制。醫砭之輩至者，必遭凌撲。白因齋心，遣所親詣宮致禱，懇求衛護。真君降言曰："汝去，吾當令守真往彼。"守真受教而往，方至其家，坐於客館，而岐哥已覺，惇惶失次。家人遽出迎拜，守真具問之，因厲聲呼其名。須臾，岐哥捽其首從中唯唯而出，至守真前，戰汗悚息。守真呵責移時，鬼乃露形，叩頭伏罪。守真以術戮之，應手而斃。岐哥仆地，良久而蘇，即獲平愈。

真君嘗忽謂守真曰："山下李靖廟中有狐鬼數十，盤泊於彼，本方地神適有馳報，慮其爲妖害民，汝可速往逐之。"守真禀命，仗劍而去。須臾坐於廟前，震呼數四，俄而狐鬼數十悉出，偏列於前，惶惑驚悸。守真乃責之曰："此上真下降之地，汝輩豈宜雜處！今未欲戮汝，可速返林莽，無以血汙我靈劍。"鬼等相顧狼狽，匍匐而散。守真自往至還，曾不移時。寓宮道士王德淵問其所適，守真具道之。德淵曰："自此至彼，往復二十里，何其速耶？"守真曰："我離廟時，以劍揮下庭樹低枝在地，可驗也[27]。"德淵俟曉，躍馬而觀焉。果於廟前聞腥穢之氣不可近，得斷枝而還，始再拜稱異。時又有妖狐數百，在邠州城中，頗爲怪異。守真聞之，因焚香致告，具道其事，願奉教往彼除之。真君降言曰："此狐妖輩嘗於長安南山中，化形爲菩薩之狀，誘彼居民，捨財爲供[28]，其間廻心歸善，亦十有八九。上帝以此故，授其符命，俾爲邠州土地，亦有限數，俟其歲滿，當自遠去，無能爲害，汝不必往也。"

開寶中，鳳翔府民陳英美家，有山魈爲怪。投擲瓦礫，日盈其庭。時放煙焰，欲焚其舍。財物耗散，親族愁苦。召術士禳禁，命僧徒課誦，皆不能止。乃移居遠遁，亦躡蹤而至。英美計無所出，因齋戒持香，躬詣宮庭，精虔以告。真君降言，謂守真曰："汝今速受吾命令，往爲遣[29]除。"守真再拜，負劍躍馬，再宿而至其家。而擲瓦之聲，喧囂如故，觀者填隘，皆曰："此道士必不能去此怪。"守真乃盥滌嚴潔，整衣引劍而入，其怪忽然而止。是夕爲壇於庭中，守真噀劍立其上，厲聲徐呼曰："山魈鬼何在乎？儻爲妖未已，當出與吾較勝。不然，則當去萬里之外，釋汝之罪。"如是移時，悄無影響，自是其家安肅，乃隨守真詣宮，陳醮以謝焉。

又長安富民楊氏家有鬼物爲怪，擲瓦縱火，一日萬變，聚族憂惶，莫可寧處。時有術士李捉鬼者，尤善符禁。楊氏召之，方及其門，若爲物所繫，匍匐而起，俄復顛隕，如是者三，遂狼狽而走。楊氏復召僧衆爲道場，誦經作梵唄以袪之。俄又若有物攪其道具，或投於屋，或棄於井，羣僧惶懼而去。乃至擣衣砧石，亦自空中騰起，三三兩兩相逐而落中庭，遇物凌觸，而物無所損。如是之怪尤衆，不可具紀。楊氏素聞真君之靈，乃躬持香燭等，馳赴焚禱，具言其怪，且求驅殄。真君降言曰："汝當速歸，吾令守真繼往也。"守真尋再拜而往其家，士民觀者填隘其户。守真易衣整冠，呪水揮劍，行於四隅，其怪即寂然無聲。守真謂楊氏曰："此妖伏矣！請爲醮以袪之。"向夕結壇焚章，禮畢而去。一城之衆，稽首稱歎。守真既歸，楊氏隨詣宮中，陳醮以謝。

又富民劉文璨者，忽爲狐鬼所惑，心神恍惚，動止不寧。市中逢道流語之曰："子面有妖氣，必爲邪物所著。真君下降，可虔心禱之，必愈斯疾。"文璨乃自齎香燭，晨夕馳赴，中路爲鬼物所追，或爲僧尼婦女，或爲商賈，萬端誘惑不進。文璨既迷且惑，復遇道流於路，具告其故。道流曰："是皆鬼物也。汝宜遽往，無或退志，爲羣妖所害。"文璨心悟，不數日奔迫至宮，潔齋懇至，百拜殿下。真君降言曰："知汝遠來，吾今令守真爲汝除邪。"是夕守真立文璨於庭中，守真仗劍噀水，呵叱數四，文璨憆然踣於地。移時而起曰："適先生呵叱之際，見數人若神將者，各擒二鬼而去，文璨惶駭，不覺顛仆。今神思清爽，如酣醉之始醒也。"百拜而去。

自真君之臨降，官吏民庶，不遠千里，或馳誠遙禱，或齋戒朝拜，以祈真噯，時有所聞。大抵多隨其性習，加以訓勗，人臣依於忠，人子依於孝，清淳者示之格言，貪酷者警以要道，詞甚平易，頗叶音韻。然獲聞之者至寡，今據其所傳，錄之如左。

乾德中，驪山白鹿觀道士馮洞元朝禮之次，焚香虔告曰："洞元講孔子之書，依老氏之教，積有年矣。而修身鍊行，未得真旨，幸逢上真，敢求一言。"真君降言曰："到境始知安，形忘〔30〕靈物閑。真空須照達，幽微即大還。動觀無障礙，希夷合自然。功成神莫測，變化可沖天。去住由自己，三官赦舊愆。命曹除罪簿，六丁奏上天。眾生要修道，須知無上源。"洞元百拜，虔謝而去。

開寶中，侍御史路沖奉詔知鳳翔府，就宮禮請守真，就府署中陳醮祈降。是夕潔齋致禱曰："沖身居〔31〕職守，阻拜真儀。輒以蘋藻，虔祈降鑒。乞賜真語，以導蒙昧。"真君降言曰："盡力事君，以爲忠臣。濁財勿顧，邪事莫聞。整雪刑獄，救療人民。動合王道，終爲吉人。積愆累〔32〕咎，必有沈淪。眾生本無形之性，配有形之軀。曠劫以來，不能自悟，自有無極世界，不夜之鄉，混合太虛，杳冥同理。"又曰："六合乾坤內，眾生多不會。造業向前行，如盲蕎江海。如將智慧觀，自越千里海。"沖再拜，錄而奉之。

左補闕王龜從一日齋心詣宮，焚香懇禱曰："凡庸賤類，釁咎無涯，幸逢上真，願賜靈誨。如何修身，以獲遐壽？"真君降言曰："觀汝修鍊，莫如精勤。精勤不怠，上聖皆聞。太平降世，用武興文。無文則不正，用武則益君。食禄利勿違王命，行吉善但守清貧。清貧者響合天地，濁富者像火投冰。投冰者火緣漸滅，積惡者自貫其身。自貫者殃及七祖，地府下痛害及親。吾懸千尺之索，提釣有緣之人。道之尊，德之貴，大道能生一切物。衆生頭象天，足象地，中心空然合真理。鑿戶牖，以爲室，房室之中有一物。亦無形，亦無影，杳杳冥冥人不識，若能識者得長生。陽在天，陰在地，二氣同和誠有謂，空中造化乃自然，自然之中生萬類。天不高，地不卑，大道混合虛無理，學道衆生審欲聞，此是修行崇妙門。"

開寶中，丞相沈倫嘗連綿臥疾，虔心遣使詣宮，陳醮致告曰："倫濁穢之質，病惱所侵，如何修行，得免兹患？敢期聖語，以導愚蒙。"真君降言曰："靈物不病，形軀自安。形軀有病，返照而看。"來人錄之，歸致於倫。倫捧覽之，驚喜曰："吾得之矣。"尋而疾愈，復遣人詣宮醮謝。

道士王德淵因遊終南山，寓止宮中，勤奉香火，好養生而性褊，多所恚怒。忽一日，真君降言謂之曰："汝學道修真，先當調習其性，以順天和。忘諸有爲，勿耗心識。融怡凝湛，道乃可見。"復戒之曰："莫管内，莫管外，來往真靈無罣礙。所居安樂是汝家，各自勤行莫相待。莫相待，先達之人無滯礙。真空妙樂有天堂，與聖相同滅諸罪。"又曰："妙理須行到，周旋皆合道。舉措見真空，真空無煩惱。混合太虛中，自有無聲樂。地鑪天竈間，皆同凡聖道[33]。常將智慧觀，可向今生了。"德淵曰："上感真君，降言教示，不曉前篇内'與聖相同滅諸罪'，願垂誨諭。"真君曰："汝若除煩入靜，鍊心修真，積累其功，數盈之後，泥丸百節，元神靈通，而自同於聖。天堂妙樂，無所不至，豈更有諸罪也。故言'與聖相同滅諸罪'。"

太平興國中，駕部員外郎李鑄嘗知鳳翔府，備覩靈應。俄復奉詔監宮，凡十餘年，志頗嚴潔。真君前後降語僅十餘篇，其所錄者數首：

一曰："建隆之初，方稟希夷。上帝命吾，衆聖皆知。乘龍下降，列宿相隨。五嶽受命，主張地祇。潛扶社稷，密佐明時。吾要李鑄，知吾降期。不得輕泄，免漏天機。"

又曰："與吾獨異佐國，與吾以道理民，與吾慈善理家，與吾不飲自醉。醒時理民，醉時理神。此語是延年益壽之法，吾勸府主記取。"

又曰："爲官求理在貞明，智慧俱通臨事清。觀天行道合陰德，食君爵祿常若驚。爲吾洗心復換骨，背凡入聖奔長生。天宮快樂勝凡世，不夜之鄉挂一名。"

又曰："府主累世爲人生中國，與吾清直莫行斜曲，與吾積善累功，與吾輔佐明主，與吾洗雪黎民，與吾掛心刑獄，上帝若知，名天官也。剋取捨住世轉流之財，但修取有形之像。獲隨身之功，得無量之福。與吾不得因循，不柰時光迅速。靈官賞汝功勳，天曹與汝添福。若一一依吾聖言，必得延年益壽。"

又曰："年登七十餘，住世不久居。饒君壽百歲，問汝得幾秋？地府直須怕，冥司難請求。有功無驚懼，積罪必遭誅。子孫難替代，早覺莫癡愚。"

又曰："有緣無緣，福業相牽。有緣福至，無緣業纏。三業大罪，信根不圓。若遵吾語，如倚太山。"

又曰："聽吾之語必延年，亦將康健保安然。至誠不退修真理，今生若在玉皇前。"

又曰："爲汝虔心，星辰下降。來駕於玄風，去乘於法雨。開盲愚之耳目，廻積惡之人心，盡歸投於正路。因汝醮告上玄，惡人盡來歸敬，此汝之功也。吾已與汝聞於上帝，俾汝獲福也。汝宜清者重清，白者重白，明者重明。勿初勤末怠，中路變異，廻清爲濁，廻善爲惡。設靈官奏聞，上帝若知，有誤於吾也。"又七月十日夜，真君降言："汝忠勤奉國，惠愛臨民，更要用心，勿違吾誡。未遇吾之前所作諸惡，吾與汝並銷除也。遇吾之後況無諸業，左右已錄汝功也。更須晨夕與吾積其善功，勿得怠惰吾聖言也。"又曰："但行王事，洗雪冤沈，常差靈官，護助汝也。或有諸事，常行平正，依吾聖言。況是太平君治化，諸事前程，汝但莫憂。"

又曰："托托莫憂煩，軍府自然安。每事依王道，從他天下傳。"

又曰："爲主虔誠拜上玄，宋朝社稷保長安。不久太平天下樂，一家受福鎮如山[34]。"

又曰："爲主合虔誠，將心助太平。天宮繫其職，每事更宜精。衆聖皆知汝，舉措直須驚。一朝功滿後，永住看三清。"

又曰："生前莫亂憂，已後亦無愁。主判陽間事，凡人得幾秋。但依聖言著，長生上天求。"

鑄每受一篇，未嘗不晨夕諷誦焉。又嘗謂鑄曰："汝年及八十，別無修鍊之功，未免掩形升魂，亦當有所主掌爾。"鑄再拜曰："此生得遇上真下降，屢受祕語。他日儻獲主掌，願與守真同列。"真君曰："人間官職，守真不及汝。天上名位，汝不及守真也。但心歸真正，升仙階亦有時矣。"

淳化中，西京留守中書令趙普，嘗遣使備禮，致醮虔祈，願聞休咎。真君降言曰："趙普扶持社稷，甚有功勳，上帝所知，賜汝福壽。然以大妨小，幽府亦有冤對。當啓誦真經，告祈天地，首懺前非，吾亦與汝達于上帝，庶解兹咎，汝官職壽數已有限矣。"其使錄之而去。普跪讀感涕，因焚香謝過，復遣人詣宮設醮。

給事中參知政事賈黄中，嘗遣人投誠致禱，以祈聖誨。真君降言曰："聖主命臣，臣之事君。道佐當代，心依古人。善惡無隱，姦邪必聞。君臣合道，可立功勳。"

又曰："愛民用心，賞罰平等，但依吾語，合家保安。"

殿中丞[35]張卓嘗乞聖言，真君曰："大道養汝性，陰陽生汝身。爲吾勤行道，爲吾勤修真。公廉常用意，憂恤在乎民。遇時佐明主，清濁上帝聞。濁富終不久，清貧爲天人。莫教人道富，從他人笑貧。自有真家富，清高不愧貧[36]。"

又曰："形凡性不凡，爲國顯清廉。家積千餘口，有罪自家擔。"

又曰："但服陽和氣，天竈再熏蒸。地鑪別有用，道德日日新。延年積福應，真空若至清。虛無有妙理，度脫有緣人。"

道士周務本嘗詣宮奏詞一通，乞降真語。真君降言曰："汝有詞言慕上天，其如心意隔關山。仙宮不遠如指掌，內外工夫全未圓。陰官察錄無讁[37]過，免墮酆都數百年。依吾所語合吾道，要履三清應不難。"

張守真子元濟常齋戒詣宮。真君降言曰："汝父守真遭逢於吾，故令子孫受福。汝豈不聞信州龍虎山張道陵至今子孫不絶，亦逢於上聖，得道之後，應及後世。汝亦於吾有緣，直須在家孝於父母，食祿忠於帝王，立身揚名，豈非好事。"又誨之曰："無事莫街行，勤學必立名。揚名在天下，道廕有長生。"

又曰："爲過自家知，善惡日相隨。分明違天道，問汝阿誰癡？"

淳化中，真君降言示守真曰："當今顯聖明，修德動三清。上天歸正道，四海息交兵。八方欽睿聖，五穀盡收成。勸君須修德，上帝賜長生。"

又曰："關西賊寇，緣應時數。官家須指揮招捉，使臣莫殺平人。官家修德之際，正賊須剪滅。"又嘗降言誡輔道士曰："千人心不同，萬人心皆錯。舉意不相通，與聖難相約。"真君又嘗降言誡官吏等曰："每存忠信齊其天，文武班行自有賢。爲主萬年定基業，常憂黎庶恐飢寒。長行德行合其道，燒香虔祝告虛玄。但願國安君長久，齊心輔佐太平年。"又嘗降言誡朝臣等曰："擎天之柱著功勳，包羅大海佐明君。文王治世及堯日，輔弼乾坤在忠臣。爲主直須行決烈，死生齊却戴皇恩。常行吉善合其德，慎終如始莫憂身。"

進翊聖保德真君事迹表

臣欽若言：臣聞高穹睠命，元聖膺期，必有至神，聿彰幽贊。《謨》《訓》標於保乂，《雅》《頌》載於監觀，考古今之宜符，見天人之交感。臣欽若誠慶誠忭，頓首頓首。伏以靈源錫羨，炎德嗣興。景祚有開，丕徵允赫。惟玉晨之元輔，奉金闕之明威。降精爽不貳之民，顯陰陽莫測之造。佐大邦之啓運，告神宗之紹圖。兆自幾先，聳乎聞聽。繇是增隆靖館，茂薦徽稱，鉅典崇嚴[38]，純禧響答。乃至搢紳卿士，橫目蒸黎，稽首以瞻[39]睟容，洗心以佇靈誥。隨其性之遠近，視其器之淺深，時亦戒以徽音，警其蒙惑。諄諄之誨，咸洞其隱微。蚩蚩之氓，潛識其真正。或魑魅為孽，夏鼎之所未刊；或膏肓致妖，秦醫之所難究。亦復俯聆虔懇，遙授指蹤。真教猥臨，羣邪必殄。窈冥之象，既炳於人寰；飆欻之遊，亟還於霄極。永載苾芬之祀[40]，潛施睠祐之祥。凡厥祕言，悉存舊錄，將伸倫次[41]，以示方來。敢謂微臣，猥承明詔，齊心仰誦，盥手兢持，莫究淵沖，粗伸紬繹[42]。竊念上真之茂躅，實為昭代之明徵。豈夫庸瑣之材，輒敢形容其事？伏望皇帝陛下[43]垂旒注覽，援翰摛文，賜名以紀芳蕤，作序以冠篇首，式彰虔奉，永耀洪休。臣無任瞻天望聖，戰汗屏營之至。其所錄成《真君事迹》三卷[44]，謹隨表上進以聞。臣誠惶誠懼，頓首頓首，謹言。

批　　答

省表具之。夫妙道為大，本於若沖；至神無方，昭乎善應。惟玉虛之元輔，冠瓊簡之真階。幽贊裁成，宣彰陰隲。當藝祖之受命，降福壤而炳靈；逮文考之紹休，告帝期而前兆。式申美報，肇建殊庭。奉禳禬之嚴科，介蒼黔之丕祉。若乃夷微委鑒，肸蠁攸憑。示諄誨以惟勤，昭明威而叵測。恍兮之應猶響，泠然之馭亟旋。自朕纂[45]承，寅加崇奉。儼睟儀於恭館，薦嘉號於元都，念祕誥之具存，表格思之攸盛。期於綜緝，以耀休徵。卿任冠樞衡，道熙邦采，雅資博洽，庶就編聯。而能紬緗袠以惟精，封縹囊而來上，懇求制序，復冀命名。再循淺昧之辭，曷叙直聰之烈。勉從勤請，良積覬懇。嘉尚之懷，寤興無捨。所請宜依。

【校記】

〔1〕"宋真宗御製翊聖保德真君傳序"，《道藏》本收錄作"宋仁宗御製翊聖應感儲慶保德傳序"（下稱《保德傳序》）。

〔2〕"協"，《保德傳序》作"叶"。

〔3〕"翊聖保德真君"，上書作"翊聖應感儲慶保德真君"。

〔4〕"肩"，疑當作"肩"。

〔5〕"恒符"，《保德傳序》作"禎符"。

〔6〕"翊聖保德真君傳"，上序無"真君"二字。

〔7〕"翊聖保德真君傳"，《道藏》本收錄作"翊聖保德傳"。

〔8〕"太原郡公"，"太"原作"大"，《翊聖保德傳》卷上作"太原郡開國公"，據改。

〔9〕"在男曰覡，在女曰巫"原作"在男曰巫，在女曰覡"，據《說文解字》改。

〔10〕"兹類"原作"慈類"，據《翊聖保德傳》卷上改。

〔11〕"此去"，上書作"此後"。

〔12〕"財搆"原作"則於"，據上書改。

〔13〕"儀"，上書作"宜"。

〔14〕"聞奏"，上書作"一一聞奏"。

〔15〕"陛下"原作"陛十"，據上書及《四部叢刊》本改。

〔16〕"神"，《翊聖保德傳》卷上作"辰"。

〔17〕"堂"後，上書有"龍堂"。

〔18〕"大道興隆陰謀滅"，上書作"大道興，陰謀滅"。

〔19〕"洎"原作"泊"，據上書及《四部叢刊》本改。

〔20〕"罔"，《翊聖保德傳》卷上作"敢"。

〔21〕"立名"，上書卷中作"於民"。

〔22〕"吾"，上書作"五"。

〔23〕"善"原作"于"，據上書改。

〔24〕"信"，上書作"言"。

〔25〕"誥"原作"訝"，據上書改。《四部叢刊》本作"語"。

〔26〕"顯"，上書無。

〔27〕"可驗也"，上書作"汝可驗也"。

〔28〕"供"原作"俟"，據上書改。

〔29〕"遣"字原無，據上書增。

〔30〕"忘"，上書卷下作"忙"。

〔31〕"居"，上書作"拘"。

〔32〕"累"，上書作"爲"。

〔33〕"皆同凡聖道"，上書作"背凡歸聖道"。

〔34〕"鎮如山"，上書作"管長安"，《四部叢刊》本作"保長安"。

〔35〕"殿中丞"原作"殿申丞"，據上二書改。

〔36〕"貧"原作"負"，據上二書改。

〔37〕"譴"，《翊聖保德傳》卷下作"遺"。

〔38〕"嚴"字原闕，據上書及《四部叢刊》本補。

〔39〕"瞻"原作"贍"，據上二書改。

〔40〕"祀"原作"紀"，據上二書改。

〔41〕"倫次"，《翊聖保德傳》卷下作"論次"。，

〔42〕"莫究淵沖，粗伸紬繹"，"沖"原作"沖"，"紬"原作"紳"，據上書及《四部叢刊》本改。

〔43〕"伏望皇帝陛下"，《翊聖保德傳》卷下《進翊聖保德真君事迹表》作"伏望崇文廣武儀天尊道寶應章感聖明仁孝皇帝陛下"。

〔44〕"真君事迹三卷"，上書作"翊聖保德真君事跡三卷"。

〔45〕"纂"原作"慕"，據上書改。

雲笈七籤卷之一百四

傳

玄洲上卿蘇君傳 周季通集

先師姓蘇諱林字子玄，濮陽曲水人也。少稟異操，獨逸無倫，訪真之志，與日彌篤。常負擔至趙，師琴高先生[1]，時年二十一，受鍊氣益命之道。琴高初爲周康王門下舍人，以內行補精術及丹法，能水游飛行，時已九百歲，唯不死而已，非[2]飛仙也。後乘赤鯉入水，或出入人間。而林託景丹霄，志不終此。後改師華山仙人仇先生，仇先生者，湯王時木匠也，服胎食之法[3]，還神守魂之事，大得其益。先生曰："子真人也，當學真道，我迹不足躡矣！"乃致林於涓子。涓子者，真人也[4]。既見之，遂授以真訣，告林曰："欲作地上真人，必先服食藥物，除去三尸，殺滅穀蟲。三尸者：一名青古，伐人眼，是故目暗面皺，口臭齒落，由是青古之氣穿鑿泥丸也；二名白姑，伐人五臟，是故心毫氣少，喜忘荒悶，由白姑貫穿六府之液也；三名血尸，伐人胃管，是故腸輪煩滿，骨枯肉燋，志意不開，所思不固，失食則飢，悲愁感欷，精誠昏怠，神爽雜錯，由血尸流噬魂胎之關也。若不去三尸，而服藥者，穀食雖斷，蟲猶不死也。徒絕五味，雖勤吐納，亦無益者。蓋其蟲生，而求人不死，不可得也。是故服食不辟於死生，由青古白姑血尸三鬼不去所致爾！雖復斷穀，人體重滯，奄奄淡悶。又所夢非真，顛倒纇錯，邪淫不除，由蟲在內搖動五神故也。凡欲求真，當先服制蟲丸。制蟲丸者，一名初神去本丸也。欲作眞人，當先服制仙丸。制仙丸者，太上八瓊飛精之丹也。夫[5]求長生不死，仙眞之初，罔[6]不先服制蟲丸，以除尸蟲，建長生之根矣！若人腹中有蟲，寧得仙乎？形中饒鬼，安得眞乎？其蟲凶惡，速人之死，故當除之。"涓子後告林曰："我被帝召，上補中黃四司大夫領北海公，去世無復日也。"後林詣涓子寢靜之室，得書一幅，以遺林也。其文曰："《五斗三一》，太帝所祕。精思二十年，三一相見，授子書矣！但有三一，長生不滅，況復守之乎！能存三一，名刊玉札，況與三一相見乎！加存洞房爲上清公，加知三元爲五帝君。後聖金闕帝君所以乘景迅雷，周行十天，寔由洞房三元真一之道。吾餌朮精三百年，服氣五百年，精思六百年，守三一三百年，守洞房六百年，守玄丹五百年。中間復周遊名山，看望八海，廻翔五嶽，休息洞室。樂林草之垂條，與鳥獸之相激，川瀆吐精，丘陵蓊鬱。萬物之秀，寒暑之節。弋釣長流，遨遊玄瀨。靜心山岫，念真養氣。呼召六丁，玉女見衛。展轉六合，無所羈束。守形思真二千八百餘年，寔樂中仙，不求聞達。今卒被召，上補天位。徘徊世澤，惆悵絕氣。吾其去矣，請從此別。子勤勗之，相望飆室也。"林省書流涕，徬徨拜空，涓師之迹，於是絕迹矣！夫玄丹者，泥丸之神也，其法出《太上素靈訣》。守三一爲地眞，守洞房爲眞人，守玄丹爲太微官也。林謹奉法術，施行道成。周觀天下，遊睇名山。分形散影，寢息丹陵。賣履市巷，醜形試眞。得意而栖，遯化不倫，時人莫能識也。以漢元帝神爵二年三月六日告季通曰："我昨被玄洲召爲眞命上卿，領太極中候大夫，與汝別。"比明旦，有雲車羽蓋，駿龍駕虎，侍從數千人迎林，即日登天，冉冉西北而去。良久，雲氣覆之遂絕。林未去之時，先是太極遣使者下拜爲中嶽眞人，後又太上遣玉郎[7]下拜爲五嶽地眞人，宮在丹陵。

予[8]見先師得道爲仙，已三被拜授，而乃登昇。蓋洪德高妙，玄韻宿感。靈化虛源，神澄八方。龍昇鳳逐，飛步眞門。隱顯津梁，觀試風塵。其道神矣！其法珍矣！非紙札麤意所能述宣，今聊撰本師之標略爾。將來有道之士，以遊目也。

太和真人傳 元陽子附

太和真人尹軌字公度，太原人也，乃文始先生之從弟。少學天文，兼通讖緯，來事先生。因教服黃精花，及授諸道經凡百餘篇，皆蒙[9]口訣。先生登真之後，即與隱士杜沖等同於先生宅修學，時年二十八，絕粒行氣，專修上法。太上哀之，賜任太和真人，仍下統仙寮於杜陽宮。時復出遊，帶神丹十餘筒，周歷天下，濟護有緣。或鍊金銀，以賑貧窮；或行丹藥，以救危厄。求哀之人，咸得其福利焉。或上朝玉京，校一切行業善惡報應宿命之期；或論天地日月星辰，運度賒促之分；或遊宴諸天，參校神仙圖錄，品位部御之方；或論童真始仙，威儀俯仰之格；或臨諸地領，察兆人建功立行齋請之福；或監度學道男女，經方藥餌之道；或遊百山千川，檢閱神司鬼官[10]，考錄罪福之目[11]；或論風雨雷電水旱豐儉之事焉。吾所遊行[12]，或爲道士，或爲儒生，或爲童愚，或爲長老，不可以一塗限也。或與羣真衆仙，驂龍馭鳳，策空駕虛，雲馳電邁，出有入無，分形散影，處處遊集。或[13]巡五嶽之洞，適十洲之宮，出八荒之域，入九幽之府。或酌[14]碧海之津，挹玄丘之雲，採丹華於閬苑，掇絳實於玉圃。故《上清瓊文帝章》曰："太和真人與太華真人三天長生君[15]南極總司禁君西臺中候[16]北帝中真九靈王子太靈仙妃赤精玉童玄谷先生南嶽赤松子中山王喬紫陽真人西城王君中黃先生趙伯玄山仲宗等[17]，同修行《三真寶經上法》。皆面發金容，項負圓光，乘虛登霄[18]，遊宴紫庭，變化萬方，適意翱翔，嘯命立到，徵召萬靈，攝制羣魔，決斷生死，駕霄乘煙，出入帝庭"焉。

元陽子者，仙人也。生於北極之端，育於虛無之中，與天地浮沈，隨日月周廻，被服自然，含剛懷柔，優游乎太漠之外，踟躕乎中嶽之上，觀和氣之布施，察萬物之經紀，覽緯度之差序，圖盛衰之終始。乃遇老君，哀愍元陽，遺經一卷，名曰"黃庭"。乃太素之始元，陰陽之至道，分理之真要，養神之訣文。上古之人，行得其真；中古以來，不得其要。傳授謬誤，亦從來久也。本黃老作此經，令學者皆得神仙。然黄老已來，英儒之士多爲注解，不得黄老之本旨，失其要説。於是元陽憮然退思，採黄老之妙識，粗爲其注，不能究盡道意深遠至通，猶可爲學之徒使微悟之爾！有得《黄庭經》者，老子也。《史記》或云，黄者，黄帝；老者，老子。今亦謂太上，經爲正也。

太極真人傳

太極真人杜沖字玄逸，鎬京人也。以周昭王丁巳年，聞文始先生登真，乃於茲靈宅棲玄學道。于時幽人逸士自遠而來者，有五人焉。並沈默虛遠，方雅高素，道術相忘，共弘不伐之則也。後穆王聞之，爲修觀建祠，置沖爲道士焉。將以氣均巢許，德爲物範，故天子禮之而不臣，諸侯敬之而不爵，蓋以其弘修道業故也。沖閑居幽室，吟詠道德，常攝護氣液，吐納光華。經二十餘載，幽感真人展先生降於寢静，侍者二人捧碧玉函立於左右。沖乃拜首求哀，蒙授《九華丹方》一函[19]。謂沖曰：“老君與尹先生於東海八渟山，召太帝，集羣真，天下山川洞室仙人，不遠而至[20]。時有地司保舉子之勤勞，老君勅我付爾仙經也。”沖依按合服，而身生玉映，五臟堅潤，裁容氣息。又感真人李君授以《太上素靈洞玄大有妙經》，沖復修之，甚得其驗，遂乃解胞釋結，保命凝真，領攝羣神，洞觀衆妙焉。穆王親崇道教，以祈神仙，共策遺[21]風之駿，日馳千里。中到崑崙山，昇玄圃之宫；西詣龜山，謁王母於青琳之室；東遊碧海，展敬丈人，採若木之華；北適玄壟，南邁長離，同挹絳山之髓。驅策虎豹，役使百靈，通冥達幽，莫測其涯。年一百二十餘，以懿王己亥歲，上清元君遣仙官下迎，授書爲太極真人，下任王屋山仙王矣。

太清真人傳

太清真人宋倫字德玄，洛陽人也。以厲王甲辰[22]歲入道，於是凝心寢景，抱一沖和，不交人事，日誦《五千文》數遍，服黃精白术。積二十餘年，乃密感老君項負圓明，面放金光，披九色離羅之帔，建七映暉晨之冠，有仙童六人負[23]真執籙。倫匍匐乞哀，乃告倫曰："吾有景中之道，通真之經，生乎三元之始，出乎九玄之庭。五德合慶，六氣凝精，分真散景，保遐固齡。子能修之，立致雲軿，出有入無，徹幽洞冥，三光並耀，二氣齊靈，變化適意，飛昇上清。"倫拜，授之，乃開藴，出《靈飛六甲素奏丹符》以付於倫。倫得經修之，乃自然通感。常有玉童六人更遞侍之，察物如神，言無不驗。能望巖申步，凌波涉險，不由津路。或化爲麋鹿，或託作鳩鴿，翱翔原陸，試人之心。年九十餘，以景王[24]時，受書爲太清真人，下司中嶽神仙之録焉。

論曰：按《樓觀仙師傳》及《樓觀本記》並云，昔周康王聞尹先生有神仙大度之志，乃拜爲大夫，并賜嘉名，因號此宅爲樓觀焉。次昭王時，大夫遇老君，因遂得道。其次穆王乃欽尚遺塵，爲建祠修觀，召幽逸之人置爲道士，自爾相承，于今不絶。故《樓觀碑》云："樓觀者，昔周康王大夫關令尹喜所立也，以其結草爲樓，因即爲號。"又云："周穆王西遊，秦文東獵，並枉駕廻輪，親崇道教。始皇建廟於樓南，漢武立宫於觀北。晉宋謁板，于今尚存。秦漢廟户，相繼不絶。"由是論之，乃驗老君西度關在於昭王之時，信矣！或云幽厲平敬之時西度者，此由後人不見《老君本紀》，妄爲穿鑿者也。幽王時，孔子時有見老君者，斯並化胡之後，復還中夏幽演之時也。或云老君西出散關者，按張天師述《老君本紀》云，老子幽演訖，乃與文始先生遊此赤城上虞山，過女几雞頭天柱太白山。秦昭襄王聞之，於西麓下爲修城邑，今散關中其故墟猶在是也。謂曾於此過，乃昇於崑崙山，故此舊墟尚稱尹喜城老停驛等名爾。以此詳之，則癸丑年復非度此散關明矣。或云《史記》無文，事同虛妄者，至如九天九壘，川源土俗，徧於六合，猶有不書，況其一區一第，輒能備載焉？若編以史爲實録者，則天下譜牒圖書，讖緯經論，並爲虛誕，豈獨此一觀一傳而已哉！蓋驗之在實，其來久矣。周宣王時，郊聞採薪之人行歌曰[25]："巾金巾，入天門。呼長精，歙玄泉。鳴天鼓，養泥丸[26]。"時人莫能知之，惟老君曰："此活國中人，其語祕矣！斯皆修習無上正真之道也。"

太元真人東嶽上卿司命真君傳 弟子中候仙人李遵[27]字安林撰

真人姓茅諱盈字叔申，咸陽南關人也。姬胄分根，氏族於茅，積德累仁，祚流百世，誕縱明賢，繼踵相承。高祖父諱濛字初成，深識玄遠，察覽興亡，知周之衰，不仕諸侯。乃師於北郭北阿鬼谷先生，遂隱遁華山，盤桓靈峯，逍遙幽岫，靜念神仙，高抗蕭寥，絕塵人間也。盈曾祖父諱偃字泰能，濛之第四子也。仕秦昭襄王[28]之世，位爲舍人，稍遷車騎校尉長平恭侯，毗弼霸正，有功業於時焉。盈祖父諱嘉字正倫，仕秦莊襄[29]王爲廣信侯。始皇即位，嘉輔帝室。當莊襄王時也，秦地漸以并巴蜀漢中宛郢[30]，置南郡矣。北收上郡以東，爲河東太原上黨[31]。東至滎陽，滅二周，置三川郡。以呂不韋爲丞相，號文信侯，以嘉爲德信侯，使招置賓客游士，欲并天下。始皇六年，韓魏趙衛楚共擊秦，取壽陵。始皇使嘉將兵攻之，有功焉。衛迫東都[32]，嘉又剋討，皆平之。始皇壯嘉志節，賜金五千斤。二十五年，秦大興兵，使嘉[33]攻燕遼東，得燕王而還。又遣嘉定荆，江南地皆降，是年置會稽郡，嘉將兵於會稽而亡。始皇哀其忠，因以相國禮葬之於長安龍首山西南。嘉有六子，並知名於時，始皇皆官爵承先，並各賜姓。其第六子諱祚字彥英，不仕不學，志願農巷，即盈之父也。祚有三子：長子諱盈字叔申，次子諱固字季偉，小子諱衷字思和。盈少秉異操，天才穎爍。矯志蕭抗，行邁遠逸。不營聞達，不交非類。獨味清虛，恬心玄漠。盈時年十八，遂棄家委親，入于恒山，讀老子《道德經》及《周易傳》，採取山朮而餌服之。潛景絕崖，素挺靈岫，仰希標玄，與世永違。始皇三十一年[34]九月庚子，盈高祖父濛，於華山之中，乘雲駕龍，白日昇天。先是時其邑謠曰[35]："神仙得者茅初成，駕龍上昇入太清，時下玄洲戲赤城。繼世而往在我盈，帝若學之臘嘉平。"始皇聞謠歌而問其故，父老具對曰："此仙人之謠，勸帝求長生之事。"於是始皇忻然，乃有尋仙之志，因改臘曰嘉平。

盈於恒山積六年，思念至道，誠感密應，寢興妙論，通于神夢，髣髴見太玄玉女把玉札而攜[36]之曰："西城有王君得真道，可爲君師，子奚不尋而受教乎？"心豁靈暢，啓徒内爽，覺悟流光之騰曄，自謂已得之於千載矣。明辰植暉，東盼霄邁，登嶺陟峻，徑到西城。齋戒三月，沐浴向望，遂超榛冒險，稽首靈域，卒見王君。後二十年，從王君西至龜山見王母。盈乃叩頭再拜，自陳於王母曰："盈小醜賤生，枯骨之餘。敢以不肖之軀，而慕龍鳳之年；欲以朝菌之質，竊求積朔之期。雖仰遠流，莫以知濟，津塗堅塞，所要無寄。常恐一旦死於鑽放之難，取笑於世俗之夫。是以昔日負笈幽林，貪師所生，遂遇王君，哀盈丹苦，見授治身之要，服氣之法。於是靜齋深室，造行其事。師重見告，以盈身非玉石，而無主於恒。氣非四時，常生於内。正當率御出入，呼吸中適。和液得修，形神靡錯。感應思積，則魂魄不滯。理合其分，氣甄其適，乃可形精不枯。宅不可廢也，若使精神疲於往反，津液勞於出入，則形當日凋，神亦枯落，歲減其始，月虧其昔矣。宜便妙訪，求其長易之益。"西王母曰："子心至矣！吾昔先師元始天王及皇天扶桑太帝君見遺以要言，汝願聞之邪？"於是口告盈以玉珮金璫之道、太極玄真之經。盈拜受所言，稽首而立。又告盈曰："夫《金璫》者，上清之華蓋，陰景之内真；《玉珮》者，太上之隱玄，洞飛之寶章。得其道者，皆上陟霄霞，登遨太極，寢晏高空，游行紫虛也。向説元始天王太帝君言，是太霄二景隱書玉珮金璫之文章也。又有《陰陽二景内真符》，與本文相隨。《太上法》惟令授諸司命。子玉札玄挺，録字刊金，黃映内曜，素書上清，似當爲上卿之君，司命之任矣。此道後別當付於子也。然不先聞明堂玄真之道，亦無由得《太霄隱書》也。"

盈於是辭師乃歸，帶索混俗，亦不矯於世。自説入恒山北谷學儒俗之業，時年四十九也。盈父母尚存，父見大怒，"爲子不孝，不親供養，尋逐妖妄，流走四方，吾當喻汝爲不生之子也。"欲杖罰之。盈長跪謝曰："盈受命應當得道，道法世事，兩不相濟。雖違遠供養，無旦夕之益。能使家門平安，父母老壽。盈已受聖師符籙，見營助者以天丁之兵，見侍衞者以仙童玉女。今道已成，不可打擊，恐三官考察，非小故也。"父外信禮度，未該内秀。道德玄域，意有未釋。故驗盈情狀，俾衆不惑。於是操杖向盈，適欲舉杖，杖即摧折成數十段，段皆飛揚，如弓矢之發，中壁壁穿，中柱柱陷。父悟不凡，瞋意乃止。盈曰："向所啓正慮如此，邂逅中人則有所傷故耳。"

至漢宣帝時，二弟俱貴。衷爲五官大夫西河太守，固爲執金吾，並當之官，鄉里相送者數百人。時盈亦在座，謂賓曰："吾雖不作二千石，亦有仙靈之職矣。來年四月三日當之官，能如今日之集會不？"衆許之。至期日，盈門前數頃地忽自平治，無復寸芥，皆青縑幄屋，屋下鋪數重白氈，容數百人坐。遠近翕赫相語，來者塞道，客乃有數倍於送弟時。衆賓並集，爾乃大作主人，不見使人，但見金槃玉杯自至人前，奇餚異果不可名字。酒又美好，又有妓樂，絲竹金石，聲動天地。香麝之芳，達于數里。飲食隨益，六百餘人莫不醉飽。明日迎官來至，文官則朱衣素帶數百人，武官則甲兵牙旗，器杖曜日。盈與家人及親族辭決，而語宗室子弟曰："夫真仙道隱，貴在跡翳，不應表光曲飾，動耀視聽。吾所以不得默遁藏景，潛舉空同者，蓋欲以此道誘勸二弟之追慕也。亦何但固衷之返迷耶？天下有心者盡當注向神仙之冀獲爾！"言訖，遂歸句曲。邦人因改句曲爲茅君之山。時二弟在官，聞盈玄跡眇邁，白日神仙，乘飛步虛，越波淩津，靈官奉從，著於民口，節蓋旌旗，光耀天下。始乃信仙化可學，神靈可致。然後明松喬不虛，鼎湖實有。於是並各棄官還家，以日仄之年，方修盈糟粕遺事。不得口訣，未爲補益。乃相與共歎而相謂曰："家兄得道，非他人也。忽[37]不往從親稟問密訣，而留此按云云方書，以規度世乎？縱往而不達，兄之神仙，終不使吾等死於非所也。"遂共棄家，扶輿自載，以尋斯舉。以漢元帝永光五年[38]三月六日渡江，求兄於東山，遂與相見，悲忻流涕告二弟曰："悟何晚矣！"二弟跪曰："固衷頑下，不達道德。願賜長生，濟弟元元。"盈曰：“卿已老矣！難可補復[39]。縱得真訣，適可成地上仙耳。其上清昇霄大術，非老夫所學。今且當漸階其易行，以自支住。”於是並教二弟服《青牙始生咽氣液之道》，以住血斷補焦枯攝筋骨之益，亦停年不死之法也。因以長齋三年，授以上道，使存明堂玄真之氣，以攝運生精，理和魂神。三年之內，竭誠精思，神光乃見。於是六丁奉侍，天兵衛護。盈又各賜九轉還丹一劑，并神方一首，各拜而服之，仙道成矣。後授《紫素之書》各百字，以付固衷。固衷拜受，其時亦有執儀者以啓正之。《紫素文》曰：太上有命，天載真書言：“咸陽茅固，家于南關，厥字季偉，受名當仙。位爲定録，兼統地真。使保舉有道，年命相關，勤恭所蒞，《四極法》令，宮館洞臺，治丹陽句曲之山。固其昴之，動静察聞。”又曰：“盈固弟衷，挺業該清。雖晚反正，思微徹誠。斷馘六天，才穎標明。今屈司三官，保命建名。總括岱宗，領死記生。位爲地仙，九宮之英。勸教童蒙，開道方成。教訓女官，授諸妙靈。蒞治百鬼，典祟校精。開察水源，江海流傾。封掌金谷，藏録玉漿。監植龍芝，洞草夜光。治于良常之山，帶北洞之口，鎮陰宮之門也。”使者授書訖而去。

　　至漢哀帝[40]元壽二年八月己酉，五帝各乘方面色車，從羣官來下，受太帝之命，授盈爲司命東卿上真君。文以紫玉爲板，黄金刻之。其文曰：“惟盈虚挺遠朗，幽耽妙玄。爰自童蒙，散髮北山。静心林澤，積思求神。登峻履谷，艱尋師門。擲形絶崿，投軀萬津。丹誠率往，肆其天然。遂造明匠，乃授靈篇，剪髮祝貤，殘首截身。帶索自樂，不恥飢寒。所適惟道，所保以真。情昭上帝，感激太玄。今敬授盈位爲太元真人，領東嶽上卿司命神君。君平心正格，秉操金石，丹心矯棠，栖神高映。故報盈以玉鉞、緑旌、八威之策，使盈征伐源澤[41]，折衝萬神。君寒凍林谷，味玄仰真，思激窮岫，啓心精誠。今故報盈以紫旄之節，藕敷華冠，使盈招驅萬靈，封山召雲。君棄家獨往，離親樂仙，契闊嶮巇，冬袒山川。今故報盈繡羽紫帔，丹青飛帬。使盈從容霄階，攜命玉真。君步驟深藪，足履危仞，心耽志尚，曾不愆憚。今故報盈以斑龍之輿，素虎之軿。使盈浮晏太空[42]，飛輪帝庭。君披榛併景，寒凌霜雪，心求明真，不戰不慄。今故報盈以曲晨寶蓋，瓊幃綠室。使盈遊盼九宮，靜神溫密。君遠秀遁榮，無疲於心，潛形幽嶽，靜思萬林。今故報盈以流金火鈴，雙珠月明。可以上聞太極，通音上清。君貞心高靜，淫累不經，素挺浩映，內外坦平。今故報盈以錦旌繡旛，白羽玄竿，可以呼召六陰，玉女侍軒。君慈向觸物，陰德萬生，蠢動之毛，皆念經營。今故報盈以鳳鸞之簫，金鐘玉磬。可以和神虛館，樂真舞靈。君飢渴養神，艱辛求真，萬物不能致其惑，千邪不能毀其淳。今故賜盈紫琳之腴，玉漿金醴。可以壽同三光，刻簡丹瓊也。盈標領清玄，紫瑋八映，心暉重離，神曜太霞。實真人之長者，故以太元爲號。君九德既備，感積[43]太微，天人虛白[44]，不期同歸。今酬九事，以報往懷。盈心神方朗，四靈所栖。丹神[45]啓煥，秉直不廻。正任全固，監無照微。今屈宰上卿，總括東嶽。又加司命之任，以領錄圖籍。給玉童玉女各四十人，以出入太微，受事太極也。治宮赤城玉洞之府，盈其涖之，動靜以聞。"於是盈與二弟決別，而與王君俱去，到赤城玉洞之府。道次，諸山川神靈有司迎啓，引者將以千萬矣[46]。臨去告二弟曰："吾今去矣，便有局任，不得復數相往來，且夕相見。要當一年再過來於此山，三月十八日、十二月二日期要吾師及南嶽太虛赤真人[47]遊盼於二弟之處也，將可記識。及有好道者，待我於是乎！吾自當料理之，以相教訓未悟。"於是季偉思和遂留治此山洞內，立宮結構於外。將道著萬物，流潤蒼生。德加鳥獸，各獲其情。神驗禍福，罪惡必明。內法既融，外教坦平。爾乃風雨以時，五禾成熟。疾癘不起，暴害不行。父老謌曰："茅山連金陵，江湖據下流。三神乘白鵠，各治一山頭。召雨[48]灌旱稻，陸田苗亦柔。妻子咸保室，使我無百憂。白鵠翔青天[49]，何時復來遊？"

【校記】

〔1〕"師琴高先生"，《紫陽真人內傳》及本書卷一〇六《紫陽真人周君內

傳》均作"受學於岑先生"。

〔2〕"非"字原無,據《歷世真仙體道通鑑》卷七《蘇林傳》增。

〔3〕"服胎食之法",《紫陽真人內傳》及《紫陽真人周君內傳》均作"教以服氣之法"。

〔4〕"真人也",《紫陽真人內傳》作"中仙人也"。

〔5〕"夫"原作"失",據《四部叢刊》本、《道藏輯要》本及《仙鑑》卷七《蘇林傳》改。

〔6〕"罔"原作"固",據上三書改。

〔7〕"玉郎"原作"王郎",據上三書改。

〔8〕"予"前,《仙鑑》卷七《蘇林傳》有"弟子周季通曰"六字。

〔9〕"蒙"原作"家",據《仙鑑》卷八《尹軌傳》改。

〔10〕"神司鬼官"原作"神司鬼神",據上書改。

〔11〕"目",上書作"因"。

〔12〕"吾所遊行",上書作"吾所爲無常相"。

〔13〕"或"字,上書以下七句之首皆有。

〔14〕"酌",上書作"鈞"。

〔15〕"太和真人與太華真人三天長生君",《高上太霄琅書瓊文帝章經》作"太華真人三天長生君太和真人東華老子"。

〔16〕"候",《四部叢刊》本、《道藏輯要》本作"侯"。

〔17〕"等",《高上太霄琅書瓊文帝章經》作"等十八人",上文多出"東華老子"。

〔18〕"乘虛登霄",《仙鑑》卷八《尹軌傳》及《洞真太上太霄琅書》均作"乘空登霄"。

〔19〕"九華丹方一函",《仙鑑》卷九《杜沖傳》作"九華丹經二函"。

〔20〕"不遠而至",上書作"無遠不至"。

〔21〕"遣",上書作"追"。

〔22〕"辰"宜作"子",按周厲王在位有甲子,無甲辰。

〔23〕"負",《仙鑑》卷九《宋倫傳》作"輔"。

〔24〕"景王"，上書作"宣王"。按前云厲王時入道，積二十餘年，感老君授經，年九十餘，受書爲太清真人，當在幽王時。

〔25〕"周宣王時，郊聞採薪之人行歌曰"，《漢武帝外傳》作"周宣王時郊間採薪之人也，採薪而行歌曰"，且其前尚有"王真字叔堅，……郊間人者"約三十字。

〔26〕"養泥丸"，本書卷一一〇《洞仙傳·長桑公子傳》作"養丹田"。

〔27〕"李遵"原作"李道"，按《隋書·經籍志》二《雜傳類》著錄"太元真人東鄉司命茅君内傳一卷，弟子李遵撰"，《真誥》卷八《甄命授第四》注云"李中侯名遵，即撰茅三君傳者"，《新唐書·藝文志·神仙類》著錄"李遵茅三君内傳一卷"，《宋史·藝文志·神仙類》著錄"李遵三茅君内傳一卷"，據改。

〔28〕"秦昭襄王"原無"襄"字，據《仙鑑》卷十六《茅盈傳》增。

〔29〕"襄"字原無，據上書增。

〔30〕"當莊襄王時也，秦地漸以并巴蜀漢中宛鄭"，《史記·秦始皇本紀》作"當是之時（按指"莊襄王死，政代立爲秦王"）之時，秦地已并巴蜀漢中，越宛有鄭"。

〔31〕"爲河東太原上黨"，上書作"有河東、太原、上黨郡"。

〔32〕"衛迫東都"，上書作"拔衛，迫東郡"。

〔33〕"使嘉"，上書作"使王賁將"。

〔34〕"三十一年"原作"三十年"，據上書《集解》引《太原真人茅盈内紀》改。

〔35〕"先是時其邑謠曰"，上書《集解》引《太原真人茅盈内紀》作"先是其邑謠歌曰"。

〔36〕"攜"，《仙鑑》卷十六《茅盈傳》作"謂"。

〔37〕"忽"，上書作"今"，《道藏輯要》本作"曷"。

〔38〕"五年"，《仙鑑》卷十六《茅盈傳》作"二年"。

〔39〕"難可補復"原作"欲難可補復"，據上書删。

〔40〕"漢哀帝"原作"漢平帝"，據上書改。

〔41〕"源澤",《茅山志》卷一《天皇太帝授茅君九錫玉册文》作"邪源"。

〔42〕"使盈浮晏太空",原無"使"字,按《仙鑑》卷十六《茅盈傳》作"使盈浮景太空",上書作"使以浮宴太空",據增。

〔43〕"感積",上二書分別作"咸積""積感"。

〔44〕"白",《茅山志》卷一《天皇太帝授茅君九錫玉册文》作"因"。

〔45〕"神",上書作"真"。

〔46〕"引者將以千萬矣",《仙鑑》卷十六《茅盈傳》作"引從者以千萬矣"。

〔47〕"太虛赤真人",上書作"太虛赤城真人",《茅山志》卷二十《九錫真人三茅君碑文》作"太虛真人"。

〔48〕"召雨",《仙鑑》卷十六《茅盈傳》作"甘雨"。

〔49〕"天",上書作"雲"。

雲笈七籤卷之一百五

傳

清靈真人裴君傳 弟子鄧雲子撰[1]

清靈真人[2]裴君字玄仁，右扶風夏陽人也。以漢孝文帝[3]二年，君始生焉。爲人清明，顏儀整素，善於言笑。目有精光，垂臂下膝，聲氣高徹，呼如鍾鳴。家奉佛道，年十餘歲，晝夜不寐，精思讀經。嘗於四月八日，與馮翊趙康子上黨皓季成共載詣佛圖。時天陰雨，忽有賤人著故布單衣，巾黃巾，詣君車後索載。君禮而問之，不答，君下車以載之。康子季成並大怒，呵問："何等人而上吾車乎？"君乃陳諭，遂聽俱載。君自徒行在後，顏無變色，寄載人自若，亦不以爲憖也。將至佛圖，乃曰"吾家近在此"。乃下車，奄然失之。佛圖中道人支子元者亦頗知道，宿舊人傳之云，已年一百七十歲，見君而歡曰："吾從少至老，見人多矣！而未嘗見如子者。"乃延君入曲室之中，幽靜之房，大設豐饌。飲食既畢，將君更移隱處，呼之共坐。乃謂曰："吾善相人，莫如爾者。子目中珠子正似北斗瑤光星，自背已下象如河魁，既有貴爵，又當神仙，天下志願，子寶[4]享焉。然津梁未啓，七氣未淳，不見妙事，亦無緣而成也。"因以所修祕術，密以告君。道人曰："此長生內術，世莫得知。吾昔遊焦山及鼇祖之阿，遇仙人蔣先生者，乃赤將子輿也。以神訣五首授吾，奉而行之，於今一百七年矣。氣力輕壯，不覺衰老。但行之不勤，多失真志，不能去世。故雖延年，不得神仙也。猶是行之多違，精思不至之罪也。今以教子，子祕而慎傳之。"

第一、思存五星，以體象五靈。存之法：常於密室，以夜半後生氣之時，服挹五方之氣。於寢牀上平坐，向月建所在，先叩齒九通，咽液三十過。畢，存想五星：使北方辰星在頭上，東方歲星在左，西方太白星在右，南方熒惑星在膝中間，中央鎮星在心中。久久行之，出入遠行，常思不忘，無所不却，萬禍所不能干也。後當奄見五老人，則是五星精神也。若見者當問以飛仙之道，五神共扶人身形白日昇天。

第二、初以甲子上旬直開除之日爲始，以生氣之時夜半之後，勿以大醉大飽，身體不精，皆生疾病也。當精思遠念，於是男女可行長生之道，其法要祕，非賢勿傳。使男女並取生氣，含養精血，此非外法，專採陰益陽也。若行之如法，則氣液雲行，精醴凝和，不期老少之皆返童矣。凡入靖，先須忘形忘物，然後叩齒七通，而呪曰："白元金精，五華敷生。中央黃老君，和魂攝精。皇上太精，凝液骨靈。無上太真，六氣内纏。上精玄老，還神補腦。使我合會，鍊胎守寶。"祝畢，男子守腎固精，煉炁從夾脊遡上泥丸，號曰還元。女子守心養神，煉火不動，以兩乳炁下腎，夾腎上行，亦到泥丸，號曰化真。養之丹扃，百日通靈。若久久行之，自然成真，長生住世，不死之道也。

第三、用《五行紫文》以除三尸。常用朔望之日日中時，臨目南[5]向。臨目者，當閉而不閉也。心存兩目中出青氣，心中出赤氣，臍中出黃氣，於是三氣相繞，合爲一氣，以貫一身。須臾内外洞徹，如火光之狀。良久，乃叩齒十四通，咽液十四過，畢。此鍊形之道，除尸蟲之法也。久而行之，體有五香之氣，目明耳聰，長生不死。

第四、名曰陰德致神仙之道。其文曰："常以甲子日沐浴，竟甲子上旬日，當燒香於所止床之左右，久久行之，天仙玉女下降也。"又一法：當養白犬白雞，犬名曰白靈，雞名曰白精，諸八節日及行入五嶽，乃登名山諸有神仙之所在處，密放雞犬於其間，去勿廻顧，天真仙官當與子芝英靈草矣。又一法：作素奏，使長一尺二寸，丹書其文曰"某郡縣鄉里某，欲得長生，登仙度世，飛行上清。真人至神，五嶽羣靈，三官九府，乞除罪名。"書奏畢，以青絲係金鐶一雙，合以纏奏，再拜北向，置奏石上，因以火燒成灰，乃藏鐶於密石間而去，勿反顧。無鐶可用，條脫一雙以代鐶，古人名爲縱容珠子也。慎與多口嫉妒之人道之，非但無益，乃更致禍。如此十過，天上五帝，三官九府，更相屬勑，除人罪過，著名生錄，刊定仙籍。入山求芝草靈藥，所欲皆得。山神玉女，自來營衛。狼虎百害，不敢犯近。神靈祐助，常欲使人得道，開人心意，惡鬼老魅，不敢試人。行此道，易成而無患。若道士不知此術，入山必多不利，數爲鬼物所試。在人間則多轗軻疾病，財物不昌，所願不從。若能行此道，長生神仙。

第五、太極真人常以立春之日日中時，會諸仙人於太極宮，刻玉簡，記仙名。常以其夕夜半時，正北向，仰視北極，再拜頓首，陳己罪[6]多少之數，求解釋之意。畢，復再拜乃止。至春分之日日中時，崑崙瑤臺太素真人會諸仙官，校定真經。至立夏之日日中時，上清五帝會諸仙人於紫微宮，見四真人論求道者之功過。至夏至之日日中時，天上三官會於司命河侯，校定萬民罪福，增年減筭。至立秋之日日中時，五嶽諸真人詣中央黃老君於黃房雲庭山，會仙官於日中，定天下神圖靈藥。至秋分之日日中時，上皇大帝乃登玉清靈闕太微之觀[7]，會太上三老君、北極諸真公、八海大神、五嶽尊靈、仙官萬萬，共集議定天下萬兆之罪福，學道之勤懈[8]，一一條列，副之司命。至立冬之日日中時，陽臺真人會諸仙官玉女，定新得道始入仙錄之人[9]。至冬至之日日中時，天真眾仙皆詣[10]方諸東華大宮，見東海青童君，刻定眾仙籍金書內字。常以八節日夜半日中，謝七世祖父母及身中罪過，罪過自除也。久行之，神仙不死。夫秋分日者，太上神真觀試[11]萬仙，自非真正者，不可輕用其日謝罪也。真人仙官，以八節日日中時共會集，三日乃解，欲修道者，當先齋戒，勿失之也。又一法：每至八節日，常當行入五嶽，若神仙真人所棲名山之處也。每於深僻隱巖之中，密燒香乞願，祝曰："玄上九靈，太真高神，使某長生，所欲從心。百福如願，壽如靈山。謹以節日，登巖請生。"畢，因散香於左右，勿顧而返。常能行此，必長生神仙，所欲如心，玉女詣房，衆靈衛身也。若或有棲遁冥契，而不獲登山者，寄心啓願，精意向真，亦與身詣名山者無異。每事決在心誠密暢，求真堅正，乃獲之也。此赤將子輿《五首隱訣》，内道要事畢矣。君乃再拜，而奉要言還歸。精思行之，常處隱室，不棣名好。乃服食茯苓，餌卉醴華腴。積十一年，夜視有光，常能不息，從旦至中。年二十三，本郡所命爲功曹，君不應命。尋又州辟主簿，轉別駕，舉秀才，詣長安，拜博士高第，轉尚書選曹郎、御史中丞、散騎常侍、侍中，出爲北軍中候。以伐匈奴有功，封灉陽侯。後遷冀州刺史，別駕劉安之時年四十五，初迎君爲主簿，後轉別駕，亦知仙道。飲食黄精，積二十餘年，身輕，面有華光，數與君俱齋靜室中。以正月上旬，君沐浴齋于靜室，至三月，奄有仙人乘白鹿，從玉童玉女各七人，從天中來下在庭中，他人莫之見。君拜頓首，乞請一言。仙人曰："我南嶽真人赤松子也。聞子好道，故來相過，君何所修行乎？"君長跪自陳所奉行，凡百二十事。松子曰："勤存五靈，別當授子真道。"奄然而去。君於是乃求解去官，自稱篤疾，欲詣太上請命。遂棄官委家，逃遊名山，尋此微妙，別駕劉安之從焉。君時年四十五，帝累徵召，一不應命，逼之不已，君乃北遊到陽浴山〔12〕，以避人間之網羅也。遂入石室北洞中，學道精思，無所不至。安之不能久處山中，時復出於人間。君於後將雲子去，乃登太華山，入西洞玄石室裏，積二十二年，奄見五老人皆巾來詣。君再拜頓首，乞請神訣，乃出神芝見賜。一老人巾青巾，著青衣，柱青杖，帶通光陽霞之符，乃東方歲星之大神也。以青華之芝見賜，出青書一卷，是《紫微始青道經》也。又一老人巾蒼巾，著蒼衣，柱蒼杖，帶鬱真簫鳳之符，乃北方辰星之大神也，以蒼華之芝見賜，出《蒼元上籙北斗真經中命四旋經》四卷見授。又一老人巾白巾，著白衣，柱白杖，帶皓靈扶希之符，乃西方太白星之大神也，以白華之芝見賜，出《太素玉籙寶玄真經》三卷見授。又一老人巾赤巾，著赤衣，柱赤杖，帶四明朱碧之符，乃南方熒惑星之大神也，以丹華之芝見賜，出《龍胎太和丹經》二卷見授。又一老人巾黃巾，著黃衣，柱黃杖，帶中元八維玉門之符，乃中央鎮星之大神也，以黃華之芝見賜，出《四氣上樞太元黃書》八卷見授。乃五星之精，天之大神也。君再拜，服此神芝，讀神經，十旬之間，視見萬里之外，能日步千里，能隱能彰，役使鬼神。乃遊行天下，東到青丘，遇谷希子青帝君，授以青精日水，飲食青芝。還到太山，遇司命君，授以《上皇金錄》。乃西到流沙，濱白水岸，遇太素真人乘龍雲軿，建紫晨巾，以紫羽爲蓋，仗七色之節，侍從神童玉女各二百許人，在白水沙洲空山之上，方遊觀金城，鳴玉鐘，舞華幢，望在空山之上，往而不至。君乃身投長淵，浮白水，冒洪波，越沙岸，嶮巇沈溺，遂登空山，見而拜焉，頓頭稽顙，乞請真訣。太素真人笑曰："危乎濟哉！子今日始當得之矣。"因口教《服二景飛華上奔日月之法》，又授《太上隱書》，告君曰："此足以爲真矣。"遂留空山上，修《二景引日法》，誦《隱書》。積十一年，太素真人曰："子道已成矣。"因以景雲龍輿見載，羽蓋華寶之儀，詣太素宮見上清三元君。君當爾之時，亦不知在何處也。三元君治太素宮，諸仙童玉女侍者有千餘人，以黃金爲屋，青玉爲牀。君既詣金闕，再拜稽首。三元君以《玉璽金真》見賜，玉女二十四人玉童三十二人見侍。乃乘飛雲中軿復北遊，詣太極宮見太極四真人，四真人見授《神虎符》《流金火鈴》。乃詣太微宮受書爲清靈真人，治青[13]靈宮，佩三華寶衣，乘飛龍景輿，仗青旄玉鉞七色之節，遊行上清九宮。

西玄者，葛衍山之別名。葛衍有三山相連，西爲西玄，東爲鬱絕根山，中央名葛衍山。三山有三府，名曰三宮。西玄山爲清靈宮，葛衍山爲紫陽宮，鬱絕根山爲極真宮。三山纏固萬三千里，高二千七百里，下有洞庭，潛行地中，通玄洲崑崙府也。西玄山下有洞臺，方圓千里，金城九重，有玉堂蘭室，東西宮殿，中有四百二十真人處焉。其樹則絳碧，草則芝英，其鳥獸則麒麟鳳凰。距崑崙七萬里，其間有高暉山，上有洞光如日，葛衍西玄鬱絕根三山也。

道人支子元受蔣先生入室精思，存五靈之神光。服氣之法，常以夜半之時，靜室獨處，平坐向東，瞑目陰呪曰："蒼元[14]浩靈，少陽先生。九氣還肝，使我魂寧。上帝玉籙，名上太清。"畢，因閉氣九息，咽液九過，叩齒九通。次南向，瞑目陰呪曰："赤庭絳雲，上有高真。三氣歸心，是我丹元。太微綠字，書名神仙。"畢，因閉氣三息，咽液三過，叩齒三通。次西向，瞑目陰呪曰："素元洞虛，天真神廬。七氣守肺，與神同居。白玉金字，九帝之書。使我飛仙，死名已除。"畢，因閉氣七息，咽液七過，叩齒七通。次向生年之本命處，瞑目陰呪曰："黃元中帝，本命之神。一氣侍脾，使我得真。老君玄籙，書名神仙。長生久視，與天同存[15]。"畢，因閉氣一息，咽液一過，叩齒一通。次北向，瞑目陰呪曰："玄元北極，太上之機[16]。五氣衛腎，龜玉參差。神名玉札[17]，年同二儀。役使六甲，以致八威。"畢，因閉氣五息，咽液五過，叩齒五通。爾乃存五方之氣都畢，又咽液九過，北向再拜，陰呪曰："謹白太上太極四真君，請存五方五靈神，使某相見得語言[18]。"畢乃精思。此一法，存五靈先服氣陰祝之道，與出中庭存法等耳。此法乃逕要不煩，又於靜思易也。裴君後重更授傳如此。於靜室祝時，亦先存五靈在體中使備，然後服氣爾。庭中之法，所修煩多難行，又於致神之驗，不勝於靜室之速也。後出要言，祕之勿傳。庭中之法，以勸於始學，使不懈怠爾。篤而言之，室中爲要法。

　　支子元受蔣先生第五首之訣，以八節之日存思，陳己立身已來罪過多少之數，輸誠自狀已，上希天皇諸真開寫之祐[19]，剋身歸善，以求長生神仙者也。蓋秋分之節者，氣處清靈太和之正日也，衆真諸仙，是其日皆聽訟焉。又地上刺姦吏部，境域諸仙官，並紏奏所在道士之功過，及萬民有罪應死生者也。《仙忌真記》曰："子欲昇天慎秋分，罪無大小皆上聞。以罪求仙仙甚難，是故學道爲心寒。"此是朱火丹陵仲陽先生之要言矣！秋分氣調日和，中順天地者也。夫火炎之氣摧於凋落之勢，玄水包津胎於金生之府，乃太陽光轉少陽，藏養天地，於是所以定剛柔之際，合二象之序，煥成流明，乃別陰陽三元，寔八節之標日，求道之要梯矣。每至其日日中之時，上皇太帝君玉尊陛下，乃登廣寒上清靈宅太空之闕丹城紫臺長錦玉樓，羣真集于太微之觀，上關九天之真皇，中要太上三老君、北極諸真及八海大神，下命五嶽名山諸得道者，尊靈萬萬，並會于陽寥之殿，共集議定天下萬民之罪福，記學道求仙者之勤疏，議犯過日月，修行善惡，刑罰之科，生死之狀，各隨其所屬部境，根源條例，副之司命，書之皇錄，罪福纖芥，刻于丹城之籍，伏匿之犯惡，陰德之細功者，無不一二縷別[20]而知之者也。其夕夜半，當出中庭，北向[21]脫巾，再拜長跪，上啓太上北極天尊[22]太帝君。因密[23]自陳己立身已來犯罪多少之狀，乞得赦貰，從今自後，改往修來之言。言之必使信，誓于丹心，盟於天地，不敢復犯惡之行也。其中言，在意陳之也。畢云：“願太上皇帝削其罪名，移書三官。使神仙之錄，某厠玉札。長生久視，通真達靈。”畢，又叩齒四下，再拜而還靜室，深自刻責，并存念三元中神，令上啓太上。如此者三，名上仙籍，罪咎除滅也。三元，泥丸、絳宮、丹田三神也。存令[24]三元三神，上啓天尊求恩赦，助己自陳，令必上聞也。三啓秋分，生籍乃定，死名乃除。此一法出《經命青圖》，是長生祕法矣。俗人雖存[25]道，未離人間，甚多罪咎，犯之者非一，恐未便可施用秋分首過之法也。入山林中，遠去人事，蕭然獨處，不犯萬物者，乃可爲之。既有反善之詞，誓有改行之言，言已聞於高上之聽，慎不可復使犯惡遠[26]生之事也。重犯罪十過，天地弗救，身死爲驗，非可復改補者矣。以此求道，無所復索也。養生者有如水火之交爾，得其益則白日昇天，犯戒律則身沒三泉也。又此日獨重於七節，趙伯玄所謂生死門戶者也。《三九素語》曰：“秋判之日，尊卑盡會，生死之日也。”古人以秋分之日爲秋判之日也。所以爾者，秋分之日，乃會九天八地眾真仙[27]神上皇至尊，三日三夕，共定萬民之命，所聚議者咸多，而神尊並集故也。諸八節日，會天地諸真官，先後及節，凡三日三夕，而各還所司，此是支公之口訣。又別此一事，不離[28]七節之條例也。候夜神童《金根經》曰：“八節之日，求仙極會，天命眾真，皆當集對。未節一日，萬靈詣闕；節日日中，尊卑入謁；節後一日，罪福分別。三日三夕，天事乃畢。子其慎罪，務爲功德，名可上真，列編太極。吾不詭[29]言，知者深密，急宜謝過，祕而慎泄。"此亦支公所告，出以傳示裴君。

太素真人教裴君二事爲真人之法曰：旦視日初出之時[30]，臨目閉氣十息，因又咽日光[31]十過，當存令日光霞使入口中，即而吞之。畢，仍存青帝君從日光中來，在我之左；次存赤帝君從日光中來，在我之右；次存白帝君從日光中來，在我之背；次存黑帝君從日光中來，在我之左手上；次存黃帝君從日光中來，在我之右手上。五帝都來，乃又存陽燧絳雲之車，駕九龍[32]，從日光中來到我之前，仍與五君共載[33]而奔日也。裴君止於空山之上，修行精思。一年之中，髣髴形象；二年之中，五帝俱乘日形，見在左右；三年之中，終日而言語笑樂；五年之中，五帝日君遂與裴君驂乘飛龍之車，東到日窟之天東蒙長丘大桑之宮[34]八極之城，登明真之臺，坐希琳之殿，授裴君以揮神之章、九有之符，食青精日粕，飲雲碧玄腴。於是與五帝日君日日而遊，此所謂奔日之道也。日中亦有五帝，一曰日君。《太上隱書》中篇曰："子欲爲真，當存日君。駕龍驂鳳，乘天景雲。東遊希琳[35]，遂入帝門。精思仍得，要道不煩。名上清靈，列位真官。乃執《鬱儀文》。"第二事爲真人之法：日夕[36]視月，臨目閉氣九息，因又咽月光九過，當存月光使入口中，即而吞之。畢，仍存青帝夫人從月光中來，在我之左；次又存赤帝夫人從月光中來，在我之右；次又存白帝夫人從月光中來，在我之背；次又存黑帝夫人從月光中來，在我左手上；次又存黃帝夫人從月光中來，在我右手上。五帝夫人都來，乃又存流鈴飛雲之車，駕十龍[37]，從月光中來到我之前，仍存五夫人共載而奔月也。裴君止於空山之上，修行精思。一年之中，髣髴姿容；二年之中，五夫人遂俱乘月形見在君左右；三年之中，並共笑樂言語；五年之中，五帝月夫人遂與君共乘飛龍之車，西到六嶺之門八絡之丘協晨之宮八景之城[38]，登七靈之臺，坐太和之殿，授裴君流星夜光之章、十明之符，食黃琬紫津之粕，飲月華雲膏。於是與五夫人夕夕共遊，此所謂奔月之道矣。月中亦有五帝夫人，外經云日君月夫人者，是少有髣髴也。《太上隱書》中篇曰："子欲昇天，當存月夫人，駕十飛龍，乘我流鈴。西到六嶺，遂入帝堂，精思乃見，上朝天皇。乃執《結璘章》。"裴君白日精思，對日存日中五帝君；夜則精思，對月存月中五夫人。五年之中，日月精神並到，共乘飛龍，上遊太玄。始學則五靈形見，授書賜芝；終成則日月五帝君五夫人駸轡清虛，乘雲太丹，朝謁三元，稽首金闕。乃獲《玉璽金真》，威制羣神，役使玉女玉童，北朝四真人，受書爲真。佩神虎之符，以制嚴六天；授流金之鈴，以命召衆精；仗青旄之節，以周流九宮。皆由精思微妙，幽感天心，是以靈降扶身，上昇帝庭爾。道士行之者則是耳，不必以已仙人也。若處密室及日月不見時，但心中存而思之可也，不待見日月。要見視之爲至佳，惟精思心盡，無所不通，此言要也。臨目者，令目當閉而不閉之間也。少令得見日月之光景，密而行之，勿令人知。雖雜人同室而止，有密其思者，比肩仍自不覺。每事盡當爾，不但此一條而已。求生養命在於心，三丹田三寸之間耳。是以龍變蟬蛻，皆以一致而成也。《八素經》曰："仙者心學，心誠則成仙；道者內求，內密則道來；榮者外求，口發則貴至；財者動心，心寂則富集。諸寂動異用，而所攻者一，守之在役用之機也。"

太素真人曰：爲真不知道者，亦復多耳。要於乘光揚景，騰雲昇虛，並日月之精，遊九天之表，餐霞飲玄，呼吸太和，乃不可不爲此奇道。此道亦易成而速得也。衆真有不知此道者，見吾乘雲而攜日月五帝五夫人，莫不敬親而求請問之也，吾亦復未示之也。《內視中方》曰："子欲步空，常當存日月；子欲登清泠[39]，當存五星。密室密行，不出宇庭。"此之謂也。夫守道者及學道求仙者，修行至精，皆可爲之。爲之既得，便成昇天仙人也。此道不必真人，而當獨行之也。子有真骨真性而密行之，必能含章守慎，不妄傳泄，故以相教耳。《黃老祕言》曰："子得《鬱儀》《結璘》，乃成上清之真。子得《大洞真經》，乃能飛行上清。無此三文，不得見三元君[40]。"要道盡此，仙子加勤。中仙都無知此道者，此道相傳惟口訣耳。能知此道，不問賢愚，皆乘雲昇天，役使鬼神，羣仙立盟爲約，不得妄宣，泄則滅門。口訣者，《黃老祕言》是也。裴君受命留在空山之上，精思存修二事。五年之中，得見日月之精五帝夫人。讀《隱書》及《九有》《十明》之符，積十一年。太素真人來告曰：「子成真矣。」因錫以龍車，給以羽蓋，並日月之遊精，參五帝之同乘，詣太素宮見上清三元君，受《玉璽金真》，給玉女二十四人，玉童三十二人，北遊詣太極宮及太微宮，位爲清靈真人。太素真人曰：「子存日精五帝君，口含《太上鬱儀文》，須此道成，乃見日中君，無此徒勞自煩冤。」太素真人曰：「子存月精五帝月夫人[41]口含《太上結璘章》，須此道成，乃見月中夫人，無此徒勞自悼傷。」

右二條，太素真人受太帝君訣言。

《太上隱書》云：「存時執之。」帝君云：「含之。」太素真人教裴君：「存時含一文，執一文，並行之。」《太上隱書》曰：「欲行此道，不必愚賢，但地上無此文耳。真官玄法，啓誓乃傳，金丹之信，道乃備焉。青帛之盟，道乃可宣。有得而行，位爲真人。乃乘步景雲，晏羽旂瓊輪，遊行九天[42]。上詣太極宮，謁高皇上元君[43]。」裴君乃先密受《太上鬱儀文》《太上結璘章》二書，然後齋戒而得存日月之精爾。有仙名骨錄者，乃得見此二書。見之者仙，爲之者真。《鬱儀結璘經》及《大洞真經》，乃太極四真人之所祕，上清天皇之所珍貴也。西玄山下洞臺中有此書，刻以玉簡，書以金字。及王屋清虛洞中亦見有《鬱儀》《結璘》之篇目爾，而不盡備具[44]。惟太玄宮高上臺及蓬萊府北室金柱玉壁刻文，並備具也。精心存念，晝夜爲之，十一年而成爾。與修《洞經》者大都等爾。夫此二文是《洞經》之祖宗，《素靈經》之園囿爾。凡諸下仙，莫有聞《鬱儀》之篇目、《結璘》之密旨者。得其道，皆速成而無試也。又致神之驗，是爲逕疾。得其要道者，但速於《大洞》之祕妙爾。非有仙名者，皆不得聞此書。聞見此書，而敢妄以語一人者，即減[45]侍真官玉女玉童各十人，自然使天火災而失之。語二人已上，不可得以學仙也。按泄《洞經》之科條，即已有輕重之異，減損侍真，便十倍於《大洞》。地上骨錄有相之道人，而有此書者，皆爲師主，男稱監靈大夫，女稱執明大夫，男稱左，女稱右。《素奏丹符》曰：「大哉《鬱儀》，妙乎[46]《結璘》，非上真不見，非上仙不聞。以致日月五精之神，乘龍步空，足躡景雲，遂與五帝，上入天門。有之[47]聞之，慎勿妄言。去世可出，誓金乃傳。要付弟子，有心之人。妄道篇目[48]，玉童上言。泄則被考，身終不仙。玉童玉女，去而不還，書文必失，獲刑三官。子其慎之，言爲罪源[49]。"峨嵋山北洞中石室戶樞刻石書字曰："《鬱儀》引日精，《結璘》致月神，得道處上宮[50]，位稱大夫真。"凡二十字，下仙讀此，不解其意，仙人自有不見其篇目者多矣。其金液九丹，蓋小術也，皆不得飛行上清。《大洞真經》有泄之者，按玄中科即減一紀，玉童玉女各減一人。三泄之身死，不得復成仙人。《太上鬱儀文、結璘章》有泄之者，減玉童玉女各十人，天火燒屋，書從火中失而還上天也。再泄身刑，死不復生，學道終不成仙也。泄言妄說篇目，並受考於三官。師有當因緣去世之日，或歸反陰塗絕迹藏變之時，要當有所授。若無其人，乃自隨身。受之者皆青金丹縷之贐，爲誓天地不泄宣之盟約，乃得出之，師隨事上聞，而有奏署日月也。不從科條，皆爲妄泄。《大洞真經》乃中央黃老君之寶書，非至真上士有玉名之者，莫見篇章條目也，真仙亦有不聞此書者矣。初限令一百年乃得一出傳可成，而不得妄說篇目。《太上鬱儀結璘文章》，以致於日月之精神，上奔日月，通天光飛太空之道也。皆乘雲車羽蓋，駕命羣龍，而上昇皇天紫庭也。《大洞真經》以致於朝靈之道，招神成真人之法也。乘雲駕龍，騰躍玄虛，衣繡羽佩，金真玉光，逍遥太霞，上昇九霄矣。此二書，天帝之祕塗，微妙哉！太素真人猶隱其篇目，但漫云二事者，是祕諱之甚也。況世人而令知其甲乙乎？有相遇而得之者，至誠好事，仍可爲之，別有事旨，故不一二。裴君所受真書篇目，列之於左：

支子元《神訣》五首，蔣先生所祕用。咸陽城南佛圖中曲室密房受之。

青帝君授《紫微始青道經》一卷。

蒼帝君授《蒼元上籙北斗真經中命四旋經》四卷。

白帝君授《太素玉籙寶玄經》三卷。

赤帝君授《龍胎太和丹經》二卷。

黃帝君授《四氣上樞太元黃書》八卷。

青帝君授通光陽霞之符。

蒼帝君授鬱真簫鳳之符。

白帝君授皓靈扶希之符。

赤帝君授四明朱碧之符。

黃帝君授中元八維玉門之符。

右十書，於太華山西洞玄石室受。

谷希子青帝君授青精日水青華芝。東到青丘受服。

《上皇金[51]籙》。司命君於太山授。

太素真人授《太上鬱儀文》。在白水沙洲空山之上授。

太素真人授《太上結璘文》。在白水沙洲空山之上授。

太素真人授《太上隱書》。在白水沙洲空山之上授。

上清三元君授《玉璽金真》。在太素宮金闕下授。

四真人授《神虎符》《流金火鈴》。在太極宮授。

日中五帝君授揮神之章、九有之符、青精日粹、雲碧玄腴。

日中五帝夫人授流星夜光章、十明之符、黃琬紫津之粹、月華雲膏。

右裴君所受眾書符之目。

裴君受支子元《服茯苓法》，焦山蔣先生所傳。茯苓五斤，盛治去外皮乃擣，下細筴[52]，以漬白蜜三斗中，盛之以銅器，若耐熱白[53]瓦器。以此器著大釜中，著水裁半於所盛藥器腹，微火燒釜，令水沸，煑藥器，數反側藥令相和合。良久，蜜銷竭煎，出著鐵臼中，擣三萬杵，令可丸。但服三十丸如梧桐子大，百日百病除，二百日可夜書，二年使鬼神，四年玉女侍衛，十年夜視有光，能隱能彰，長生久視。服此一年，百害不能傷，疾病不復干，色反嬰兒，肌膚充悅，白髮再黑，眼有流光。合藥齋三日，煑之於密盛處[54]，勿令婦人雞犬見及穢漫之也。五斤茯苓、三斗白蜜為一劑。當作木蓋，蓋之煑藥器上，勿露也。煑之時，反側藥，熟乃開之耳。火以好薪炭，不可用不成樵輩以煑之也[55]。當用意伺候料視，恒以為意。欲并合，多少在意。藥成預作丸，盛之以密器，可經於千歲不敗。

裴君受支子元《服胡麻法》，蔣先生於黃金鼇祖山中授支公也。

胡麻三斗肥者，黃黑無拘，在可擇之使精潔，於微火上熬令香氣，極令燥，細擣以爲散，令没没爾，勿下簁。白蜜三斗，以胡麻散漬會蜜中，攪令相和使調帀，安器著釜水中，乃煑如前煑茯苓法也。伺候令煎竭可擣，乃出擣之三萬杵，如桐子[56]大，旦服三十丸，盡一劑，腸化爲筋，不知寒熱，面反童顔，役使衆靈。蔣先生惟服此二方，先生已凌煙化升，呼吸立至，出入無間，與乘羣龍，上朝帝真，位爲仙宗者也。當簸擇胡麻令精[57]。

此二方與世方書小異，裴君所祕者，驗而有實也。云：體先不虛損，及年少之時，當服茯苓；若出三十者，當服胡麻。蔣先生云："此二方是大有之要法，長生神仙之祕寶。"《寶玄經》云："茯苓治少，胡麻治老。合以齋戒，服以朝齋。卉醴華腴，火精水寶。和以爲一，還精歸寶。"此之謂也。卉醴華腴，蜜也；火精，茯苓也；水寶，胡麻也。裴君以年少時所用，故服茯苓，二方同耳。皆長生不死，必仙之奇方也。若大有資力者，亦可合二物，倍用蜜，共煎擣以爲丸乃佳，亦並治老少矣。茯苓、胡麻，不必別作之也。此二方蔣先生乃各在一處授支公，不頓之也。是以焦山而《茯苓方》傳，鼇祖而《胡麻方》出，明道祕之文，乃不可得一盡其根源也。至於支公授裴君，亦乃頓倒囊笈之奧言，肆傾玄真之祕塗，將以逆鑒察天錄，必當已知應爲仙真乎！

【校記】

〔1〕"清靈真人裴君傳弟子鄧雲子撰"，《隋書·經籍志·雜傳類》著錄"清虛真人裴君内傳"而不著撰人《新唐書·藝文志·神仙類》及《通志畧·道家》均作"清虛真人裴君内傳鄭雲千撰"，《舊唐書·經籍志·雜傳類》作"清虛真君內傳鄭子雲撰"，《宋史·藝文志·道家》作"鄧雲子清虛真人裴君內傳"。

〔2〕"清靈真人"，《歷世真仙體道通鑑》卷十五《裴君傳》"靈"作"寧"。

〔3〕"漢孝文帝",上書作"漢明帝"。

〔4〕"寶",上書作"保"。

〔5〕"南",本書卷八三《五行紫文除尸蟲法》作"西"。

〔6〕"陳己罪"原作"陳乞己罪",據《上清洞真解過訣·清靈真人八節日謝罪第一》(下稱《八節日謝罪》)删。

〔7〕"玉清靈闕太微之觀",上書"玉"作"上","觀"作"館"。

〔8〕"議定天下萬兆之罪福,學道之勤懈",上書作"議天下萬兆之罪福,記學道之勤懈"。

〔9〕"定新得道始入仙錄之人",上書作"新定得道始入仙名錄籍"。

〔10〕"皆詣"原作"諸",據上書改。

〔11〕"試",上書作"議"。

〔12〕"陽浴山",《道藏輯要》本作"陽洛山"。

〔13〕"青",據上下文當作"清"。

〔14〕"蒼元"原作"蒼無",據本書卷四四《三九素語玉精真訣存思法》及《洞真太上三九素語玉精真訣》《洞真太上素靈洞元大有妙經·太上三九素語內呪訣文》改。

〔15〕"與天同存"原作"與命永存",據本書卷四四《三九素語玉精真訣存思法》及《洞真太上三九素語玉精真訣》《洞真太上素靈洞元大有妙經·太上三九素語內呪訣文》改。又以上四呪及下一呪,本書均有删節。

〔16〕"太上之機",《洞真太上素靈洞元大有妙經·太上三九素語內呪訣文》作"太上靈璣"。

〔17〕"札",上書作"臺"。

〔18〕"請存五方五靈神,使某相見得語言",上書作"請存五方五帝五靈神,刻其綠字,驂駕十天,萬祆束炁,衆邪絕煙,使某相見,得其語言"。

〔19〕"輸誠自狀已,上希天皇諸真開寫之祐",《八節日謝罪》"已"作"以","開"作"關"。

〔20〕"陰德之細功者,無不一二縷別","功"原作"切",原無"別"字,據上書增改。

〔21〕"向"後，上書有"仰視北極"四字。

〔22〕"尊"原作"帝"，據上書改。

〔23〕"密"後，上書有"謝七世祖父母罪及"八字。

〔24〕"令"，上書作"念"。

〔25〕"存"，上書作"好"。

〔26〕"遠"，上書作"違"。

〔27〕"仙"原作"人"，據上書改。

〔28〕"離"，上書作"雜"。

〔29〕"詭"原作"試"，據上書改。

〔30〕"旦視日初出之時"，《上清太上帝君九真中經》（下稱《九真中經》）作"旦旦視日初出之時，時無日當在靜室，先"，《上清太上九真中經絳生神丹訣》（下稱《絳生神丹訣》）及《太上玉晨鬱儀結璘奔日月圖》（下稱《奔日月圖》）均作"旦旦視日初出之時，無日當靜室，先"。

〔31〕"咽日光"，上三書均作"咽日光暉"。

〔32〕"九龍"，上三書均作"九赤龍"。

〔33〕"五君共載"，上三書均作"五帝共乘"。

〔34〕"大桑之宮"四字，上三書均無。

〔35〕"希琳"，本書卷二三引《太上玉晨鬱儀結璘奔日月圖》作"希林"。

〔36〕"日夕"，《九真中經》及《絳生神丹訣》均作"夕夕"。

〔37〕"十龍"，上二書及《奔日月圖》均作"十黃龍"。

〔38〕"西到六嶺之門，八絡之丘協晨之宮八景之城"，上三書作"西到六領（《奔日月圖》作"嶺"），入協晨玉宮八紘（《絳生神丹訣》作"絃"）素丘八景上房"。

〔39〕"常當存日月；子欲登清泠"，《奔日月圖》無"常"字，"泠"作"靈"。

〔40〕"子得大洞真經，乃能飛行上清。無此三文，不得見三元君"，上書及《絳生神丹訣》《九真中經》均作"不修上道，不得見三元君"。

〔41〕"五帝月夫人"，《奔日月圖》無"月"字。

〔42〕"位爲真人。乃乘步景雲，晏羽旍瓊輪，遊行九天"，上書及《九真中經》《絳生神丹訣》均作"位爲上真，乃乘瓊輪，遊行九晨"。

〔43〕"上詣太極宮，謁高皇上元君"，上三書作"上詣太素宮，見太一帝君。""詣"原作"諸"，據上三書改。

〔44〕"王屋清虛洞中亦見有鬱儀結璘之篇目爾，而不盡備具"，上三書均作"王屋清虛天皆有而不備具"。

〔45〕"減"原作"滅"，據《道藏輯要》本改。

〔46〕"妙乎"原作"妙行"，據《奔日月圖》改。

〔47〕"之"，上書作"人"。

〔48〕"有心之人。妄道篇目"，"人"原作"者"，"妄"原作"勿"，據上書改。

〔49〕"源"原作"先"，據上書改。

〔50〕"得道處上宮"原作"得道爲上官"，據上書改。

〔51〕"金"字原無，據本卷上文增。

〔52〕"筵"原作"筳"，據《四部叢刊》本改。下同。

〔53〕"白"原作"曰"，據《仙鑑》卷十五《裴君傳》改。

〔54〕"密盛處"，上書作"密室盛處"。

〔55〕"不可用不成樵輩以煮之也"，上書作"不可用樵"。

〔56〕"桐子"，上書作"梧桐子"。

〔57〕"當簸擇胡麻令精"七字，上書無。

雲笈七籤卷之一百六

傳

清虛真人王君內傳 弟子南嶽夫人魏華存撰

華存師清虛真人王君諱褒字子登，范陽襄平人也，安國侯七世之孫，君以漢元帝建昭三年九月二十七日誕焉。洪基大業，世籍貴盛。君父諱楷，以德行懿美比州所稱舉茂才，除議郎，轉中壘大夫、上黨太守、黃門侍郎、侍中、左將軍、鴈門太守。楷正色彤管，坦誠獻替，納言推謨，披衿拔領，率職涖民，政以禮成，捨刑寬賦，不肅而敬。天子賢之，遷殿上三老，使賓皇太子，講《春秋》《尚書》《論語》《禮》《易》。恢恢仁長，循循善誘。微言既甄，搢紳乘其範；大義已陳，百王格其准。遷光祿大夫，諡曰文侯。夫人司馬遷之孫，淑慎沈博，德配母儀。蓋以清源高流，圓穎遠映，靈根散條，芳華朗曜。是用忠孝啓於上葉，善誘彰於文德，世載英旄，斯人有焉。君體六和之妙炁，挺天然之嘉質，含嶽秀以植韻，秉靈符而標貴，暉灼煥於三晨，峻逸超於玄風。少讀五經，傍看百子，綜箠象緯，通探陰陽，及風炁律呂，靡有不覽也。父爲娉丞相孔光女，娶婦在室，以和人倫。而君凝形淳觀，明德獨往，高期真全，絕不內盼。峨峨焉若望慶雲之沓軿，浩浩焉似汎滄溟之無極。神棲萬物之嶺，炁邁霄漢之津。鴻漸鄧林，展翮東園。將藏鳳羽以翳於南風，匿龍華以沈於幽源。是乃夜光潛躍，映耀於難掩。遂名沸絕圖，聲馳京夏，四府交辟。君即閑夜之感，喟然悲嘆曰："人間塵藹，趣競得失，利害相攻，有蹻鷃鸇之視老燕矣！"遂決志辭親，入華山中九年。契闊備至，精感昊穹，神映幽人，體期冥靈，心唱至眞爾！

一日夜半，忽聞林澤中有人馬之聲，簫鼓之音，須臾之間，漸近此山，仰而望之，見千騎萬乘，浮虛空而至。神人乘三素雲輦，手把虎符，朱鉞啓途，握節執旄，曲晨傾蔭，錦旆蔽虛。神人暫停駕而言曰："吾太極眞人西梁子文也。聞子好道，劬勞山林，未該眞要，誠可愍也！勤企長生，實爲至矣！"君乃馳詣輪轂之下，叩頭自搏而言曰："褒以肉人，愚頑庸賤，體染風塵，恣躁亂性。然少好生道，莫知以度？"眞人曰："夫學道無師，無緣自解。我太極眞人，神仙之司主，試校學者，領舉正眞爾！子玄錄上清，金書東華，名編清虛，位登小有，必當掌括寶籍，爲天王之任爾。但注心四景，勤慕上業，道自成也。"後隱陽洛山中，感南極夫人西城眞人並降。南極夫人乃指西城曰："君當爲王子登之師，子登亦佳弟子也。"良久，西城眞人長嘆而謂君曰："夫學道者諒不可以倉卒期，求生者不可以立爾綜。故冥術棲於玄元而高偕，太妙淩重霄以纍抗矣。夫道雖無形，其實有焉；妙雖昧昧，其實坦然。子當勤求其無，然後見其至有。子廣延諸妙，然後究其坦大。得有則有生，得妙則年全也。子求生雖篤，而未見其涯。慕道雖勤，而未啓其門。殆猶汾湧波以索鳥巢，尋長木而訪淵鱗爾！是故子心疲於導引，而朱宮爲之喪潰；肺弊於理炁，故神華爲之凋落；肝勞於視盼，而魂精爲之遼索；脾竭於守神，而丹田爲之閡滯；腎困於經緯，而津液爲之不澤；膽銳於趣競，故四肢爲之亂作。五臟相攻，六府顛覆。三焦滯而不瀉，八關絕而無續。賴餛飯以勁汝身，恃丹青以固汝內爾！正可却衰白之凋折，猶不免必死之期會。徒有萬年之壽，豈足貴乎？"西城眞人遂以即日授君《太上寶文》《八素隱書》《大洞眞經》《靈書八道》《紫度炎光》《石精玉[1]馬神虎眞文》《高仙羽玄[2]》凡三十一卷，依科立盟結誓而付。

乃將君觀玄洲，須臾而至，四面大海，懸濤千丈，洲上宮闕，朱閣樓觀，瓊室瑤房，不可稱記。西城眞人曰："此僊都之府，太上丈人處之。"乃將君入紫桂宮，見丈人著流霞羽袍，冠芙蓉之冠，腰帶神光，手把火鈴，侍女數百，龍虎衛階。太上丈人與西城真人相禮而已，相攜共坐，君時侍側焉。太上丈人曰："彼所謂王子登乎？學道遭逢良師，將得之矣。"西城真人笑，因命君拜。拜畢，太上丈人使坐北向。丈人乃設廚膳，呼吸立具，靈肴千種，丹醴湛溢，燔煙震檀，飛節玄香，陳鈞天之大樂，擊金璈於七芒，崆峒啟音，徹朗天丘。於是龍騰雲崖，飛鳳鳴嘯，山阜洪鯨，湧波淩濤，雲起太虛，風生廣遼，靈歌九真，雅吟空無，玉華作唱，西妃折腰。爾乃衆仙揮袂，萬神遷延，羽童拊節，慶雲纏綿。於是太上丈人會二十九真人，皆玄洲之太真公也。其第一真人自稱主仙道君，指君而向西城真人言曰："彼悠悠者，將西城之室客，上宰之賓友耶！視此子心眸澄邈，神淳形凝，圓晨丕煥[3]，六景發華，殆真人之美者！小有之賢王也。未彼果何人哉？"於是西城真人笑而答曰："道君今何清音之不妙，曲問之陋碎哉？請粗陳其歸要焉。蓋夫聖匠剖太混之一朴，分爲億萬之體；發大蘊之一包，散爲無窮之物。是故立三光呼天而置晷儀，封區域呼地而制五服，制漏刻以分日夜，正四時以財歲月，五位以正方面，山川以定險阻，城郭以自居焉，兵械以自衛焉，旌旗輿服以自表，用九穀以自養。凡此之類，象玄乎天而形存乎地，日月有幽明之分，寒暑有生殺之炁，震雷有出入之期，風雨有動靜之節，類炁浮乎上而衆精流乎下，廢興之數、治亂之運、賢愚之質、善惡之性、剛柔之炁、壽夭之命、貴賤之位、尊卑之班、吉凶之徵、窮達之期普陳矣。性發乎天，而命成乎人也。故立之者天，而行之者道，受焉性合神同，混而爲一，流通並行，不可細得分別也。"於是主仙道君命侍女范運華趙峻珠王抱臺等，發瓊笈，披綠蘊，出《上清隱書龍文八靈真經》二卷授子登，又以雲碧陽水晨飛丹腴二升賜君，君拜服之。

真人遂將君還西城，九年道成，給飛飆之車，東行渡啓明滄海，登廣桑山，入始暉庭，詣太帝君，稽首再拜，太帝授以《龍景九文紫鳳赤書》《上清神圖八道玉籙》。次南行渡勃陽丹海[4]登長離山，詣南極紫元夫人，一號南極元君，授以《九道廻玄太丹綠書》。又詣赤臺童子華蓋上公，授以五雲夜光雲琅水霜。南極夫人曰：昔日之言，豈負舉哉！君稽首謝恩辭退。次西行渡庚丘巨海沈羽之津，登麗農山，詣紫蓋晨夫人景真三皇道君，授以《玉道綠字廻曜太真隱書》。次北遊渡彫柔玄海，濟飲龍上河匏瓜津，登廣野山[5]，詣高上虛皇大道玉君。會其出遊，駕日月之晨，乘紫始之光，鬱藹黃素之雲，勃蔚八景之曜，飛真萬億，不可稱數。君再拜道側，唱者曰聞。君[6]乃詣上清玉晨帝君玄清六微元君，二君授以《寶洞飛霄絕玄金章》及賜《太極隱書》、龍明珠[7]絳和雲芝，君拜而飲之，即身金色，項映圓光，七曜散華，流煥映形。又退登閬風之野玄圃之宮，詣中皇玉帝受《解形遯變流景玉經》。乃越鬱絕，濟弱河，西詣龜臺，謁九靈太真上清夫人，退更清齋三月，受《三華寶曜瓊文琅書》《靈暉上錄》《七晨素經》。退又清齋三年，浮浩汗之河，登白空虞山，山周廻三萬里，遊行翌日，趨詣紫清太素瓊闕，即太素三元上道君所治焉。處丹靈白玉宮，飛映絕曜，紫霞落煥，七光交陳，結於雲宇之上，奇麗玄黃，不可名字。仙童玉女，侍右天尊[8]，蓋無數也。君既至，稽首再拜，詣瓊闕之下久時，太素三元上道君乃使繡衣命者西林藻，授君《金真玉光》《流金火鈴》《豁落七元》《八景飛晨》。又使清真左夫人郭靈蓋右陽玉華仲飛姬，齎神策玉璽，授君以爲太素清虛真人，領小有天王三元四司右保上公，治王屋山洞天之中，給玉童玉女各三百人，主領上清玉章，《太素寶玄》，太極上品，九天靈文，六合祕籍，山海妙經，悉主之焉。又總括洞內明景三寶，得乘虎旂龍輦，金蓋瓊輪，八景飛輿，出入上清，受事太素，寢宴太極也。後歸西城，清齋三月，授書爲太素清虛真人矣。

紫陽真人周君內傳[9]

紫陽真人姓周諱義山字季通，汝陰人也。漢丞相勃七世之孫，以冠族播流，世居貴宦。祖父玄，元鳳元年爲青州刺史。父祕爲范陽令時，君始生焉。父後積秩累遷，官至陳留刺史，君時年十六，隨從在郡，始讀《孝經》《論語》《周易》。爲人沈重，少言笑，喜怒不形於色。好獨坐靜處，不結名好。然精思微密，所存必感。常以平旦之後，日出之前[10]，正東向立，漱口咽液，服炁百數，向日再拜。旦旦如此，爲之經年。父怪而問之："所行何等？"君長跪對曰："義山中心好日光長景之暉[11]，是以拜之爾。"至月朔旦之日，輒遊市及閭閻陋巷之中，見窮乏飢餓之人，解衣與之[12]。時時上登名山，喟然悲歎；或入石室中，歡然獨笑。時陳留大儒名士，聞君盛德，體性沈美，咸修詣焉。君輒稱疾，不見賓客。漢侍中蔡咸，陳留高士，亦頗知道，聞君德行，數往詣君，輒解疾[13]，不欲見之。父乃大怪，怒責之，督切使出見之。既不得已，遂出相見。咸大發清談，及論神仙之道，變化之事。君乃凝默內閉，斂神虛靜，頷而和之，一不答也。是歲大旱，斗米千錢，路多飢莩。君乃傾財竭家，以濟其困，陰行之，人亦不知是君之慈施也。對萬物如臨赤子，斯積善德仁愛之施矣[14]。

後遇陳留黃泰告君曰："聞君好道，陰德流行，用思微妙，誠感於我，是以相詣。吾是中嶽仙人須林字子玄[15]也。本衛人，靈公末年生，少好道德，受學於岑先生[16]，見授鍊身消災之道術。後又遇仇公，公乃見教以服炁之法，還神守魂之事，吾行之甚驗，大得其益[17]。子少知還陽，精髓不泄。又知導引服炁，吞景咽漿，不復須陰丹內術補胎之益也。然猶三蟲未壞，三尸未死，故導引服炁，不得其理。可先服制蟲細丸，以殺穀蟲。蟲有三名：一名青古，二名白姑，三名血尸，謂之三蟲。三蟲在內，令人心煩滿，意志不開，所思不固，失食則飢，悲愁感動，精志不至，仍以飲食不節斷也。雖復斷穀，人體重滯，奄奄淡悶，所夢非真，顛倒釀錯，邪俗不除，皆由此蟲在內，搖動五藏故也。殺蟲之方如後：

附子、五兩。麻子、七升。地黃、六兩。术、七兩。茱萸根、大者七寸。桂、四兩。雲芝英、五兩。

凡七種，先取菖蒲根煑濃作酒，使清淳重美一斗半，以七種藥㕮咀內器中漬之，亦可不用㕮咀，三宿乃出，曝之令燥。又取前酒汁漬之三宿，又出曝之，須酒盡乃止。曝令燥，内鐵臼中擣之，下細籭，令成粉。取白蜜和之，令可丸。以平旦東向，初服二丸如小豆，漸益一丸，乃可至十餘丸也。治腹内絃實上炁，心胸結塞，益肌膚，令體輕有光華。盡一劑則蟲死，蟲死則三尸枯，三尸枯則自然落矣。亦可數作，不限一劑也。然後合四鎮丸，加曾青、黃精各一兩以斷穀畢。若導引服炁，不得其理，可先服食衆草藥，巨勝、茯苓、术、桂、天門冬、黃連、地黃、大黃、桃穅及皮任擇焉。雖服此藥以得其力，不得九轉神丹金液之道，不能飛仙矣。爲可延年益壽，亦[18]辟其死也。"君按次爲之，服食术五年，身生光澤，徹視内見五臟，乃就仙人求飛仙要訣。仙人曰："藥有數種，仙有數品。有乘雲駕龍，白日升天，與太極真人爲友，拜爲仙宫之主，其位可司[19]真公、定元公、太生公，及中黃大夫、九氣丈人、仙都公，此皆上仙也。或爲仙卿、大夫，上仙之次也。遊行五嶽，或造太清，役使鬼神，中仙也。或受封一山，總領鬼神；或遊翔小有，羣集清虚之宫，中仙之次也。若食穀不死，日中無影，下仙也。或白日尸解，過死太陰，然後乃仙，下仙之次也。我受涓子祕要，是中仙耳。子名上金書，當爲真人，我之道，非子真人所學也[20]。今以守三一之法、靈妙小有之書二百事傳子，石菌朱柯若乾芝與子服之，吾道畢矣，子可遠索師也。"君再拜受教，退而服神芝，五年目視千里外，日行五百里。

遂巡行名山，尋索仙人。聞蒙山欒先生能讀《龍蹻經》，遂往尋之。遇衍門子，於是授以《龍蹻經》及《三皇内文》。退登王屋山，遇趙佗子，受《芝圖》十六首及《五行祕符》。又遇黃先生，受《黃素神方》、五帝六甲左右靈飛之書四十四訣[21]。退登磻冢山，遇上衛君，受《太素傳》、左乙混洞東蒙之録、右庚素文攝殺之律[22]。退登嵩高山，遇中央黃老君合會仙人在其上太室洞門之内，君頓頭再拜，乞長生度世。黃老君曰："子存洞房之内，見白元君耶？"君對曰："實存洞房，嘗見白元君。"黃老君曰："子道未足矣，未見無英君也。且復游行，受諸要訣，當以上真道經授子矣。見白元君，下仙之事，可壽三千年，見無英君，乃爲真也，可壽一萬年矣。"君再拜受教而退，遊行天下名山大澤，西登白空山，遇沙野帛先生，受《太清上經》。退登峩嵋山，入空洞金府，遇甯先生，受《太丹隱書八稟十訣》。退登岷山，遇陰先生，受《九赤班符》。退登岐山，遇臧延甫，受《憂樂曲素訣辭》。乃登梁山，遇淮南子成，受《天關三圖》。乃退登牛首山，遇張子房，受《太清真經》。乃退登九嶷山，遇李伯陽，受《李氏幽經》。乃遊登鍾山，遇高丘子，受《金丹方》二十七首。乃登鶴鳴山，遇陽安君，受《金液丹經》《九鼎神丹圖》。乃登猛山，遇青精先生，受《黃素傳》。乃登陸渾山，潛入伊水洞室，遇李子耳，受《隱地八術》。乃登戎山，遇趙伯玄，受《三九素語》。乃登陽洛山，遇幼陽君，受《青要紫書三五順行》[23]。乃登《霍山》，遇司命君，受《經命青圖上皇民籍》。乃登鳥鼠山，遇墨翟子，受《紫度炎光內視圖中經》。乃登曜名山，遇太帝候夜神童，受金根之經。乃登委羽山，遇司馬季主，受《石精金光藏景化形》。乃登大庭山，遇劉子先，受《七變神法》。乃登都廣建木，遇谷希子，受黃炁之法，太空之術，《陽精三道》之要[24]。乃登桐柏山，遇王喬，受《素奏丹符》。乃登太華山，遇南嶽赤松子，受《上元真書》[25]。乃登太冥山，遇九老仙都君，受《黃水月華四真法》。乃登合黎山，遇皇人，受《八素真經》《太上隱書》。乃登景山，遇黃臺萬畢先生，受《九真中經》。乃登玄壟羽山，遇玉童十人九炁丈人，得《白羽紫蓋服黃水月華法》。乃到桑林，登扶廣山，遇青真小童君，受《金書祕字》。乃退南行朱火，登丹陵山，遇龔仲陽，受《仙忌真記》。乃西遊，登空山，見無英君而退，洞房中無英君處其左，白元君處其右，黃老君處其中。無英君服金精朱碧玉綾之袍，光赤朝霞，流景耀天，要太上靈炁之章，佩九帝祛邪之策，戴翠上紫靈之冠，蓋太玄丹靈上元赤子之祖父也。左連青宮之炁[26]，炁灌萬神，乃未有天地，先自虛空而生矣。白元君服丹玉之錦雲羅重袍，白光內朱，流景參天，垂暉映神，玄黃徹虛，要太上靈精之章，佩玄元攝魔之策，戴招龍皂冠，蓋玉房雲庭上元赤子之父。右夾皓青之室，朝運生者也。中央黃老君是太極四真王之師老矣，上攝九天，中游崑崙，黃闕來其外，紫户在其內，下與二君入洞房，圓三寸，威儀具焉。夫至思神見，得爲真人。若見白元君，得爲下真，壽三千歲；若見無英，得爲中真，壽萬歲；若見黃老，與天相傾，上爲真人，列名金臺。君既詣之，乃再拜頓首，乞與上真要訣。黃老君曰："可還視子洞房中。"君乃冥目內視，良久，果見洞房之中有二神人無英白元君也，被服狀如在空山中者。黃老君笑言曰："微乎深哉！子用意思之精也。此白日升天之道，子還登常山，授子上真之道。"君乃還常山石室中，齋戒念道，復積九十餘年中，白元君無英君黃老君遂使受[27]之《大洞真經》三十九篇，有玉童二十一人，玉女二十一人，皆侍直燒香，晝夜習之。積十一年，遂乘雲駕龍，白日升天，上詣太微宮，受書爲紫陽真人，佩黃旄之節、八威之策，帶流金之鈴，服自然之衣，食玉醴之粘，飲金液之漿，治葛衍山金庭銅城，所謂紫陽宮也。紫陽有八真人，君處其右，一日三登崑崙，一朝太微帝君，以磻冢爲紫陽別宮，所謂洞庭潛宮也。磻冢山有洞穴，潛行通王屋清虛小有天，亦潛通閶風也。

馬明生真人傳

馬明生者，齊國臨淄人也，本姓和字君寶[28]。少爲縣吏，捕賊爲賊所傷，遇太真夫人適東嶽，見而憫之。當時殆死，良久忽見一女子，年可十六七，服奇麗[29]，姿容絶世，行步其傍，問君寶曰："汝何傷血也？"君寶以實對。夫人曰："汝所傷乃重，刃關於肺，五臟泄漏，血凝絳府，炁激腸外，此將死之急也。不可復生如何？"君寶知是神人，叩頭求哀，乞賜救護。夫人於肘後筒中出藥一丸，大如小豆，即令服之，登時而愈，血絶瘡合，無復慘痛。君寶再拜，跪曰："家財不足以謝，不知何以奉答恩施？惟當自展駑力，以報所受爾！"夫人曰："汝必欲以謝我，意亦可佳，可見隨去否？"君寶乃易名姓，自號馬明生，隨夫人執役。夫人入東嶽岱宗山峭壁石室之中，上下懸絶，重巖深隱，去地千餘丈。石室中有金牀玉几，珍物奇瑋，乃人跡所不能至處也。明生初但欲學金瘡方，既見其神仙來往，乃知有不死之道，旦夕供給掃灑，不敢懈倦。夫人亦以鬼怪狼虎眩惑衆變試之，明生神情澄正，終不恐懼。又使明生他行別宿，因以好女於卧息之間調戲令接之，明生心堅志靜，固無邪念。夫人或行，去十日五日還，或一月二十日，輒見有仙人賓客，乘龍駕鳳往來，或有拜謁者，真仙彌日盈座。客到，輒令明生出外別室，或立致精細廚食，肴果非常，香酒奇漿，不覺而至，不可目名。或呼明生坐，與之同飲食。又聞空中有琴瑟之音，歌聲宛妙。夫人亦時自彈琴瑟，有一弦五音並奏，高玄響激，聞於數里，衆鳥皆爲集於岫室之間，徘徊飛翔，驅之不去。蓋天人之樂，自然之妙音也。夫人棲止，常與明生同石室中，而異榻爾。幽寂之所，都惟二人。或行去亦不道所往之處，但見常有一白龍來迎，夫人即著雲光繡袍，乘白龍而去。袍上專是明月珠綴著衣縫，帶玉佩，戴金華太玄之冠，亦不見有從者。既還，即龍自去，不知所在。石室玉牀之上，有紫錦被褥，緋羅之帳，中有服玩之物，瑰金函英，玄黃羅列，非世所有，不能一一知其名也。有兩卷素書，上題曰《九天太上道經》，明生亦竟不敢發舒視其文也。惟供給掃灑，守巖室而已。至於玩服，亦不敢竊闚之，亦不敢有所請問。如此五年，愈加勤肅，輒不怠惰。夫人歎而謂之曰：“汝可謂真可教也，必能得道者也。以子俗人，而不淫不慢，恭仰靈氛，而莫之廢，雖欲求死，亦焉可得乎？”因以姓字本末告之曰：“我名婉羅[30]字勃遂，事玄都太真，有子爲三天太上府都官司直，總糾天曹事，官秩比人間卿佐也。年少，數委官遊逸，虛廢事任，有司奏劾，降主東嶽，退真王之編，司鬼神之師，五百年一代其職。因來視之，勵其後使修守政事，以補其過。我久在人間，今奉君王命，又被太上召，不復得停。念汝專謹，故以相語，欲教汝長生之方、延年之術。而我所受，服以太和自然龍胎之體[31]，適可授三天真人，不可以教始學之者，固非汝所得聞矣。縱或聞之，亦必不能用以持身也。有安期先生，曉金液丹法，其方祕要，便可立用，是九君太一之道[32]，白日升天者矣。安期明日來，吾將以汝付囑之焉。相隨稍久，其術必傳。”明日安期先生至，乘駮騞，著緋衣，戴遠遊冠，帶玉珮及虎頭鞶囊，視之可年二十許，潔白嚴整，從六七儴人，皆執節奉衞，見夫人揖之甚謹，稱下官。須臾，設酒果廚膳，飲宴半日許。夫人語明生曰："吾不復得停，汝隨此君去，勿憂念也。我亦時時當往視汝。"因以五言詩二篇贈之，可以相存。明生流涕而辭，乃隨先生受九丹之道。詩曰：

其　　一

暫捨墉城內，命駕岱山阿。仰瞻太清闕，雲樓鬱嵯峨。虛中有真人，來往何紛葩！鍊形保自然，俯仰食太和。朝朝九天王，夕館還西華。流精可飛騰，吐納養青牙。至藥非金石，風生自然歌。上下凌景霄，羽衣何婆娑[33]！五嶽非妾室，玄都是我家。下看榮競子，篤似蛙與蟆。顧盼塵濁中，憂患自相羅。苟未悟妙旨，安事於琢磨？禍湊由道泄，密慎福臻多。

其　　二

昔生崑陵宮，共講天年延。金液雖可遏，未若太和僊。仰登冥靈臺[34]，虛想詠靈人。忽遇扶桑王，九老仙都真。駕驂紫虬輦，靈顏一何鮮！啟我尋長途，邀我自然津。告以鴻飛術，授[35]以《玉胎篇》。瓊膏凝玄霐，素女爲我陳。俯挹琳鳳腴，仰上飄三天。雲綱立爾步，五嶽可暫還。玄都安足遠，蓬萊山腳間[36]。傳受[37]相親愛，結友爲天人。替即游刑對，禍必無愚賢。祕則享無傾，泄則軀身[38]顛。

明生乃隨安期先生負笈，西之女几，北到圓丘，南至秦廬，潛及青城九嶷，周遊天下。二十年中，勤苦備嘗。安期乃曰："子真有仙骨，何專恭之甚耶！吾所不及也。"遂授以《太清金液神丹方》，而告之曰："子若未欲升天，但先服半劑。"與明生相別而去。明生乃入華陰山，依方合金丹，餌之半劑得仙，而與俗人無異，人莫識其非凡。漢靈帝時，惟太傅胡廣知其有道，嘗訪明生，以國祚大期問之。明生初不對，後亦告焉，無不驗者。後人怪其不老，遂復服金丹半劑，白日昇天。臨去，著詩三首，以示將來，漢光和三年也。詩曰：

其 一

太和何久長！人命將不永。噏如朝露晞，奄忽睡覺頃[39]。生生世所悟，傷生由莫靜。我將尋真人，澄神挹容景。盤桓崑陵宮，玄都可馳騁。涓子牽我遊，太真來見省。朝朝王母前，夕歸鍾嶽嶺。仰採瓊瑤葩，俯漱琳琅井。千齡猶一刻，萬紀如電頃。

其 二

天地自有常，人命最險巇。年若驚弦發，時猶輕矢逝。雖有灼灼姿，玉為塵土穢。林草無秋耀，綠葉豈終歲？惜此繁茂摧，哀彼寒霜厲。有存理必亡，有興故有廢。真官[40]戲玄津，與物無凝滯。神沖紫霄內，形棲山水際。對虛忘有懷，遊目託[41]容裔。風塵將何來？真道故可大。

其 三

濁塗諒為欺，世樂豈足預？振褐掃塵遐，飄飄獨遠舉。寥寥巖嶽際，蕭蕭縱萬慮。靈真與我遊，落景乘鴻御。朝乘雲輪來，夕駕扶搖去。嗷嘈天地中，囂聲安得附？

陰真君傳 陰真君自叙附

陰長生者，新野人，漢和帝永元八年三月己丑立皇后陰氏，即長生之曾孫也。少處富貴之門，而不好榮位，潛居隱身，專務道術。末聞有馬明生得度世之道，乃以入諸名山求之[42]。到南陽太和山中，得與相見，乃執奴僕之役，親運履烏之勞。明生不教以度世之法，但旦夕與之高談榮華當世之事，治生園圃之業。十餘年，長生未嘗懈怠。同時有共事明生者十二人，皆怨恚歸去，獨長生禮敬彌肅，而明生數因言語得失之際屢罵之，長生乃和顏悦心，奉謝不及。如此積二十年，後清閑之日，明生問其所欲。長生跽曰："惟乞生爾。今以糞草之身，委質天匠，不敢有所汲汲，憚於遲速也。"明生哀其語，乃告之曰："子真是能得道者也。"乃將長生入青城山中，賣黄土爲金以示之，立壇歃血，即日以《太清金液神丹》授之，欲別去。長生乃叩頭陳謝，暫留仙駕，拜辭曰："弟子少長豪樂，希執卑遜，剋身勵己，若臨冰谷。不能弘道讚德，宣暢妙味，徒尸素壁立，而老耄及之。是以心存生契，捨世尋真，天賜嘉會，有幸遭遇。自執箕箒二十二年，心力莫植，常懼毁替，筋力弱蒲[43]薄，微劾靡騁，恩養不酬，夙夜感慨。告以更生，頓受靈方。是將灰之質，蒙延續之年；炎林燋草，惠膏澤之霈。若絶炁以其蘇息，瞽闇開其視聽，感荷殊戴，非陋詞所謝。昔太歲庚辰，聞先生與南嶽真人洪崖君雲成公瀛洲仙女數人共坐，論傳授當委絹之誓，教授有交帶之盟，應祭九老仙都九炁丈人諸君。禱祠受之，大藥必行；不祭而受，爲之不成。弟子預在曲室，嘗侍帷側，亦具聞諸仙起末得道之言，説昔受丹節度矣。先生今日見諭，不復陳此，或非先生所授之不盡，將恐是[44]弟子困窮爾！"馬明生慰諭之曰："非有不盡。汝性躭玄味，專炁而和，靈官幽鑒，以相察矣！不復煩委爲俗人之信耳。"於是長生入武當山石室中合丹，又服半劑，不即升天，而大作黄金數萬斤，以布施天下窮乏，不問識與不識。周行天下，與妻息相隨，擧門皆壽，後委之入平都山，白日升天。臨去，著書九篇，云："上古仙者多矣，不可具記而論。但漢興已來，高士得仙者四十五人，迨予爲六矣。二十人見尸解去[45]，餘者白日升天焉。"

弟子丹陽葛洪字稚川曰[46]："嘗聞諺言有云：'不夜行，則不知道上有夜行人。'今不得仙者，亦安知天下山林間密自有學道得仙者耶？陰君已服神藥，雖未升天，然方以嚴麗[47]同聲相應，便自與仙人相尋求聞見，故知此近世諸仙人之數爾！而俗人謂爲不然。己所不聞，則謂之無有，不亦悲哉！夫草澤閑士，以隱逸得志，經籍自娛，不耀文彩，不揚名聲，不修求友，不營聞達，猶不能識之，又況仙人！亦何急令朝菌之徒，知其所云爲哉！"

陰真君自叙

惟漢延光元年，新野山之子受仙君神丹要訣。道成去世，副之名山。如有得者，列爲真人。行乎去來！何爲俗間？不死之道，要在神丹。行炁導引，俛仰屈伸，服食草木，可得小道。不能永度於世，以至天仙。子欲聞道，此是要言。積學所致，不爲有神。上士爲之，勉力加勤。下愚大笑，以爲不然。能知神丹，久視長存。

吳猛真人傳

吳猛字世雲，豫章人也。性至孝，小兒時在父母膝下，無驕慢色，後得道。海昏上僚[48]，路有大虵，時或斷道，以炁吸吞行人，行旅爲絕。猛與弟子往除虵害，虵乃入藏深穴，猛勅南昌社公追虵。虵頭高數丈，猛踏蛇尾泝背而以足按頭，弟子斫殺之。猛云："此蛇是蜀精，蛇死則杜弢[49]滅矣。"果如言。將軍王敦迎猛，道過宮亭，廟神具官僚迎猛。猛曰："汝神王已盡，不宜久居，非據我不相問也。"神乃去。至蜀見敦，時多疫病，猛標浦水百步，飲者皆愈，日中請水者將千人。敦惡之，於座收猛，奄然失去，大相檢覆。猛恐坐者多，乃徐步於萬人之中還船，天地冥合，乘風迅逝，一宿至家。弟子見兩龍負船，眼如甕大。猛云："敦踐人君之位，命終此稔。"其年敦死。後太尉庾亮迎猛至武昌，便歸，自言筭盡，未至家五十里亡。殯後疑化，弟子開棺，不見其尸。

許遜真人傳

　　許遜字敬之，南昌人也。少以射獵爲業，一旦入山射鹿，鹿胎從弩箭瘡中出墮地，鹿母舐其子，未竟而死。遜愴然感悟，折弩而歸。聞豫章有孝道之士吳猛學道，能通靈達聖。歎我緣薄，未得識之。於是旦夕遙禮拜猛，久而彌勤。已鑒其心，猛升仙去時，語其子云："吾去後，東南方有人姓許名遜，應來弔汝，汝當重看之，可以真符授也。"至時遜果來弔，其子以父命，將真符傳遜。奉修真感，有愈於猛。

許邁真人傳

　　許邁字叔玄，小名映，丹陽句容人也。世爲冑族，冠冕相承。映總角好道，潛志幽契。曾從郭璞筮卦，遇《大壯》之《大有》[50]，上六爻發。璞謂映曰："君元吉自天，宜學輕舉[51]之道。"初師鮑覩，受中部之法及《三皇天文》。一旦辭家，往而不返。東入臨安縣山中[52]，散髮去累，改名遠遊，服朮黃精，漸得其益，注心希微，日夜無閒。數年之中，密感玄虛，太元真人[53]定錄茅君降授上法，遂善於胎息內觀，步斗隱逸，每一感通，將超越雲漢。後移臨海赤山，遇王世龍趙道玄傳太初[54]。映因師世龍，受解束反行之道，服玉液，朝腦精，三年之中，面有童顏。臨應[55]得道，三官都禁遣典柄侯周魴主非使者嚴白虎出丹簡罪簿，各執一通，詰映諸愆，如其無答，便當執也。賴得龔幼節李開林相助，映甚怖懼，強長嘯叱咤[56]而答曰："大道無親，唯善是與。天地無私，隨德乃矜。是以阪泉流血，無違龍髯之舉。三苗丹野，涿鹿絳草，豈妨大聖靈化，高通上達耶！吾七世祖許子阿者，積仁蘊德，陰加鳥獸，遇凶荒疫癘之年，百遺一口，子阿散財拯救，自營方藥，已死之命，懸於子阿手得濟者四百八人。德墜我等，應得仙者五人，皆錄字青宮，豈是爾輩所可豫乎？"言畢，會司命君遣中候李遵握鈴而至，魴等笑而走，即得度名東宮，爲地仙中品。

映第五弟謐[57]小名穆，官至護軍長史散騎常侍[58]，年七十二，捨世尋仙，能通靈降真。先經患滿，腹中結寒，小便不利。遇西王母第二十七女號曰紫微夫人謂穆曰："此病冢訟之所致，家又有怨鬼爲害，可服术，自得豁然除去。"紫微夫人因作《服术叙》以傳。穆依方修合，服十旬都愈，眼明耳聰，容貌日少。司命君授[59]以飛步之道，告穆曰："淵奇體道，解幽達精。虛中授物，柔德順貞。寬慈博採，聞道必行。逍遙飛步，啓誠坦平。策龍上造[60]，浮煙三清。寔真仙之師友，乃長里之先生。必當封牧鍾邑，守伯仙京，傅[61]佐上德，列書絳名。"

穆第二子虎牙，耀穎玄根，列景真圖，諸天仙人，咸謂爲寅獸白齒。定録君所告服藥事多隱語，誌諸姓名曰："鳳棲喬木，素衣炳然[62]。履順思貞，凝心虛玄。五公石腴，彼體所便。急宜服之，可以少顏。三八合[63]明，次行玄真。解駕偃息，可識[64]洞篇。瓊刃應數，適心高玄。棲隱默沈[65]，正炁不衰。术[66]散除疾，是汝所宜。次服麰飯，兼穀勿違。益髓除患，肌膚充肥。然後登山，詠洞講微。寅獸白齒，爾能見機。遂得不死，過度壬辰。偃息盛木，玩執[67]周書。太極殖簡，金書西華。學服可否，自應靈符。理契同歸[68]，神洞相求。"

穆第三子玉斧，含真淵嶷，少有徽譽，司徒辟掾不就，隱居茅山，師楊義受《三天正法曲素鳳文》。後定録君授其上道，告玉斧曰："斧學道[69]當如穿井，井形愈深，土愈難運出。若不堅其心，正其行，豈得見泉源耶？"又曰："夫學道當專注，精無散念[70]。撥奢侈，保冲泊。寂焉如密有所覩，熙焉若潛有所得。始得道之門也，猶未入道之室也。所謂知道爲易，學道爲難者也。若乃幽寂[71]沈味，保和天真，耽正[72]六府，無視無聽，此乃道之易也。即是不能爲之者，所以爲難矣。許侯研之哉！斧子瑩之哉！"年二十八，超然登仙。映於東山與穆書曰："吾自寄神炁，收景東林，沐浴明丘[73]，乖我同生。每東瞻滄流，歎逝之迅。西眄雲崖，哀興內發。髣髴故鄉，鬱何壘壘！將欲返身歸塗，但矯足自抑爾！於是靜心一思，逸憑靈虛。登巖崎嶇，引領仰玄。真志飛上，遊空竦真[74]。始覺形非我質，遂忘軀逐[75]神矣。浪心飆外，世務永絕。足樂幽林，外難一塞。建志不倦，精誠無廢。遂遇明師，見授奇術。清[76]講新妙，玉音洞密。吐納平顏，鍊形保骨。沖炁夷泯，無復內外也。但恨吾遭良師之太晚，返滯性之不早。吾得道之狀，艱辛情事，定錄真君以當說之矣。崇賴成覆，救濟之功，天地不能踰也。聞弟遠造上法，偶真重幽。心觀靈無[77]，炁陶太素。登七關之巍峨，味三辰以積遷。虛落霄表，映朗九玄。此道高妙，非吾徒所聞也。亦由下挺稟淺，未由望也。然高行者常戒在危殆，得趣者常險乎將失。禍福之萌，於斯而用。道親於勤，神歸精感，丹心待真，招之須臾。若念慮百端，協[78]以營道，雖騁百年，亦無冀也。三官急難，吾昔聞之在前。七考之福，既已播之於後。因運乘易，不亦速耶！幾成而敗，自己而作，試校千端，因邪而生矣！爾想善功[79]，苦心勞形，勤立功德，萬物芸芸，亦何益哉？斧子蕭蕭，其可羨也。各不自悟，當造此事，斧獨何人，享其高乎？師友之結，得失所宗，託景希真，在於此舉也。吾方棲神空岫[80]，廕形深林，採汧谷之幽芝，掇丹草以成真矣。昔約道成當還，贐信雖未通徹，粗有髣髴。亦欲暫偃洞野，看望墳塋，不期而往，冀暫見弟。因緣簡略，臨書增懷。映報[81]。"

楊羲真人傳

　　楊羲者，不知何許人也。仕晉簡文帝爲舍人，朝隱唯要，人莫能識。少好道，服食精思，遂能進靈接真，屢降玄人。茅君定錄安九華等授其道要，西城王君又教服日月之精，及思泥丸絳宮、鍊魂制魄、滅三尸之法。玄清真人謂羲曰："夫爲道當如射箭，箭直往不顧，乃造埒的。操志入山，惟往勿疑，乃獲至真。"羲恭受，勤行得仙。簡文後師羲得道。

鮑靚真人傳

鮑靚字太玄，陳留人也[82]。少有密鑒，洞於幽元，深[83]心冥肆，人莫之知[84]。按《洞天記》云："靚及妹並是先身七世祖李湛張慮者，俱杜陵北鄉人，同在渭橋爲客舍居，積行陰德，好道希生，故福逮於靚等，使易世變鍊[85]，改氏更生，合爲天倫。根胄雖異，德廕並同。"靚學明經術緯候，師左元放受《中部法》及《三皇》《五嶽》劾召之要。行之神驗，能役使鬼神，封山制魔。晉太興元年，靚暫往江東，於蔣山北道見一人，年可十六七許，好顏色。俱行數里，其人徐徐動足，靚奔馬不及，已漸而遠。因問曰："相觀行步，必有道者。"其人曰："吾仙人陰長生也。太上使到赤城，君有心[86]，故得見我爾。"靚即下馬，拜問寒溫，未及有所陳。陰君曰："此地復十年，當交兵流血。"計至蘇峻亂，足十年也。又云[87]："君慕道久矣，吾相見，當得度爾。"仙法考得仙者尸解爲妙，上尸解用刀，下尸解用竹木，皆以神丹染筆，書太上《太玄陰生符》於刀刃左右，須臾便滅所書者，而[88]目死於牀上矣。其真身遁去，勿復還家，家人謂刀是其人也。用竹木如刀之法。陰君乃傳靚此道。又與靚論晉室修短之期，皆演一爲十，廣十爲百，以表元帝。託云推步所知，不言見陰君所説，是陰君戒其然矣。

【校記】

〔1〕"玉"，《太平廣記》卷五八《魏夫人傳》及《顧氏文房小説·南嶽魏夫人傳》均作"金"。

〔2〕"玄"後，上二書及本書卷四《上清經述》均有"等經"二字。"虎真"原作"真虎"，據上卷四改。

〔3〕"丕煥"原作"不煥"，據《仙鑑》卷十四《王褒傳》改。

〔4〕"勃陽丹海"原作"渤海丹海"，據《無上祕要》卷二二《三界宫府品》改。

〔5〕"廣野山"，《仙鑑》卷十四《王褒傳》作"廣夜山"。

〔6〕"唱者曰聞。君"五字，上書無。

〔7〕"龍明珠"，上書作"龍明寶珠"。

〔8〕"侍右天尊"，《無上祕要》卷二二《三界宮府品》作"侍右真人"。

〔9〕"紫陽真人周君內傳"，《道藏》本收錄作"紫陽真人內傳"。

〔10〕"日出之前"，《紫陽真人內傳》作"日出之初"。

〔11〕"好日光長景之暉"，上書作"好此日光長景之暉"。

〔12〕"解衣與之"，上書作"輒解衣與之"，《仙鑑》卷十四《周義山傳》作"解衣給食"。

〔13〕"輒解疾"，上二書分別作"輒辭疾""每稱疾"。

〔14〕"斯積善德仁愛之施矣"，《紫陽真人內傳》作"斯陰積善德仁逮之施矣"。且其下尚有"又有黃泰者……乃是中嶽仙人"一百四十八字。

〔15〕"須林字子玄"，本書卷一○四周季通集《玄洲上卿蘇君傳》作"姓蘇諱林字子玄"。

〔16〕"岑先生"，上書作"琴高先生"。

〔17〕"服炁之法，還神守魂之事，吾行之甚驗，大得其益"，上書作"服胎食之法，還神守魂之事，大得其益"。

〔18〕"亦"，《紫陽真人內傳》作"不"，《仙鑑》卷十四《周義山傳》無。

〔19〕"司"，《仙鑑》卷十四《周義山傳》作"同"。

〔20〕"非子真人所學也"原作"非子非真人所學也"，據上書及《紫陽真人內傳》刪。

〔21〕"四十四訣"四字，疑當在"黃素神方"之後。

〔22〕"右庚素文攝殺之律"，"庚"原作"庚"，據《紫陽真人內傳》改。《漢武帝內傳》作"右庚素收攝殺之律"，本書卷七九《王母搜漢武帝真形圖》作"在庚素昭攝殺之律"。

〔23〕"受青要紫書三五順行"，《仙鑑》卷十四《周義山傳》無"三五順行"四字。

〔24〕按《道藏》收錄有《上清黃氣陽精三道順行經》。

〔25〕"上元真書"原作"上元真君書"，據《仙鑑》卷十四《周義山傳》

及《紫陽真人内傳》删。

〔26〕"左連青宫之炁"，《紫陽真人内傳》"連"作"運"，按《洞真高上玉帝大洞雌一玉檢五老寶經·中央黄老君大丹先進洞房内經法》亦作"連"。

〔27〕"使受"，據《仙鑑》卷十四《周義山傳》作"使授"，《紫陽真人内傳》作"便授"。

〔28〕"寶"，《仙鑑》卷十三《馬明生傳》作"實"，本書卷九八《太真夫人贈馬明生詩序》作"賢"。

〔29〕"服奇麗"，《仙鑑》卷十三《馬明生傳》作"服飾奇麗"。

〔30〕"我名婉羅"，上書作"我姓王名婉羅"。

〔31〕"而我所受，服以太和自然龍胎之體"，本書卷九八《太真夫人贈馬明生詩序》"受"作"授"，"體"作"醴"。

〔32〕"九君太一之道"，上序"九"作"元"。

〔33〕"婆娑"原作"娑婆"，據本書卷九八《太真夫人贈馬明生詩》改。

〔34〕"仰登冥靈臺"，上詩及《仙鑑》卷十三《馬明生傳》"靈"皆作"仙"。

〔35〕"授"原作"受"，據上二書改。

〔36〕"蓬萊山脚間"，本書卷九八《太真夫人贈馬明生詩》"山"作"在"。

〔37〕"傳受"原作"傳授"，據上詩及《仙鑑》卷十三《馬明生傳》改。

〔38〕"身"，本書卷九八《太真夫人贈馬明生詩》作"命"。

〔39〕"頃"，《仙鑑》卷十三《馬明生傳》作"醒"。

〔40〕"官"，上書作"君"。

〔41〕"託"，《四部叢刊》本作"記"。

〔42〕"得度世之道，乃以入諸名山求之"，《仙鑑》卷十三《陰長生傳》作"得度世法，乃入諸名山求之"。

〔43〕"蒲"字，上書無。

〔44〕"是"，上書作"示"。

〔45〕"二十人見尸解去"，上書作"二十八人是尸解去"。

〔46〕"曰"原作"日"，據上書改。

〔47〕"然方以嚴麗"，上書作"然方嚴厲"。

〔48〕"海昏上僚"，《仙鑑》卷二六《許太史傳》、《西山許真君八十五化錄》卷上及《許真君仙傳》均作"海昏之上遼"，《孝道吳許二真君傳》作"建昌縣上遼江畔"。

〔49〕"杜㷙"原作"杜毅"，據《仙鑑》卷二七《吳猛傳》改。

〔50〕"遇大壯之大有"，《晉書·許邁傳》作"遇泰之大畜"。

〔51〕"輕舉"，上書作"升遐"。

〔52〕"東入臨安縣山中"，上書作"移入臨安西山"，《仙鑑》卷二一《許邁傳》作"東入臨安懸雷山中"。

〔53〕"太元真人"，《仙鑑》卷二一《許邁傳》"元"作"一"。

〔54〕"傅太初"，"傅"原作"傳"，據上書及《真誥》卷四《運象篇第四》改。

〔55〕"應"，《仙鑑》卷二一《許邁傳》"應"作"映"。

〔56〕"長嘯叱咤"，上書作"長笑叱咤"。

〔57〕"謐"原作"謚"，據上書及《真誥》二十《真胄世譜》改。

〔58〕"散騎常侍"原作"散騎侍郎"，據上二書改。

〔59〕"授"原作"受"，據《四部叢刊》本及《道藏輯要》本改。

〔60〕"造"原作"超"，據《真誥》卷四《運象篇第四》改。

〔61〕"傅"原作"傳"，據上書改。

〔62〕"鳳棲喬木，素衣炳然"，《真誥》卷二《運象篇第二》作"鳳巢高木，素衣衫然"。

〔63〕"合"，上書作"令"。

〔64〕"識"，上書作"誦"。

〔65〕"適心高玄。棲隱默沈"，上書作"精心高棲。隱嘿沈閑"。

〔66〕"朮"原作"木"，據上書改。

〔67〕"執"原作"報"，據上書改。

〔68〕"理契同歸"，上書作"理異契同"。

〔69〕"斧學道"原作"斧欲學道",據《真誥》卷八《甄命授第四》删。

〔70〕"當專注,精無散念",《真誥》卷七《甄命授第三》作"當專道注真,情無散念"。

〔71〕"幽寂",上書作"寂玄"。

〔72〕"正",上書作"研"。

〔73〕"收景東林,沐浴明丘",《真誥》卷十八《握真輔第二》"收"作"投","明"作"閑"。

〔74〕"真志飛上,遊空煉真",上書作"冥志扉上,遊雲煉真"。

〔75〕"逐",上書作"遂"。

〔76〕"清"原作"請",據上書改。

〔77〕"無",上書作"元"。

〔78〕"協",上書作"狹"。

〔79〕"因邪而生矣!爾想善功",上書作"因邪而生耳!想善加"。

〔80〕"空岫",上書作"岫室"。

〔81〕"報",上書作"謝"。

〔82〕"陳留人也",《晉書·鮑靚傳》作"東海人也"。

〔83〕"深",本書卷一一五《鮑姑傳》作"沉"。

〔84〕"知"後,《仙鑑》卷二一《鮑靚傳》有"一云爲南海太守,得祕法,悟真理,受真仙要訣於諶姆"二十一字。

〔85〕"鍊",上書作"族"。

〔86〕"君有心",上書作"君有心於道"。

〔87〕"又云"二字原無,據上書增。

〔88〕"而",上書作"面"。

雲笈七籤卷之一百七

傳　　錄

陶先生小傳 吳興謝瀹永明十年作

先生諱弘景，丹陽人也。幼標異操，聰明多識，五經子史，皆悉詳究。善書，得古今法[1]。不肯婚宦，以資營未立，且薄遊下位，為宜都王侍讀。年二十餘，便稍就服食[2]，遵行道要，所得符文妙法，並是真人遺跡，於是業行漸進[3]，乃拂衣止於茅山焉。觀其神儀明秀，盼睞有光，形細長項，耳間矯矯，顯然異衆矣。

華陽隱居先生本起錄 從子翊字木羽撰

永明十年，太歲己卯，謝詹事瀹先從吳興還，聞先生已辭世入山，甚懷嗟賞，於路中仍為前傳，雖未能究洽，而粗舉大綱，有似王右軍作《許先生傳》。翊從叔隱居先生諱弘景字通明，丹陽人也。宅在白楊巷南岡之東，宋初土斷，仍割秣陵縣西鄉之桐下里[4]，至今居之。陶氏本冀州平陽人，帝堯陶唐之苗裔也。堯治冀州平陽，故因居焉。漢興，有陶舍為高祖右司馬，子青擢位至丞相。十三世祖超，漢末渡江，始居丹陽。七世祖濬，交州刺史璜之弟，仕吳為鎮南將軍，封句容侯，食邑二千户，與孫皓俱降晉，拜議郎、散騎常侍、尚書。六世祖謨，濬第三子，永嘉中為東海王越司馬，領屯軍隨王出許昌。因敗，仍復過江，為大將軍王敦參軍。敦爲丞相，轉軍諮祭酒。後隨敦南下，而情懼禍及，乃啓分屬籍，禁錮積年。晚起爲車騎丞相參軍，不就。昇平四年卒，始別葬白石山之嶺[5]瞻湖北。高祖毗有理識，器幹高奇，以文被黜，不肯遊宦，州郡辟命並不就，後板授[6]南安正佐，亦不起，元興三年卒。曾祖興公多才藝，叵[7]營產殖，舉郡功曹，察孝廉，除廣晉縣令，義熙二年卒。祖隆身七尺五寸，美姿狀，有氣力，便鞍馬，善騎射，好學讀書善寫，兼解藥性，常行拯救爲務。行參征南中郎軍事，侍從宋孝武伐逆有功，封晉安侯，除正佐，固辭，顏峻恃寵，就求宅以益[8]佛寺，弗與，因辭官，見譖削爵，徙廣州，後被恩除南海酉平縣令，後監新會郡，大明五年卒於彼。父諱貞寶字國重，司徒建安王劉休仁辟爲侍郎，遷南臺侍御史，除江夏[9]孝昌相。亦閑騎射，善藁隸書，家貧，以寫經爲業，一紙直價四十，書體以羊欣、蕭思話法。深解藥術，博涉子史，好文章，美風儀，凡遊從與蕭思話、王釗、劉秉周旋，多爲諸貴勝所賞遇。元徽四年冬，御使膚庭[10]通鄰國之好，甚得雅稱。昇平元年還都，具撰遊歷記并詩數千字，及所造文章等，劉秉索看，仍值石頭事亡失，無復別本，不得傳世。建元三年於縣亡，背喪還葬舊墓。母東海郝夫人諱智湛，精心佛法，及終有異焉。先是貞寶攜家隨蕭之郢州，孝建二年蕭亡，其年九月，母覺有娠，仍夢見一小青龍忽從身中出，直東向而昇天，遂視之，不見尾。既覺，密語比丘尼云：“弟子必當生男，兒應出非凡人，而恐無後。”尼問其故，以所夢答。尼云：“將出家？”又答：“審爾亦是所願。”時年二十五。其冬仍隨蕭部伍還都，住東府射堂前參佐廨中。以孝建三年太歲丙申四月三十日甲戌夜半，先生誕焉。是年乃閏三月，明日朔旦便是夏至。母即沐浴而起，了無餘患。

先生四五歲便好書，今猶有六歲時書，已方幅成就。九歲十歲讀《禮記》《尚書》《周易》《春秋》雜書等，頗以屬文爲意。年十一，爲司徒左長史王釗子昊博士。十三父貽宅，席卷隨吏部尚書劉秉之淮南郡。十五歸都，寓憩中外徐冑舍，後仍立別宅，從此不復還舊廬。十七乃冠，常隨劉秉尹之丹陽郡，得給帳下食，出入乘廄馬。秉第二男俁少知名，時爲司徒祭酒。俣雅好文籍，與先生日夜搜尋，未嘗不共味而食，同車而遊。俣與江斅、褚炫等俱爲順帝四友[11]，故最以才學得名。俣作《宋德頌》，連珠七警，當世稱絕。俣既亡後，文章皆零落，先生欲爲纂集，竟不能得。是歲昇明元年冬，先生年二十二，隨劉丹陽入石頭城，就袁粲建事，先生與韓貢、麋淡同掌文檄，及事敗城潰，即得奔出。俣及第佽爲沙門以逃，爲人所獲，建康獄死，人莫敢視。先生躬自收殯瘞葬，查硎舊墓，營理都畢，自此棄世，尋山而止。值宋齊之際，物情未安，既結劉宗，常懷憂惕。父乃因紀僧真求事高帝於新亭，即蒙帳內驅使。二年正月，沈攸之平，從還東府，公仍遣使侍弟五息曇、六息矗侍讀，兼助公間管記事。先生時年二十三，除巴陵王侍郎。明年侍從高祖登極，還臺住殿內，除太尉豫章王侍郎。先生云："革運之際，頗有微勤，何處不容三兩階級？"遂不拜。又明年，隨安成王出鎮石頭。次歲夏，丁孝昌府君憂，上郢奉迎，冬還都安厝。世祖即位，以振武將軍起侍宜都王侍讀。齊世侍讀任皆總知記室，手筆事選須有文才者。先生於吉凶內外儀禮表章，爰及牋疏啓牒，莫不絕衆，數王書佐典書皆承授以爲准格。諸侍讀多有慙憚，頗致讒嫉，先生亦任之，不以介意。年二十八服闋，召拜左衛殿中將軍，頗鬱時望。先生驚，亦不解所以，即告庾道敏論諸屈滯，庾爲面啓武帝。帝云："先帝昔親命此官，卿不知耶？其何辭之！"庾告先生，先生喟然歎曰："昔不受豫章王侍郎，于今五年，飜爲此職，驛馬非驌驦。"猶欲固辭。庾切言之云："太元已來，此官皆用名家，裴松之從此轉員外郎。但問人才，若官何所枉君？恐爲爾誤我事。"庾于時正被委任總知諸王府事，先生不獲已而拜矣。年二十九，清溪宮新成，帝宴樂之，先生拜表獻頌，又有伏曼容亦上賦。於是勅遣中書省舍人劉係宣旨褒贊，并勅豫舊宮金石會。于時上意欲刻此頌於石碑，王儉沮議而止。時獻賦者五人，惟以先生爲最。將欲遷擢，會母憂去職，尋授振武將軍起，特賜酒食省祿，隨宜都王赴京。帝欲幸武進宮，先生復作頌，頌成而車駕事廢，不復得奏云。此頌體制爽絕，倍勝舊格。三年還都，方除奉朝請，拜竟怏怏，與從兄書云:"昔仕宦應以體中打斷,必期四十左右作尚書郎,出爲浙東一好名縣,粗得山水,便投簪高邁。宿昔之志,謂言指掌,今年三十六矣,方作奉朝請,此頭顧可知矣!不如早去,無自勞辱。"明年五月,遂拜表解職,求託巖林,青雲之志,於斯始矣!是歲永明十年[12]壬申歲也。先生初隱,不欲辭省出,仍脱朝服掛神虎門,鹿巾徑出東亭,已約語左右曰:"勿令人知爾。"乃往與王晏語别,晏云:"主上性至嚴治,不許人作高奇事,脱致忤旨,坐貽罪咎,便恐違卿此志,詎可作?"先生嘿思良久,答云:"余本徇志,非爲名,若有此慮,奚爲所宜?"於是即不詣省,直上表陳誠。詔賜帛十疋、燭二十鋌,又别勑月給上茯苓五斤、白蜜二斗,以供服餌。先生既遂命,理舠東下,衆賓並餞於征虜亭,舉酒揮袂[13],皆云:"江東比來未有此事,乃見今日爾!"於是止于句容之句曲山。先生云:"此山是金壇洞宫,周廻百五十里,名曰華陽之天,有三茅司命之府,故名曰茅山。"所以自稱華陽隱居,亦猶士安之玄晏,稚川之抱朴,凡絓人間書疏,皆以此號代名。先生[14]善稽古,訓詁七經,大義備解而不好,立義異於先儒,議論惟著紙,不甚口談。尤好五行陰陽,風角炁候,太一遁甲,星曆筭數,山川地里,方國所産,及醫方香藥分劑,蟲鳥草木考校,名類莫不該悉。善隸書,不類常式,别作一家,骨體勁媚。琴棊騎射,亦皆領括。常言心中恒如明鏡,觸形遇物,不覺有滯礙。爲人少憂感,無嫉競,淡哀樂,夷喜怒。時有形於言迹者,云皆是欲顯事厲物[15],了無歡慍於胷襟。先生以甲子乙丑丙寅三年之中,就興世館主東陽孫遊嶽咨稟道家符圖經法,雖相承皆是真本,而經歷模寫,意所未愜者,於是更博訪遠近以正之[16]。戊辰年始往茅山,便得楊許手書真跡,欣然感激。至庚午年,又啓假東行浙越,處處尋求靈異。至會稽大洪山謁居士婁慧明,又到餘姚太平山謁居士杜京産,又到始寧岯山謁法師鍾義山,又到始豐天台山謁諸僧標,及諸處宿舊道士,並得真人遺跡十餘卷,遊歷山水二百餘日乃還。爰及東陽長山、吴興天目山,於潛臨海安固諸名山,無不畢踐。身本輕捷,登陟無艱。贍邺寒棲,拯救危急,救療疾恙,朝夕無倦。其别有陰恩密惠，人莫得知之。雖惜[17]人書，隨誤治定。在人間製述甚多，了不存錄，謹條先生所撰記世道書，名目如左：

《學苑》十秩百卷，此一書，先生常云：＂羣書舛雜，欲探一事，不可徧檢。＂乃鈔撰古今要用，以類相從，為一百五十條，名為《學苑》，比於《皇覽》，十倍該備。近賜翊語：＂吾無復此暇，汝可踵成之。此書若畢，於學問手筆家，無復他尋之勞矣。＂《孝經、論語集注》并自立意共一秩，十二卷，《三禮序》共一卷，并自注。注《尚書》《毛詩序》共一卷，《左傳》已有劉寔、賀道養注，《易略例》即是《易序》，不假復注。《老子內外集注》四卷，并自立意。《三國志讚述》一卷，《抱朴子注》二十卷，《世語闕字》二卷，依陸文更以意造《世語》所闕者。《續臨川康王世說》二卷，《太公孫吳書略注》二卷，《古今州郡記》三卷，并造《西域圖》一張。《帝王年曆》五卷，起三皇至《汲冢竹書》[18]為正，檢五十家書曆異同共撰之也。《員儀集》三卷，《玉匱記》三卷，說名山福地事。《七曜新舊術》二卷，《占筮略要》一卷，有十三法。《風雨水旱飢疫占要》一卷，有十法。《筭數藝術雜事》一卷，《舉百事吉凶曆》一卷，《本草經注》七卷，《肘後百一方》三卷，增補葛氏。《効驗施用藥方》五卷，此二十四種並世用所撰目書，又作《相書序》《述異記序》，如此等並在集中。《登真隱訣》三秩二十四卷，此一訣皆是修行上真道經要妙祕事，不以出世。《真誥》一秩七卷，此一誥並是晉興寧中衆真降授《楊許手書遺迹》，顧居士已撰，多有漏謬，更詮次叙注之爾，不出外聞。《夢記》一卷，此一記，先生自記所夢徵想事，不以示人。《合丹藥諸法式節度》一卷，《集金丹藥[19]白要方》一卷，《服雲母諸石藥消化三十六水法》一卷，《服草木雜藥法》一卷，《斷穀祕方》一卷，《靈方祕奧》一卷，《消除三尸諸要法》一卷，撰集《服炁導引法》一卷，集《人間諸却災患法》一卷。此九種，所撰集道書，自先生凡所撰集，皆卷多細書大卷，貪易提錄，若大書皆得數四。又有圖象雜記甚多，未得一二盡知盡見也[20]。

又作渾天象，高三尺許，地居中央，天轉而地不動，二十八宿度數[21]七曜行道昏明，中星見伏早晚，以機轉之，悉與天相會，云此修道所須，非但史官家用。又欲因流水作自然漏刻，使十二時輪轉循環，不須守視，而患山澗水易生苔垢，參差不定，是故未立。先生形細，身長七尺二寸，腰止圍二尺六寸，薄皮膚，露筋骨，青白色，長頭面，疎眉目，鼻小而平直，長額聳耳，左耳內輪有大黑誌如豆，耳兩孔裏各有十餘大毛出外二三寸，方頤禿鬢，露顙少鬚髮，右肩上有一紫誌如兩錢大，右股內有數十細黑子，多作七星形。起正方如鐵鎗脚，眼中常見有異光象[22]，左右各類，未嘗言其狀。聞人說，小來本神儀端潔，十五已上彌爲美茂，每出，路人多嘆羨。雖冬月行，常執扇自障。年二十九時，於石頭城忽得病，不知人事，而不服藥，不飲食。經七日，乃豁然自差，說多有所覩見事。從此容色瘦瘁，言音亦跌宕闡緩，遂至今不得復常。音響本清正，大小稱形，言詞率易無姿製。行步舉動，翩翩輕利，顏儀和明不嚴毅，小大見之，皆樂悅附，而自令人畏服。門徒胥附，承奉祇肅，有如宮庭。小來與人有隔，數歲便不與人共甌筯飲食。及長，遊處宿息，常自然安置。性不嘲調，世中戲謔，一切不爲。爲人強精魂，夜行獨宿，無所疑畏，一生不識魘。入山以來，巾褐未嘗離體。

梁茅山貞白先生傳_{唐李渤撰}

吳荊牧陶濬七代孫名弘景字通明，丹陽秣陵人也。初娠，母夢日精在懷，并二天人降，手執香爐。覺語左右曰："當孕男子非凡人，亦恐無後。"及生標異，幼而聰識，成而博達。因讀《神仙傳》，便有乘雲馭龍之志。年十七，與江斅、褚炫、劉俁爲宋昇明四友[23]。仕齊歷數王侍讀，皆總記室，牋疏精麗，爲時所重師法。及清溪宮成獻頌，宣旨褒贊，兼欲刻石，王儉議異乃止。年二十餘服道，後就興世館孫先生諮稟經法，精行道要，殆通幽洞微。轉奉朝請，乃拜表解職，答詔優歎，賜與甚厚。公卿祖之征虜亭，供帳甚盛，咸云自齊已來，未有斯事。遂入茅山，又得《楊許真書》，遂登巖造靜，自稱華陽隱居，書疏亦如此代名。特愛松風，庭院皆植，每聞其響，便欣[24]然爲樂。至明帝欲迎往蔣山，懇辭得止，然勅命餉資，恒爲煩劇。乃造三層樓，先生居其上，弟子居中，接賓於其下，令一小豎傳度而已。潛光隱曜，內修祕密，深誠所詣，遠屬霞人，可謂感而遂通者也。身長七尺八寸[25]，爲性圓通謙謹，心如明鏡，遇物斯應。少憂感，無嫉競，滅喜怒，澹哀樂，或有形於言迹者，是顯事厲物。深慕張良之爲人，率任輕虛，飄飄然恒有雲間器。其所修爲，皆自得於心，非傍識能及。尤長於銓正僞謬，地理曆筭，文不空發，成即爲體。造渾天儀，轉之與天相會。其纂《真誥》《隱訣》，注《老子》等書二百餘卷。至永元二年，深託向晦。及梁武帝革命，議國號未定，先生乃引諸讖記，梁是應運之符。又擇郊禪日，靈驗昭著，勅使入山，宣旨酬謝。帝既早與之遊，自此之後，動靜必報。先生既得祕訣，以爲神丹可成，恒苦無藥，帝皆給之。又手勅咨迓，先生畫兩牛，一牛散放於水草之間，一牛[26]著金籠頭，有人執繩，以杖驅之。帝笑曰：「此人無所求，欲效曳尾龜，豈有可致之理？」時有大事，無不前已奏陳，時人謂爲山中宰相。以大通初獻刀二，一名善勝，二名成勝，爲佳寶。梁帝《金樓子》云：「於隱士重陶貞白，士大夫重周弘正，其於義理，精博無窮[27]，亦一時名士也。」先生常作詩云：「夷甫任散誕，平叔坐談空，不言朝陽殿[28]，化作單于宮。」其時人事競談玄理，不習武事，侯景之難，並如所言。大同二年告化，時年八十五，顏色不變，屈伸如常，屋中香氣積日不散。詔贈中散大夫，諡曰貞白先生，仍遣舍人監護喪事。馬樞《得道傳[29]》云：「授蓬萊仙監。」弟子數十人，唯王遠知陸逸沖稱上足焉。

【校記】

〔1〕"法"後，賈嵩《華陽陶隱居傳序》末引"謝詹事作傳云"，於此後尚有"在人間便有乘雲御龍之志"十一字。

〔2〕"年二十餘，便稍就服食"，上序作"二十餘年，稍就服食"，且前有"雖處朱門，恒獨居一室，罕接外物，晝夜尋寫，研集奇奧"二十一字。

〔3〕"遵行道要，所得符文妙法，並是真人遺跡，於是業行漸進"，上序作

"殆通幽洞微,其事多祕,於是業用漸進"。

〔4〕"秣陵縣西鄉之桐下里",《茅山志》二二《上清真人許長史舊館壇碑·碑陰記》作"丹陽秣陵西鄉下里"。

〔5〕"嶺",《仙鑑》卷二四《陶弘景傳》作"陽"。

〔6〕"板授",上書作"拔授"。

〔7〕"叵",上書作"頗"。

〔8〕"益",上書作"易"。

〔9〕"夏"原作"下",據上書及《華陽陶隱居內傳》上改。

〔10〕"御使膚庭",《仙鑑》卷二四《陶弘景傳》作"奉使虜庭"。

〔11〕"俁與江斆、褚炫等俱爲順帝四友",上書作"俁與江斆、褚玄、劉俁俱爲順帝四友"。按《南齊書·褚炫傳》"劉俁"作"謝朏"。

〔12〕"十年"原作"十一年",按永明十一年乃癸酉,故據干支改"十一"爲"十"。

〔13〕"揮袂"原作"輝袂",據《華陽陶隱居內傳》上改。

〔14〕"生"字原無,據《仙鑑》卷二四《陶弘景傳》增。

〔15〕"云皆是欲顯事屬物",本卷《梁茅山貞白先生傳》作"是顯事屬物"。

〔16〕"於是更博訪遠近以正之",《仙鑑》卷二四《陶弘景傳》作"於是更博訪,斤以正之"。

〔17〕"惜",上書作"借"。

〔18〕"汲冢竹書","冢"原作"家",據《道藏輯要》本改。

〔19〕"藥",疑當作"黃"。

〔20〕"盡知盡見也"原作"盡知知見也",據《四部叢刊》本、《道藏輯要》本改。

〔21〕"地居中央,天轉而地不動,二十八宿度數",《華陽陶隱居內傳》中作"天轉地靜,列宿度數"。

〔22〕"起正方如鐵鎗脚,眼中常見有異光象",上書作"眸子忽爾正方,顧眄皆有奇異光象"。"起"字疑譌。

〔23〕"與江斅、褚炫、劉俁爲宋昇明四友"，按《南齊書》及《南史》之《褚炫傳》均以褚炫、劉俁、謝朏、江斅爲昇明四友。

〔24〕"欣"原作"近"，據《四部叢刊》本及《道藏輯要》本改。

〔25〕"身長七尺八寸"，本卷《華陽隱居先生本起錄》及《華陽陶隱居内傳》上均作"身長七尺二寸"。

〔26〕"一牛"原作"二牛"，據《四部叢刊》本、《道藏輯要》本改。

〔27〕"精博無窮"，本書卷五《陶傳》、《仙鑑》卷二四《陶弘景傳》作"情轉無窮"，《南史·周弘正傳》據《陳書》"情"作"清"。

〔28〕"不言朝陽殿"，《南史·陶弘景傳》作"豈悟昭陽殿"，《仙鑑》卷二四《陶弘景傳》作"不意昭陽殿"，"朝"宜作"昭"。

〔29〕"得道傳"，《隋志》《茅山志》《道藏闕經目錄》均作"道學傳"，《南史·馬樞傳》作"道覺論"。

雲笈七籤卷之一百八

列仙傳

赤松子

赤松子者，神農時雨師。服水玉，以教神農，能入火自燒。至崑崙山上[1]，常止西王母石室中，隨風雨上下。炎帝少女追之，亦得仙俱去。至高辛時，復爲雨師。今之雨師本是焉。

甯封子

甯封子者，黃帝時人也，世傳爲黃帝陶正。有人遇之[2]，爲其掌火，能出五色煙，久則以教封子。封子積火自燒，而隨煙炁上下，視其灰燼，猶有其骨。時人共葬於甯北山中，故謂之甯封子焉。

馬師皇

馬師皇者，黃帝時馬醫也。知馬形氣[3]死生之診，理之輒愈。後有龍下，向之垂耳張口。師皇曰："此龍有病，知我能理。"乃鍼其脣下口中，以甘草湯飲之而愈。後數有疾，龍出其陂，告而治之。一旦龍負而去。

赤將子輿

赤將子輿者，黃帝時人。不食五穀，而噉百草花。至堯時爲木工[4]，能隨風雨上下。時於市中貨繳，亦謂之繳父。

偓佺

偓佺者，槐山採藥父也。好食松實，形體生毛長數寸，兩目更方，能飛行逮[5]走馬。以松子遺堯，堯不暇服也。松者，簡[6]松也。時人受服者，皆至二三百歲焉。

容成公

容成公者，自稱黃帝之師，見[7]周穆王。能善補導之事，取精於玄牝，其要谷神不死，守生養精炁者。髮白復黑，齒墮更生，事與老子同，亦云老子師。

方回

方回，堯時隱人也。堯聘以爲閭士，鍊食雲母粉，亦與人民之有病者，隱於五柞山中。夏啓末爲宮士[8]，爲人所劫，閉之室中，從求道。回化而得去，更以方回印[9]封其户。時人言，得回一圓泥塗，門户終不可開。

涓子

涓子，齊人。好餌术，接食其精。至三百年，乃見於齊。著《天地人經》[10]四十八篇。後釣於荷澤得鯉，腹中有符。隱於宕山，能致風雨，受伯陽《九僊法》。[11]淮南王安少得其文，不能解其旨也。其《琴心》三篇，有條理焉。

嘯父

嘯父，冀州人。少在西周[12]市上補履，數十年人不知也。後奇其不老，好事者造求其術，不能得，唯梁母得其作火法。臨上三亮山，與梁母別，列數十火而昇天，西邑多奉祀之焉。

師門

師門者，嘯父弟子也。亦能使火，食桃李葩，爲夏孔甲龍師。孔甲不能順其心意，殺而埋之野外。一旦，風雨迎之，訖，則山木皆焚。孔甲祀而禱之，還而道死[13]。

務光

務光，夏時人。耳長七寸，好琴，服蒲韭根。湯伐桀，因光而謀。光曰："非吾事也。"湯曰："孰可？"曰："吾不知也。"湯曰："伊尹何如？"曰："強力忍垢，吾不知也。"[14]湯既克桀，以天下讓於光，曰："智者謀之，武者遂之，仁者居之，古之道也。吾子胡不遂之？請相吾子[15]。"光辭曰："廢上，非義也；殺人，非仁也；人犯其難，我享其利，非廉也。吾聞非義不受其祿，無道之世不踐其位，況於尊我？我不忍久見也[16]。"遂負石自沈蓼水，已而自匿[17]。後四百餘歲，至武丁時復見，武丁欲以爲相，不從。武丁以輿迎而從，逼不以禮，遂投河浮山[18]，後遊尚父山。

仇　生

仇生者，不知何許人。湯時爲木正，三十餘年而更壯，皆知其壽人[19]也，咸共師奉之。其人云[20]常食松脂，在尸鄉北山上自作石室。至周武王，幸其室祠之。

卭　疏

卭疏者，周封史也。能行炁鍊形，煑石髓而服之，謂之石鍾乳。至數百年，往來入太室山中，有卧石牀枕焉。

馬　丹

馬丹者，晉耿之人也[21]。當文侯時爲大夫，至獻公時復爲幕正[22]。獻公滅耿[23]殺恭太子，丹去。至趙宣子時，乘安車入晉都，候諸大夫。靈公欲仕之，逼不以禮。有迅風發屋，丹入迴風中而去。北方人尊而祠之。

陸　通

陸通者，云楚狂接輿也。好養生，食橐盧木實及蕪菁子。遊諸名山，在蜀峨嵋山上，人世世見之，歷數百年也。

葛　由

葛由者，羌人也。周成王時，好刻木羊賣之。一旦騎羊而入蜀。蜀中王侯貴[24]人追之，上綏山。綏山在峨嵋山西南，高無極也。隨之者不復還，皆得仙道。山上有桃[25]，故里諺曰："若得綏山一桃，雖不得仙，亦足以豪。"山下立祠，數十處也。

琴高

琴高，趙人。能鼓琴，爲宋康王舍人。行涓、彭之術，浮游冀州涿郡間二百餘年。後辭入涿水取龍子，與諸弟子期，期日[26]皆齋潔待於水傍設祀，果乘赤鯉，來坐祠中。且有萬人觀之，留一月，復入水去。一本涿作碭。

寇先生[27]

寇先生者，宋人也。釣魚爲業，居睢水傍百餘年，得魚或放或賣或食。常著冠帶，好種荔[28]，食其葩實焉。宋景公問其道，不告，即殺之。數十年，踞宋城門鼓琴，數十日而去。宋人家家奉祀焉。

安期生

安期生者，琅琊阜鄉人。賣藥於東海邊，時人皆言千歲翁。秦始皇東遊請見，與語三日三夜，賜金璧度數千萬[29]。出於阜鄉亭，皆置去。留書以赤玉舄一緉[30]爲報曰："後千年，求我於蓬萊下。"[31]始皇即遣使者徐市、盧生等數百人入海。未至蓬萊山，輒逢風波而還。立祠阜鄉亭，海邊數十處也[32]。

桂父

桂父者，象林人也。時黑而時白，時黃而時赤[33]，南海人見而尊事之。常服桂皮葉[34]，以龜腦和之，千丸用十斤桂。累世見之，今荆州之南，尚有桂丸焉。

瑕丘仲

瑕丘仲，甯人也。賣藥於甯百餘年，人以爲壽。而因[35]地動舍壞，仲及里中數十家屋臨水皆敗。仲死，民或取仲尸棄水中，收其藥賣之。仲被裘而從，詣之取藥。棄仲者懼，叩頭求哀。仲曰："非恨汝，使人知我爾！吾去矣。"後爲夫餘胡王驛使，復來至甯，北方謂之謫仙人。

酒客

酒客，梁市上酒家人也。作酒常美，售日得萬錢。有過而逐之，主人酒常酢敗、貧窮。梁市中賈人多以女妻而迎之，或去或來。後百餘歲，來爲梁丞，使民益種芋菜曰[36]："三年當大飢。"果如其言，梁民不死。後五年，解印綬去，莫知所終焉。

任光

任光，上蔡人。善餌丹，賣於都里間，積八十九年，乃知是故時任光也。稱說如故後數十年間頃，後長老識之。趙簡子聘與俱歸，常在栢梯山上。三世不知所在，晉人常服其丹矣。

祝雞翁

祝雞翁，洛人。居尸鄉北山下，養雞百餘年。雞皆有名字，千餘頭[37]，暮棲樹上，晝放散之。欲引呼名，即種別而至[38]。賣雞及子，得千餘萬，輒置錢去。之吳，作養魚池。後昇吳山，白鶴孔雀數百，常止其傍矣。

朱仲

朱仲，會稽人，常於市上販珠。高后時，下書募三寸珠。仲讀音同御名。書[39]，笑曰："真[40]值汝矣！"齎三寸珠詣闕上書，珠好過度，即賜五百金。魯元公主復私以七百金從仲求珠，仲獻四寸珠，送至闕即去。下書會稽徵聘，不知所在。景帝時，復來獻三寸珠數十枚，輒去，不知所之云。

脩羊公

脩羊公，魏人。華陰山石室中有懸石榻，臥其上，石盡穿陷，略不動[41]，時取黃精食之。後以道干景帝，禮之[42]，使止王邸中。數歲，道不可得。有詔問公，何日發語[43]？未訖，牀上化爲白石羊，題其脇曰："脩羊公，謝天子。"後置石羊於通靈臺[44]上，羊後復去，不知所在。

稷丘君

稷丘君者，太山下道士，武帝時以道術受賞賜。髮白再黑，齒落更生。後罷去。上東巡太山，君乃冠章甫，衣黃衣，擁琴來迎，拜武帝曰："陛下勿上，必傷足指。"及數里，左[45]足指果折。上諱之，但祠而還。爲君立祠，復百户，使承奉之。

崔文子

崔文子，太山人，世好黃老事，居潛山下。後作黃散赤丸[46]成，石父祠賣藥都市，自言三百歲。後有疫氣，民死者萬計，長吏告之請救。文擁朱旛，繫黃散，以徇民間[47]，飲散者即愈，所愈計萬。後去蜀，賣黃藥[48]。故世寶崔文赤丸黃[49]散，實近於神焉。

赤須子

赤須子，鄿人也。鄿中傳世見之，云秦穆公主魚吏也。數言鄿界災害水旱，十不失一。臣向迎而師之[50]，從受業。以長好食松實、天門冬、石脂，齒落更生，髮白還黑，服霞絕粒。後往[51]吳山下，十餘年莫知所之。

犢子

犢子，鄴人也。少在黑山，採松子、茯苓，餌而服之，且數百年，時壯時老，時美時醜，乃知是[52]仙人也。常過酤酒[53]陽都家，都女者[54]，眉生而連[55]，耳細而長，衆以爲異，皆言此天人也。會犢子牽一黃犢來過，都女悅之，遂相奉侍。都女隨犢子出取桃李，一宿而返，皆連兜甘美。邑中隨伺逐之，出門共牽犢耳而走，不能追也。旦復在市中。數十年乃去，見磻山下，冬賣桃李也。

騎龍鳴

騎龍鳴者，渾亭人。年二十，於池中求得龍子狀如守宮者十餘頭養食，結草廬而守之。龍長大稍稍去。後五十餘年，水壞其廬而去。一旦騎龍來至渾亭下，語云："我馮伯昌孫也。此間人不去五百里，必當死。"[56]不信之者以爲妖言。至八月，果水至，死者萬計。

主柱

主柱，不知何所人。與道士共上宕山，言此有丹砂，可得數萬斤。

宕長吏知而上山封之，砂流出，飛如火，乃聽柱取爲[57]。邑令章君明餌砂三年，得神砂飛雪服之，五年能飛行，與柱俱去矣。

鹿皮翁

鹿皮翁，苗川[58]人也。少爲府小吏，木工[59]精巧，舉手能成器械。岑山上有神泉，人不能至。小吏白府君，請木工斤斧三十人，作轉輪懸閣，意思橫生。數十日，梯道四間成，上其巔作祠舍，留止其傍，絕其二間以自固。食芝草，飲神泉，且七十年。苗水來，三下呼宗族家室，得六十餘人，令上山半。水盡漂一郡，没者萬計。小吏乃辭遣宗家令下山，著鹿皮衣遂去，復上閣。後百餘年下，賣藥於市。

昌容

昌容，常山道人，自稱湯王女[60]。食蓬藟根，往來上下，見之者二百餘年，顔色如二十許人。能致紫草，貨與染家，得錢以遺孤寡，歷世而然，奉祠者萬計也。

溪父

溪父，南郡編人[61]。居山間，有仙人常止其家，從買瓜，教之煉瓜子，與桂、附、枳實共藏而對分食之[62]。二十餘年，能飛走，昇山入水。後百餘年，絕居山頂，呼溪下父老，與道生時事也。

山圖

山圖，隴西人。少好乘馬，馬踏之折腳。山中道人教以雌黄[63]、當歸、羌活、獨活、苦參散服之，一歲而不嗜食。病愈身輕，追道士問之。自言五嶽使，之名山採藥，能隨吾，使汝不死。山圖追隨之六十餘年，一旦歸來，行母服於家。朞年復去，莫知所之。

谷　　春

谷春，櫟陽人。成帝時爲郎，疫死而尸不冷，家發喪行服，猶不敢下釘。三年，更著冠幘，坐縣門上，邑中人大驚，家人迎之不肯歸。發棺，有衣無尸。留門上三宿去，之長安，止橫門上。人知追迎之，復去，之太白山。立祠於山上，時來至其祠中止宿焉。

陰　　生

陰生，長安渭橋下乞兒，常止於市中乞。市人厭苦，以糞洒之。旋復見，身中衣不污如故。長吏知之，試收繫，著桎梏。而續在市中乞。又試欲殺之，乃去。洒者之家室自壞，殺十餘人。故[64]長安謠曰："見乞兒，與美酒，以免破屋之咎。"

子　　主

子主者，楚語而細音，不知何所人也。詣江都王，自言："甯先生雇[65]我作客，三百年不得作直。"以爲狂人也。問先生所在？云在龍眉山上。王遣吏將上龍眉山巔，見甯先生毛身廣耳，被髮鼓琴。主見之叩頭，吏致王命。先生曰："此主，吾比舍九世孫。且念汝家，當暴死女子三人，勿預吾事！"語竟，大風發。吏走下山，比歸，宮中相殺三人。王遣三牲立祠焉。

陶安公

陶安公，六安鑄冶師。數行火，火一旦散上行，紫色衝天。安公伏冶下求哀。須臾，朱雀止冶上曰："安公安公，冶與天通，七月七日，迎汝赤龍。"至期，赤龍到，大雨。而公騎之東南上，一城邑數萬人衆共送視之，皆與辭決也。

赤　斧

赤斧者，巴戎人。爲碧雞祠主簿，能作水澒煉丹與硝石服之。三十年反如童子，毛髮生皆赤。後數十年，上華山取禹餘糧餌，賣之於蒼梧滇江[66]間。累世傳見之，手掌中有赤斧焉。

呼子先

呼子先，漢中關下卜師。老壽百餘歲，臨去，呼酒家老嫗曰："急裝，當與嫗共應中陵王。"夜有仙人持二茅狗來至呼子先，子先持一與酒家嫗，得而騎之，乃龍也。上華陰山，常於山上大呼言："子先、酒家母在此矣。"

負局先生

負局先生，不知何許人，語似燕代間人。常負磨鏡局，循吳市中衒磨鏡，一錢因磨之[67]。輒問主人："得無有疾苦者？"[68]輒出紫丸藥以貽之，得莫不愈。如此數十年，後大疫病，家至戶到與藥，活者萬計，不取一錢，吳人乃知其真人也。後上吳山絕崖頭，懸藥下與人。將欲去時，語下人曰："吾還蓬萊山，爲汝曹下神水。"崖頭一旦有水白色，流從石間來下。服之多愈疾，立祠十餘處。

阮　丘[69]

阮丘，睢山上道士。衣裘披髮，耳長七寸，口中無齒，日行四百里。於山中種葱薤，百餘年人不知。時下賣藥，廣陽人朱璜有毒瘕疾，丘與七物藥，服之而去三尸。後與璜俱入浮陽山，朱璜發明之，乃知是神人也。地動山崩道絕，豫戒於人，世共稟[70]奉祠之。

陵陽子明

陵陽子明，銍鄉人。好釣魚，於旋溪獲得白龍。子明懼，解鉤，拜而放之。後得白魚，腹中有書，教子明服食之法。子明遂上黃山，採五石脂，沸水而服之。三年，龍來迎去，止陵陽山上百餘年[71]。山去地千餘丈，大呼下人，令上山半，告[72]言："谿中子安當來，問子明釣車在否？"[73]後二十餘年，子安死，人取葬著山中，有黃鶴來棲其冢邊樹上，鳴呼子安。

邗　子

邗子，自言蜀人。好放犬，知相犬。犬走入山穴[74]，邗子隨入，十餘宿行度數百里。上出山頭，上有臺殿宮府，青松森然，仙吏侍衛甚嚴。見故婦主洗魚，與邗[75]符一函，使還與成都令喬君。君發函，有魚子也。著池中養之，一年皆為龍。邗復送符還山上。犬色更赤，有長翰，常隨邗，往來百餘年，遂留止山上，時下來護其宗族。蜀人立祠於穴口，常有鼓吹傳呼聲，西南數十里共奉祠焉。

木　羽

木羽，鉅鹿南和平鄉人。母貧賤，主助產。嘗探產婦，兒生便開目，視母大笑，母怖懼。夜夢見大冠赤幘守兒言："此司命君也。當報汝恩，使汝子木羽得仙。"母陰信識之。後母生兒，字爲木羽。所探兒生年十五，夜有車馬來迎去，遂過母家呼："木羽爲我御來。"遂俱去。後二十餘年，鸛雀旦旦以[76]銜二尺魚著母户上。母匿不道，而賣其魚，三十年乃發云[77]。母至百年乃終。

玄　俗

玄俗，稱[78]河間人。服巴英[79]，賣藥都市，七丸一錢，善治百病。河間王患瘕，買藥服之，下蛇十餘頭，問藥意。俗曰："王瘕乃六世餘殃下墮，情非王之所招[80]。王嘗放乳鹿，麟母也。仁心感天，故遭俗爾！"王家老舍人自言，父世見俗。俗之身無影，王乃呼著日中看，實無影。[81]王以女娉之，俗夜亡去。後人見於常山下。

【校記】

〔1〕"至崑崙山上，"《道藏》本《列仙傳·赤松子傳》作"往往至崑崙山上"，《南嶽小録》末引劉向《真君傳》作"數往崑崙山中"。

〔2〕"有人遇之"，《道藏》本《列仙傳·甯封子傳》作"有人過之"，《藝文類聚》八十《火部》"煙"條引《列仙傳》作"有神人過之"。"遇"宜作"過"。

〔3〕"氣"字，《道藏》本《列仙傳·馬師皇傳》無。

〔4〕"木工"，《仙鑑》卷三《赤將子輿傳》及《廣黃帝本行記》均作"木正"。

〔5〕"逮"原作"逐"，據《藝文類聚》八八《松》及《文選》七《甘泉賦》注所引《列仙傳》改。

〔6〕"簡"，《藝文類聚》八八《松》引《列仙傳》作"檽"。

〔7〕"見"，《道藏》本《列仙傳·容成公傳》作"見於"。

〔8〕"宮士"，《道藏》本《列仙傳·方回傳》作"宦士"。

〔9〕"印",上書作"掩"。

〔10〕"天地人經",《道藏》本《列仙傳·涓子傳》無"地"字。

〔11〕"能致風雨,受伯陽九僊法","致"原作"制","九"原作"丸",據上書改。

〔12〕"西周",《文選·魏都賦》注引《列仙傳》作"曲周"。

〔13〕"還而道死",上書作"未還而道死"。

〔14〕"強力忍垢,吾不知也",《莊子·讓王篇》作"強力忍垢,吾不知其他也"。

〔15〕"吾子胡不遂之?請相吾子",上書作"吾子胡不立乎"。

〔16〕"我不忍久見也",原無"久見"二字,據《道藏》本《列仙傳·務光傳》及上書增。

〔17〕"遂負石自沈蓼水,已而自匿",《莊子·讓王篇》作"乃負石而自沉於廬水",《文選·北山移文》注引《列仙傳》作"光遂負石沈窾水而自匿"。

〔18〕"河浮山",《道藏》本《列仙傳·務光傳》作"浮梁山"。

〔19〕"壽人",《道藏》本《列仙傳·仇生傳》作"奇人"。

〔20〕"其人云"三字,上書無。

〔21〕"耿之人也"原作"狄人也"。據《道藏》本《列仙傳·馬丹傳》改。

〔22〕"幕正",上書作"幕府正"。

〔23〕"耿"原作"狄",據上書及《史記·晉世家》改。

〔24〕"貴",《藝文類聚》卷九四《獸部》"羊"條作"遺"。

〔25〕"山上有桃"四字原無,據上書增。

〔26〕"與諸弟子期,期日",《道藏》本《列仙傳·琴高傳》作"與諸弟子期曰"。

〔27〕"寇先生",《道藏》本《列仙傳·寇先傳》無"生"字,下文同。

〔28〕"荔",上書作"荔枝"。

〔29〕"賜金璧度數千萬",《藝文類聚》卷七八《靈異部》"仙道"條引《列仙傳》作"賜金璧數萬"。

〔30〕"一緺",上書作"一量",《道藏》本《列仙傳·安期先生傳》作

"一雙"。

〔31〕"後千年，求我於蓬萊下"，上二書分別作"復千歲，來求我於蓬萊山下""後數年，求我於蓬萊山"。《文選》卷十二《海賦》注引《列仙傳》作"後千歲，求我蓬萊山下"。

〔32〕"海邊數十處也"，上三書前二書分別作"海邊十處""海邊十數處云"。

〔33〕"時黑而時白，時黃而時赤"，《道藏》本《列仙傳·桂父傳》作"時黑而時白、時黃、時赤"，《文選》卷五《吳都賦》注引《列仙傳》作"顏色如童，時黑、時白、時赤"。

〔34〕"常服桂皮葉"原作"常服桂及葵"，據《藝文類聚》卷八九《木部》"桂"條改。《文選》卷五《吳都賦》注引《列仙傳》作"常服桂葉"。

〔35〕"而因"，《道藏》本《列仙傳·瑕丘仲傳》作"矣"連上句。

〔36〕"曰"字原無，據《道藏》本《列仙傳·酒客傳》增。

〔37〕"雞皆有名字，千餘頭"，《道藏》本《列仙傳·祝雞翁傳》作"雞有千餘頭，皆立名字"。

〔38〕"即種別而至"，上書作"即依呼而至"。

〔39〕"仲讀音同御名書"，《道藏》本《列仙傳·朱仲傳》作"仲讀購書"。

〔40〕"真"，上書作"直"。

〔41〕"動"，《道藏》本《列仙傳·脩羊公傳》作"食"。

〔42〕"禮之"，上書作"帝禮之"。

〔43〕"有詔問公，何日發語"，上書作"有詔問脩羊公，能何日發語"。

〔44〕"通靈臺"，上書無"通"字。

〔45〕"左"，《道藏》本《列仙傳·稷丘君傳》作"右"。

〔46〕"黃散赤丸"原作"黃老丸"，據《道藏》本《列仙傳·崔文子傳》及《仙鑑》卷三《崔文子傳》改。

〔47〕"以循民間"，上二書分別作"以徇人門""以詢民間"。

〔48〕"賣黃藥"，上二書分別作"賣黃散""賣藥"。

〔49〕"黄"字原無，據上二書增。

〔50〕"臣向迎而師之"，《道藏》本《列仙傳·赤須子傳》作"臣下歸向，迎而師之"。《仙鑑》卷三《赤須子傳》誤作"張君房迎而師之"。

〔51〕"往"，上二書分別作"遂去""住"。

〔52〕"是"，《道藏》本《列仙傳·犢子傳》及《文選》卷六《魏都賦》注引《列仙傳》均作"其"。

〔53〕"酒"後原有"於"字，據《道藏》本《列仙傳·犢子傳》刪。

〔54〕"都女者"，上書作"陽都女者，市中酤酒家女"。

〔55〕"眉生而連"，《文選》卷六《魏都賦》注引《列仙傳》作"生而連眉"。

〔56〕《道藏》本《列仙傳·騎龍鳴傳》此後有"信者皆去"四字。

〔57〕"爲"，《仙鑑》卷三《主柱傳》作"焉"。

〔58〕"菑川"，《道藏》本《列仙傳·鹿皮翁傳》"菑"作"淄"，下"菑水"同。

〔59〕"木工"原作"工木"，據《仙鑑》卷三《鹿皮翁傳》改。

〔60〕"自稱湯王女"，《道藏》本《列仙傳·昌容傳》作"自稱殷王子"。

〔61〕"南郡編人"原作"南郡甌人"，《道藏》本《列仙傳·溪父傳》作"南郡廊人"，《太平御覽》卷九七八引《列仙傳》作"南郡編人"，《藝文類聚》卷八七《菓部》"瓜"條引《列仙傳》作"南郡偏人"。據《漢志》，"偏"宜作"編"，據改。

〔62〕"教之煉瓜子，與桂、附、枳實共藏而對分食之"，《藝文類聚》卷八七引《列仙傳》作"教之練瓜，與附子、桂實共藏春花服之"。

〔63〕"雌黄"，《道藏》本《列仙傳·山圖傳》作"地黄"。

〔64〕"故"原作"放"，據《道藏》本《列仙傳·陰生傳》改。

〔65〕"雇"，《道藏》本《列仙傳·子主傳》作"顧"。

〔66〕"滇江"，《道藏》本《列仙傳·赤斧傳》作"湘江"。

〔67〕"循吳市中衒磨鏡，一錢因磨之"，《藝文類聚》卷八一《藥部》引《列仙傳》作"循吳市中，得一錢便磨"。

〔68〕"得無有疾苦者"，上書作"得無有疾苦？若有"。

〔69〕"阮丘"，《道藏》本《列仙傳》作"黃阮丘"，下同。

〔70〕"稟"字，《道藏》本《列仙傳·黃阮丘傳》無。

〔71〕"止陵陽山上百餘年"，《藝文類聚》卷九六"龍"條引《列仙傳》"陵"作"龍"。

〔72〕"告"原作"所"，據《道藏》本《列仙傳·陵陽子明傳》改。

〔73〕"谿中子安當來，問子明釣車在否"，《古今圖書集成》卷二三一引作"谿中有子安，亦得道者，間相往來，常問子明當年釣車在否"。

〔74〕"好放犬，知相犬。犬走入山穴"，《道藏》本《列仙傳·邗子傳》作"好放犬子，時有犬走入山穴"。

〔75〕"邗"，《仙鑑》卷三《邗子傳》作"邘子"，下同。

〔76〕"以"字，《仙鑑》卷三《木羽傳》無。

〔77〕"三十年乃發云"，《道藏》本《列仙傳·木羽傳》作"三十年乃沒去"。

〔78〕"稱"，《道藏》本《列仙傳·玄俗傳》及《文選》卷六《魏都賦》注引《列仙傳》均作"自言"。

〔79〕"服巴英"，上二書分別作"餌巴豆""餌巴豆、雲英"。

〔80〕"情非王之所招"，《道藏》本《列仙傳·玄俗傳》作"即非王所招也"。

〔81〕"王乃呼著日中看，實無影"，上本作"王乃呼俗日中看，實無影"，《文選》卷六《魏都賦》注引《列仙傳》作"王呼俗著日中，實無影"。

雲笈七籤卷之一百九

神仙傳

廣成子

廣成子者，古之仙人也。居崆峒之山石室之中，黄帝聞而造焉。曰："敢問至道之要。"廣成子曰："爾治天下，雲不待族而雨，木不待黄而落[1]，奚足以語至道哉！"黄帝退而閑居三月，復往見之，膝行而前，再拜請問治身之道。答曰："至道之精，杳杳冥冥。無視無聽，抱神以静，形將自正。必静必清，無勞爾形，無摇爾精，乃可長生。慎内閉外，多知爲敗。我守其一，而處其和，故千二百年而未嘗衰老。得吾道者上爲皇，失吾道者下爲土。予將去汝，入無窮之門[2]，遊無極之野，與日月齊[3]光，與天地爲常。人其盡死，而我獨存焉！"

若　士

若士者，古之仙人也，莫知其姓名。燕人盧敖者，以秦時遊乎北海，經乎太陰，入乎玄闕，至於蒙穀之山，而見若士焉[4]。其爲人也深目而玄準，鳶肩而脩頸，豐上而殺下，欣欣然方迎風而儛。顧見盧敖，因遯逃乎碑下。盧仍而視之，方踆龜殼而食蛤蜊[5]。盧敖乃與之語曰："唯以敖焉，背羣離黨，窮觀六合之外。幼而好遊，長[6]而不渝，周行四極，唯此極之未窺[7]。今覯夫子於此，殆可與敖爲友乎？"若士淡然而笑曰："嘻！子中州之民，不宜遠而至此。此猶光乎日月，而載乎列星，比乎不名之地，猶交奥也。昔我南遊乎澗瀰[8]之野，北息乎沉嘿之鄉，西窮窈冥之室，東貫鴻洞之光。其下無地，其上無天，視焉無見，聽焉無聞。此其外猶有汰沃之汜[9]，其行一舉而千萬餘里，吾猶未之能究也[10]。今子遊始至於此，乃語窮觀，豈不陋哉！然子處矣，吾與汗漫期於九陔之上[11]，不可以久駐。"乃舉臂竦身，遂入雲中。盧敖仰而視之，不見乃止，恍惚若有所喪也。敖曰："吾比夫子也，猶黃鵠之與壤蟲也。終日行不離咫尺，而自以爲之遠，不亦悲哉！"

沈文泰

沈文泰者，九嶷人也。得紅泉神丹去土符還年益命之道，服之有効。欲之崑崙，留安息二十[12]餘年，以傳李文淵，曰："土符不去[13]，服藥行道無益也。"文淵遂受祕要，後亦昇仙。今以竹根汁煮丹及黃白去三尸法，出此二人矣。

皇初平

皇初平者，丹溪人也。年十五，家使牧羊。有道士見其良謹，將至金華山石室之中，四十餘年，翛然[14]不復念家。其兄初起，行索初平，歷年不得。後見市中有一道士，善《易》，而問之曰："吾弟牧羊，失之四十餘年，不知存亡之在，願君與占之。"道士曰："昔見金華山中有一皇初平，非君弟乎？"初起聞之驚喜，即隨道士去求弟，果得相見，悲喜語畢，兄問初平曰："牧羊何在？"答曰："近在山東。"初起往視之，杳無所見，但有白石壘壘，復謂弟曰："山東無羊也。"初平曰："羊在耳，兄自不見。"兄與初平偕往尋之，初平言："叱叱羊起。"[15]於是白石皆起，成羊數萬頭。兄曰："我弟獨得神仙道如此，可學否？"弟曰："唯唯，好道便得耳。"初起於是便捨妻兒，留就初平，共服松栢茯苓。至萬日,坐在立亡,日中無影,顔有童子之色。乃俱還鄉里,親戚死方略盡,乃復還去。臨行,以方教南伯逢,易姓爲赤松子也。初起改字爲魯班,初平改字爲松子[16]。其後服此藥仙者,其有數十人。

沈建

沈建者,丹陽人也。世爲長吏,而建獨好道,不肯仕宦,學導引服食之術,還年却老之法。又能理病,病無輕困,見建者愈,奉之者數千家[17]。每遠行,寄奴侍三五人、驢一頭、羊十口[18],各與藥一丸,謂主人曰:"但累屋舍,不煩飲食也。"便辭去。主人大怪之,云:"此君所寄奴畜十五餘口,並不留寸資,當如何?"建去之後,主人飲食奴侍,奴聞食氣,皆吐逆不視。又以草與驢羊,亦避去不食,更欲抵觸人,主人乃驚異之。後百餘日,而奴侍身體光澤,異於食時,驢羊俱肥。沈建三年乃返,各復以一丸藥與奴侍驢羊,乃還飲食如故。建遂斷穀不食,能舉身飛行,或去或還。如此三百餘年,乃絶迹,不知所在也。

華子期

華子期者,淮南[19]人也。師角里先生[20],受《山[21]隱靈寶方》。一曰《伊洛飛龜秩》,二曰《白禹正機》[22],三曰《平衡》。按合服之,日以還少,一日能行五百里,能舉千斤。一歲十易皮,後乃得仙去。

魏伯陽

魏伯陽者,吳人也,高門之子。而性好道術,不肯仕宦,閑居養性,時人莫知其所從來,謂之治民養身而已。入山作神丹,將三弟子,知兩弟子心不盡誠。丹成,乃誡之曰:"金丹雖成,當先試之,飼於白犬。犬即能飛者，人可服之。若犬死者，即不可服也。"伯陽入山時，將一白犬自隨。又丹轉數未足，和合未至，自有毒丹，毒丹服之皆暫死。伯陽故便以毒丹與白犬食之，犬即死。伯陽乃復問諸弟子曰："作丹恐不成，今成而與犬食，犬又死，恐是未得神明之意。服之恐復如犬，爲之奈何？"弟子曰："先生當服之否？"伯陽曰："吾背違世路，委家入山，不得仙道，吾亦恥復歸。死之與生，吾當服之耳。"伯陽便服丹，丹入口即死。弟子相顧謂曰："所以作丹者，欲求長生耳！而服之即死，當奈此何？"惟一弟子曰："師非凡人也，服丹而死，得無有意邪？"又服之，丹入口復死。餘二弟子乃相謂曰："作丹求長生耳！今服丹即死，當用此何爲？若不服此，自可得數十年在世間活也。"遂不服，乃共出山，欲爲伯陽及死弟子求棺木殯具。二人去後，伯陽即起，將服丹弟子姓虞及白犬而去。逢入山伐薪人，作手書與鄉里人，寄謝二弟子。弟子見書，始大懊惱。伯陽作《參同契》《五相類》凡二卷，其説如似解釋《周易》。其實假借爻象，以論作丹之意。而儒者不知神仙之事，多作陰陽注之，殊失其奧旨矣。

沈羲

沈羲者，吳郡人也。學道於蜀中，但能消災除病，救濟百姓，不知服食藥物。功德感天，天神識之。羲與妻賈氏共載，詣子婦卓孔家[23]。還，道逢白鹿車一乘，青龍車一乘，白虎車一乘，從騎數十人，皆朱衣，仗矛帶劍，輝赫滿道。問羲曰："君是道士沈羲否？"羲愕然，不知何等。答曰："是也，何以問之？"騎曰："羲有功於民，心不忘道。從生以來，履行無過。受命不長，壽將盡矣[24]。黃老命遣仙官下來迎之。侍郎簿延[25]，白虎車是也；度世君司馬生，青龍車是也；送迎使者徐福，白鹿車是也。"須臾，有三仙人，著羽衣持節，以白玉板青玉界丹玉字授羲，羲不能讀，遂載昇天。爾時，道間耕鋤人，皆共見之。不知何等？須臾，大霧，霧解，失其所在。但見羲所乘車牛在田中食苗。或有識是義車牛，以語義家。弟子數百人，恐是邪魅將義入山谷間，乃分布於百里之内求之，不得。後四百餘年，忽[26]還鄉里，推求得數十世孫名懷。懷喜曰[27]："聞先人相傳，有祖仙人，仙人今來。"[28]留數十日，説初上天時云，不見天帝，但見老君。老君東向坐，左右敕義不得謝，但嘿坐而已。宫殿鬱鬱，有如雲氣，五色玄黄，不可名字。侍從數百，多女少男。庭中有珠玉之樹，衆芝叢生，龍虎辟邪[29]，遊戲其間。但聞琅琅如銅鐵聲，不可知測，四壁習習[30]，有符書著之。老君身形，長一丈，被髮文衣，身體有光，須臾數變。玉女持金案玉盃盛藥，賜義曰："此是神丹，飲者不死。夫妻各得一刀圭[31]。"告言飲畢，拜而不謝。服藥後，賜棗二枚，大如雞子，脯五寸，遣義去曰："汝還民間，治百姓之疾病者。若欲來上界，書此符懸之竿杪，吾當迎汝。"乃以一符及仙方一首賜義。義奄忽如睡，已在地上，今多得符者矣。

李八百

李八百者，蜀人也。莫知其名，歷世見之，時人計之已八百歲，因名云李八百。或隱山林，或居鄽市。知唐公房有志，而不遇明師，欲教授之。乃先往試之，爲公房作傭客，公房乃不知仙人也。八百驅使任意，過於他人[32]，公房甚愛之。後八百詐爲病，困劣欲卒。公房乃命醫合藥，費用數十萬錢，不以爲損。憂念之意，形於顏色。八百又轉作惡瘡，周遍身體，潰爛臭濁，不可近也。公房乃流涕曰："汝爲吾家勤苦歷年，而得篤疾，吾甚要汝得愈，無所悋惜。而今正爾，當奈汝何？"八百曰："吾瘡可愈，須得人舐之。"公房令三婢舐之。八百又曰："婢舐不能使疾愈，若得君舐應愈耳。"公房即自舐之。八百言："君舐復不能使吾愈，若得君妻舐之當差。"公房乃復使妻舐之。八百曰："吾瘡已差，欲得三十斛旨酒以沐浴，乃當都愈耳。"公房即爲具酒三十斛，致於器中浴，瘡即愈，體如凝脂，亦無餘痕。乃告公房曰："吾是仙人，子有志心，故來相試，子定[33]可教也。今真相授[34]度世之訣矣。"使公房夫妻及舐瘡三婢,以其浴餘酒澡洗。即皆更少,顏色美悦。以《丹經》一卷授公房,入雲臺山中合作丹,丹成乃服之仙去也。

李　阿

李阿者,蜀人也。傳世見之,不老如故。常乞食於成都市,所得隨多少[35]與貧窮者。夜去朝還,市人莫知其所宿。有古強者,疑阿是異人,常親事之。試隨阿還所宿,乃去青城山中。強後欲復隨阿去,然未知道,恐有虎狼,私持其父大刀。阿見而怒強曰:"汝隨我行,那畏虎也？"取強刀以擊石,刀折敗。強竊憂刀折。至旦復出。阿問強曰:"汝憂刀敗耶？"曰:"實愁父怒。"阿即取刀以左右擊地,刀復如故。以還強。強逐阿[36]還成都,未至,道逢人犇車。阿以腳置車下,轢其骨皆折,阿即死。強守視之,須臾阿起,以手抑[37]腳,而復如常。強時年十八,見阿如五十許人,至強年八十餘,而阿猶如故。語人言:"被崑崙召,當去。"遂不復還。

王　遠

王遠者,字方平,東海人也。舉孝廉,除郎中,稍加至中散大夫。博學五經,兼明天文、圖讖、《河》《洛》之要,逆知天下盛衰之期,九州吉凶之事[38]。漢孝桓帝聞之,連徵不出,使郡國逼載,以詣京師。低頭閉口,不肯答詔,乃題宮門扇[39]四百餘字,皆紀方來。帝惡之,使人削之。外字適去,内字復見,墨皆徹入木裏[40]。方平無復子孫,鄉里人累世傳事之。同郡故太尉公陳躭爲方平架道室,旦夕朝拜之,但乞福願,不從學道也[41]。方平在躭家三十餘年,躭家無疾病死喪,奴婢皆安然,六畜繁息,田蠶萬倍,仕宦高遷。後語躭云:"吾期運當去,不得復停,明日日中當發。"至時方平死,躭知其化去,不敢下著地。但悲啼歎息曰："先生捨我去，我將何怙？"具棺器，燒香，就牀上衣裝。至三日二夜，忽然失其所在[42]，衣帶不解，如蛇蛻也。方平去後百餘日，尃薨。或謂尃得方平之道化去，或謂方平知尃將終，故委尃去也。方平東入括蒼山，過吴，住胥門蔡經家。

蔡　　經[43]

蔡經者，小民耳。而骨相當得仙，方平知之，故往其家。謂經曰："汝生命應得度世，故來取汝補官僚。然汝少不知道，今氣少肉多，不得上天去。當作尸解，須臾[44]如從狗竇中過耳。"告以要言，乃委經去。經後忽身體發熱如火，欲得水灌，舉家汲水灌之，如沃燋狀。如此三日中，消耗骨盡。乃入室以被自覆，忽然失其所在。視其被中，有皮頭足俱存[45]，如蟬蛻也。去後十餘年，忽還家。去時已老，還更少壯，頭髮皆黑。語家云："七月七日，王君當來過。到其日可作數百斛飲，以供從官。"乃去。到其日，家假借甕器，作飲數百斛，羅列覆置庭中。至其日，方平果來。未至經家一時間，但聞金鼓簫管人馬之聲，比近皆驚，不知何等。及至，經舉家皆見之。方平著遠遊之冠[46]朱衣虎頭鞶囊，五色之綬帶劍，黃色少鬚，長短中人也。乘羽蓋之車，駕五龍，龍各異色，前後麾節，旌旗導從，威儀如大將軍出也。有十二隊五百士[47]，皆以蠟密封其口，鼓吹皆乘麟從天上來下懸集[48]，不從人道行也。既至，從官皆不復知所在，唯尚見方平身坐。須臾，引見經父兄。因遣人與麻姑相問，亦莫知麻姑是何神也。言："王方平敬報，久不行民間，今來在此，想姑能暫來語否？"有頃，信還，但聞其語，不見所使人也。答言："麻姑再拜，但不相見，忽已五百餘年。尊卑有序，修敬無階。思念久，煩承來在彼，故當躬到[49]。而先彼詔[50]，當按行蓬萊，今便暫往。如是當還，便親覲，願未即去耳。"如此兩時間，麻姑來也。來時亦先聞人馬之聲。既至，從官當半於方平也。麻姑至，蔡經亦舉家見之。是好女子，年可十八許，於頂中作髻，餘髮散垂之至腰。其衣有文章，而非錦綺，光綵耀日，不可得名字，皆世所無有也。入拜方平，方平爲起立。坐定，各進行廚。皆金盤玉杯，餚膳多是諸華，而香氣達於內外。擘脯而行之，如行栢炙，云是麟脯也[51]。麻姑自說：「接待以來，見東海三爲桑田。向到蓬萊，水乃淺於往者，會將略半也，豈時復爲陵陸乎[52]？」方平笑曰：「聖人皆言，海中復行揚塵也。」麻姑欲見蔡經母及經婦，弟婦新產數十日，麻姑望見乃知之，曰：「噫，且止勿前。」索少許米來，便以擲之，視以墮地，皆成真珠[53]。方平笑曰：「麻姑故作少年戲也。吾老矣，不喜復作此狡獪變化也。」方平語經家人曰：「吾欲賜汝輩酒。此酒乃出天廚，其味淳醲，非俗人所宜[54]，飲之或能爛人腸胃。今當以水添之，汝輩勿怪也。」乃以水一斗合酒一升攪之，以賜經家人。人飲一升許，皆醉。良久，酒盡。方平語左右曰：「不足，復還取也。以一貫錢與餘杭姥，相聞求酤酒。」須臾，信還，得一油囊酒五斗許。信傳[55]餘杭姥答言：「恐地上酒不中尊飲耳。」又麻姑手爪不似人形，皆似鳥爪。蔡經心言，「背大癢時，得此爪以爬背，當佳也。」方平已知經心中所言，即使人牽經鞭之。曰：「麻姑神人也，汝忽謂其爪可爬背何也？」但見鞭著經背，亦不見有人持鞭者。方平告經曰：「吾鞭不可妄得也。」經家比舍有姓陳者，失其名字。嘗罷尉，聞經家有神人，乃詣門叩頭，求乞拜見。於是方平引前與語，此人便乞得隨從驅使，比於蔡經。方平曰：「君且起向日立。」方平從後視之言：「噫！君心邪，不正於經，不可教[56]以仙道也。當授君地上主者之職。」臨去，以一符并一傳著小箱中，以與陳尉。告言：「此不能令君度世，能令君延壽，本壽自出百歲也。可以禳災治病，病者命未終及無罪過者，君以符到其家便愈矣。若有邪鬼血食作禍祟[57]者，君使[58]帶此符，以敕社吏，當收送其鬼，君心中當亦知其輕重，臨時以意治之。」陳尉以此符治病有效，事之者數百家，壽一百一十歲而死。死後子孫行其符，不復效。方平去後，經家所作數百斛酒飲在庭中者皆盡，亦不見人飲之也。經父母私問經曰：「王君常在何處？」經答言：「常治崑崙，往來羅浮山、括蒼山，此三山上皆有宮室如一。王君常平天曹事，一日之中，與天上相連反覆者數十過，地上五嶽生死之事，皆先來關王君。王君出，或不盡將百官，唯乘一黄麟，將十數人。每常見山林在下，去地數百丈。所到則山海之神，皆來奉迎拜謁也。或有干道白言者[59]。"後數十年，經復暫歸省家。方平有書與陳尉，真書書字[60]廓落，大而不楷。先是，人無知方平名遠者，起[61]此乃知之。陳尉家于今世世存録王君手書，及其符傳小箱也。

涉　正

涉正者，字玄真，巴東人也。説秦始皇時事，了了似及見也。漢末從數十弟子入吳，而正常閉目，雖行猶不開也。弟子隨之數十年，莫有見其開目者。有一弟子固請之，正乃爲開目。目開時，有音如霹靂，而光如電，照於室宇。弟子皆不覺頓伏，良久乃能起。正已復還閉目。正道成，莫見其所服食施行，而授諸弟子皆以行炁房室及服石腦小丹云。李八百呼正爲四百歲兒[62]。

孫　博

孫博者，河東人也。有清才，能屬文，著詩百篇，誦經數十萬言。晚乃學道。治墨子之術，能使草木金石皆爲火，光照曜數十里中[63]。亦能令身成火，口中吐火，指大[64]樹生草即焦枯，更指之即復故。亦能使三軍之衆，各成一聚火。有藏人亡奴在軍中者，累日求之不得。博語奴主曰："吾爲卿燒其營舍，奴必走出，卿但當諦伺捉取之。"於是博以一赤丸擲軍中，須臾火起張天，奴果走出而得之。博乃更以一青丸擲火，火即滅。所燔屋舍百物向已焦然者，皆悉復故。博每作火有所[65]燒，他人雖以水灌之，終不可滅，須博自止之乃止耳[66]。行大水中，不但己身不霑，乃能使從己者數百人皆不霑[67]。又能將人於水上布席坐，飲食作樂，使衆人舞於水上，不沒不濡，終日盡歡。其病疾者，就博自治，亦無所云爲，直指之，言愈即愈。又山間石壁及地上磐石，博乃入其中去，初故見背及兩耳出石間，良久乃没。又能吞刀劍數十枚，及從壁中出入，如有孔穴也。引鏡爲刀，屈刀爲鏡，可積時不改。須博指之，乃復故形耳。後入林濾山中，合神丹仙去矣。

玉　　子

玉子者，姓章名震，南郡人也。少學衆經，周幽王徵之不出。乃歎曰："人生世間[68]，去生轉遠，去死轉近矣。而但貪富貴，不知養性，命盡炁絶則死。位爲王侯，金玉如山，何益形爲[69]灰土乎？獨有神仙度世，可以無窮耳！"乃師桑子[70]，具受衆術。乃別造一家之法，著道書百有餘篇。其術以務魁爲主，而精於五行之意，演其微妙，以養性治病，消災散禍。能起飄風，發屋折木，作雷雨雲霧。能以草芥瓦石爲六畜龍虎，立便成行。分形爲數百千人。能步涉江海。含水噴之，皆成珠玉，遂亦不變也。或時閉氣不息，舉之不起，推之不動，屈之不曲，申之不直，百日數十日乃復起。與弟子行，各丸泥爲馬與之，皆令閉目，須臾，皆成大馬，乘之，一日行千里。又能吐炁五色，起數百丈。飛鳥過，指之即墮地。臨淵投符召魚鼈，即皆上岸。又能使諸弟子舉眼即見千里之物，亦不能久也。其務魁時，以器盛水，著兩魁之間，吹而噓之，水上直有赤光輝輝起一二丈。以此水治百病，病在内者，飲之；病在外者，澡之，皆便立愈。後入崆峒山合丹，白日昇天。

天 門 子

天門子者，姓王名剛[71]，尤明補養之要。故其經曰："陽生立於寅，純木之精；陰生立於申，純金之精。夫以木投金，無往不傷，故陰能疲陽也。陰人著脂粉者，法金之白也。是以真人道士，莫不留心注意，精其微妙，審其盛衰。我行青龍，彼行白虎，取彼朱雀，前[72]我玄武，不死之道也。又陰人之情，有急於陽，而外自收抑，不肯請陽者，明金不爲木屈也。陽性炁剛躁，志節疏畧，至於遊宴，聲炁和柔，言辭卑下，明木之畏於金也。"天門子既行此道，年二百八十歲，猶有童女之色。乃服珠緼[73]得仙，入玄洲中去。

南極子[74]

南極子者，姓柳名融。能含粉成雞子，吐之數十枚，烹而啖之，與雞子無異。黃中皆餘有少許粉如指端者，取杯呪之即成龜，烹之可食，腸臟皆具，而杯成龜殼。烹取肉，則殼還成杯矣。取水呪之，即成美酒，飲之醉人。舉手即成大樹，人或折其細枝，以刺屋間，連日猶在，以漸萎壞，與真木無異也。服雲霜丹得仙去矣。

黃盧子[75]

黃盧子者，姓葛名越。甚能治病，千里寄姓名，與治之皆愈，不必見病人身也。善炁禁之道，禁虎狼百蟲皆不得動，飛鳥不得去，水爲逆流一里。年二百八十歲，力舉千鈞，行及走馬。頭上常有五色炁，高丈餘。天下大旱時，能到淵中召龍出，催促使昇天，使作雨，數數如此。一旦與親故別，乘龍而去，遂不復還矣。

張道陵

張道陵字輔漢，沛國豐人也。本大儒生，博綜五經。晚乃計此無益於年命，遂學長生之道。弟子千餘人[76]。其《九鼎》大要，惟付王長。後得趙升，七試皆過。第一試，升初到門，不通，使罵辱之，四十餘日，露霜不去。第二試，遣升於草中守稻驅獸，暮遣美女，詐言遠行過，寄宿，與升接牀，明日又稱腳痛未去，遂留數日，頗以姿容調升，升終不失正。第三試，升行路上，忽見遺金四十餘餅，升趨過，不取不視。第四試，升入山伐薪，三虎交搏之，持其衣服，但不傷。升不恐怖，顏色自若。謂虎曰："我道士也，少不履非，故遠千里來事師，求長生之道，汝何以爾？豈非山鬼使汝來試也？汝不須爾。"虎乃去。第五試，升使於市買十餘疋物，已估直，而物主誣言未得直。升即捨去，不與爭訟。解其衣服，賣之於他交，更買而歸，亦不說之[77]。第六試，遣升守別田穀，有一人來乞食，衣不蔽形，面目塵垢，身體瘡膿，臭惡可憎。升爲之動容，即解衣衣之，以私糧爲食，又以私米遺之。第七試，陵將諸弟子登雲臺山絕巖之上，有桃樹大如臂，生石壁，下臨不測之谷，去上一二丈，桃樹大有實。陵告諸弟子，有能得此桃者，當付以道要。于時伏而窺之三百許人[78]，皆戰慄却退汗流，不敢久臨其上，還謝不能得。唯升一人曰："神之所護，何險之有？聖師在此，終不使吾死於谷中矣。師有教者，是此桃有可得之理。"乃從上自擲，正得桃樹上，足不蹉跌。取桃滿懷，而石壁峭峻，無所攀緣，不能得還。於是一一擲上，桃得二百二枚[79]。陵乃賜諸弟子各一枚，餘二枚，陵食一，留一以待升。於是陵乃臨谷，伸手引升。衆人皆見陵臂不加長，如掇一二尺物，忽然引手，升已得還[80]。仍以向餘一桃與升食畢，陵曰："趙升猶以正心自投桃上，足不蹉跌，吾今欲試自投，當得桃否？"衆人皆諫言不可，唯趙升、王長不言。陵遂自投，不得桃上，不知陵所在。四方則皆連天，下則無底，往無道路，莫不驚咄。唯升、長二人，嘿然無聲。良久乃相謂曰："師則父也。師自投於不測之谷，吾等何心自安？"乃俱自擲谷中，正墮陵前。見陵坐局脚玉牀斗帳中，見升長笑曰："吾知汝二人當來也。"乃止谷中，授二人道要。

欒 巴

欒巴者，蜀郡人也。好道，不修俗事。太守詣與相見，屈爲功曹，待以師友之禮。嘗謂巴曰："聞功曹有神術，可使見否？"巴曰："唯唯。"即平坐，却入壁中去，冉冉如雲氣狀，須臾失巴。而聞壁外作虎聲，而虎走還功曹宅，乃巴耳[81]。後入朝爲尚書，正旦大會，而巴後至，而頗有醉態。酒至又不飲，即西南噀之。有司奏巴大不恭。詔以問巴，巴頓首曰："臣鄉里以臣能治鬼護人，爲臣立生廟。今旦耆老皆入臣廟，不得即委之，是以頗有酒態。適來又觀臣本郡大火，故噀酒爲雨以滅之。"詔原復坐。即令驛書[82]問成都。果信云："正旦日大火，雨自東北來滅之，而有酒氣焉。"

淮南王八公[83]

淮南王劉安，高皇帝之孫。好儒學方技，作《內書》二十一篇。又著《鴻寶萬畢》三卷，論變化之道[84]。有八公往詣之，門吏自以意難問之曰："王上欲得延年却期長生不老之道，中欲得博物洽聞精義入微之大儒，下欲得勇敢武力扛鼎暴虎橫行之壯士。今先生皆耆矣，自無駐衰之術，賁、育之氣也，豈能究《三墳》《五典》《八索》《九丘》，鉤深致遠，窮理盡性乎？三者並乏，不敢相通。"公笑曰："聞王欽賢好士，吐握不倦，苟有一介，莫不畢至。古人貴九九之學，養鳴吠之士，誠欲市馬骨[85]以致騏驥，師郭生以招羣彦。吾等雖鄙，不合所求，故遠致身，欲一見王。就令無益，亦不作損，云何限之，逆見嫌擇？若王必見少年則謂之有道，見垂白則謂之庸人，恐非發石取玉，探淵索珠之謂也。薄吾等老，謹以少矣。"言畢，八公化爲十五童子，露髻青鬢，色如桃花。於是門吏驚揀[86]，馳以白王。王聞之，不及履，即徒跣出迎，以登思仙之臺，張錦綺之帷，設象牙之牀，燔百和之香，進金玉之机，執弟子之禮，北面叩首[87]而言曰："安以凡材，少好道德，羈鎖世業，沉淪流俗，不能遺類，貞藪山林[88]。然夙夜飢渴，思願神明，沐浴垢穢，精誠浮薄。抱情不暢，邈若雲泥。不圖厚幸，道君降屈。是安禄命，當蒙拔擢。喜懼屏營，不知所措。唯乞道君哀而教之，則螟蛉假翼，去地飛矣。"八公便以成老人矣，告王曰："雖復淺識，具備先學，知王好道，故來相從。不知意何所欲？吾一人能坐致風雨，立起雲霧，畫地爲江河，撮土爲山嶽；一人能崩高塞淵，牧虎豹，致龍蛇，役神鬼；一人能分形易貌，坐在立亡，隱蔽六軍，白日盡暝；一人能乘虛步空，起海陵煙，出入無間，呼吸千里；一人能入火不燋，入水不濕，刃之不傷，射之不中，冬凍不寒，夏暑不汗；一人能千變萬化，恣意所爲，禽獸草木，萬物立成，移山駐流，行宮易室[89]；一人能防災度厄，辟却衆害，延年益壽，長生久視；一人能煎泥成金，鍛鉛爲銀，水鍊八石，飛騰琉珠，乘龍駕雲，浮遊太清。在王所欲。"安於是旦夕朝拜，身進酒果。先乞試之，變化風雨雲霧，無不有効。遂受《丹經》及《三十六水銀》等方[90]。

【校記】

〔1〕"雲不待族而雨，木不待黃而落"，《莊子·在宥》"雲"作"雲氣"，"木"作"草木"。《漢魏叢書》本及《道藏精華錄》本《神仙傳·廣成子傳》作"禽不待候而飛，草木不待黃而落"。

〔2〕"間"，上二本《神仙傳·廣成子傳》作"門"。

〔3〕"齊"，上二書作"參"。

〔4〕"至於蒙穀之山，而見若士焉"，《淮南子·道應訓》及《論衡·道虛篇》均作"至於蒙穀之上，見一士焉"。

〔5〕"蛤蜊"原作"蟹蛤"，據上二書改。

〔6〕"長"原作"長生"，據上二書删。

〔7〕"唯此極之未窺"，上二書作"唯北陰之未闚"。

〔8〕"澗㶁"，上二書分別作"岡㝗""岡浪"。

〔9〕"此其外猶有汰沃之氾"，原無"此"字，據上二書增。"汰沃"原作"沃沃"，據《淮南子·道應訓》改。

〔10〕"吾猶未之能究也"，上二書作"吾猶未能之在"。

〔11〕"上"，《淮南子·道應訓》作"外"。

〔12〕"十"原作"千"，據《漢魏叢書》本及《道藏精華錄》本《神仙

傳・沈文泰傳》改。

〔13〕"土符不去"，上二書作"土符却不去"。

〔14〕"翛然"二字，上二本《神仙傳・皇初平傳》無。《藝文類聚》卷九四《獸部》"羊"條引《神仙傳》作"忽然"。

〔15〕"初平言：叱叱羊起"，上二本《神仙傳・皇初平傳》作"初平乃叱曰：羊起"。

〔16〕"臨行，以方教南伯逢，易姓爲赤松子也。初起改字爲魯班，初平改字爲松子"，上二書作"初平改字爲赤松子，初起改字爲魯班"。

〔17〕"見建者愈，奉之者數千家"，上二本《神仙傳・沈建傳》作"治之即愈，奉事之者數百家"。

〔18〕"羊十口"原作"羊數十口"，據上二書删。

〔19〕"淮南"，《太上靈寶五符序》卷上作"九江"。

〔20〕"角里先生"，"角"，上書作"甪"。

〔21〕"山"，上書作"仙"。

〔22〕"一曰伊洛飛龜秩，二曰白禹正機"，上書作"一曰河圖隱存符，二曰伊雒飛龜"。又"伊洛飛龜秩"，《抱朴子・辨問篇》作"飛龜授袟"。

〔23〕"卓孔家"，《漢魏叢書》本及《道藏精華錄》本《神仙傳・沈羲傳》作"卓孔寧家"。

〔24〕"受命不長，壽將盡矣"，上二書作"壽命不長，年壽將盡"。

〔25〕"簿延"，上二書作"簿延之"。

〔26〕"忽"原作"求"，據上二書改。

〔27〕"數十世孫名懷，懷喜曰"，上二書作"數世孫名懷喜，懷喜告曰"。

〔28〕"聞先人相傳，有祖仙人，仙人今來"，上二書作"聞先人説，家有先人仙去，久不歸也"。

〔29〕"龍虎辟邪"，上二書作"龍虎成羣"。

〔30〕"習習"，上二書作"熠熠"。

〔31〕"夫妻各得一刀圭"，上二書作"夫妻各一杯，壽萬歲"。

〔32〕"八百驅使任意，過於他人"，上二本《神仙傳・李八百傳》"任"作

"用","過"作"異","人"作"客"。

〔33〕"定",上二書作"真"。

〔34〕"今真相授",上二書作"今當授子"。

〔35〕"隨多少",上二本《神仙傳·李阿傳》作"復散賜"。

〔36〕"以還强。强逐阿",上二書作"强隨阿"。

〔37〕"抑",上二書作"撫"。

〔38〕"九州吉凶之事",上二本《神仙傳·王遠傳》作"九州吉凶,如觀之掌握。後棄官入山修道,道成"。

〔39〕"不肯答詔,乃題宮門扇",上二書無"肯"字,"扇"作"扇板"。

〔40〕"墨皆徹入木裏",上二書作"墨皆徹板裏,削之愈分明"。

〔41〕"不從學道也",上二書作"未言學道也"。"不"字原無,據本書卷八五《王方平》增。

〔42〕"三日三夜,忽然失其所在",上二本《神仙傳·王遠傳》作"三日夜,忽失其屍"。

〔43〕"蔡經"篇題,上二本《神仙傳》無,文附《王遠傳》後。

〔44〕"須臾"二字,上二本《神仙傳·王遠傳》無。

〔45〕"視其被中,有皮頭足俱存",上二書作"視其被内,唯有皮頭足具"。

〔46〕"著遠遊之冠",上二書作"冠遠遊冠"。

〔47〕"有十二隊五百士",上二書作"有十二伍伯"。

〔48〕"乘麟從天上來下懸集",上二書作"乘龍從而下,懸集於庭"。

〔49〕"思念久,煩承來在彼,故當躬到",上二書作"煩信承來在彼,食頃即到"。

〔50〕"而先彼詔",上二書作"先受命"。"彼"疑當作"被"。

〔51〕"擘脯而行之,如行柏炙,云是麟脯也",上二書作"擘脯而食之,云麟脯"。

〔52〕"會將略半也,豈時復爲陵陸乎",上二書"將""時"二字互乙。

〔53〕"便以擲之,視以墜地,皆成真珠",上二書作"得米擲之墜地,謂

以米祛其穢也，視其米皆成丹砂"。

〔54〕"非俗人所宜"，上二書"宜"後有"飲"字。

〔55〕"信傳"，上二書作"使傳"。

〔56〕"不正於經，不可教"，上二書作"不正，終未可教"。

〔57〕"禍祟"，上二書作"祟禍"，"祟"原作"崇"，據改。

〔58〕"君使"，上二書作"便"。

〔59〕"皆來奉迎拜謁也。或有干道白言者"，上二書作"皆來奉迎拜謁"。

〔60〕"真書書字"，上二書作"其書"。

〔61〕"起"，上二書作"因"。

〔62〕"李八百呼正爲四百歲兒"十字，上二本《神仙傳·涉正傳》無，《仙苑編珠》下作"李八百呼爲四百歲小兒也"。

〔63〕"光照曜數十里中"，上二本《神仙傳·孫博傳》作"光照數里"。

〔64〕"大"原作"火"，據上二書改。

〔65〕"所"原作"他"，據上二書改。

〔66〕"須博自止之乃止耳"，"博"，上二書作"曳"，"乃止耳"作"方止"。

〔67〕"行大水中"至"皆不霑"二十二字，上二書作"行水火中不沾灼，亦能使千百人從己蹈之，俱不沾灼"。

〔68〕"人生世間"後，上二本《神仙傳·玉子傳》有"日失一日"四字。

〔69〕"形爲"，上二書作"於"。

〔70〕"桑子"，上二書作"長桑子"。

〔71〕"剛"，上二本《神仙傳·天門子傳》及《仙苑編珠》上引《神仙傳》作"綱"。

〔72〕"前"，上二本《神仙傳·天門子傳》作"煎"。

〔73〕"縕"，上二書作"醴"。

〔74〕"南極子"，上二本《神仙傳》作"柳融"。

〔75〕"黃盧子"，上二書作"葛越"。

〔76〕"弟子千餘人"，上二本《神仙傳·張道陵傳》作"弟子户至數萬"。

〔77〕"升即捨去"至"亦不說之"二十五字，上二書作"昇乃脫己衣，買絹而償之，殊無怪色"。

〔78〕"于時伏而窺之三百許人"，上二書作"於時伏而窺之者二百餘人"。

〔79〕"二百二枚"原作"二百枚"，上二書作"二百二顆"，《藝文類聚》八六《菓部》"桃"條作"二百二枚"，據改。

〔80〕"衆人皆見陵臂不加長"至"升已得還"，上二本《神仙傳·張道陵傳》作"衆視之，見陵臂加長三二丈引昇，昇忽然來還"。

〔81〕"而聞壁外作虎聲，而虎走還功曹宅，乃巴耳"，上二本《神仙傳·欒巴傳》作"壁外人見化成一虎，人並驚，虎徑還功曹舍。人往視虎，虎乃巴成也"。

〔82〕"即令驛書"原作"即令驛馬書"，上二書作"乃發驛書"，本書卷八五《欒巴》作"即令驛書"。皆無"馬"字，據刪。

〔83〕"淮南王八公"，上二本《神仙傳》作"劉安"。

〔84〕"好儒學方技"至"論變化之道"二十五字，上二本《神仙傳·劉安傳》作"篤好儒學兼占候方術，養士數千人，皆天下俊士，作内書二十二篇，又中篇八章言神仙黄白之事，名爲鴻寶萬畢，三章論變化之道"。《漢書》本傳及《漢志·雜家》均云"内書二十一篇"，"二十二篇"殆誤。

〔85〕"骨"原作"者"，據上二本《神仙傳·劉安傳》改。

〔86〕"驚揀"，上二書作"大驚"。

〔87〕"執弟子之禮，北面叩首"原作"穿弟子之履，北面拱手"，據上二書改。

〔88〕"不能遺類，貞藪山林"，上二書作"不能遣累，負笈山林"。

〔89〕"萬物立成，移山駐流，行宮易室"原作"立成轉徙萬物陵嶽，移行宮室"，據上二書改。

〔90〕"遂受丹經及三十六水銀等方"，上二書作"遂授王丹經三十六卷"。又"銀"字疑衍。

雲笈七籤卷之一百一十

洞仙傳

元　　君

元君者，合服九鼎神丹[1]得道。著經九卷[2]。

九元子

九元子者，鍊紫金合神丹登仙。其經曰《庚辛經》。

長桑公子

長桑公子者，常散髮行歌曰："巾金巾，入天門。呼長精，吸玄泉。鳴天鼓，養丹田[3]。"柱下史聞之曰："彼長桑公子所歌之詞，得服五星守洞房之道也[4]。"

龔仲陽

龔仲陽者，受嵩山少童步六紀之法[5]。

上黃先生

上黃先生者，修步斗之道[6]，得隱形法。

蒲先生

蒲先生者，常乘白鹿，採芝草於茅山。

茅濛

茅濛字初成，咸陽南關人也。即東卿司命君盈之高祖。入華山修道，後乘雲駕龍，白日昇天。先是其邑歌曰："神仙得者茅初成，駕龍上昇入太清，時下玄洲戲赤城。繼世而[7]往在我盈，帝若學之臘嘉平。"秦始皇聞之，因改臘曰嘉平。

常生子

常生子者，常漱水成[8]玉屑，服之以昇天。

長存子

長存子者，學道成爲玄洲仙伯。

蔡瓊

蔡瓊字伯瑤，師老子，受《太玄陽生符》《還丹方》，合服得道，白日昇天。常以《陽生符》活已死之人，但骸骨存者，以符投之即起。

張穆子

張穆子者，修《太極上元年紀》以昇仙。後以此法授龔叔進、王文卿、尹子房，皆得道。

童子先生

童子先生者，於狄山學道，修《浴契鈴經》得仙。

九源丈人

九源丈人者，爲方丈宮主，領天下水神，及陰精水獸蛟鯨之類。

谷希子

谷希子者，學道得仙，爲太上真官。東方朔師之，受《閬風》《鍾山》《蓬萊》及《神州真形圖》[9]》。

王仲高

王仲高，常在淮南市行卜，父老傳云，比世見之。伍被言於淮南王安，安欣然迎之。謂安曰："黃帝，吾父之長[10]也。昔師朱襄君，受長生之訣。"即以傳安。

陽　　生

陽生者，住少室西金門山，山有金礜漿，服之得道。

西門君惠

西門君者，少好道，明諸讖緯。以《開山圖》授秦始皇，而不能用。

玄都先生

玄都先生者，授仙人黑玉《天地鈴經》，行而得道。

黃列子

黃列子者，嘗遊獵九江，射中五色神鹿，逐跡尋穴，遇神芝，服而得風仙。

公孫卿

公孫卿者，學道於東梁甫山，一云滋液山。山宮中有合成仙藥，得服之人立仙。日月之神，並在宮中。合藥時頌曰："玉女斷分劑，蟾蜍主和擣。一丸練人形，二丸顏容好。"

蔡長孺

蔡長孺者，蜀郡人。夫妻共服十精丸，體氣充盈。年九十生一男名度世，一百五十歲復生一男名無極。年三百歲，視之如少童。

延明子高

延明子高者，服麋角得仙。

崔野子

崔野子者，服术以度世。

靈子真

靈子真者，服桃膠得仙。

宛丘先生

宛丘先生者，服制命丸得道。至湯之末世，已千餘歲。以方傳弟子姜若春，服之三百年，視之如十五童子。彭祖師之，受其方三首。

馬　榮

馬榮者，住梁國穀城中，兩眼赤爛，瞳子不見物，而能明察洞視。北方多病癩，鄉里不容者，輒來投榮，榮爲治之悉差。榮云患脚，常乘鹿車，行無遠近，不見人牛[11]推引，而車自至。或一日赴數十處請，而各有一榮。凡與人語，自稱厄子。作《牽三詩》[12]，類乎讖緯。孝建二年三月初，作書與兩國人別，至十六日中時果卒。

任　敦

任敦，博昌人也。少在羅浮山學道，後居茅山南洞修步斗之道及《洞玄五符》。能役鬼召神，隱身分形。玄[13]居山舍，虎狼不敢犯。

敬玄子

敬玄子修行中部之道，存道守三一。常歌曰："遥望崑崙山，下有三頃田。借問田者誰？赤子字元先。上生烏靈木，雙闕俠兩邊[14]。日月互相照，神路帶中間。採藥三微嶺，飲漱華池泉，遨遊十二樓，偃蹇步中原。意欲觀絳宮，正值子丹眠。金樓凭玉几，華蓋與相連。顧見雙使者，博著太行山。長谷何崢嶸，齊城相接隣。縱我飛龍轡，忽臨無極淵。黃精生泉底，芝草披岐川。我欲將黃精，流丹在眼前。徘徊飲流丹，羽翼奮迅鮮。意猶未策外，子喬提臂牽。所經信自險，所貴得神仙。"

帛 舉

帛舉字子高。嘗入山採薪，見二白鵠飛下石上，即成兩仙人。共語云："頃合陰丹成[15]，就河北王母索九劍酒服之，至良。"子高聞仙人言，就訪王母者，得九劍酒還告仙人，乞陰丹服之。即翻然昇虛，治於雲中，掌雲雨之任。

徐季道[16]

徐季道少住鵠鳴山，後遇真人謂曰："夫學道當巾天青，詠《大歷》，跖[17]雙白，徊二赤，此《五神道》之祕事也[18]。"其語隱也。《大歷》者，《三皇文》是也。季道修行得道。

趙叔期

趙叔期，不知何許人，學道於王屋山中。遇卜者謂叔期曰："欲入天門，修[19]三關，存朱衣，正崑崙。"叔期請其要道，因以素書一卷與之，是《胎精中記》。拜受之，後得道。

毛伯道

　　毛伯道、劉道恭、謝稚堅、張兆期皆後漢時人也。同於王屋山學道三[20]十餘年，共合神丹成。伯道先服即死，次道恭服之又死。稚堅、兆期不敢服，棄藥而歸。未出山，忽見伯道、道恭各乘白鹿在山上，仙人執節以從之。二人悲愕悔謝，道恭授以《服茯苓方》，二人後亦度世。

莊伯微

　　莊伯微者，漢時人[21]。少好道，不知求道之方，惟以日入時，正西北向閉目握固，想崑崙山。積三十年，後見崑崙山人，授以《金液方》，合服得道。

劉道偉[22]

　　劉道偉，少入蟠冢山學道，積十二年。遇仙人試之，將一大石約重萬斤，以一白髮懸之，使道偉臥其下，顏色無異，心安體悅。又十二年，遂賜以神丹，服之昇天。

匡俗

　　匡俗字子希，少以孝悌著稱，召聘不起，至心學真。遊諸名山，至覆笥山，見山上有湖，周迴數里，多生靈草異物，不可識。其傍有石井泉通湖中，又有石鴈，至春秋時皆能羣飛。復有小石笥，中有玉牒，多記名山福地，及得道人姓名。後服食得道。

盧耽

盧耽者，少學道得仙，後復仕爲州治中。每時乘空歸家，到曉則反。州嘗元會，期會在列。時耽後至，迴翔閣前欲下次，爲威儀以箒擲耽，得一隻履墜地，耽由是飛去。

范豺[23]

范豺者，巴西閬中人也。久住支江百里洲，修太平無爲之道。臨目噓漱，項有五色光起。冬夏惟單布衣。而桓溫時，頭已斑白。至宋元嘉中，狀貌不變。其占吉凶，雖萬里外事，皆如指掌。或問："先生是謫仙邪？"云："東方朔乃黠我，我小兒時，數與之狡獪。"又云："我見周武王伐紂，洛城頭戰，前歌後舞。"宋文帝召見，豺答詔稱我，或稱吾。元兇初爲太子，豺從東宮過，指宮門曰："此中有博勞鳥，奈何養賊不知？"文帝惡之，勅豺自盡。江夏王使埋[24]於新亭赤岸岡。文帝令發其棺，看柩無屍，乃悔之。越明年，豺弟子陳忠夜起，忽見光明如晝，而見豺入門就榻坐。又一老翁後至，豺起迎之。忠問[25]是誰？豺笑而不答。須臾俱出門。豺問忠，比復還東鄉，善護我宅，即百里洲也。

傅先生

傅先生者，學道於焦山中。精思七年，遇太極真人，與之木鑽，使[26]穿一石盤，厚五尺許。戒云："石盤穿，仙可得也。"於是晝夜鑽之，積四十七年，鑽盡石穿。仙人來曰："立志若斯[27]，寧有不得道者？"即授以金液還丹，服之度世[28]。

石　坦

　　石坦字洪孫，渤海人也。遊趙魏諸名山得道，能分身同時詣十餘家，各家有一坦，所言各異。

鄭思遠

　　鄭思遠少爲書生，善律曆候緯。晚師葛孝先，受《正一法文》《三皇内文》《五嶽真形圖》《太清金液經》《洞玄五符》。入廬江馬迹山居，仁及鳥獸。所住山虎生二子，山下人格得虎母，虎父驚逸，虎子未能得食。思遠見之，將還山舍養飼。虎父尋還，又依思遠。後思遠每出行，乘騎虎父，二虎子負經書衣藥以從。時於永康橫江橋逢相識許隱，且暖藥酒，虎即拾柴然火。隱患齒痛，從思遠求虎鬚，欲及熱插齒間得愈。思遠爲拔之，虎伏不動。

郭志生

　　郭志生字通明，朱提郡人。晉元帝時云已四百歲，見之如五十許人。有短卷書滿兩篋中，常負之，多止烏場張績家。每歎曰："兵荒方生，毒流生民，將以溝瀆爲棺材，蒼蠅爲孝子。必然之期，可爲痛心。"後二年，孫恩妖亂，冬夏殺害及餓死者，十不遺一。忽謂績曰："應亡，爲吾備粗材器。殯不須釘，材亦不須埋[29]。但送山巖中，以石鎮材上。"後少日而死，績謹依斯教。經數日，績親人自富陽還，見志生騎白鹿山中行，作書與績。

介　琰

　　介琰者，不知何許人也。師白羊公，受玄白之道[30]，能變化隱形。

常隨師入東海，暫過吳，爲先主禮之，先主爲琰起靜室[31]，一日之中，數過遣人問起居。琰或爲童子，或爲老翁，無所食啖，不受餉遺。先主欲學其術，琰以帝多內御，遂不傳道法。先主大怒，敕縛琰著車甲轅，引弩射之。弩發而繩索獨存，不知琰所之耳！

徐　福

徐福字君房，不知何許人也。秦始皇時，大苑中多枉死者橫道，數有鳥如烏狀，銜草覆死人面，皆登時活。有司奏聞，始皇使使者齎此草以問北郭鬼谷先生。先生云："是東海中祖洲上不死之草，生瓊田中，一名養神芝。其葉似菰，生不叢[32]，一株可活一人。"始皇於是乃謂可索得，因訪求精誠道士徐福，發童男童女各五百人，率樓船等入海尋祖洲。不返，不知所在。逮沈羲得道，黃老遣福爲使者[33]乘白虎車、度世君司馬生乘龍車、侍郎簿延乘白鹿車俱來迎。

車子侯

車子侯[34]者，扶風人也。漢武帝愛其清淨，稍遷其位至侍中。一朝語家云："我今補仙官，此春應去。至夏中當暫還，還少時復去。"如其言。武帝思之，乃作歌曰："嘉幽蘭兮延秀䔿，妖婬兮中溏。華斐斐兮麗景[35]，風徘徊兮流芳。皇天兮無慧，至人逝兮仙鄉。天路遠兮無期，不覺涕下兮霑裳。"

蘇　耽

蘇耽者，桂陽[36]人也。少以至孝著稱，母食欲得魚羹，耽出湘州市買，去家一千四百里，俄頃便返。耽叔父爲州吏，於市見耽，因書還家，家人大驚。耽後白母曰："耽受命應仙，違遠供養。"作兩大櫃留家中。若欲須食扣小櫃，欲得錢帛扣大櫃，是所須皆立至。鄉里共怪其獨如此，白官遣吏，檢櫃無物，而耽母用之如故。先耽將去時云："今年大疫，死者略半，家此井水，飲之無恙。"果如所言，合門元吉。母年百餘歲終，聞山上有人哭聲，服除乃止。百姓爲之立祠矣。

張巨君

張巨君者，不知何許人也。許季山得病不愈，清齋祭太山請命，晝夜祈訴。忽有神人來問曰："汝是何人？何事苦告幽冥？天[37]使我問汝，可以實對。"季山曰："僕是汝南平輿許季山，抱疾三年，不知罪之所在？故到靈山，請決死生。"神人曰："我是仙人張巨君，吾有《易》道，可以射知汝禍祟所從。"季山因再拜請曰："幸蒙神仙廻降，願垂告示。"巨君爲筮卦，遇《震》䷲[38]之《恒》䷟，初九、六二、六三有變。巨君曰："汝是無狀之人，病安得愈乎？"季山曰："願爲發之。"巨君曰："汝曾將客東行，爲父報仇，於道殺客，内空井中，大石蓋其上。此人上訴天府，以此病謫汝也。"季山曰："實有此罪。"巨君曰："何故爾耶？"季山曰："父爲人搏[39]，恥蒙此以終身。時與客報之，未至，客欲告怨主，所以害之。"巨君曰："冥理難欺，汝勤自首，吾還山爲請命。"季山漸愈，巨君傳季山筮訣，遂善於《易》占。但不知求巨君度世之方，惜哉！

馮伯達

馮伯達者，豫章建昌人。世奉孝道，精進濟物。道民陳辭得旨，與戴矜生[40]相似，又是同時人也。元嘉中，伯達下都，後寄戴[41]鄉人還，南行至梅根，阻風連日。伯達謂船主曰："欲得速至家，但安眠，慎勿開眼。"其夜，聞舫下刺樹杪而不危抗，竊有窺者，見兩龍俠梁翼船，迅若電逝，未曉到舍。伯達尋入廬山不返。

韓越

韓越者，南陵冠軍人也。心慕神仙，形類狂愚，隨師長齋，誦詠口不輟響。常著屐，行無遠近，入山或百日五十日輒還。家人問越，未嘗實對。後鄉人斫枯木作弓，於大陽山絶崖石室中，見越與六七仙人讀經。越後山中還，於巒村暴亡。家迎覺棺輕，疑非真尸。發看，唯竹杖耳。宋大明中，越鄉人爲臺將北使，於青州南門遇越，容貌更少，共語移時，訪親表存亡，悲欣凝然。越云："吾婦患嗽未差，今因與卿散一裹，令溫酒頓服之。"臺將還都，番下[42]具傳越言。而越婦服散，嗽即愈。

郭璞

郭璞字景純，河東人也。王敦欲反，使之占夢，曰："吾昨夢在石頭外江中扶犁耕，卿占之。"璞曰："大江扶犁耕，耕亦自不成，反亦無所成。"敦怒謂璞曰："卿自占命盡何時？"璞曰："下官命盡今日。"敦令誅璞。璞謂伍伯曰："吾年十三時，於栅塘脱袍與汝，言吾命應在汝手中，汝可用吾刀。"伍伯感昔深惠，銜涕行法。殯後三日，南州[43]市人見璞貨其平生服飾，與相識共語。敦聞之不信，使開棺無尸。璞得尸[44]解之道，今爲水仙伯。

戴孟

戴孟[45]字成子，武威人也。漢武帝時爲殿中將軍[46]。本姓燕名濟字仲微，得道後，改姓名。入華陰山[47]，受[48]祕法於清靈真人裴君，得《玉珮金璫經》《石精金光符》。仙人郭子華、張季連、趙叔達、山世遠常與之遊處。

郭文舉

郭文舉，河内軹人。少愛山水，常游名山，觀華陰石室。洛陽陷，入吳居大辟山，停木於樹[49]，苫覆而止。時猛獸爲暴，文舉居之十餘年，無患。丞相王導使迎至京師，朝士咸共觀之。文舉頹然箕踞，旁若無人。周顗問曰："猛獸害人，先生獨不畏邪？"文舉曰："吾無害獸之心，故獸不害人。"周顗、庾亮、桓溫、劉恢共歎曰："文舉雖無賢人之才，而有賢人之德。"[50]咸和元年，懇求還山。導不許。復少日，遁入臨安白土山。明年，蘇峻作亂，時人謂文舉逆知，故去也。有《老子經》二卷，緼盛懸屋，未嘗見讀之。山外人徐凱師事文舉受籙，籙上將軍吏兵，並見形於凱使役之。又令[51]凱見社竈神，戒凱曰："不可有房室，不復爲卿使。"凱後娶暨氏女，諸神即隱，唯餘籙吏二人，不復從命。語凱云："汝違師約，天曹已攝吏兵，留我等守《太上籙》，不復可使。"文舉亡，如蟬蛻，山下人爲之立碑。文舉書箬葉上，著《金雄詩》《金雌記》，後人於其所住牀席下得之。次第尋看，讖緯相似，乃傳於世。

姚　光

姚光者，不知何許人也。得神丹之道，能分散形影，坐在立亡，火之不焦，刀之不傷。吳主身臨試之，積荻數千束，令光坐荻千束，旅裹十餘重，火焚之[52]。煙焰翳日，觀者盈都，咸謂光爲煨燼矣。火息後，見光從灰中振衣而起，神容晏如也。手把一卷書，吳主讀不能解，後不知所之。

徐　彎

徐彎者，吳郡海鹽人也。少有道炁，能收束邪精。錢塘人杜氏女患邪，彎召魅，即見丈夫著白佽葛單衣入門，彎一叱，即成白龜。一旦與羣從兄弟數人，登石崎山斫春柴，日暮彎不返。明旦尋覓，見彎在山上，腋挾鎌，倚樹[53]而不動。或乃抱彎，唯有空殼。

丁令威

丁令威者，遼東人也。少隨師學得仙道，分身任意所欲。嘗蹔歸，化爲白鶴，集郡城門華表柱頭，言曰："我是丁令威[54]，去家千歲今來歸。城郭如舊人民非，何不學仙離塚纍[55]？"夫左元放爲羊，令威爲鶴，斯並一時之跡耳，非永爲羊鶴也。遼東諸丁譜，載令威漢初學道得仙矣。

王　嘉

王嘉字子年，隴西安陽人也。久在於東陽谷口，携弟子登崖穴處。御六炁，守三一，冬夏不改其服，顏色日少。苻堅累徵不就。堅尋大舉南征，以弟融爲大將軍，遣人問嘉。嘉[56]曰："金堅火强。"仍乘使者馬，正[57]衣冠，徐徐東行數百步。因墮其衣裳，奔馬而還，踞牀而不言[58]。堅又不解，更遣人問："世祚云何？"嘉曰："未央。"堅欣然以爲吉徵。明年歲在癸未，堅大敗於壽春，遂亡秦國，是殃在未年也。以秦居西爲金，晉都南爲火，火能鑠金也。嘉尋移嵩高山。姚萇定長安，問嘉："朕應九五不？"嘉曰："略當得。"萇大怒曰："小道士答朕不恭。"有司奏，誅嘉及二弟子。萇先使人隴右逢嘉將兩弟子，計已千餘里，正是誅日。嘉使書與萇。萇令發嘉及二弟子棺，並無尸，各有竹杖一枚。萇尋亡。

寇謙之

寇謙之者，不知何許人也。弱年好道，入東嶽岱宗山，精苦累年。一旦得真人分以成丹，白日昇天。謙之符章，救治百姓神驗。于今北方猶行其道者多焉。

董　幼

董幼者，海寧人也。兄弟三人，幼最小。早喪父，幼母偏念其多病不能治家。年十八，謂母曰："幼病困，不可卒愈，徒累二兄，終不得活。欲依道門灑掃，以度一世。"母許之。幼在師家，恭謹勤修，長齋篤學，未嘗暫怠，遂洞明道術。年四十一，夜有真人降授幼水行不溺之道，以一馬鞭與幼，令幼以鞭水，行於水上，如行平地。晉義熙中，幼還家辭母云："幼已得道，不復留人間，今還與家別。"母曰："汝應往何處去？復幾時可還？"幼曰："應往峨嵋山更受業，未有歸期。"中表鄉隣共送幼至區陽西江，見幼鞭水而行，漸漸而遠，顧謂二兄曰："世世傳道業矣。"

劉　憘

劉憘者，不知何許人也。長大多鬚，垂手下膝。久住武當山，去襄陽五百里，旦發夕至。不見有所修爲，頗以藥術救治百姓。能勞而不倦，用藥多自採，所識草石，乃窮于藥性。雍州刺史劉道產忌其臂長，於襄陽錄送文帝。每旦檻車載將往山[59]採藥，暮還廷尉。憘後以兩短卷書與獄吏，吏不敢取，憘焚之。一夜失憘，關鑰如故。閶闔門吏行夜，得憘送廷尉，憘語獄吏云："官尋殺我，殯後勿釘棺也。"後果被殺。死數日，文帝疑此言，使開棺，不見尸，但有竹杖耳。

王 質

　　王質者，東陽人也。入山伐木[60]，遇見石室中有數童子圍棋歌笑。質聊置斧柯觀之，童子以一物如棗核與質，令含咽其汁，便不覺飢渴。童子云："汝來已久，可還。"質取斧，柯爛已盡。質便歸家，計已數百年。

【校記】

〔1〕"九鼎神丹"，《抱朴子・金丹篇》作"太清神丹"。

〔2〕"著經九卷"，上書作"太清觀天經有九篇"。

〔3〕"養丹田"，本書卷一〇四《太清真人傳》作"養泥丸"。

〔4〕"得服五星守洞房之道也"，上書作"斯皆修習無上正真之道也"。

〔5〕"龔仲陽者，受嵩山少童步六紀之法"，《洞真上清太微帝君步天綱飛地紀金簡玉字上經》作"龔仲陽受嵩高小童步六絕之法"。

〔6〕"上黄先生者，修步斗之道"，上書作"黄上先生受黄纍小童步三綱之法"。

〔7〕"而"原作"面"，據本書卷一〇四《太元真人東嶽上卿司命真君傳》改。

〔8〕"成"，《仙鑑》卷六《常生子傳》作"和"。

〔9〕"圖"後，《仙鑑》卷六《谷希子傳》有注"真誥云，谷希子爲太極右仙公"。見《真誥・甄命授第一》。

〔10〕"長"後原有"子"字，據《仙鑑》卷六《王仲高傳》删。

〔11〕"牛"，《仙鑑》卷二八《馬榮傳》作"手"。

〔12〕"牽三詩"，上書作"牽車三詩"。

〔13〕"玄"字，《仙鑑》卷七《任敦傳》無。

〔14〕"上生烏靈木，雙闕俠兩邊"，《仙鑑》卷七《敬玄子傳》"上"作"土"，"烏"作"二"，"闕"作"關"。

〔15〕"成"字，《仙鑑》卷七《帛舉傳》無。

〔16〕"徐季道"原作"徐道季",據《仙鑑》卷七、《真誥》卷五改。下同。

〔17〕"跖",《真誥》卷五作"跐",《上清紫精君皇初紫靈道君洞房上經》作"躡"。

〔18〕"此五神道之祕事也",《真誥》卷五無"道"字,《仙鑑》卷七作"此太素五神道之祕事也"。

〔19〕"修",上二書作"調"。

〔20〕"三",上二書作"四"。

〔21〕"漢時人"三字原無,據上二書增。

〔22〕"劉道偉",《真誥》卷五、《仙鑑》卷二十作"劉偉道"。下同。

〔23〕"豻",《仙鑑》卷二八作"豹",《南史》卷十四《元凶劭傳》作"材"。

〔24〕"埋"原作"理",據《仙鑑》卷二八《范豹傳》改。

〔25〕"問"原作"門",據上書改。

〔26〕"使"後原有"以"字,據《真誥》卷五刪,《仙鑑》卷七《傅先生傳》作"使之"。

〔27〕"斯"原作"期",據《仙鑑》卷七《傅先生傳》改。

〔28〕"世"後,上書有"丹臺錄云,昇太清爲南嶽真人"。《真誥》卷五亦云"乃昇太清爲南嶽真人"。

〔29〕"殯不須釘,材亦不須埋",《仙鑑》卷二八《郭志生傳》作"殯不須埋"。

〔30〕"師白羊公,受玄白之道",《仙鑑》卷五《介琰傳》作"往建安方山,師白羊公杜必,受玄一之道"。

〔31〕"爲先主禮之,先主爲琰起静室",上書作"吳主孫權禮之,爲琰起静室"。

〔32〕"生不叢",本書卷二六《祖洲》作"苗叢生",本書卷二二《東方呵羅提國》作"生不叢株",《五嶽真形序論》亦作"生不叢株"。

〔33〕"使者",本書卷一〇九《神仙傳·沈羲傳》作"送迎使者"。

〔34〕"車子侯"，《史記·孝武本紀》作"奉車子侯"。注引韋昭曰："子侯，霍去病之子也"。

〔35〕"妖婬兮中溏。華斐斐兮麗景"，《仙鑑》卷七《車子侯傳》"溏"作"臧"，"華"作"日"。

〔36〕"桂陽"原作"桂楊"，據《仙鑑》卷十一《蘇耽傳》及《神仙傳》卷九《蘇仙公傳》改。

〔37〕"天"，《仙鑑》卷七《張巨君傳》作"天帝"。

〔38〕"震☳"原作"震☷"，據《周易·震卦》改。

〔39〕"父爲人搏"原作"父有爲人所搏"，據《仙鑑》卷七《張巨君傳》删。

〔40〕"戴矜生"，《仙鑑》卷二八《馮伯達傳》作"戴矜"。

〔41〕"戴"，上書作"載"。

〔42〕"番下"二字，《仙鑑》卷二八《韓越傳》無。

〔43〕"南州"原作"南洲"，據《神仙傳》卷九及《仙鑑》卷二八《郭璞傳》改。

〔44〕"尸"，上二書作"兵"。

〔45〕"孟"後，《仙鑑》卷七《戴孟傳》有"武當山道士"五字。

〔46〕"漢武帝時爲殿中將軍"，《真誥》卷十四及《神仙傳》卷九作"漢明帝時人"。

〔47〕"入華陰山"，《真誥》卷十四及《仙鑑》卷九作"入華陽山"，《神仙傳》卷十作"入華山及武當山"。

〔48〕"受"原作"授"，據《真誥》卷十四及《神仙傳》卷十改。

〔49〕"停木於樹"，《晉書》卷九四《郭文傳》作"倚木於樹"。

〔50〕"共歎曰：文舉雖無賢人之才，而有賢人之德"，上書作"温嶠嘗稱曰：文有賢人之性，而無賢人之才"。"歎曰"原無"曰"字，據《仙鑑》卷二八《郭文舉傳》增。"賢人之才"，"賢"原作"腎"，據上二書改。

〔51〕"又令"原作"今"，據《仙鑑》卷二八《郭文舉傳》改。

〔52〕"令光坐荻千束，旅裹十餘重，火焚之"，《仙鑑》卷十六《姚光傳》

作"令光坐其中，發火焚之"。

〔53〕"樹"字原無，據本書卷八五、《仙鑑》卷十六《徐彎傳》增。

〔54〕"我是丁令威"，《搜神後記》及《藝文類聚》卷九十《白鶴》條引《續搜神記》作"有鳥有鳥丁令威"。

〔55〕"何不學仙離塚纍"，上二書分別作"何不學仙冢纍纍""何不學仙去，空伴冢纍纍"。

〔56〕"嘉"字原無，據本書卷八五、《仙鑑》卷二八、《晉書》卷九五《王嘉傳》增。

〔57〕"正"字原無，據上三書增。

〔58〕"因墮其衣裳，奔馬而還，踞牀而不言"，上三書作"而策馬馳反，脫衣服棄冠履而歸，下馬踞牀而不言"（"而不言"，《晉書》作"一無所言"）。

〔59〕"載將往山"，本書卷八五《劉憺傳》作"載往蔣山"。

〔60〕"木"後，仙鑑卷二八《王質傳》有"至信安郡石室山"七字。

雲笈七籤卷之一百一十一

洞仙傳

干吉

干吉者，瑯琊人也[1]。其父祖世有道術，不殺生命，吉精苦有踰於昔人。常遊於曲陽流水上，得神書百餘卷，皆赤界白素青首朱目[2]，號曰《太平青領書》[3]。孫策平江東，進襲會稽，見士民皆呼吉爲干郎，事之如神。策招吉爲客在軍中，將士多疫病，請吉水歠漱輒差。策將兵數萬人，欲迎獻帝討曹公，使吉占風色，每有神驗。將士咸崇仰吉，且先拜吉後朝策。策[4]見將士多在吉所，因怒曰："吾不如干君耶？"乃收吉，責數吉曰："天久旱，水道不通。君不同人憂，安坐船中作鬼態，束吾將士，敗吾部曲，今當相除。"即縛吉，暴使請雨。若能感天今日中大雨者，當相原；不爾，加誅。俄而雲興雨霆，至中漂没[5]。將士共賀吉，策遂殺之，將士涕泣收葬。明旦往視失尸，策大憎恨。從此常見吉在其前後，策尋爲許貢伏客所傷，照鏡見吉在鏡中，因捨鏡大叫，胸創裂而死。世中猶有事干君道者。

昌季

昌季者，不知何許人也。入山擔柴，崖崩墮山下，尚有微氣。婦來見之，涕泣哀慟。仙人尹仙聞之愴然，謂婦曰："吾是仙人，能治汝壻。"即以角煎[6]賜之，并付其方，藥盡未差，可隨合作也。能長服之，令人神仙。婦以藥治季即愈，季合藥服之千日，忽然飛昇。婦流涕追之，顧謂婦曰："道與世殊，卿善自愛敬。"婦慨然復合藥，服之三年，便復飛去。至蓬萊山見季，季曰："知卿當來爾。"

王　喬[7]

王喬者，河東人也。漢明帝時爲尚書郎，出爲葉縣令。漢法：畿内長吏，節朔還朝。每見王喬先生至，不見有車馬跡而怪之。明帝密使星官占候，輒見雙鳬從東南飛來。乃羅得一隻履[8]，時人異之。

杜　契

杜契字廣平，京兆人也。建安初，渡江依孫策，後孫權用爲立信校尉。黃武二年起學道，師介琰受玄白術[9]，久久能隱形遁迹。後居茅山之東，時與弟子採伐，貨易山場市里[10]，而人不能知之。數入洞中得仙。

范幼沖

范幼沖者，遼西人也。受太素[11]胎化易形之道，常旦旦存青、白、赤三炁各如綖，從東方日下直入口中，挹之九十過，自飽便止[12]。行之十年得道。其法約，其事驗，太素祕道也[13]。

青谷先生

青谷先生者，不知何許人也。常修行九息服氣之道，後合爐火大丹服之得道。一旦天降劉文饒於寢室[14]，授其杖解法，得入太華山。文饒名寬，弘農人也。仕後漢，位至司徒太尉，視民如赤子，怒不形顏，口無疾言，好行陰德，拯寒困，萬民悅而附之，如父母焉。

夏馥

夏馥者，不知何許人也[15]。少好道，常服朮和雲母。後入吳山，遇赤須先生傳之要法[16]。又遇桐柏真人授之黃水雲漿法，行之得道。馥少時被公府辟召，懸辟書於桑樹乃去[17]，當時咸服其高邁。

劉諷

劉諷字偉惠，潁川人也。師季主，服日月精華得道。後歸鄉里，託形杖履而去。

展上公

展上公者，不知何許人也[18]。學道於伏龍地，乃植李彌滿所住之山。上公得道，今為九宮右保司[19]。其常白諸仙人云：「昔在華陽下食白李美，憶之未久，忽已三千歲矣！」郭四朝後來住其處，又種五果。上公云：「此地善，可種柰，所謂福鄉之柰，可以除災癘。」

周太賓 姜叔茂附

周太賓、巴陵侯姜叔茂者，並不知何許人也。學道在句曲山，種五果、五菜，貨之以市丹砂。今姜巴地多韭薤，即其種耶！二人並得仙。叔茂曾作書與太極官僚云：「昔學道於鬼谷，得道於少室，養翮於華陽，待舉於逸域。時乘飆車，宴于句曲。」太賓善鼓琴，昔揮獨絃乃彈，而八音和。以教糜長生、孫廣田，廣田即孫登也[20]。二人後皆得道爾。

郭四朝

郭四朝者，燕人也。秦時得道，來句曲山南。所住處作塘，遏澗水令深，基塪垣墻，今猶有可識處。四朝乘小船遊戲其中，每扣船而歌。其一曰："清池帶雲岫，長林鬱青葱。玄鳥翔幽野，悟言出從容。鼓枻揚神波，稽首乘晨風。未獲解脫期，逍遥丘林中。"其二曰："浪神九陔外，研道遂全真。戢此靈鳳羽，藏我華龍鱗。高舉方寸物，萬吹皆垢塵。顧哀朝生輩[21]，孰盡汝車輪？"其三曰："遊空落飛飆，虛步無形方。圓景煥明霞，九鳳唱朝陽。揮翩扇天津，菴藹慶雲翔。遂造太微户，挹此金梨漿。逍遥玄陔表，不存亦不亡。"其四曰："駕欻舞神霄，披霞帶九日。高皇齊龍輪，遂造九華室。神虎洞瓊林，香風合成一。開闓幽冥户，靈變玄迹滅。"

張玄賓

張玄賓者，定襄人也。曾舉茂才，始師西河薊公，受服术行洞房白元之事。後遇樊子明於少室山，授以遁變隱景之道。昔在天柱山，今來華陽內爲理禁伯，主諸水雨官。玄賓善談空無[22]："無者大有之宅，小有所以生焉。積小有以養小無，見大有以本大無。有有亦無焉，無無亦有焉[23]。所以我目都不見物，物亦不見無。寄有以成無，寄無以得無，於是無則無宅也，太空亦宅無矣。我未生時，天下皆無無也。"桐栢諸靈仙亦不能折之。自云："曾於蓬萊遇宋晨生，論無粗得其意也。"

趙威伯

趙威伯者，東郡人也。少好道，受業於邯鄲張先生，挹日月之景、服九雲[24]明鏡之華得道，來入華陽內爲保命丞。《河圖》云："吳楚多有得見太平者。"常語人云:"此論不虛,此驗不久。"其所存明鏡,非世間常法。又善嘯聲,若衝風之擊長林,衆鳥之羣鳴,須臾歸雲四集,零雨其濛。

樂長治

樂長治者,不知何許人也[25]。仕漢桓帝至中書侍郎,後師中嶽李先生,受步七元法,修之得道。

杜昺

杜昺字叔恭,吳國錢塘人也。年七八歲,與時輩北郭戲,有父老召昺曰:"此童子有不凡之相,惜吾已老,不及見之。"昺早孤,事後母至孝,有聞鄉郡,三禮命仕不就。歎曰:"方當人鬼殽亂,非正一之炁无以鎮之。"於是師餘杭陳文子,受治爲正一弟子,救治有效,百姓咸附焉。後夜中有神人降云:"我張鎮南也。汝應傳吾道法,故來相授諸祕要方,典陽平治[26]。"昺每入靜燒香,能見百姓三五世禍福,説之了然。章書符水,應手即驗。遠近道俗,歸化如雲。十年之内,操米户數萬。晉大傳謝安時爲吳興太守,見黃白光,以問昺。昺曰:"君先世有陰德於物,慶流後嗣,君當位極人臣。"尚書令陸納,世世臨終而並患侵淫瘡。納時年始出三十,忽得此瘡。昺爲奏章,云:"令君大尼得過。"授納《靈飛散方》,納服之,云年可至七十[27]。大司馬桓溫北伐,問以捷不?昺云:"公明年三月專征,當挫其鋒。"溫至枋頭,石門不開,水涸糧盡,爲鮮卑所攝。謂弟子桃葉云:"恨不從杜先生言,遂至此敗。"苻堅未至壽春,車騎將軍謝玄領兵伐堅,問以勝負。昺云:"我不可往,往必無功;彼不可來,來必覆敗,是將軍効命之秋也。"堅果散敗。盧竦自稱先生,常從弟子三百餘人。昺以白桓溫,竦乃[28]協東治老木之精,衒惑百姓,比當逼揆宮闕,然後乃死耳。咸安中,竦夜半從男女數百人直入宮,稱海西復位,一時間官軍誅勗,溫方歡伏。後桓沖欲引昺息該爲從事,昺辭曰:"吾兒孫並短命,不欲令進仕,至曾玄孫方得吾福耳。"昺曰:"吾去世後,當以假吾法以破大道者,亦[29]是小驅除也,與黃巾相似,少時消滅。"素書此言,函封付妻馮氏,若有災異,可開示子姪,勤修德自守。隆安中,瑯琊孫泰以妖惑陷,咎及禍延者衆。昺忽彌日聚集,縱樂無度。勑書吏崇桃生市凶具,令家作衣衾云:"吾至三月二十六日中當行。"體尋小惡,至期於寢不覺,尸柔炁潔。諸道民弟子爲之立碑,謚曰明師矣。

扈謙

扈謙者,魏郡人也。性縱誕,不耻惡衣食,好飲酒,不擇精麁。常吟曰:"風從牖中入,酒在杯中摇。手握四十九,靈光在上照。魏犮蕞薈下,獨向冥理笑。"又曰:"進不登龍門,退不求名位。无以消天日,常作巍犮醉。"精於《易》占,常在建康後巷許新婦店前筮,一卦一百錢,日限錢五百止,次卦千錢不爲也。謙母住尚方門外路西,有養女三四人自料理。謙日日送錢三百供養母,餘錢二百,謙以飲酒,乞與貧寒。晉海西旦出,見赤蛇盤于御牀,俄爾失蛇。詔謙筮卦《易林》曰:"晉室有盤石之固,陛下有出宮之象。"海西曰:"可消伏不?"謙曰:"後年應有大將北征失利,以三萬人逆之於壽春北,此災可消。"明年秋,桓溫北討敗績,咎豫州刺史袁真不爲後援,誅真,還鎮石頭,廢海西,立簡文。溫妾産息玄,至艱難。謙筮曰:"公第西北六間馬廄[30]壞竟便産,是男兒,聲炁雄烈,當震動四海。"溫賜謙錢三十萬。謙云:"謙用筮錢,常患不盡,且交[31]无容錢處,請還公庫。"溫不聽,許氏以空檻[32]借謙貯錢,俄而夫人復送錢三十萬。謙從得溫錢後,日筮三卦,以供養母。以溫錢飲酒,求能酣客,不問識與不識,羣聚極飲。於是遠近嗜飲客隨謙者衆,許氏常以賢人禮待謙,不計求酒之多少。謙後斷不復詣,許氏尋覓經年,忽於譙溝遇謙,曰:"家中欲得檻用,先生[33]隨還家，取先所寄錢。"謙笑曰："三年飲酒數千斗，唯四十者纔足相補，正餘一百半許有耳，大夫不復足顧矣。吾以爪刻壁記之，寫筭便知也。"許氏試依自言筭，不差一文。後謙母[34]夜亡，謙旦還云"因緣盡矣"而去[35]，不知所之。數日，許氏家人於落星路邊見謙卧地，始謂其醉，捉手牽引，唯空衣無尸也。

朱庫

朱庫者，不知何許人也。久服石春辟穀符水，不飢不渴，强丁[36]不老。庫忽云：應得仙，剋日發。與親舊別云：當有迎者，單衣白鵠。須臾，有兩黃鶴下中庭，庫便度世。中庭仍有三黃鶴，相隨飛向東郭外，成三黃衣道士，攜手東行，因鄉人附書與家。家人看尸，唯有空殼者。

姜伯真

姜伯真者，不知何許人也。少好道，在猛山採藥，忽值仙人，使伯真平立日中，背後觀之，其心不正。仙人曰："勤學之至，而不知心不正爲失。"[37]因教之服石腦，石腦色斑柔軟，形如小石，處所皆有，久服身熱而不渴。後遂得仙，繁陽子服之亦得道。

【校記】

〔1〕"也"後，《仙鑑》卷二十《干吉傳》有"先名室，後改名吉"七字。

〔2〕"目"原作"自"，據上書及《後漢書》卷三十《襄楷傳》改。

〔3〕"太平青領書"，"領"原作"籙"，據上二書改。

〔4〕"策"字原無，據《仙鑑》卷二十《干吉傳》增。

〔5〕"至中漂没"，上書作"江中漂泛"。

〔6〕"角煎"，《仙鑑》卷二一《昌季傳》作"藥"。

〔7〕"王喬"原作"王子喬",據《後漢書》卷八二及《仙鑑》卷二十《王喬傳》改。下同。

〔8〕"乃羅得一隻履",上二書作"於是候鳧至,舉羅張之,但得一隻舄焉"。

〔9〕"玄白術","玄"原作"黃",據《真誥》卷十三及《仙鑑》卷十五《杜契傳》改。

〔10〕"貨易山場市里",上二書作"貨易衣糧"。

〔11〕"太素"二字,《真誥》卷十及與《仙鑑》卷二十《范幼沖傳》無。

〔12〕"止"原作"上",據上二書改。

〔13〕"太素祕道也",上二書作"此高元君太素内景法"。

〔14〕"一旦天降劉文饒於寢室",《真誥》卷十二及《仙鑑》卷二十《劉文饒傳》均作"一旦遇青谷先生降之於寢室",自此以下,上二書爲"劉文饒傳"。

〔15〕"夏馥者,不知何許人也",《真誥》卷十二及《仙鑑》卷二十《夏馥傳》作"夏馥字子治(《仙鑑》"治"作"冶"),陳留人也"。

〔16〕"遇赤須先生傳之要法",上二書作"從赤須先生受鍊魂法"。

〔17〕"被公府辟召,懸辟書於桑樹乃去"原作"被公府辟,書致於桑樹乃去",據上二書改。

〔18〕"展上公者,不知何許人也",《真誥》卷十三及《仙鑑》卷四《展上公傳》作"展上公者,高辛時仙人也"。

〔19〕"右保司",上二書作"内右司保"。

〔20〕"廣田即孫登也"原作"即登也",據《真誥》卷十三及《仙鑑》卷六《周太賓傳》改。

〔21〕"蜚",《真誥》卷十三、本書卷九六及《仙鑑》卷六《郭四朝傳》作"蟪"。

〔22〕"玄賓善談空無",《仙鑑》卷二一《張玄賓傳》作"玄賓善談空云",《真誥》卷十三作"此人善能談空無,乃談士,常執本無理云"。

〔23〕"有有亦無焉,無無亦有焉",上二書作"有有亦無無焉,無無亦有

有焉"。

〔24〕"九雲",《真誥》卷十三及《仙鑑》卷二十《趙威伯傳》作"九靈"。

〔25〕"不知何許人也",《真誥》卷十三及《仙鑑》卷二十《樂長治傳》作"東卿司命君鄉里人也"。

〔26〕"典陽平治"原無"典"字,據《仙鑑》卷二二《杜昺傳》增。

〔27〕"七十",上書作"七十九"。

〔28〕"乃"字原無,據上書增。

〔29〕"亦"原作"赤",據上書改。

〔30〕"廠"原作"敞",據《仙鑑》卷二一《扈謙傳》改。

〔31〕"交"字,上書無。蔣力生等校注本引《四庫》本作"家"。

〔32〕"檻",《仙鑑》卷三《扈謙傳》作"櫃",下同。

〔33〕"生"原作"令",據上書改。

〔34〕"後謙母"原作"謙後母",據上書改。

〔35〕"因緣盡矣而去",上書作"因緣盡矣,安葬而去"。

〔36〕"丁",《仙鑑》卷二二《朱庫傳》作"壯"。

〔37〕"勤學之至,而不知心不正爲失",《真誥》卷五《甄命授第一》作"子知仙道之貴而篤志學之,而不知心不正之爲失"。

雲笈七籤卷之一百一十二

神仙感遇傳

吉宗老

吉宗老者，豫章道士也。巡遊名山，訪師涉學，而未有所得。大中二年戊辰，於舒州村觀遇一道士，弊衣冒風雪甚急，忽見其來投觀中，與之對[1]室而宿。既瞑無燈燭，雪又甚，忽見室內有光。自隙而窺之，見無燈燭而明。唯以小胡蘆中出衾被帷幄，裀褥器用，陳設服翫，無所不有。宗老知其異，扣門謁之。道士不應而寢，光亦尋滅。宗老乃坐其門外，一夕守之，冀天曉之後，聊得一見。及曉，推其門，已失所在。宗老刳心責己，周遊天下以訪求焉。

葉遷韶

葉遷韶者，信州人也。幼年樵採，避雨於大樹下。忽見雷公為樹枝所夾，奮飛不得，樹枝雷霹後却合。遷韶為取石揳開枝間，然後得去。仍愧謝之曰："約來日却至此可也。"如其言，明日復至樹下。雷公亦來，以《墨篆》一卷與之曰："此行之可以致雷雨，祛疾苦，立功救人也。我兄弟五人，要雷聲喚雷大雷二，必即相應。然雷五姓剛躁，無危急之事，不可喚之。"自是行符致雨，咸有殊効。嘗於吉州市中醉，太守擒而責之，欲加凌辱。遷韶於階下大呼雷五[2]一聲，時中旱，日光猛熾，便震霹靂[3]一聲，人皆顛沛。太守下階禮接之，請爲致雨。信宿大霶，雨澤遂足，因爲遠近所傳。遊滑州時，方久雨，黄河泛，官吏披水爲勞，忘其寢食。遷韶以鐵札長二尺，作一符，立於河岸之上。水湧溢堆阜之形，而汯河流下，不敢出其符外，人免墊溺，于今傳之。人有疾請符，不擇筆墨，書而授之，皆得其効。多在江浙間周遊，好啗葷腥，不修道行，後不知所之。

于滿川

于滿川者，是成都樂官也。其所居鄰里闕水，有一老叟，常擔水以供數家久矣。忽三月三日，滿川於學射山通真觀看蠶市，見賣水老人，與之語云，居在側近。相引蠶市看訖，即邀滿川過其家。入檜竹徑，歷渠墊，可十里許。即見門宇殿閣，人物喧闐，有像設圖繪，若宫觀焉。引至大廚中，人亦甚衆，失老叟所在。問人，乃葛璝化廚中爾，云來日蠶市，方營設大齋。頃刻之間，已三[4]日矣。賣水老叟，自此亦不復來。

進士王叡

進士王叡，漁經獵史之士也。孜孜矻矻，窮古人之所未窮，得先儒之所未得。著《炙轂子》三十卷，六經得失，史册差謬，未有不鍼其膏而藥其肓矣。所有二種之篇[5]，釋喻之説，則古人高識洞鑒之士，有所不逮焉。嗜酒自娱，不拘於俗，酣暢之外，必切磋義府，研覈詞樞，亦猶劉闕之訐訴古人矣。然其咀吸風露，呼嚼嵐霞，因亦成疹，積年苦冷，而莫能愈。遊燕中[6]，道逢櫻杖椶笠者，鶴貌高古，異諸其儕，名曰希道。笑謂之曰："少年有三惑之累耶？何苦瘠若斯？"辭以不然。道曰："疾可愈也。予雖釋件，有鑪鼎之功，何疾不除也！"叡委質以師之，齋于漳水之濱三日，而授其訣曰："木精天魂，金液地魄。坎離運行，寬猛無成。金木有數，秦晉合宜。近効六旬，遠期三載爾。"歌曰："魄微入魂牝牡結，陽响陰滋神鬼滅，千歌萬讚皆未決，古往今來抛日月。"受而製焉，餌之周星，疹且瘳矣。乃隱晦自處，佯狂混時。年八十，殢於彭山道中，識者瘞之。無幾，又在成都市，常寓止樂溫縣。時摯獸結尾，爲害尤甚。叡醉宿草莽，露身林野，無所憚焉，斯亦蟬蛻得道之流也。

王從玘

王從玘者，宦官也。蜀王初節制卭蜀，黎雅爲永平軍，從玘爲監軍判官。自是收剋成都，罷鎮爲郡。從玘栖寓蜀中十餘年，食貧好善，不常厥居。於卭市有老叟睆而視之曰："將有大厄，瀕于死所。"探懷袖中小瓢，以丹砂十四粒與之曰："餌此旬日而髯生，勿爲怪也，可以免難矣。"服之三五日，髯果生焉。月餘，詔誅宦官，從玘亦在其數。人或勸其遁去，答曰："君父之命，豈可逃乎？"俛首赴縶。太守哀而上請蜀王，特[7]乞宥之。視其狀貌，無復宦官矣。

令狐絢

令狐絢者，餘杭太守繗之子也。雅尚玄微，不務名宦。於開化私院，自創靜室。三日五日即一度開室焚香，終日乃出。時有神仙降之，奇煙異香，每見聞於庭宇。因言入靜之時，有青童引入至天中高山之上，朝謁老君，見册命張天師爲元中大法師，以代尹真人之任。初尹與三天論功於太上之前，太上曰："羣胡擾於中原，蠶食華夏，不能戢之，尹真人之過也。再立二十四化，分別人鬼，澤及生靈，道陵之功也。此二者各宜登臺冥思，取驗於大道。"可即勅尹真人[8]登一蓮華寶臺，端寂而坐，頃之，萬景昏曀。又命道陵亦登此臺，既坐良久，則奇彩異光，種種變化，天人交暢矣！自是以道陵代尹爲元中法師焉。乙未年聞令狐之説，丁酉年於西川濛陽見張道士云："天師降授道法，遠近敬而事之。"因聆其天師降教之事,云:"天師進位,近爲元中法師。"與令狐所說符契,論功登臺之事,一無異者焉。玄功杳冥,難可詳驗,聊以紀其異也。

李 筌

　　李筌號達觀子,居少室山,好神仙之道。常歷名山,博採方術。至嵩山虎口巖,得《黄帝陰符本經》,素書朱漆軸,緘以玉匣,題云:"大魏真君二年七月七日上清道士寇謙之藏諸名山,用傳同好。"其本糜爛,筌抄讀數千遍,竟不[9]曉其義理。因入秦至驪山下,逢一老母,髽髻當頂,餘髮半垂,弊衣扶杖,狀貌甚異。路傍見遺火燒樹,因自言曰:"火生於木,禍發必剋。"筌驚而問之曰:"此《黄帝陰符》,老[10]母何得而言之?"母曰:"吾受此符,已三元六周甲子矣。少年從何而得之?"筌稽首再拜,具告所得。母曰:"少年顴骨貫於生門,命輪齊於日角,血腦未減,心影不偏,賢而好法,神勇而樂智,真是吾弟子也。然四十五當有大厄。"因出丹書符一道,貫於杖端,令筌跪而吞之,曰:"天地相保。"於是坐於石上,與筌說《陰符》之義曰:"《陰符》凡三百言,一百言演道,一百言演法,一百言演術。上有神仙抱一之道,中有富國安民之法,下有強兵戰勝之術。皆内出心機,外合人事。觀其精微,《黄庭八景》[11]不足以爲玄;察其至要,經傳子史不足以爲文;任其巧智,孫吳韓白不足以爲奇。非有道之士,不可使聞之。故至人用之得其道,君子用之得其術,常人用之得其殃,識分不同也。如傳同好,必清齋而授之,有本者爲師,無本者爲弟子也。不得以富貴爲重,貧賤爲輕,違者奪紀二十。本命日誦七遍,益心機,加年壽。每年七月七日寫一本,藏於名山石巖中,得加筭。"久之,母曰:"日已晡矣,吾有麥飯,相與爲食。"袖中出一瓠,令筌谷中取水。既滿矣,瓠忽重百餘斤,力不能制而沉泉。及還,已失母所在,但留麥飯數升而已。筌食之,自此絕粒。開元中,爲江陵節度副使御史中丞。筌有將略，作《太白陰經》十卷，又著《中台志》十卷。時爲李林甫所排，位不大顯，意入名山訪道，後不知其所也[12]。

劉彦廣

劉彦廣者，金陵䃺壁倉人也。嘗[13]爲浙西衙職，事節度使唐若山。若山好道，與其弟若水皆遇神仙，授以道要。開元中，明皇寵異之，杖節鎮浙西逾年，而棄位泛海，遺表於船舫内。監軍使以事上聞，詔若水於江嶺仙山訪之，不知所適。彦廣十年後，奉使揚州，於魚行遇若山擔魚貨之。若山召彦廣至其家，門巷陋隘，蒿徑荒梗，露草霑漬，纔通人行。入門漸平，布磚花卉，臺榭繁華之飾，迨非世有。命坐[14]設食，聞其尚負官錢，家内窮罄，憫之形於容色。既而令於所止店中，備生鐵及炭。是夕唐詣其店，置炭鐵烈火而去。謂之曰："汝後世子孫，合於仙山遇道，不宜復居小職，但貞隱丘園可也。此金三分之一以支官中債，其二豐産資家力。勿食珍羞，以增爾禄；勿衣綺繡，以增爾福；陰功及物，濟人之急，道之所重也。《度人上品》《五千文妙經》，行而勤之焉。"彦廣得金，如其言償官債，營家業於䃺壁，世世[15]八九十，其孫松年，入道天台焉。

宋文才

宋文才者，眉州彭山縣人也。文才初與鄉里數人遊峨眉山，已及絶頂，偶遺其所賫巾，履步求之，去伴稍遠。見一老人引之徐行，皆廣陌平原，奇花珍木。數百步乃到宫闕，玉砌瓊堂，雲樓霞館，非世人所覩。老人引登芎臺[16]，顧望羣峰，棊列於地。有道士弈棊，青童採藥，清渠瀨石，靈鶴翔空。文才驚駭，問老人曰："此爲何處也？"答曰："名山小洞有三十六天，此峨眉洞天，真仙所居第二十三天也。"揖坐之際，有人連呼文才之名。老人曰："同侣相求，不可久住，他年復來可也。"命侍童引至門外，與同侶相見。迴顧，失仙宮所在。同侶曰："相失已半月矣！每日來求，今日乃得相見爾。"文才具述所遇之異焉。

劉　景

彭城劉景因遊金華山尋真訪道，行及山半，覺景物異常，山川秀茂。見崇門高閣，勢出雲表。入門，左右池沼澄澈，嘉樹垂條，萁布行列，披蔓柔弱。其實如梨，馨香觸鼻。景顧望無人，因掇擷其實於懷袖中，未暇啗食。俄有犬子數輩，馳出吠之，競欲搏[17]噬。景乃倉惶支捂，四顧無瓦石可投，探懷中所摘之果以擲之，果盡而犬亦去也。迴顧前之宮宇，但林谷榛莽而已。時僧休與劉景友善，常話其事跡者也。

蓬　球

蓬球字伯堅，北海人也。晉泰始中，入貝丘西玉女山中伐木，忽覺異香，球迎風尋之。此山廓然自開，宮殿盤鬱，樓臺博敞。球入門窺之，見五株玉樹。復稍前，有四仙女彈棋於堂上，見球俱驚起，謂曰："蓬君何故得來？"球曰："尋香而至焉。"言訖，復彈棋如初。有一小者登樓彈琴，戲曰[18]："元暉何謂[19]獨昇樓？"球於樹下立，飢以舌舐葉上垂露。俄有一女乘鶴而至曰："玉華，汝等何故有此俗人？"王母即令王方平按行諸仙室，可令速去。球懼出門，迴頭[20]忽然不見。及還家，已是建平[21]中矣。舊居閭舍，皆爲墟墓。因復周遊名山，訪道不返。

王可交

王可交者，蘇州崐山人也。本農畝之夫，素不知道。年數歲，眼有五色光起，夜則愈甚，冥室之中，可以鑒物。或人謂其所親曰："此疾也，光盡即喪其目矣。"父母愚，召庸醫以灸之，光乃絕矣。咸通十年十一月，可交自市還家，於河上見大舫一艘，絡以金綵，飾以珠翠，張樂而遊。可交立而觀之，舫艤于岸，中有一青童，引之登舫。見十餘人峨冠羽服，衣文斑駁雲霞山水之狀，各執樂器。一人唱言曰："王三叔欲與汝相見。"亦不知何許人也。傍一人言曰："好仙骨，爲火所損，未可與酒，但不食十年，方可得道耳。"以栗子一枚與之，令食。可交食一半，留一半在手中。遂奏樂飲酒，童子復引之上岸，忽如夢中，足纔及地，已墜於天台山瀑布之巖下。頃刻之間，水陸千里。台州刺史袁從疑其詐妄，移牒驗其鄉里。自失可交之日，泊到天台之時，已三十日矣。可交自此不食，顏狀鮮瑩。袁以羽褐授之，使居紫極宮。越州廉察御史大夫王諷奏曰："始以神遊，天上之《簫韶》一曲；俄如夢覺，人間之甲子三旬。雖云十載爲期，終恐一朝飛去。"詔曰："神仙之跡，具載縑緗。靈異可稱，忽詳聽鑒。定非凡骨，況在名山。今古不殊，蓬瀛何遠？委本道切加安郵，遂其栖隱。"於是任其遊息，數年猶在江表間。

陳　　簡

　　陳簡者，婺州金華縣小吏也。早入縣，未啓關，躊躇以候。忽逢道流，其行甚急，睨簡，不覺隨之。行三五里所及一宮觀，殿宇森竦，旁倚大山。引之至一室，內有机案筆墨之屬，以黃素書一卷，紙十餘幅授之曰："以汝有書性，爲我書之。"發襻視之，皆古篆文。素不識篆字，亦未嘗攻學，心甚難之。道流已去，無推讓之所，試案本書之，甚易，半日已畢。道流以一杯湯與之曰："此金華神液，不可妄得，飲之者壽無限窮。"味甚甘美，因勞謝而遣之曰："世難即復來，此金華洞天也。"出門，恍如夢覺，已三日矣。還家習篆書，遒勁異常，而不復飲食。太守鮮梓方將受籙，頗異其事，以爲神仙嘉應。判縣狀曰："方傳祕籙，有此嘉祥。既彰悟道之階，允叶登真之兆。"尋復入金華山去，亦時還郡中。

金庭客

金庭客，咸通中，自剡溪金庭，路由林嶺間，將抵明州。行三二十里，忽迷失舊路，忽忽而行，日已將暮，莫知栖息之所。因遇一道士荷鋤，問津焉。道士曰："此去人家稍遠，無寓宿之所，不嫌弊陋，宿於吾廬可也。"引及其家，則林徑幽邃，山谷冲寂。既憩廡下久之，烹野蔬藥苗食之。頃有扣其門者，童子報云："隱雲觀請來日齋。"既曉，道士去，約童子曰："善祗奉客。"客因問："隱雲觀置來幾年？去此觀遠近？"答曰："自古有此觀，去此五百里，常隱雲中，世人不見，故以爲名。"客驚曰："五百里[22]甚遠，尊師何時當還？"答曰："尊師往來，亦頃刻耳。"俄而道士復歸，欲留客久住。客方有鄉關之念，懇辭而出。乃遣童子示其舊路，行三二里，失向來所在。及問歲月，已三四年矣。尋即復往，再訪其蹤，無能知其處所矣。

裴　沈[23]

裴沈[24]仕爲同州司馬，云其再從伯自洛往鄭州，日晚，道左聞人呻吟，下馬披蒿萊尋之，見一病鶴，垂翼俛咪，翅上瘡壞無毛，異其有聲，惻然哀之。忽有白衣老人曳杖而至，謂曰："郎君年少，豈解哀此鶴耶？若得人血一塗，必能飛矣。"裴頗知道，性甚高逸，遽曰："某請刺此臂血不難。"老人曰："君此志甚佳。然須三世人，是其血方可中用。郎君前生非人，唯洛中胡蘆生，三世人矣。郎君此行非有急切，豈能却至洛爲求胡蘆生耶？"裴欣[25]然而返洛中，訪胡蘆生[26]，具陳其事，拜而祈之。生無難色，取一石合子，大如兩指，以針刺臂，滴如乳下，滿合以授裴曰："無多言也。"及鶴處，老人喜曰："固是信士。"乃以血盡塗鶴瘡上，言與之結緣。既而謂裴曰："我所居去此不遠，可少留也。"裴覺非常人，以丈人呼之。隨行數里至莊，竹落草舍，庭廡狼藉。裴渴甚求茗，老人指一土龕曰："中有少漿，可就飲之。"裴視龕中，有杏核一扇，大如笠，中有漿，其色正白。乃力舉飲之，味如杏酪，不復飢渴。裴拜老人，願爲僕。老人曰："君世間微禄，不可久住。君賢叔真有所得，吾與之友，出入遊處，君自不知。今有一信，憑君達之。"因裹一襆物，大如羹椀[27]，戒無竊開。共視鶴瘡，並已生毛矣。又謂裴曰："君向飲漿，當哭九族，但戒酒色耳。"裴還洛中，將竊開其襆，四角各有赤蛇出頭，乃止。其叔開之，有物如乾大麥飯，因食之，入王屋山，不知所終。裴壽至九十歲[28]也。

權同休[29]

權同休友人[30]，元和中舉進士下第。遊江湖間，遇病貧窘，有村夫賃雇已一年矣。秀才疾中思甘豆湯，令其市甘草。雇者但具湯火，意不爲市。疑其怠惰，而未暇詰之。忽見折小樹枝盈握，搓之近火，已成甘草。又取麤沙，按之爲豆。湯成，與真無異，秀才大異之。疾稍愈，謂雇者曰："余貧病多時，既愈將他適。欲市少酒肉，會村中父老，丐少路糧，無以辦之。"雇者乃斫一枯桑樹，成數筐，札聚於盤上，以水灑之，悉成牛肉。汲水數缾爲酒。會村中父老，皆至醉飽，獲束縑三十緡。秀才方慚，謝雇者曰："某遭遇道者，過亦甚矣！今請爲僕役，以師事焉。"雇者曰："余少有失，謫爲凡賤，合役於秀才，自有限日，勿請變常，且卒其事[31]。"秀才雖諾之，每所呼指，常憿憿不安。雇者乃辭去，因爲說脩短窮達之數。且言："萬物無不可化者，唯淤泥中朱筋及髮頹，藥力不能化。"因去，不知所之。

曹橋潘尊師

杭州曹橋福業觀有潘尊師者，其家贍足，虛[32]襟大度，延接賓客，行功濟人。一旦有少年容狀疏俊，異於常人，詣觀告潘曰："某遠聆尊師德義，拯人急難，甚欲求託師院後竹徑中茆齋内寄止兩月，以避厄難，可乎？或垂見許，勿以負累爲憂，勿以食饌爲慮，只請酒二升，可支六十日矣。"潘雖不測其來，聞欲逃難，欣然許之。少年遂匿於茅齋中，亦無人追訪之，亦不飲不食。六十日既滿，再拜謝焉。從容問潘曰："尊師曾佩授符籙乎？"潘云："所受已及《洞玄中盟》矣，但未敢參進上法耳。"少年曰："師之所受，品位已高。然某曾受《正一九州社令籙》一階，以冒奉傳，以申報答耳。"即焚香於天尊前，傳社令名字，及靈官將吏，隨所呼召，兵士騎乘，應時皆至。既畢，令之曰："傳授之後，隨逐尊師，營衛召命，與今無異。"由是兵士方隱。又謂潘曰："可於中堂壘牀爲壇，設案机，焚香恭坐，九州内外吉凶之事，靡不知也。但勿以葷血爲犯，苟或違之，冥必有譴。若精潔守慎，可致長生神仙矣！"言訖隱去，不知所之。潘即設榻隱几，坐於中堂。須臾，四海之内，事無巨細，一一知之。如是旬日，爲靈官傳報，頗甚誼聒。潘勃然曰："我閑人也，四遠之事，何須知之？"嚴約靈官，不使傳報。答曰："職司不宜曠闕。"所報益多。約之不已，潘乃食肉啗蒜以却之。三五日，所報之聲漸遠，靈官不復至以亡。一夕，少年來曰："吾輕傳真訣，已罹譴責。師犯污真靈，罪當冥考。念以前來相容之恩，不可坐觀淪陷。別授一術，廣行陰功，救人疾苦，用贖前過。不爾，當墮於幽獄矣！"潘自啗葷食之後，自知已失，及聞斯説，憂懼異常。少年乃取米屑，和之爲人形，長四五寸，置於壁竇中。又授《玉子符》兩道，戒潘曰："民有疾苦厄難來求救者，當問粉人以知災祟源本，然以吾符救之，勿取緡錢，務在積功贖過耳！勤行不替，十年後，我當復來。"自是潘以朱篆救人，祛災蠲疾，赴之者如市。十餘年，少年復至，淹留逾月，多話諸天方外之事，然後別去。歲餘，潘乃無疾而終，疑其得尸解之道也。

盧鈞

相國盧鈞，進士射策爲尚書郎，以疾求出爲均州刺史。到郡疾稍加，羸瘠而不耐見人，常於郡後山齋，養性獨處，左右接侍亦皆遠去，非公召莫敢前也。忽有一人，衣飾故弊，踰垣而入。公詰之，云"姓王"。問其所自？云"山中來"。公笑而謂之曰："即王山人也，此來何以相教？"王曰："公之高貴，位極人臣，而壽不永，災運方染，由是有沉綿之疾，故相救耳。"山齋無水，公欲召人力取湯茶之屬。王止之，以腰巾蘸於井中，解丹一粒，捩腰巾之水，以丹與之。因約曰[33]："此後五日，疾當[34]康愈倍常。復三年，當有大厄，勤[35]立陰功，救人憫物爲意。此時當再來，相遇在夏之初也。"自是盧公疾愈，旬日平復。明年解印還京，署鹽鐵判官。夏四月於本務[36]東門道左，忽見山人，尋至盧宅，會[37]而言曰："君今年第二限終，爲災極重。以君在郡去年雪冤獄，活三人之命，災已息矣。只此月內三五日小不康，已困[38]無憂也。"翌日，山人令使二僕持錢十千，於狗脊坡分施貧病而已，自[39]後復去，云："二十三年五月五日午時，可令一道士於萬山頂候。此時君節制漢上，當有丹華相授，勿愆期也。"自是公揚歷任清切[40]，便蕃貴盛，而後出鎮漢南，之明年已二十三年矣。及期，命道士牛知微五月五日午時，登萬山之頂，山人在焉。以金丹二粒，使知微吞之，謂曰："子有道氣，而無陰功，未契道品，勤更宜修也[41]。"以金丹十粒，授於公曰："當享上壽，無怠修鍊，世限既畢，佇還蓬宮矣！"與知微揖別，忽不復見。其後知微年八十餘，狀貌常如三十許。盧公年僅九十，耳目聰明，氣力不衰，既終之後，異香盈室。

王子芝

王子芝字仙苗，自云河南緱氏人，常遊京洛，聞耆老云，五十年來見之，狀貌常如四十許，莫知其甲子也。好養氣而嗜酒，故蒲帥琅琊公重盈作鎮之初年，仙苗屆於紫極宮，王令待之甚厚。又聞其嗜酒，日以二榼餉之。間日仙苗因出，遇一樵者，荷檐於宮門，貌非常也，意甚異焉。因市其薪，厚償厥價。樵者得金，亦不讓而去。子芝令人躡其後以問[42]之，樵者徑趨酒肆，盡飲酒以歸。他日復來，謂子芝曰："是酒佳即佳矣，然殊不及解縣石氏之醞也。予適自彼來，恨向者無侶，不果盡於斟酌。"子芝因降階執手，與之擁爐，祈於樵者曰："石氏芳醪可致不？"樵者歇之[43]，因丹筆書符一，置於火上，煙未絕，有小豎立于所。樵者勑之曰："爾領尊師之僕，挈此二榼，第往石家取酒，吾待與尊師一醉。"時既昏夜，門已扃禁，小豎謂芝僕[44]曰："可閉目。"因搭其頭，人與酒壺偕出自門隙，已及解縣，買酒而還。因與子芝共傾焉。其甘醇郁烈，非世所儔。中宵，樵者謂子芝曰："子已醉矣，予召一客伴子飲，可乎？"子芝曰："可。"復書朱符置火上，瞬息聞異香滿室，有一人甚堂堂，美鬢眉，紫袍秉簡[45]揖坐。樵曰："坐。"引滿而巡，二壺且褫[46]。樵者燒一鐵筯，以烙紫衣者云："子可去。"時東方明矣，遂各執別。樵者因謂子芝曰："識向來人否？少頃可造河瀆廟睹之。"子芝送樵者訖，因過廟，所覩夜來共飲者，廼神耳，鐵筯之驗宛然。趙均郎中，時在幕府，自驗此事。弘文館校書郎蘇稅，亦寓於中條，甚熟蹤跡。其後子芝再遇樵仙，別傳修鍊之訣，且為地仙矣。

鄭又玄

鄭又玄者，名家子，居長安中，其小與隣舍閭丘氏子偕學於師氏。又玄性憍率，自以門望清貴，而閭丘子寒賤，往往戲而罵之曰："爾非類，而與吾偕學，吾雖不語，爾寧不愧於心乎？"閭丘默有慚色，歲餘乃死。又十年，又玄明經上第，補蜀州參軍。既至官，郡守命假尉唐興。有同舍仇生者，大賈之子，年始冠，其家資產萬計，日與又玄宴遊。又玄累受仇生金錢之賂，然以仇生非士族，未嘗以禮貌接之。一日，又玄置酒高會，而仇生不得預。及酒闌，友謂又玄曰："仇生與子同舍，子會宴而仇生不預，豈其罪邪？"又玄憨而召仇，既至，又玄以卮飲之。生辭不能引滿，固辭[47]。又玄怒罵曰："爾市井之氓，徒知錐刀，何儹居官秩耶？且吾與爾爲伍，爾已幸矣，又何敢辭酒乎？"因振衣起，仇生憨耻而退，棄官閉門，月餘病卒。明年，又玄官罷，僑居濛陽，而常好黄老之道。聞蜀山有吴道士，又玄高其風，往而詣之，願爲門弟子。留之且十年[48]，未稟有所授[49]，又玄稍惰，辭之而還。其後因入長安褒城，逆旅有一童子十餘歲，貌秀而慧，又玄與語，機辯萬變，又玄深奇之。童子謂又玄曰："我與君故人有年矣，省之乎？"又玄曰："忘之矣。"童子曰："吾生閭丘氏，居長安中，與子偕學，而子以我爲非類罵辱我。又爲仇氏子，作尉唐興，與子同舍，受我厚賂，而謂我爲市井之氓，何吾子驕傲之甚也！子以衣纓之家，而凌侮於物，非道也哉！我太清真人也。上帝以爾有道氣，使我生于人間，與汝爲友，將授汝神仙之訣。而汝輕果高傲，終不得其道。呀，可悲哉！"言訖，忽不復見。又玄既悟其罪，而意以憨怍而卒矣。

虯鬚客

虯鬚客道兄者，不知名氏。煬帝末，司空楊素留守長安，帝幸江都。素持權驕貴，蔑視物情。衛公李靖時檐簽謁之，因得素侍立紅拂妓。姓張[50]第一，知素危亡不久，棄素而奔靖。靖與同出西京，將適太原，稅轡於靈石店，與虯鬚相值，乃中形人也。赤鬚而虯，破衫蹇衛而來，投布囊於地，取枕欹臥，看張妓理髮委地，立梳於牀。靖見虯鬚視之，甚怒未決，時時側目。張熟觀其面，妓一手握髮，一手映身搖，視[51]靖，令勿怒。急梳頭畢，斂衽前問其姓。臥者曰："張。"妓曰："妾亦姓張，合是妹。"遽拜之。問第幾，云"第三"。又曰："妹第幾？"曰："最長。"喜曰："今日幸得逢一妹。"妓遂呼靖曰："李郎且來拜三兄。"靖遂拜之，環坐割肉爲食，客以餘肉飼驢，笑曰："李郎貧士，何以致異人？"具[52]話其由。客曰："然則何之？"曰："避地太原。"復命酒共飲，又曰："嘗知太原之異人乎？"靖曰："州將之子，年可十八，姓李。"客曰："似則似矣，然須見之。李郎能致予一見否？"靖言："余友人劉文靜，與之甚狎，必可致也。"客曰："望氣者俾吾訪之。"遂約其日，相候於汾陽橋。及期果至。靖話於文靜曰："吾有善相者，欲見郎君，請迎之。"文靜素奇其人，方議匡輔，遽致酒迎之。俱見太宗不衫不履，褐衣裘而來，神氣揚揚，貌與常異。客見之，默然居末坐，氣喪心死。飲數杯，招靖謂曰："此真天子也。"靖以告劉，益喜賀。既出，虯鬚曰："吾見之，十得八九也，然亦須令道兄見之。"又約靖與妹於京中馬行東酒樓下。既至登樓，見虯鬚與一道流對飲，因環坐爲約，與道兄同至太原。道兄〔53〕與劉文靜對碁，鬚靖俱會，文皇亦來，精彩驚人，長揖而坐，神清氣爽，滿坐風生，顧昐煒如也。道兄一見，慘然下碁子曰："此局輸矣！於此失局，奇哉！救無路矣！知復奚言。"罷弈，既出，謂虯鬚曰："此世非公世界也，他方可矣，勉之，勿以爲念。"同入京，虯鬚命其婦妹與李郎相見，其婦亦天人也。虯鬚紗巾褐裘，挾彈而至，相與入中堂，陳樂歡飲。女樂三十餘人，非王侯之家所有也，殆若洞天之會。既而昇二十牀，以繡帊蓋之，去其帊曰："此乃文簿鑰匙耳，皆珍寶貨泉之數，併以充贈。吾本欲中華求事，或龍戰三五年，以此爲經〔54〕費。今既有主，亦復何爲？太原李氏，真英主也，三五年內，即當太平，李郎一妹，善輔贊之。非一妹不能贊明主，勉之哉！此去十年後，東南數千里外有異，是吾得事之秋也，聞之可潛以酒相賀。"因呼家僮百餘人出拜曰："李郎一妹是爾主也。"言訖，與妻戎裝乘馬而去，道兄亦不知所之。靖得此事力，以助文皇締大業。貞觀中，東南夷奏，有海賊以艘船千艘，兵十餘萬，入扶餘國，殺其主自立爲王，國內以定靜。靖知虯鬚成功，歸告其妻，乃瀝酒東南而駕焉。故知真人之興，乃天受也。豈庸庸之徒，可以造次思亂者哉！

崔希真

會稽崔希真，嚴冬之日，有負薪老叟立門外雪中。崔凌晨見之，有傷憫之色，揖問之。叟去笠與語，顧其狀貌不常，乃問其姓氏。云：「某姓葛第三。」崔延坐，崔曰：「雪寒既甚，作大麥湯餅可乎？」叟曰：「大麥四時炁足，食之益人，勿以豉，不利中府。」崔然之，自促令備饌。時崔張絹，欲召畫工爲圖，連阻沍寒，畫工未至。張絹倚于壁，叟取几上筆墨，畫一株枯松，一採藥道士，一鹿隨之，落筆迅逸，畫蹤高古，殆非人世所有。食畢，致謝而去。崔異其事，寶以自隨，因遊淮海，遇鑒古圖畫者使閱之。鑒者曰：「此稚川之子葛三郎畫也。」崔咸通初入長安，於灞橋遇鬻蔬者，狀貌與叟相類。因問：「非葛三郎乎？」蔬者笑曰：「非也，葛三郎是晉代葛稚川之子，人間安得識之。」負蔬而去，不知所之。

越僧懷一

越僧懷一，居雲門寺。咸通中，凌晨欲上殿燃香，忽見一道流相顧而語曰：「有一奇境事，能往遊乎？」懷一許諾，相與入山，花木繁茂，水石幽勝。或連峯槩天，長松夾道；或瓊樓蔽日，層城倚空。所見之異，不可殫述。久之覺飢，道流已知矣。謂曰：「此有仙桃，千歲一實，可以療飢。」以一桃授之，大如二升器，奇香珍味，非世所有。食訖復行，或凌波不濡，或騰虛不礙，或矯身雲末，或振袂空中，或仰視日月，下窺星漢。如是復歸還舊居，已周歲矣。懷一自此不食，周遊人間，與父母話其事。因入道，歷詣仙山，更尋靈勝，去而不復返。

王　廓

布衣王廓，咸通中，自荊渚隨船，將過洞庭。風甚，泊舟君山下，與數人出岸，尋山徑登山而行。忽聞酒香，問諸同行，皆曰無。良久，香愈甚。路側崖間。見有洞穴。廓心疑焉，遂入穴中，行十餘步，平石上有窪穴，中有酒，掬而飲之，味極醇美。飲可半斗餘，陶然似醉，坐歇窪穴之側。稍醒，乃歸舟中，話於同侶。衆人爭往求之，無復所見。自此充悅無疾，漸厭五穀，乃入名山學道去。後看仙經云："君山有天酒，飲之昇仙[55]。"廓之所遇者，乃此酒也。

楊大夫

楊大夫者，宦官也，亡其名。年十八歲，爲冥官所攝，無疾而死。經宿乃蘇云："既到陰冥間，有廨署官屬，與世無異。陰官案牘示之，見其名字歷歷然，云年壽十八，而亦無言請託。旁有一人，爲其請乞，願許再生，詞意極切。久之，而冥官見許，即令還。其人送楊數百步，將別，楊愧謝之，知再生之恩，何以爲報？問其所欲。其人曰："或遺鳴砂弓，即相報也。"因以大銅錢一百餘與楊，俄然而覺，平復無苦。自是求訪鳴砂弓，亦莫能致。或作小宮闕屋宇，焚而報之，如是者數矣。楊頗留心鑪鼎，志在丹石。能製反魂丹，有疰忤暴死者，研丹一粒，拗開其口，灌之即活。嘗救數人，有閹官夏侯者，楊與丹五粒以服之。既而以爲冥官追去，責問之次，白云："曾服楊大夫丹一粒耳。"冥官既遣還，夏侯得丹之效既蘇，盡服四粒。歲餘，又見黃衣者追捕之。云非是冥曹，乃泰山追之耳。夏侯隨去，至高山之下，有宮闕焉。及其門，見二道士，問其平生所履，一一對答。徐啓曰："某曾服楊大夫丹五粒矣。"道士遽令却迴，夏侯拜謝曰："某是得神丹之力，延續年命，願改名延年，可乎？"道士許之，後即因改名延年矣。楊自審丹之靈効，常以救人。其子暄因自畿邑歸京，未明行二十餘里，歇於大莊之上。忽聞莊中有驚誼哭泣之聲，問其故，主人之子暴亡。暄解衣帶，中取丹一粒，令研而灌之，良久亦活。楊物產贍足，早解所任，縱意閑放，唯以金石爲務，未嘗有疾，年九十七而終。晚年遇人攜一弓，問其名？云："鳴砂弓也。"於角面之內，中有走砂。楊買而焚之，以報見救之者。見^[56]其《反魂丹方》，云是救者授之，自密修製，故無能得其術者矣。

薛　逢

　　河東薛逢，咸通中爲綿州刺史。歲餘，夢入洞府，見餚饌甚多，而不覩人物，亦不敢食之。乃出門，有人謂曰："此天倉也。"明日話於賓友，或曰："州界昌明縣有天倉，洞中有自然飲食，往往遊雲水者得而食之。"即使道士孫靈諷與親吏訪之，入洞可十餘里，猶須執炬，十里外漸明朗。又三五里，豁然與人世無異，崖室極廣，可容千人。其下平整，有石牀羅列，牀上有飲食，名品極多，皆新食，軟美甘香。靈諷拜而食之，又割開三五所，請以奉於薛公爲信。及齎出洞門，形狀宛然，皆化爲石矣。洞中左右有散麵溲麵堆鹽積豉，不知紀極。又行一二里，溪水迅急，既闊且深，隔溪見山川居第歷然，不敢渡而止。近崖坡中，有履跡往來，皆長二三尺，纔如有人行處。薛公聞之，歎異靈勝，而莫窮其所以也。余按《地理誌》云："少室山有自然五穀甘果神芝仙藥。周太子晉學道上仙，有九千年資粮留於少室山。山在嵩山西十七里，從東角上四十里下^[57]，又上十里得上定思，十里中有大石門爲中定思，自中定思出^[58]，至崖頭，下有石室，中有水，多白石英，室內有自然經書、自然飲食，與此無異矣。天台山東有洞，入十餘里有居人市肆，多賣飲食。乾符中，有遊僧入洞，經歷市中，飢甚，聞^[59]食香，買蒸餅啗之。同行一僧，服氣不食。既飽，行十餘里，出洞門，已在登州牟^[60]平縣界。所食之僧，俄變爲石。以此言之，王烈^[61]石髓，張華龍膏，得食之者，亦須累積陰功，天挺仙骨，可上登仙品。若常人啗之，必化爲石矣。

蜀　民[62]

蜀民遇晉氏飢歉[63]，三五輩[64]挾木弓竹矢，入白鹿山捕獵以自給。因值羣鹿駭走，分路格之。一人見鹿入兩崖間，纔通人過，隨而逐之。行十餘步，但見城市櫛比，閭井繁盛，了不見鹿。徐行市中，因問人曰："此何處也？"答曰："此小成都耳，非常人可到，子不宜久住。"遂出穴，密誌歸路，以告太守劉悛。悛使人隨往，失其舊所矣。庾仲冲《雍荆記》[65]曰："武陵西陽縣南數里，有孤山，巖石峭拔。上有蔥，自成畦壠，拜而乞之，輒自拔，食之甚美。山頂有池，魚鼇至七月七日皆出而游。半巖室中有書數千卷，昔道士所遺經也。元嘉中，有蠻人入此山射鹿，入石穴中，蠻人逐之。穴傍有梯，因上，即豁然開朗，別有天日。行數十步，桑果蔚然，阡陌平直，行人甚多。蠻人驚遽而出，旋削樹記路。却結伴尋之，無復處所。"顧野王云："天地之內，名山之中，神異窟宅，非止一處。則桃源天台，皆其類也。"

僧悟玄

僧悟玄，不知何許人也。雖寓跡緇褐，而潛心求道。自三江五嶺，黔楚諸名山，無不遊歷。每遇洞府，必造之焉。入峨嵋山，聞有七十二洞，自雷洞之外，諸崖石室邃穴之間，無所遺焉。偶歇於巨木之下，久之，有老叟自下而上，相揖[66]而坐。問其所詣，悟玄具述尋訪名山靈洞之事。叟曰："名山大川，皆有洞穴，不知名字，不可輒入訪。須得《洞庭記》《嶽瀆經》，審其所屬，定其名字，的其里數，必是神仙所居，與[67]經記相合，然後可遊耳。不然，有風雷洞、鬼神洞、地獄洞、龍蛇洞，誤入其中，害及性命，求益反損，深可戒也。"悟玄驚駭久之，謝其所教。因問曰："今峨嵋洞天，定可遊否？"叟曰："神仙之事，吾不敢多言。但謁洞主，自可問耳。"悟玄又問："洞主爲誰？"叟曰："洞主姓張，今在嘉州市門，屠肉爲事，中年而肥者是也。"語訖,別去。悟玄復至市門求之,張生在焉。以前事告之,張曰:"無多言也。"命其妻烹肉,與悟玄爲饌,以肉三器與之。悟玄辭以不食肉久矣。張曰:"遊山須得炁力,不至飢乏,然後可行。若不食此,無由得到矣。"勉之再三,悟玄亦心自計度,恐是神仙所試,不敢拒命。食盡二器,厭飫彌甚。張亦勸之,固不能食矣。食訖求去,張俯地拾一瓦子以授之曰:"入山至某峯,下值某洞,門有長松,下有迴溪,上有峭壁,此天真皇人所居之洞也。以瓦扣之三二十聲,門開則入。每遇門即扣之,則神仙之境可到矣。"依教入山,果得洞與所指無異。以瓦扣之,良久,峭壁中開,洞內高廣平穩,可通車馬,兩面皆青石瑩潔,時有懸泉流渠,夾路左右。凡行十餘里,又值一門,扣之復開,大而平闊,往往見天花夾道,所窺見花卉之異,人物往來之盛,多是名姝麗人,仙童玉女。時有仙官道士,部伍車騎,憧憧不絕。又遇一門,扣之彌切,瓦片碎盡,門竟不開。久之,聞震霆之音,疑是山石摧陷,惶懼而出,奔走三五十步,已在洞門之外,無復來時景趣矣。復訪洞主,已經月餘,屠肆宛然,而張生已死十許日矣。自此志棲名山,誓求度世,復入峨眉,不知所之矣。

費冠卿

費冠卿者,池州人也。進士擢第,將歸故鄉,別相國鄭餘慶,公素與秋浦劉令友善,喜費之行,託以寓書焉。手札盈幅,緘授費,戒之曰:"劉令久在名場,所以不登甲乙之選者,以其褊率,不拘於時,捨高科而就此官,可善遇之也。"費固請公略批行止於書末,貴其因所慰薦,稍垂青眼。公然之,發函批數行,復緘之如初。費至秋浦,先投刺於劉,劉閱刺,委諸案上,略不顧眄。費悚立俟命,久之而無報,疑其不可干也。即以相國書授閽者,劉發緘覽畢,慢罵曰:"鄭某老漢,用此書何爲?"擘而棄之。費愈懼,排闥而入,趨拜於前。劉忽憫然顧之,揖坐與語,日已暮矣。劉促令排店,費曰:"日已昏黑,或得逆旅之舍，已不及矣。乞於廳廡之下，席地一宵，明日却詣店所。"即自解囊裝，舒氍席於地。劉即拂衣而入，良久出曰："此非延賓之所，有一閣子，可以憩息，僕乘於外可也。"即令左右引僕夫衛子，分給下處。劉引費挈氈席入廳後對堂小閣子中，既而閉門，鎖繫甚嚴。費莫知所以，據榻而息。是夕月明，於門窺中窺其外，悄然無聲，見劉令自操篲畚，掃除堂之內外，庭廡階壁，靡不周悉。費異其事，危坐屏息，不寐而伺焉。將及二更。忽有異香之氣，非常人世所有[68]。良久，劉執版恭立於庭，似有所候。香氣彌甚，即見雲冠紫衣仙人，長八九尺，數十人擁從而至。劉再拜稽首，此仙人直詣堂中，劉立侍其側。俄有筵席羅列，餚饌奇果，香溢閣中。費聞之，已覺神清氣爽。須臾奏樂飲酒，命劉令布席於地，亦侍飲焉。樂之音調，非世間之曲。仙人忽問曰："得鄭某信否？"對曰："得信甚安。"頃之又問："得鄭書否？"對曰："費冠卿先輩在長安中來得書。"笑曰："費冠卿且喜及第也，今在此耶？"對曰："在。"仙人曰："吾未合與之相見，且與一杯酒，但向道早修行，即得相見矣。"即命劉酌一杯酒送閣子中，費冠卿窺見劉自呷酒了，即於墀下取盆中水投之，費疑而未飲。仙人忽下墀，與徒從乘雲而去。劉拜辭嗚咽，仙人戒曰："爾見鄭某，但令修行，即得相見也。"既去，即詣閣中，見酒猶在。驚曰："此酒萬劫不可一遇，何不飲也？"費力爭得一兩呷。劉即與冠卿爲修道之友，卜居九華山，以左拾遺徵竟不起。鄭相國尋以去世，劉費頗祕其事，不知所降是何仙也。

鄭南海紫邐任叟

鄭南海爲牧梁宋，其表弟進士劉生，寓居汝州。有紫邐山，即神仙靈境也。劉以寓居力困，欲之梁宋求救。因行諸藥肆中，既坐，有樵叟倚檐於壁，亦坐焉。主人連叱之曰："此有官客，何忽唐突？"劉歆衪而起，謂主人曰："某閑人也。樵叟所來，必有所求。或要藥物，有急難所請，不可令去。"懇揖叟令坐，問其所要。叟曰："請一幅紙及筆硯耳。"劉即取肆中紙筆以授之。叟揮毫自若，書畢，以授於劉。書曰："承欲往梁宋，梁宋災方重，旦夕爲人訟。承欲訪鄭生，鄭生將有厄。即爲千里客，兼亦變衫色。紫邐樵叟任某書呈。"劉覽驚異，筆勢遒逸，超逾常倫。看讀之際，失叟所在。月餘，鄭爲人所訟，黜官千里之外，皆如其言。劉即於紫邐葺居，物色求訪，不復見叟，世寶其書。巢寇犯闕，方失其所在也。

【校記】

〔1〕"對"原作"道"，據《道藏》本《神仙感遇傳》卷一《吉宗老傳》改。

〔2〕"雷五"原作"雷王"，據《道藏》本《神仙感遇傳》卷一《葉遷韶傳》改。

〔3〕"靂"字原無，據上書增。

〔4〕"三"，《道藏》本《神仙感遇傳》卷一《于滿川傳》作"十"。

〔5〕"所有二種之篇"，《道藏》本《神仙感遇傳》卷一《王叡傳》作"所著有二鍾之篇"。

〔6〕"游燕中"，上書"燕"作"宴"。

〔7〕"特"原作"持"，據《道藏》本《神仙感遇傳》卷一《王從玽傳》改。

〔8〕"尹真人"原無"人"字，據《道藏》本《神仙感遇傳》卷一《令狐絢傳》增。

〔9〕"竟"原作"意"，據《道藏》本《神仙感遇傳》卷一、《太平廣記》卷十四及《仙鑑》卷二二《李筌傳》改。

〔10〕"老"，《道藏》本《神仙感遇傳》卷一《李筌傳》作"文"連上。

〔11〕"黃庭八景"，《太平廣記》卷十四《李筌傳》作"黃庭內景"。

〔12〕"意入名山訪道，後不知其所也"，《道藏》本《神仙感遇傳》卷一及《仙鑑》二二《李筌傳》"意"作"竟"，"所也"作"所之也"。

〔13〕"嘗"原作"當"，據《道藏》本《神仙感遇傳》卷一《劉彥廣傳》改。

〔14〕"坐"原作"生",據上書改。

〔15〕"世世",上書作"世壽"。

〔16〕"萼臺",《道藏》本《神仙感遇傳》卷一《宋文才傳》作"珠藻臺"。

〔17〕"搏",宜作"搏"。

〔18〕"戲曰",《酉陽雜俎》卷二《玉格》作"留戲者呼之曰"。

〔19〕"謂",上書作"爲"。

〔20〕"頭",《道藏》本《神仙感遇傳》卷一《蓬球傳》作"顧"。

〔21〕"建平"乃漢哀帝年號,晉代無之,疑係"建元"之譌。

〔22〕"里"字原無,據《道藏》本《神仙感遇傳》卷一《金庭客傳》增。

〔23〕"裴沈",《道藏》本《神仙感遇傳》卷一作"裴沈從伯",《仙鑑》卷四四作"道左老人"。

〔24〕"裴沈",《仙鑑》卷四四《道左老人傳》及《酉陽雜俎》卷二《玉格》均作"裴沆"。

〔25〕"欣"原作"沈",據上二書改。

〔26〕"生"後原有"裴沈"二字,據上二書刪。

〔27〕"羹椀"原作"美盆",據上二書改(《仙鑑》無"羹"字)。

〔28〕"九十歲",上二書作"九十七"。

〔29〕"權同休",《道藏》本《神仙感遇傳》卷二作"權同休友人"。

〔30〕"友人"二字原無,據上書及《酉陽雜俎》卷二《壺史》增。

〔31〕"且卒其事",上二書作"庶卒某事"。

〔32〕"虛"原作"處",據《道藏》本《神仙感遇傳》卷三《曹橋潘尊師傳》改。

〔33〕"捩腰巾之水,以丹與之,因約曰",《道藏》本《神仙感遇傳》卷三《相國盧鈞傳》作"捩腰巾之水以咽丹,與約曰"。

〔34〕"當"後,上書有"已"字。

〔35〕"勤"原作"勸",據上書改。

〔36〕"本務"原作"務本",據上書改。

〔37〕"會"，上書作"喜"。

〔38〕"困"，上書作"固"。

〔39〕"自"，《仙鑑》卷二二《盧鈞傳》作"而"。

〔40〕"公揚歷任清切"，《道藏》本《神仙感遇傳》卷三《相國盧鈞傳》無"揚"字，上書作"盧公歷任清顯"。

〔41〕"勤更宜修也"，《仙鑑》卷二二《盧鈞傳》作"更宜勤修也"。

〔42〕"問"，《仙鑑》卷二二《王子芝傳》作"闋"，《太平廣記》卷四六《王子芝傳》作"伺"。

〔43〕"歡之"，《仙鑑》卷二二《王子芝傳》作"許之"，《太平廣記》卷四六《王子芝傳》作"領之"。

〔44〕"芝僕"，《仙鑑》卷二二《王子芝傳》及《道藏》本《神仙感遇傳》卷三《王子芝傳》均作"子芝僕"。

〔45〕"簡"原作"間"，據上二書改。

〔46〕"褫"原作"槐"，據《道藏》本《神仙感遇傳》卷三《王子芝傳》改，《太平廣記》卷四六《王子芝傳》作"竭"。

〔47〕"辭"，《太平廣記》卷五二《閭丘子傳》作"謝"。

〔48〕"十年"，上書作"十五年"。

〔49〕"未稟有所授"，《道藏》本《神仙感遇传》卷四《郑又玄传》作"未稟所受"。

〔50〕"姓張"，《道藏》本《神仙感遇傳》卷四《虯鬚客傳》作"妓姓張"。

〔51〕"視"，上書作"示"。

〔52〕"具"原作"且"，據上書改。

〔53〕"兄"字原無，據上書增。

〔54〕"經"原作"輕"，據上書改。

〔55〕"飲之昇仙"，《道藏》本《神仙感遇傳》卷五《王廓傳》作"飲之者昇仙"。

〔56〕"見"字，《道藏》本《神仙感遇傳》卷五《楊大夫傳》無。

〔57〕"四十里下",《道藏》本《神仙感遇傳》卷五《薛逢傳》作"四十里得下"。

〔58〕"中定思出"四字原無,據上書增。《太平廣記》卷五四《薛逢傳》"出"作"西出"。

〔59〕"聞"原作"間",據上二書改。

〔60〕"牟"原作"吳",據上二書改。

〔61〕"烈"原作"列",據《晉書·稽康傳》改。

〔62〕"民"原作"氏",據《道藏》本《神仙感遇傳》卷五《蜀民傳》改。下同。

〔63〕"飢歉"原作"飢輩",據上書改。

〔64〕"三五輩"原作"三五人",據上書改。

〔65〕"庾仲冲雍荆記"疑有誤。按《隋志·地理類》著錄庾仲雍撰《湘州記》《江記》《漢水記》。又《南史》卷三五《庾悅傳》末載庾仲容有《衆家地理書》二十卷,"冲"字疑誤。

〔66〕"挦"原作"挹",據《道藏》本《神仙感遇傳》卷五《僧悟玄傳》改。

〔67〕"與"原作"奧",據上書改。

〔68〕"忽有異香之氣,非常人世所有",《道藏》本《神仙感遇傳》卷五《費冠卿傳》作"忽有異香之氣非常,非人世所有"。

雲笈七籤卷之一百一十三上

傳[1]

任　　生

任生者，隱居嵩山讀書，志性專静。常夜聞異香，忽於簾外有謂生曰："某以冥數，合與君偶，故來耳。"生意其異物，堅拒不納。其女子開簾而入[2]，年可二十餘，凝態艷質，世莫之見。有雙鬟青衣，左右翼侍。夜漸久，顧謂侍者曰："郎君書籍中取一幅紙兼筆硯來。"乃作贈詩一首曰："我名籍上清，謫居遊五嶽。以君無俗累，來勸神仙學。"又曰："某後三日當來。"言畢而去。書生覽詩，見筆札秀麗，尤疑其妖異。三日果來，生志彌堅。女子曰："妾非山精木魅，名列上清，數運冥合，暫謫人間，自求匹偶。以君閑澹，願侍巾箱，不止於延福消禍，亦冀貴而且壽。今反自執迷，亦薄命所致。"又贈一篇曰："葛洪亦有婦，王母亦有夫，神仙盡靈匹，君子意何如？"書生不對，面墻而已。女子重贈一篇曰："阮郎迷不悟，何要[3]申情素？明日海山[4]春，綵舟[5]却歸去。"嗟嘆良久，出門東行數十步，閃閃漸上空中，去地百餘丈，猶隱隱見於雲間。以三篇示於人，皆知其神仙矣！痛生之不遇也。數月，生得疾，見二黃衣人手持牒來追曰："子命已盡。"遂被引去，行十餘里，忽見幢節幡蓋，迤邐不絶，有女子乘翠輦，侍衛數十人。二黃衣與生辟易，隱於墻下。女子望見，既至，問曰："何人？"黃衣具言，女子笑曰："是嵩山讀書薄命漢。"謂黃衣把牒來，曰："公數盡矣。今既相遇,不能無情。"索筆判牒,更與三年。生再拜之,二使者曰:"此三素元君[6],仙官最貴。既有命,即須回。"使者送至舊居,見身臥於床上。使者從後推之,乃蘇。嗟恨累日,後三年果卒。

羅公遠

羅公遠八月十五日夜,侍明皇於宮中翫月。公遠曰:"陛下莫要月宮中看否?"帝唯之。乃以拄杖向空擲之,化爲大橋,橋道如銀。與明皇昇橋,行若十數里,精光奪目,寒氣侵人,遂至大城。公遠曰:"此月宮也。"見仙女數百,皆素練霓衣,舞於廣庭。上問其曲名,曰:"《霓裳羽衣》也。"乃密記其聲調。旋爲冷氣所逼,遂復躡銀橋迴。返顧銀橋,隨步而滅。明日召樂工,依其調作《霓裳羽衣曲》,遂行於世。明皇欲傳隱形之術,公遠祕而不説。上怒,乃選善射者十人伏於壁,召公遠與語,衆矢俱發,公遠致斃。上令瘞於宮內。月餘,中使自蜀迴,奏事訖,云:"臣至駱谷見羅公遠,令附起居,專於成都望車駕。"上大驚,問其行李如何?曰:"跣足,攜鞋一隻。"乃令開棺視之,唯見一草鞋在棺,有箭孔十數。安祿山犯闕,明皇幸蜀,有稱維厶延來謁,召之即不見,思其意,維厶延蓋公遠字也。上悔恨,歎息累日。

羅方遠[7]

羅方遠,江夏人也。刺史春致設,觀者如市。有白衣人長丈餘,質貌甚異,門衛者皆怪。俄有一小兒傍過,叱曰:"汝何故離本所,驚怖官司?"其人攝衣而走。官吏執小兒至宴所具白,刺史問甚姓?對曰:"姓羅名方遠,自幼好道,適見守江龍入州看設,其叱令迴。"刺史不信,曰:"爾何誕妄?若誠有龍,即令我見本形。"方遠曰:"請試之。"乃於江濱作小坑,深闊一丈,去岸八九尺,引江水注之。刺史與寮佐郡人,皆往注視。逡巡有白魚,可長五六寸,隨水入坑,騰躍漸大，有青煙如練起，須臾黑氣滿空，雷電赩赫，風雨馳驟，久之乃息。見龍於江心，身與雲氣相連，素光滿水，食頃方滅。刺史具表，以進方遠。時明皇方留意神仙，即日召見。上與張果老、葉法善弈棊次，二人見之大笑曰："村兒有何解？"乃各執棊子數枚，謂方遠曰："此有物。"曰："空手。"及開手，果無所有，悉在方遠處。上大驚異，自後累試，其術如神。

李師稷

會昌元年，李師稷中丞爲浙東觀察使。有商客遭風，飄不知所止。月餘至大山，瑞雲覆繞，奇花異樹，盡非人間所覩。山側有人迎問，安得至此？客具以告，乃令移舟於岸[8]。既登岸，乃云："須謁天師。"遂引[9]至一處，若大宮觀。既入，見一道士，眉鬚俱白[10]，侍衛十餘人，坐大殿令上，與語曰："汝中國人也，茲地有緣，方得一到，此即蓬萊山也。"乃令左右引於宮內遊觀，玉臺翠樹，光彩奪目。院宇數十，皆有號。至一院，扃鎖嚴固。窺之，衆花滿亭，堂有几褥，焚香階下。客問之，此院誰何？答曰："此是白樂天院，樂天在中國，未來耳。"乃潛記之，遂辭歸。數旬至越，具白廉使李公，盡錄以報白公。公已脫煙埃，投棄軒冕，與居昧昧者，固不聞也[11]。安知非謫仙哉！

袁滋

袁相名滋，未達時，居復郢間。復州青溪山，秀麗無比。袁公因晴，登臨此山。行數里，逕漸幽小，阻絶無蹤。有人儒服，市藥爲業，結廬山之下。袁公與語，甚相狎，因留宿其舍。袁公曰："此境山泉奇異，當爲靈仙之所都府。"儒生曰："有道士五六人，蓋物外之士也。數日一來，莫知其所居處。與之雖熟，不肯細言。"袁公曰："某可來相謁否？"曰："彼其[12]惡人，然頗好酒。足下但求美醖一榼，或得見也。"袁公辭歸,後得美酒,挈而往。歷數宿,五人果來。布裘紗帽,藜杖草履,相見遂通寒暄,大笑,乃相與臨清澗,據石濯足戲調。儒生爲列席致酒,五人顧酒甚歡曰:"何處得此物來?且各三五盞。"儒生曰:"非某所能致,有客携來,願謁仙兄。"乃引袁公出,歷拜五人,相顧失色,悔飲其酒,兼怒儒生曰:"公不合以外人相擾。"儒生曰:"此人誠志,復是士流,許之從容,亦何傷也?"意遂漸解,見袁公謙恭特甚,乃時與笑語,目袁生曰:"坐。"袁生再拜就席。少頃酒酣,乃視袁公相謂曰:"此人似西華坐禪僧。"良久云:"真是。"便屈指計之曰:"此僧去來四十七年矣。"問袁公之歲,適四十七,撫掌曰:"須求官職,福禄已至。"遂與袁公握手言別,過洞踰嶺,捫蘿跳躍,翩翩如飛,倏忽不見。袁公後乃登第,果拜相,領西蜀節制。

王水部

大曆中,有水部王員外者,篤好道術。雖居朝列,有布衣方藥之士,日與遊從。一日,有道侶數人在廳,王君方與談諧。會除厠裴老,携穢路側,密近廳所。王君妻令左右止之,因附耳於壁,聽道侶言,竊笑不已,王君僕使皆怪之。少頃,裴老傭事畢,王君將如厠,遇於户外。裴老斂衣,似有白事,曰:"員外甚好道。"王君驚曰:"老人安得知,莫有所解否?"對曰:"某曾留心,知員外酷似好道,然無所遇。適來廳上數人,大是凡流,但眩惑員外,希酒食而已。"王君異之,其妻罵之曰:"君身爲朝客,乃與穢夫交結。"遣人逐之,裴老笑請去,王君邀,從容曰:"老人請後日相訪。"王君齋沐淨室,裴老布袍曳杖而至,有隱逸之風。王君坐話,茶酒更進。裴老曰:"員外非真好道,乃是愛藥術,試鑪火可驗。"取一鐵合重二斤,分爲兩片,致於火中,須臾色赤。裴老解布衫,角[13]藥兩丸,小於麋粟,撚碎於合上,復以火燒之,食頃,裴老曰:"成矣。"令王君僕使壯者,以火箝持之,擲於地,逡巡成金,色如雞冠。王君降禮,再拜而謝之。裴老曰:"此一兩敵常金三兩，然員外亦不用，留將施貧乏。"遂辭去，曰："從此亦無復來矣。"王君曰："願至仙伯高第申起居，容進否？"裴老曰："可，蘭陵西坊大菜園後相尋。"遂別。王君乃易服往，果見小門。叩之，有蒼頭出曰："莫是王員外否？"遂引入。堂宇甚新淨，裴老道服相迎，侍女十餘人，皆有殊色。茶酒果實甚珍，服用輝煥。迨晚，王君告去，裴老送出門。旬日再去，其第已爲他所質，裴老亦不知所在。

崔　生

　　進士崔生，常遊青山[14]，解鞍放驢，無僕御，驢逸而走，馳之不能及。約行十里，至一洞口，時已曛黑，驢即奔入，崔生悚懼，不敢前進，力固疲矣，遂寢巖下。至曉，洞中微明，乃入十餘里，望見巖壑間有金城絳闕，而被甲執兵者守衛之。崔生知是仙境，乃告曰："某塵俗之士，願謁仙翁。"守吏趨報，頃之召入。見一人居殿，服羽衣，身可丈餘，侍女數百，與崔生趨拜，使坐與語，忻然留宿，酒味珍香，異果羅列。謂崔生曰："此非人世府也，驢迫逸走者，余之奉邀也。蓋一女子，願事於君，此亦冥數前定耳。"生再拜謝，遂以女妻之。數日，令左右取青合中藥兩丸，與生服之。但覺臟腑清瑩，摩體若蟬蛻，瑩然嬰兒之貌。每朔望與崔生乘鶴，而上朝藥宮。月餘，崔生曰："某血屬在人間，請歸一決，非有所戀也。"仙公戒之曰："崔郎不得淹留。"遂與符一通，"急有患禍，此可隱形，愼不可遊宮禁。"臨別，又與一符曰："甚急即開。"乃命取一驢付之。崔生到京都，試往人家皆不見，因入內。會劍南進太真錦繡，乃竊其珍者。上曰："計無賊至，此必爲妖取之。"遂令羅公遠作法，以朱字照之，寢殿戶後，果得崔生。崔生具寫本末，上不信，令笞死。崔生乃出仙翁臨行之符，照公遠與持執者，當時絕倒，良久方起。啓上曰："此人已居上界，不可殺也。縱殺之，臣等即受禍，亦非國之福。"上乃赦之，猶疑其事不實，遣數百人具兵服兼術士，送至洞口。復見金城絳闕，仙翁御殿，侍從森然。出呼曰："崔郎不取吾語，幾至顛毀。"崔生拜訖，遂昇洞門。所送者欲隨之，仙翁以杖畫地成川，闊數丈。崔生妻擲一領巾，化為五色絳橋，令崔生踏過，橋隨步即滅。既至洞口，崔生謂送人曰："事只如此，可以歸。"須臾，雲霧四合，咫尺不見，唯聞鸞鶴簫籟之聲，遙望雲山而去，上方知其神仙也。

黃尊師

茅山黃尊師，法籙甚高。嘗於山前修觀，起天尊殿，置講求資，日有數千人。時講衆[15]初合，忽有一人，排門大呼，貌甚麄黑，言詞鄙陋，腰插驢鞭，如隨商客者。罵："道士奴，時正熱，誘衆何事？自不向深山學修道業，何敢妄語？"黃師不測之，即輟講，遜詞謝之。衆人悉畏，不敢抵忤。良久，詞色稍和，曰："如是聚集，豈不是要修堂殿耶？都用幾錢？"尊師曰："要五千貫。"其人曰："可盡輦破鐵釜及雜鐵來。"黃師疑是異人，遂遽令於觀內諸處收拾，約得鐵八百斤。其人乃掘地為鑪，以火銷之，探懷中取一胡蘆，寫[16]出兩丸藥，以物攪之，少頃去火，已成銀。曰："此合錢萬貫，若修觀計用有餘，請施貧乏。如所獲無多，且罷之。"黃師與徒衆皆敬謝，問其所欲，笑出門去，不知所之。後十餘年，黃師奉詔入京，忽於市街西見插驢鞭者，肩絆小複子，隨騎驢老人行，全無茅山氣色。黃欲趨揖，乃撥手指乘驢者，復連叩頭，黃但搢禮而已。老人髮盡白，視之如十四五女子也。

盧杞

盧相名杞，少時甚貧，與市嫗麻婆者，於東都廢宅稅舍以居。麻婆亦孑然，盧公常以疾臥月餘，麻婆憫之，常來為作粥食。盧病愈，多謝之。後累日向晚自外歸，見金犢車子立麻婆戶外，盧且驚異，密候之。見一女子年十四五，真神仙人。明日潛訪，麻婆曰："郎君莫要作婚姻否？如是則爲請求之。"盧曰："某貧賤，安敢輒有此意？"麻曰："亦何妨。"既夜，麻婆曰："事諧矣。請郎君清齋三日，會於城東廢觀。"既至，見古樹荒草，久無人居。逡巡，雷電震曜，風雨暴至，化爲樓臺，金鑪玉帳，景物華麗。俄有輜軿降空，即所見女子也。與盧相見曰："某奉上帝命，遣人間自求匹偶，郎君有仙相，故遣麻婆傳意旨。更七日清齋，當再奉見。"女子呼麻婆，付藥兩丸。須臾，雷電黑雲，女子忽失所在，古樹荒草，蒼然如舊。麻婆與盧遂歸。又清齋七日，钁地種藥，適已蔓生，未移刻，二胡蘆生於蔓上，漸大如兩斛甕許，麻婆以刀剖其中。及七日之期，與盧公各處其一，仍令盧公具油衣三領。風雲忽起，騰上碧霄，耳中唯聞波濤之聲，迤邐東去。又謂盧公曰："莫寒否？"令著油衣，如冰雪中行，復令著至三重，即甚溫暖，謂麻婆曰："此去洛陽多少？"婆曰："已八萬里。"良久，胡蘆止息，遂見樓臺，皆以水晶爲墻垣，被甲仗者數人。麻婆引盧公入，見女子居殿，侍從女數百人。命盧公坐，具酒饌。麻婆屛息，立於諸衛之下。女子謂盧公曰："郎君合得三事，取一事可者言之。若欲長留此宮，壽與天畢；次爲地仙，常居人間，時得至此；下爲中國宰相，如何？"盧生曰："在此實爲上願。"女子喜曰："此水晶宮也，某爲太陰夫人，仙格已高，郎君便當白日昇天，須執志堅一，不得改移，以致相累也。仍須啓上帝。"乃索青紙爲寫素，當庭拜奏。少頃，聞東北喧然，聲云："帝使至。"太陰夫人與諸仙趨降，俄有幢節香幡，引朱衣少年立於階下。朱衣宣帝命公："得太陰夫人狀云：'盧杞欲住水晶宮'，如何？"盧公無言。夫人但令疾應，又無言。夫人及左右大懼馳入，取鮫綃五疋以賂使者，欲其稽緩。食頃間，又問盧杞："欲求水晶宮住否？欲地仙否？欲人間宰相否？"盧公大呼曰："欲得人間宰相。"朱衣趨去，太陰夫人失色，令麻婆速領回。遂入胡蘆，依前聞風雨之聲，至地，遂到舊居。塵榻儼然，時已中夜，胡蘆與麻婆俱不見矣，杞後果爲相。

盧李二生

　　昔有盧李二生，隱居太白山讀書，兼習吐納導引。一旦李生告歸曰："某不能甘於寒苦，且浪跡江湖。"決別而去。後李生爲橘子園吏隱欺，折官錢數千貫，羈縻不得他去，貧悴日甚。偶過揚州阿師橋，逢見一人，草履麻衣，視之乃盧生也，昔號二舅。李生與之語，哀其衣弊。盧生大罵曰："我貧賤何恥？公不外物，投身凡冗之所，又有積負，且攖囚拘，尚何面目以相見乎？"李生原謝，二舅笑曰："居所不遠，翌日馳馬奉迎。"至旦，果有一僕御駿足而來，云："二舅邀郎君。"既去，馬疾如風，出城之南，行數十里，路側有朱門斜開，二舅出，星冠霞帔，容貌光澤，侍女數十人，與橋下儀質全別。邀李生中堂宴饌，名花異木，疑在仙府。又累出藥品，悉皆珍奇。既夕，引李生坐北亭，置酒曰："適命得佐酒者，頗善箜篌。"須臾，紅燭引一女子至，容貌極麗，新聲甚嘉。李生視箜篌上有朱書十字云："天際識歸舟，雲間辨江樹。"罷酒，二舅曰："莫願作婚姻否？此人名家，質貌兼美。"李生曰："某安敢及此？"二舅許爲成之。又曰："公所負官錢幾何？"曰："二千貫。"乃與一拄杖曰："將此於波斯店內取錢，可從此學道，無自穢身陷鹽〔17〕也。"追晚，僕人復御前馬至，二舅令李生去，送出門。泊歸，頗疑訝爲神仙矣。即以柱杖詣波斯店，其輩見杖曰："何以得之？"依語付錢，遂得免縶而去。既驚且異，乃再往盧二舅所居，將謝之，即荒草原地而已，悵望而歸。其年往汴州，行軍陸長源以女嫁之。既見，頗類盧二舅北亭見者。復解箜篌，仍有朱字，視之，果見天際之句也。李生具説楊州城南盧二舅亭中筵宴之事。女曰："某少年兄弟戲書之句，嘗夢見云仙官追，如公所言也。"李生嘆訝之甚，後竟不能得遇。

李　石

　　唐相李石，未達時頗好道。嘗遊嵩山，荒草中間有人呻吟聲，視之乃病鶴。鶴乃人語曰："某已爲仙，厄運所鍾，爲樵者見傷，一足將折，須得人血數合，方能愈也。君有仙骨，故以相託。"李公解衣，即欲刺血。鶴曰："世間人少，公且非純人。"乃拔一眼睫曰："持往東都，但映照之，即知矣。"李公中路自視，乃馬首也。至洛陽，所遇頗衆，悉非全人，或犬豕驢馬首。偶於橋上見一老翁騎驢，以睫照之，乃人也。李公敬揖，具言病鶴之事。老翁忻然下驢，宣臂刺血。李公以小瓶盛之，持往鶴所，濡其傷處，裂衣封裹。鶴謝曰："公即爲明皇時宰相，後當輕舉，相見非遥，慎勿墮志。"李公拜之，鶴冲天而去。

李主簿

　　近有選人李主簿者，新婚東出關，過華嶽廟，將妻入謁金天王。妻拜未終，氣絶而倒，唯心上微暖。舁歸客邸，馳馬詣華陰縣求醫術之人。縣宰曰："葉仙師善術，奉詔投龍迴，去此一驛，公可疾往迎之。"李公單騎馳去，約十五餘里遇之。李公下馬伏地，流涕敬拜，具言其事。仙師曰："何等妖魅，乃敢及此。"遂與李公先行，謂從者曰："鞍馱速驅來，持朱鉢及筆。"至舍已聞哭聲。仙師入見曰："事急矣，且將墨筆及紙來。"遂書一符，焚香以水噀之。符北飛走。聲如飄風，良久無應。仙師怒，又書一符，其聲如雷，頃之亦無驗。少時鞍馱到，取朱筆。令李公左右羹少許薄粥，以候其起。乃以朱書一符，噴水叱咤之，聲如霹靂。須臾，口鼻有氣，眼開，良久能言。問其狀，曰：某初拜時，金天王曰："好夫人。"第二拜云："留取。"遣左右扶歸院。適已三日，親賓大集。聞敲門，門者走報，王曰："何不逐却？"乃第一符也。逡巡，門外閙甚，門者數人細言於王，王曰："且發遣。"是第二符也。俄有赤龍飛入，王扼喉纔能出聲，曰："放去。"某遂有人送出，第三符也。李公罄囊以謝之，是知靈廟，女子不得入也。

盧常師

秘書少監盧常師，進士擢第。性恬淡，不樂軒冕，世利蔑然無留意。因棄官之東洛，謂所親曰："某與浙西魚尚書故舊，旬日當謁去。"又曰："某前身是僧，坐禪處猶在會稽，亦擬自訪遺跡。"家人亦怪其將遠行而不備舟檝，不旬日而卒。

裴令公

裴令公少時，有術士云："命屬北斗廉貞星將軍，宜每以清酒名果敬祭，當得冥助也。"裴公自此，未嘗懈怠。及爲相，機務繁迫，乃遺始志，心或不足，未始言於人，諸子亦不知。在京，有道者來，宿于裴公第。中夜謂曰："相公昔年尊奉天神，何故中道而止？崇護不已，亦有感於相公。"裴公心知其廉貞，不知靈應。後爲太原節度使，家人染疾，召女巫視之。有彈胡琴巫顛而倒之，良久，蹶然而起曰："請見相公，廉貞將軍遣某傳語，何大無情，都不相知也。將軍怒甚，相公何不敬謝之。"裴公大驚，女巫曰："當擇良日齋潔，於靜院焚香設酒果，將軍亦欲示見於相公。"別日，裴公沐浴具朝服，立於階前，東南奠酒再拜。見神披金甲，持朱戈，身長三丈餘，南嚮而立。裴公驚悚流汗，俯伏於地不敢動，少頃即不見。問左右，皆曰無之。自是裴公尊奉，有踰厥初。

【校記】

〔1〕"傳"，《四部叢刊》本作"神仙感遇傳下"。《道藏》本《神仙感遇傳》卷五末云"後有缺文"，此"傳"殆屬缺文。

〔2〕"入"原作"人"，據《四部叢刊》本改。

〔3〕"何要",《仙鑑後集》卷四《紫素元君傳》作"何以"。

〔4〕"日海山",上書作"月海上"。

〔5〕"綵舟",上書作"綵弁"。

〔6〕"三素元君",上書"三"作"紫"。

〔7〕"羅方遠"條,《仙鑑》卷三九併入"羅公遠"條,內容小異。

〔8〕"客具以告,乃令移舟於岸","告"原作"生","乃"原作"力",據《四部叢刊》本改。

〔9〕"引"原作"升",據上本改。

〔10〕"白"原作"之",據上本改。

〔11〕"與居昧昧者,固不聞也",《太平廣記》卷四八《白樂天傳》"居"作"夫"、"聞"作"同"。

〔12〕"其",《太平廣記》卷一五三《袁滋傳》作"甚"。

〔13〕"解布衫,角"《太平廣記》卷四二《裴老傳》作"于布袍角解一小囊,取"。

〔14〕"青山",《太平廣記》卷二三《崔生傳》作"青城山"。

〔15〕"講衆",《太平廣記》卷七二《驃鞭客傳》作"講筵"。

〔16〕"寫",上書作"瀉"。

〔17〕"鹽",《太平廣記》卷十七《盧李二生》作"鹽鐵"。

雲笈七籤卷之一百一十三下

傳 續仙

續仙傳序

　　古今神仙，舉世知之。然飛騰隱化，俗難[1]可覩。先賢有言曰，人間得仙之人，且千不聞其一，況史書不載[2]神仙之事，故多不傳於世。詳其史意，以君臣父子理亂忠孝之道，激勵終古也。若敦尚虛無自然之迹，則人無所拘制矣！《史記》言三神山在海中，仙人居金銀宮闕，不死之藥生其上。人有欲往者，則風引舟而去，終莫能到。斯亦激勵拘制之意也。大哉神仙之事，靈異罕測。述云[3]：初之修也，守一鍊氣，拘謹法度，孜孜辛勤，恐失於纖微。及其成也，千變萬化，混跡人間，或藏山林，或遊城市。其飛昇者，多往海上諸山，積功已高，便爲仙官，卑者猶爲仙民。何者？十洲間動有仙家數十萬，耕植芝田，課計頃畝，如種稻焉。是有仙官，分理仙民，及人間仙凡也。其隱化者如蟬蛻，留皮換骨，鍊氣養形質[4]於巖洞，然後飛昇，成於真仙，信非虛矣！汾生而慕道，常媿積習。及長，遊歷宦途，周遊寰宇。凡接高尚所說，或覽傳記，兼復聞見，皆銘於心，而書於牘。又以國史不書，事散於野，矧當中和兵火之後，墳籍猶闕，詎有秉筆記而述作者？處世斯久，人漸稀傳，惜哉他時寂無遺聲，今故編錄其事，分爲三卷，冀資好事君子學道之人譚柄，用顯真仙者哉！朝請郎前行溧水縣令兼監察御史賜緋魚袋沈汾撰。

玄真子

玄真子姓張名志和，會稽山陰人也。博學能文，進士擢第，善畫，飲酒三斗不醉。守真養氣，卧雪不寒，入水不濡。天下山水，皆所遊覽。魯公顏真卿與之友善。真卿爲湖州刺史，與門客會飲，乃唱和爲《漁父詞》。其首唱即志和之詞，曰："西塞山邊白鳥飛[5]，桃花流水鱖魚肥。青箬笠，緑蓑衣，斜風細雨不須歸。"真卿與陸鴻漸、徐士衡、李成矩共唱和二十五首，遞相誇賞。而志和命丹青剪素，寫景夾詞，須臾成五本，花木禽魚，山水景像，奇絶蹤跡，今古無倫。而真卿與諸賓客傳翫，歎伏不已。其後真卿東遊平望驛，志和酒酣爲水戲，鋪席於水上，獨坐飲酌嘯詠。其席來去遲速如刺舟聲，復有雲鶴隨覆其上。真卿親賓參佐觀者，莫不驚異。尋於水上攛手以謝真卿，上昇而去。今猶有傳寶[6]其畫在人間者。

藍采和

藍采和，不知何許人也。常衣破藍衫，六銙黑木腰帶闊三寸餘。一脚著靴，一脚跣行。夏則衫內加絮，冬則卧於雪中，氣出如蒸。每行歌於城市乞索，持大拍板長三尺餘，常醉踏歌，老少皆隨看之。機捷諧謔，人問應聲答之，笑皆絶倒，似狂非狂。行則振鞋踏歌云："踏踏謌，藍采和。世界能幾何？紅顔一春樹，流年一擲梭。古人混混去不返，今人紛紛來更多。朝騎鸞鳳到碧落，暮見桑田生白波。長景明輝在空際，金銀宫闕高崔嵬。"歌詞多率爾而作，皆神仙意，人莫之測。但以錢與之，繩穿拖行。或散失亦不迴顧，或見貧人即與之，或與酒家。周遊天下，人有爲兒童時見者，及斑白見之，顔狀如故。後踏歌濠梁間，於酒樓上乘醉，有雲鶴笙簫聲，忽然輕舉，於雲中擲下靴衫腰帶拍板，冉冉而去。其靴衫等，旋亦失亡。

朱孺子

朱孺子，永嘉安固人也。幼而師道士王玄真[7]，居大箬巖。巖即陶隱居修《真誥》於此，亦爲真誥巖，巖之西有陶山在焉。勤苦事於玄真，深慕仙道，常登山嶺，採黃精服餌，歷十餘年。一日就溪濯蔬，見岸側二小花犬，孺子異之，乃尋逐入枸杞叢下。歸告玄真，訝之，遂與孺子俱往伺之，復見二犬戲躍，逼之，又入枸杞下。玄真與孺子共尋掘，乃得二枸杞根，形狀如花犬，堅若石。洗挈歸以煮之，而孺子益薪看火，三日晝夜不離竈側。試嘗汁味，取喫不已。及見根爛，以告玄真，共取食之。俄頃，孺子忽飛昇在前峯上，玄真驚異久之，孺子謝別玄真，昇雲而去，到今俗呼其峯爲童子峯。玄真後餌其根盡，不知其年壽，亦隱於巖之西陶山，有採捕者時或見之。

王　老

王老，坊州宜君縣人也。居于村野，頗好道愛客，務行陰德爲意[8]，其妻亦同心不倦。一日有繿縷道士造其門，王老與妻俱迎禮之。居月餘間，日與王老玄談盃酌，甚相歡洽。俄患惡瘡徧身，王老乃求醫藥，看療益加勤切，而瘡日甚，迨將逾年。道士曰："此不煩以凡藥相療，但得數斛酒浸之自愈。"於是王老爲精潔釀酒，及熟，道士言以大甕盛酒，吾自加藥浸之。遂脫衣入甕，三日方出，鬢髮俱黑，而顏復少年，肌若凝脂。王老闔家視之驚異。道士謂王老曰："此酒可飲，能令人飛昇上天。"王老信之，初甕酒五斛餘，及窺三二斗在爾，清泠香美，異於常酒。時方與二人持麥次，遂共飲，皆大醉。道士亦飲，云"上天去否"？王老曰："願隨師所適。"於是祥風忽起，綵雲如蒸，屋舍草樹，全家人物雞犬，一時飛去，空中猶聞打麥聲，數村人共觀望驚歎。惟貓鼠棄而不去。風定，其賃持麥二人，乃遺在別村樹下，後亦不食，皆得長年。今宜君縣西三十里，有昇仙鄉存焉。

侯道華

　　侯道華，自言峨嵋山來，泊於河中永樂觀，若風狂人，衆道士皆輕易之。而道華能斤斧，觀舍有所損，悉自修葺，登危歷險，人所難及處皆到。又爲事賤劣，有客來，不問道俗凡庶，悉爲擔水汲湯，濯足浣衣。又淘溷灌園，辛苦備歷，以資於衆。衆益賤之，驅叱甚於僕隸，而道華愈忻然。又常好子史，手不釋卷，一覽必誦之於口。衆或問之，要此何爲？答曰："上天無愚懵仙人。"衆咸笑之。經十餘年，殿梁上或有神光，人每見之。相傳云，開元年中有劉天師，嘗鍊丹成，試犬犬死，而人不敢服，藏之於殿梁，皆謂妄言。忽暴風雨，殿微損，道華乃登梁，復見光於梁上陷中，鑿起木，得一合，三重内有小金合子有丹，遂吞之，擲下其合。吞丹訖，遽無變動，謂之虛誑。忽一日入市醉歸，其觀前素有松樹偃蓋，甚爲勝景。道華乃著木履上樹，悉斫去松枝，羣道士屢止之不可，但斫曰："他日礙我上昇處。"衆人常爲風狂，怒之且甚。適永樂縣令至，其公人觀見斫松，深訝之。衆具白於縣官，於是責辱之，道華亦忻然，後七日，道華晨起，沐浴裝飾，焚香曰："我當有仙使來相迎。"但望空拜不已。衆猶未信，須臾人言，見觀前松上有雲鶴盤旋，笙簫響亮，道華忽飛在松頂坐。久之，衆甚驚忙，永樂縣官速道俗奔馳瞻禮，其責辱道華縣官叩搕流血。道華攐手以謝道俗云："我受玉皇詔授仙臺郎，知上清宮善信院，今去矣。"俄頃，雲中仙衆作樂，幡幢隱隱，凌雲而去。

馬自然

　　馬湘字自然，杭州鹽官人也。世爲縣之小吏，而湘獨好經史，攻文學。乃隨道士，天下遍遊。後歸江南，而常醉於湖州，墮雪溪，經日而出，衣不濕，坐於水上而來，言適爲項王相召，飲酒欲醉，方返溪濱。觀者如雲，酒氣猶衝人，狀若風狂，路人多隨看之。又時復以拳入鼻，及出拳，鼻如故。又指溪水令逆流食頃，指柳樹隨溪水走來去，指橋令斷復續。後遊常州，遇馬植出相任常州刺史，素聞湘名，乃邀相見，迎禮甚異之。植問："道兄幸同宗姓，欲爲兄弟，冀師道術，可乎？"湘曰："相公何望？"曰："扶風。"湘戲曰："相公扶風馬，湘則馬風牛。但且相知，無徵同姓。"意言與植風馬牛不相及也。然植留之郡齋，益敬之。或飲會次，植請見小術。乃於席上以瓷器盛土種瓜，須臾引蔓，生花結實，取食衆賓，皆稱香美，異於常瓜。又於遍身及襪上摸錢，所出不知多少，擲之皆青銅錢，撮投井中，呼之一一飛出，人有收[9]取者，頃復失之。又植言，此城中鼠極多。湘書一符，令人帖於南壁下，以筋擊盤長嘯，鼠成羣而來，走就符下俯伏。湘乃呼鼠，有一大者近堦前。湘曰："汝毛蟲微物，天與粒食，何得穿穴屋宇，晝夜撓於相公？且以慈憫爲心，未能殺汝，宜便率衆離此。"大鼠乃迴羣鼠前，皆叩頭謝罪，遂作隊莫知其數，出城門去，自此城內便絕鼠。

　　後南遊越州，經洞巖禪院，僧三數百人方齋，而湘與婺州永康縣牧馬巖道士王知微、弟子王延叟同行，僧見湘、知微到，踞而食，略無揖者，但使以飯[10]。湘不食，促知微、延叟速食而起，僧齋未畢。及出門，又促速行，到諸暨縣南店中，約去禪院七十餘里。深夜聞尋道士聲，主人遽應："此有三人。"問者極喜，請於主人，願見道士。及入，乃二僧，見湘但禮拜哀鳴，曰："禪僧不識道者，昨失迎奉，致貽責怒，三數百僧到今下牀不得，某二僧是主事，且不坐，所以得來，固乞捨之。"湘惟睡而不對，知微延叟但笑之。僧愈哀乞，湘起曰："此後無以輕慢人爲意。迴去入門，僧輩當能下牀。"僧迴，果如其言。湘翌日又南行，時方春，見一家好松菜，求之不得，仍聞惡言。命延叟取紙筆，知微言："求菜見阻，誠無訟理。況在道門，詎宜施之？"湘笑曰："我非訟者也，作小戲爾！"於是延叟捧紙筆，湘畫一白鷺鷥，以水噴之，飛入菜畦中啄菜。其主人趕起，又飛下再三。湘又畫一猧子，走趕捉白鷺鷥，共踐其菜，碎盡不已。其主人見道士戲笑，求菜致此，慮復爲他術，即來哀求。湘曰："非求乞菜也，故相戲爾！"於是呼鷺及猧，皆飛走投入湘懷中，視菜如故，悉無所損。

又南遊霍桐山，入長溪縣界，夜投旅店，宿舍小而行旅已多，主人戲言："無宿處，道士能壁上睡即相容。"已逼日暮，知微延叟曰："祇能舍宿，爭會壁睡？"湘曰："爾但俗旅中睡，我坐可到明。"衆皆睡，而湘躍身梁上，一脚掛梁倒睡。適主人夜起，燭火照見，大驚異。湘曰："梁上猶能，壁上何難？"而入壁久之不出。主人祈謝移時，請知微延叟入家内淨處，方出。及旦，主人留連，忽失所在。知微延叟前行數里尋求，已在路傍。自霍桐迴永康縣東天寶觀駐泊，觀前有大枯松，湘指之曰："此松已三千年餘，即化爲石。"自後果化爲石。忽大風雷震石倒山側，作數截。楊發自廣州節度責授婺州刺史，發性尚奇異，知之，乃徙兩截就郡齋，致[11]之龍興寺九松院，各高六七尺，徑三尺餘，其石松皮鱗皴，今猶存焉。或有告疾者，湘無藥，但以竹杖打病處，腹内及身上百病，以竹杖指之，口吹杖頭如雷鳴，便愈。有患腰駝脚曲持拄杖而來者，亦以杖打之，令放拄杖，應手便伸展。時有以財帛與湘，阻讓不免，留之，復散與貧人。所遊行之處，或宮觀巖洞，多題詩句。其登杭州秦望山詩曰："太一初分何處尋？空留歷數變人心。九天日月移朝夕，萬里山川換古今。風動水光吞遠嶠，雨添嵐氣没高林。秦皇謾作驅山計，滄海茫茫轉更深。"

後歸故鄉省兄，適兄遠出，嫂姪喜歸。湘告曰："我與兄共此宅，今歸要分，我惟愛東園爾。"嫂姪異之，小叔久離家歸來，兄猶未見面，何言分地？骨肉之情，必不忍如此。駐留三日，嫂姪訝之不食，但飲酒而已[12]，待兄不歸，及夜遽卒。明日兄歸問，妻子具以實對。兄感慟，乃曰："弟學道多年，非歸要分宅，是歸託化於我，以絕思望耳。"乃棺殮之，其夕棺輴然有聲，一家驚異，乃葬於東園，時大中十年也。明年東川奏，劍州梓桐縣道士馬自然，白日上昇。湘於東川謂人曰："我鹽官人也，新羽化於浙西，今又爲玉皇所詔，於此上昇。"以其事奏之，遂勑浙西道杭州覆之，發塚視棺，乃一竹杖而已。

鄢通微

鄢通微，不知何許人也。爲道士，神氣清爽，静默虚夷，或吟或醉。多遊於洪州名山，見之多年，或十數年不見，則顏狀益少於當時，如此，識者不測。其服煉丹藥，遊行無定[13]，後於酒樓乘醉飛昇而去。

許碏

許碏，自稱高陽人也。少爲進士，累舉不第。晚學道於王屋山，周遊五嶽名山洞府，後從峨嵋山經兩京，復自荆襄汴宋抵江淮，茅山、天台、四明、仙都、委羽、武夷、霍桐、羅浮，無不遍歷。到處皆於懸崖峭壁人不及處，題云："許碏自峨嵋尋偃月子到此。"觀筆蹤者，莫不歎其神異，竟莫詳偃月子也。後多遊廬山，嘗醉吟曰："閬苑花前是醉鄉，滔以冉切。翻王母九霞觴。羣仙拍手嫌輕薄，謫向人間作酒狂。"好事者詰之，曰："我天仙也。方在崑崙就宴，失儀見謫。"人皆笑之，以爲風狂。後當春景，插花滿頭，把花作舞，上酒樓醉歌，昇雲而去。

金可記

金可記，新羅人也。賓貢進士，性沉静好道，不尚華侈。或服氣煉形，自以爲樂。博學强記，屬文清麗。美姿容，舉動言談，迥[14]有中華之風。俄擢第不仕，隱於終南山子午谷葺居，懷退逸之趣，手植奇花異果極多。常焚香静坐，若有念思，又誦《道德》及諸仙經不輟。後三年，思歸本國，航海而去。復來衣道服，却入終南，務行陰德，人有所求無阻者，精勤爲事，人不可偕也。大中十一年十二月上表言："臣奉玉皇詔，爲英文臺侍郎，明年二月十五日當上昇。"時宣宗頗以爲異，遣中使徵入內，固辭不就。又求見玉皇詔，辭以爲别仙所掌，不留人間。遂[15]賜宮女四人，香藥金綵，又遣中使二人專看待[16]。然可記獨居[17]靜室，宮女中使多不接近。每夜聞室內常有人談笑聲，中使竊窺，但見仙官仙女各坐龍鳳之上，儼然相對，復有侍衛非少，而宮女中使不敢輒驚。二月十五日春景妍媚，花卉爛熳，果有五雲唳鶴，翔鸞白鵠，笙簫金石，羽蓋瓊輪，幡幢滿空，迎之昇天而去。朝列士庶觀者填溢山谷，莫不瞻禮歎異焉。

宋玄白

宋玄白，不知何許人也。為道士，身長七尺餘，眉目如畫，端美肥白，言談秀麗，人見皆愛之。頗有道術，夏則衣綿，冬則單衣臥於雪中，去身一丈餘周匝，氣出如蒸，而雪不凝。又指燈即滅，指人若隙風所吹颼颼然，指庭間花草颭颭而動。多遊名山，自茅山出潤州希玄觀，入括蒼洞辟穀服氣。或時食彘肉五斤，以蒜虀一盆撮喫畢，即飲酒二斗，用一白梅。人有求得其一片蒜食之者，言不作蒜氣味，如異香[18]，終日在齒舌間，香不歇。得食之者頗多，而畢身無病，壽皆八九十。玄白到處，住則以金帛求置二三美妾，行則捨之，人皆以爲得補腦還元之術。又遊越州，適大旱，方暴尪樂龍以祈雨，涉旬亢陽愈甚。玄白見之，以爲凡所祈雨，須候天命，非上奏無以致之。乃於所止觀焚香上祝，經夕大霈，雨告足，越人大神異之。復到信州，又逢天旱祈禱，有道士知玄白能致雨，州人乃請之，遽作術，飛釘釘城隍神雙目。刺史韋德隣誑[19]其貯婦女，復釘城隍神，此妖怪也，將加責辱。使健步輩欲向之，手腳皆不能動，悉自仆倒，枷杖亦自摧折。玄白笑謂德隣曰："使君忤悮[20]劉根，欲誅罰祖褵也。"德隣方懼祈謝，須臾禮而遣之。其靈屢施，不可備錄。後於撫州南城縣，白日上昇而去。

賀自真

賀自真，莫究其所來也。爲道士，居嵩山，有文學，爲事高古，常焚修精勤。年少，人亦不知其甲子，然道俗相傳，見之多年矣！皆不甚爲異。一日，雲鶴滿空，聲樂清亮，自真忽飛昇而去。時有處士陳陶在東都，見洛城人觀望瞻禮，驚歎不已，乃爲詩曰："子晉鸞飛古洛川，金桃再熟賀郎仙。三清樂奏嵩丘下，五色雲屯御苑前。朱頂舞翻迎絳節，青鬟歌對駐香軿。誰能白晝相悲泣，太極光陰幾萬年？"

鄷去奢

鄷去奢，衢州龍丘人也，家住於九峯山下。少入道，遊學道術，精思忘疲。年三十餘，便居處州松陽縣安和觀，其觀即葉靜能故鄉學道之所。而觀北五里有卯山，高五十餘丈，相傳云，漢張天師及葉靜能皆居此山修道。去奢慕前事，登其[21]山，結菴以居。後觀中道士相率山下居人，爲構屋及造堂殿，設老君、張天師像及葉靜能真影，朝夕焚修朝禮。山東南有一方石，闊二丈餘，平若砥，蓋天然也。去奢常坐其上，拱默靜想。一旦感神人謂之曰："張天師有斬邪劍二口并瓶貯丹，在此石下，可以取之。"去奢謝神人曰："此石天設，非人力可加，自惟荒謬，守真而已。託兹山棲獲安，久蒙聖佑，丹之與劍，詎可輒取？"神人曰："但勤修無怠，劍丹自可立致。"後三年，神人乃以劍丹送於去奢。劍乃張天師七星劍，丹以石匣藏之，一瓶貯之，傾藥有斗餘，如麻子，紅色光明。去奢自服及施人，有疾皆愈。時麗水縣人華造，因中和年荒亂之後，擁土人據巖險。浙東連帥具以上聞，朝廷議欲息兵，乃授造以刺史。而造凶險，聞去奢神與劍丹，乃以兵圍其山，取去奢并劍丹到州，奪其劍、丹，而囚鎖去奢於空室中。時方炎暑，一月日不與之水，造謂[22]去奢已斃矣。及開室，見神色儼然，顏狀紅白，愈於來時。造驚異，乃却送去奢歸山，劍、丹留之。一夜，風雷飛鳴失所，去奢聞劍[23]却歸石下爾。後居山十五年餘，每言："常見龍虎異鳥行於庭際。"安和觀道士多寓山頂燒奏，見龍虎鳥跡，咸驚異之。去奢不食多年，或人穢觸其山，春冬則猛獸來驚，秋夏則毒蛇所螫。去奢又言："每雷雨只在山半，常見雲龍、雷公、電姥、神鬼甚衆，或到此相見，咸有禮焉。"又寄宿道士夜聞去奢所居静室若與人談話，竊窺之，惟聞異香滿室及環珮聲，或見有戴遠遊冠絳服螺髻垂髮碧綃衣男女四人對坐，侍從皆玉童玉女，光明照身，復有神人遠立於側。而道士皆不敢驚，但虔敬而已。一日，去奢告道士曰："恐當離此山去，不長相見也。"後數日，有綵雲鸞鵠，聲樂滿空，徘徊山頂，後有軿輿幡幢，靈官駕龍鹿皆五色，亦騎鸞鳳，迎去奢昇天而去。山下道俗，觀望者甚衆。

孫思邈

孫思邈，京兆華原人也。七歲就學，日誦千言。及長，好談莊老百家之說。周宣帝時，以王室多事，隱於太白山學道，鍊氣養形，求度世之術。洞曉天文推步，精究醫藥，審察聲色，常蘊仁慈，凡所舉動，務行陰德，濟物爲功。偶出路行，見牧牛童子殺小蛇[24]，已傷血出。思邈求其童，脱衣贖而救之，以藥封裹，放於草内。復月餘出行，見一白衣少年，僕馬甚壯，下馬拜思邈，謝以言曰："小弟蒙道者所救。"思邈聞之，不以爲意。少年復拜思邈，請以別馬載之，偕行如飛，到一城郭，花木正春，景色和媚，門庭煥赫，人物繁雜，儼若王者之居，少年延思邈入，見一人[25]端正美貌，白帢帽[26]絳衣，侍從甚衆，欣喜相接，謝思邈曰："深思道者，故遣兒子相迎。前者小兒獨出，忽爲愚人所傷，賴脱衣贖救，獲全其命。此中血屬非少，共感再生之恩，今得面道者，榮幸足矣。"俄頃延入，若宮闈内，見中年女子領一青衣小兒出，再三拜謝思邈曰："此兒癡騃，爲人傷損，賴救免害。"思邈省記，嘗救青蛇，即訝此何所也？又見左右皆閹人宮妓，呼帢帽爲君王[27]，呼女子爲妃后，心異之，潛問於左右，曰："此涇陽水府也。"

王者乃命賓寮設酒饌妓樂，以宴思邈，辭以辟穀服氣，惟飲酒爾。留連三日，問其欲，對曰：「山居樂道，思真鍊神，目雖所窺，心固無欲。」乃以輕綃珠金贈行，思邈堅辭不受。曰：「道者不以此爲意耶！何以相報？」乃命其子取《龍宮藥方》三十首與先生[28]：「此真道者可以濟世救人。」俄復命僕馬送先生歸山。既歸，深自爲異，歷試諸方，皆若神效。後著《千金方》三十卷，散《龍宮方》在其內。又以聲色診人之疾，著《脈經》一卷，大行於世。隋文帝輔政，徵爲國子博士，不就，嘗謂人曰：「過此五十年，當有聖人出，吾方助之，以濟生人。」至唐太宗時，召詣京師，訝其容貌甚少，曰：「故知有道者，誠可尊重，羨門之徒，豈虛言哉！」將授以爵位，固辭不受。高宗初，拜諫議大夫，復固辭，時[29]年九十餘，視聽不衰。范陽盧照隣有盛[30]名，而染惡疾，嗟禀受之不同，昧遐夭[31]之殊致，問於思邈曰：「名醫愈疾，其道如何？」對曰：「吾聞善言天者必質於人，善言人者必本於天。夫天有四時五行，寒暑迭代，其轉運也，和而爲雨，怒而爲風，凝而爲霜雪，張而爲虹蜺，天地之常數也。人有四肢五藏，一覺一寐，呼吸吐納，動而爲往來，流而爲榮衛，彰而爲氣色，發而爲音聲，此人之常數也。陽用其精，陰用其形，天人之所同也。及其失也，蒸則生熱，否則生寒，結而爲疣贅，陷而爲癰疽，奔而爲喘息，竭而爲焦枯[32]，診發乎面，變動乎形。推此以及天地，則亦如彼。故五緯盈縮，星辰失度，日月錯行，彗孛流飛，此天地之疾疹也；寒暑不時，此天地之蒸否也；石立土湧，此天地之疣贅也；山崩地陷，此天地之癰疽也；奔風暴雨，此天地之喘乏也；雨澤不時，川源涸竭，此天地之焦枯也。良醫導之以藥石，救之以針劑；聖人和之以道德，輔之以人事。故體[33]有可愈之疾，天地有可銷之災。」又曰：「膽欲大而心欲小，智欲圓而行欲方。《詩》曰：『如臨深淵，如履薄冰。』謂小心也。『赳赳武夫，公侯干城。』謂大膽也。『不爲利迴，不爲義疚[34]。』行之方也。『見機而作，不俟終日。』智之圓也。」其文學也穎出，其道術也不可勝紀。高宗後無何，制授承務郎，致之尚藥局，不就。永徽三年二月十五日，晨起沐浴，儼其衣冠，端拱以坐，謂子孫曰：“我爲世人所逼，隱於洞府修鍊，將昇無何之鄉，臣於金闕，不能應召往來。”俄而氣絶，遺令薄葬，不設盟器牲牢之奠。月餘顔色不變，舉屍入棺，如空衣焉，已尸解矣。

張　　果

張果，隱於恒州條山，往來汾晉間，時人傳有長生祕術。耆老云，爲兒童時人見之，自言數百歲矣。唐太宗、高宗徵之不起，則天召之出山，佯死於妬女廟前。時方炎暑，須臾臭爛生蟲，於是則天信其死矣。後有人於恒州山中復見之。開元二十三年，明皇詔通事舍人裴晤馳驛於恒州迎之，果對晤氣絶而死。晤乃焚香，宣天子求道之意，俄頃漸蘇。晤不敢逼，馳還奏之。乃命中書舍人徐嶠、通事舍人盧重玄齎璽書迎果，果隨嶠到東京，於集賢院安置，肩輿入宮，備加禮敬。公卿皆往[35]拜謁，問以方外之事，皆詭對。每云“余是堯時丙子年人。”時人莫能測也。又云：“堯時爲侍中。”善於胎息，累日不食，時進美酒及三黃丸。明皇留之内殿，賜之酒。辭以小臣飲不過二升，有一弟子可飲一斗。明皇聞之喜，令召之。俄頃一小道士自殿簷飛下，年可十六七，美姿容，旨趣雅澹，謁見上，言辭清爽，禮貌臻備。明皇命坐，果曰：“弟子常侍立於側，不可賜坐。”明皇愈喜，賜酒，飲及一斗不醉。果辭曰：“不可更賜，過度必有所失，致龍顔一笑爾。”明皇又逼賜之，酒忽從頂湧出，冠子撲落地，化爲榼。明皇及嬪御皆驚笑，視之失[36]道士矣。但金榼在地覆之，榼貯一斗，驗之乃集賢院中榼也。累試仙術，不可窮紀。乃下詔曰：“恒州張果先生，遊方之外者也。跡先高尚，心入窅冥。是混光塵，應召城闕。莫知甲子之數，且謂羲皇上人。問以道樞，盡會宗極。今則將行朝禮，爰升寵命[37]。可銀青光禄大夫，號通玄先生。”果累陳老病，乞歸恒州。賜絹三百疋，隨從弟子二人，給驛肩昇到恒州，弟子一人放迴，一人相隨入山。天寶初，明皇又遣徵詔，果聞之示卒，弟子葬之。後發之，但空棺而已。

許宣平

許宣平，新安歙人也。睿宗景雲年中，隱於城陽山南塢，結菴以居，不知其服餌，但見不食，顏若四十許人，輕健行疾奔馬。時或負薪以賣，薪檐常掛一花瓢及曲竹杖，每醉行騰騰以歸，吟曰：「負薪朝出賣，沽酒日西歸。時人莫問我，穿雲入翠微[38]。」邇來三十餘年，或施人危急，或救人疾苦。城市之人多訪之，不見，但覽菴壁題詩云：「隱居三十載，築室南山巔。靜夜翫明月，閑朝飲碧泉。樵人歌壟上，谷鳥戲巖前。樂矣不知老，都忘甲子年。」好事者多誦其詩，有抵長安者，於驛路洛陽同華間傳舍，是處題之。天寶中，李白自翰林出，東遊經傳舍，覽詩吟之，嘆曰：「此仙人詩也。」詰之於人，得宣平之實。白於是遊及新安，涉溪登山，累訪之不得，乃題詩於菴壁曰：「我吟傳舍詩，來訪仙人居。煙嶺迷高跡，雲林隔太虛。窺庭但蕭索，倚杖空躊躕。應化遼天鶴，歸當千載餘。」宣平歸菴，見壁詩，又吟曰：「一池荷葉衣無盡，兩畝黃精食有餘。又被人來尋討著，移菴不免更深居。」其菴後爲野火燒之，莫知宣平蹤跡。後百餘載，至咸通十二年，郡人許明恕家有婢，常[39]逐伴入山採樵，一日獨於南山中，見一人坐石上，方食桃甚大，問婢曰：「汝許明恕家人也？」婢曰：「是。」其人曰：「我即明恕之祖宣平也。」婢言曰：「常聞家內說，祖翁得仙多年，無由尋訪。」宣平謂婢曰：「汝歸爲我向明恕道，我在此山中。與汝一桃食之，不得將出。山內虎狼甚多，山神惜此桃。」婢乃食之，甚美，頃之而盡。遣婢隨樵人歸家言之。婢歸覺檐樵輕健，到家具言：「入山逢祖翁宣平。」其明恕嗔婢將上祖之名牽呼，取杖打之。其婢隨杖身起，不知所之。後有人入山內逢見婢，童顏輕健，身衣樹皮，行疾如風，遂入[40]昇林木而去。

劉商

劉商，彭城人也，家於長安。好學強記，攻文，有《胡笳十八拍》，頗行於世，兒童婦女悉誦之。進士擢第，歷臺省爲郎中，性躭道術，逢道士即師資之，煉丹服氣，靡不勤切。每歎光景[41]甚促，筋骸漸衰，朝馳暮止，但自勞苦，浮榮世宦，何益於己？古賢皆墮官以求道，多得度世，幸畢婚嫁，不爲俗累，豈劣於許遠遊哉！是以託病，免官入道。遊及廣陵，於城街逢一道士賣藥，聚翫頗衆，人言多有靈效。衆中見商，目之甚相異，乃罷藥攜手登樓，以酒爲歡。道士所談，自秦漢歷代事，皆如目視。商頗爲異，即師敬之。復言神仙道術，不可得也。及暮，商歸僑止，道士下樓，閃然不見，商益訝之。翌日，又於街市訪之，道士仍賣藥，見商愈喜，復挈上酒樓，劇談歡醉，出一小藥囊贈商，并戲吟曰：「無事到揚州，相携上酒樓。藥囊爲贈別，千載更何求？」商記詞得囊，暮乃別去。後商尋之，不復見也。商乃開囊視，重重紙裹一胡蘆，得九粒藥如麻子，依道士口訣吞之，頓覺神爽不飢，身輕飄然。過江，遊茅山，久之復往宜興張公洞。當春之時，愛罨畫溪之景，乃入胡父渚葺居，隱於山中。近樵者猶見之，曰：「我劉郎中也。」莫知所止，蓋已爲地仙矣。

劉瞻

劉瞻音僭。小字宜哥，兄瞻也。瞻家貧好道，常有道士經其居，見瞻異之，問：「知道否？」曰：「知，然瞻性饒俗氣，業應未淨，遽可強學？」道士曰：「能相師乎？」瞻曰：「何敢？」於是師事之，隨道士入羅浮山。瞻與瞻俱讀書，瞻山栖求道，無巾裹鬠角，布衣事道士爲文[42]，而瞻性慕榮達。瞻謂瞻曰：「鄙必不第，則逸於山野；爾得第，則勞於塵俗，竟不及於鄙也。然慎於富貴，四十年當有驗。」曰：「神仙邈遠難求，秦皇漢武非不區區也；廊廟咫尺易致，馬周張嘉貞可以繼踵矣！"自後瞻愈精思於道，乃隱於羅浮山。瞻進士登科，屢歷清顯，及昇輔相，頗著燮調之稱。俄謫南行，次廣州潮臺，泊舟江濱。忽有鬃角布衣少年，衝暴雨而來，衣履不濕，欲見瞻，左右皆訝，乃語之："但言宜哥來也。"以白瞻，問形狀，具以對，瞻驚歎，乃迎而見之。瞻顏貌可二十來許，瞻已皤然衰朽爲逐臣，悲喜不勝。瞻復勉之："與爾爲兄弟手足，所痛曩日之言，今四十年矣！"瞻益感嘆，謂瞻曰："可復修之否？"瞻曰："兄身邀榮寵，職和陰陽，用心動靜，能無損乎？自非弟奈何。況已昇天仙，詎能救爾？今惟來相別，非來相救也。"於是同舟行，別話平生隔闊。一夕，失瞻所在。今羅浮山中，時有見者。瞻乃南行，歿於貶所矣。

羅萬象

羅萬象，不知何許人。有文學，明天文，洞精於《易》。節操奇特，惟[43]布衣遊行天下，居王屋山久之，後遊羅浮山，歎曰："此朱明洞天，昔葛稚川曾栖此以煉丹，今雖無鄧嶽相留，聊自駐泊爾。"於是愛石樓之景，乃於山下結菴以居。常餌黃精，服氣數十年。或出遊曾城、泉山、布水下採藥，及入福廣城市賣藥飲酒，來往無定，或一食則十數人之食，或不食則莫知歲月。光悅輕健，日行三四百里，緩行奔馬莫及。後却歸石樓菴，竟不復出，隱於山中矣。

司馬承禎[44]

司馬承禎字子微，博學能文。攻篆，迴爲一體，號曰金剪刀書。隱於天台山玉霄峯，自號白雲子，有服餌之術。唐則天累詔之不起，睿宗深尚道教，屢加尊異，承禎方赴召。睿宗問陰陽術數之事，承禎對曰："《老君經》云：'損之又損，以至於無爲。'且心目所見知，每損之尚未能已，豈復攻乎異端而增智慮哉？"睿宗曰："理身無爲則清高矣，理國無爲如之何？"對曰："國猶身也。《莊子》云：'游心於澹，合氣於漠，順於自然，乃無私焉，而天下理[45]。'《易》曰：'聖人者，與天地合其德。'是知天不言而信，不爲而成，無爲之旨，理國之要也。"睿宗深賞異，留之欲加寵位，固辭不可，告歸山。乃賜寶琴花帔以遣之，公卿多賦詩以送，常侍徐彥伯撮其美者三十[46]餘篇爲製序，名曰《白雲記》，見傳於世。時盧藏用早隱於終南山，後登朝居要官，見承禎將還天台，藏用指終南謂之曰："此中大有佳處，何必天台？"承禎徐對曰："以僕所觀，乃仕宦之捷徑爾！"藏用有慙色。明皇在宥天下，深好道術，徵詔承禎到京，留於內殿，頗加禮敬，問以延年度世之事。承禎隱而微言，明皇亦傳而祕之，故人莫[47]得知也。由是明皇理國四十五年，雖祿山犯闕，鑾輿狩蜀，及爲上皇迴，又七年，方始晏駕，雖由天數，豈非道力之助延長耶？初明皇登封泰山迴[48]，問承禎："五嶽何神主之？"對曰："嶽者山之巨鎮，而能出雷雨，潛諸神仙，國之望者爲之。然山林神也，亦有仙官主之[49]。"於是詔五嶽於山頂別置仙官廟，自承禎始也。又蜀女真謝自然[50]泛海將詣蓬萊求師，船爲風飄到一山，見道士指言："天台山司馬承禎名在丹臺，身居赤城，此真良師也。蓬萊隔弱水三十萬里，非舟楫可行，非飛仙無以到。"自然乃迴求承禎受度，後白日上昇而去。承禎居山，修真勤苦，年一百餘歲，童顏輕健，若三十許人。有弟子七十餘人，一旦告弟子曰："吾自玉霄峯東望蓬萊，常有真靈降駕。今爲東海青童君東華君所召，必須去人間。"俄頃氣絶，若蟬蛻，已解化矣！弟子葬其衣冠焉。

閭丘方遠

閭丘方遠字大方，舒州宿松人也。幼而辯慧，年十六，精通《詩》《書》，學《易》於廬山陳元晤[51]。二十九，問大丹於香林左元澤，澤奇之。後師事於仙都山隱真巖劉處靖，學修真出世之術。三十四，受法籙於天台山玉霄宮葉藏質，真文祕訣，盡以付授。而方遠守一行氣之暇，篤好子史羣書，每披卷必一覽之，不遺於心。常自言："葛稚川、陶貞白，吾之師友也。"銓《太平經》爲三十篇，備盡樞要，其聲名愈播於江淮間。唐昭宗景福[52]二年，錢塘彭城王錢鏐深慕方遠道德，禮謁於餘杭大滌洞，築室宇以安之，列行業以表之。昭宗累徵之，方遠以天文[53]推尋，秦地將欲荆榛，唐祚必當革易，俾之園綺，不出山林，竟不赴召。乃降詔褒異，就頒命服，俾耀玄風，賜號妙有大師玄同先生。闡揚聖化，啓發蒙昧，真靈事跡，顯聞吳楚。由是從而學者，若正一真人之在蜀，趙昇王長亦混於門下，弟子二百餘人，會稽夏隱言、譙國戴隱虞、滎陽鄭隱瑤、吳郡陸隱周[54]、廣陵盛隱林、武都章隱芝，皆傳道要而升堂奧者也。廣平程紫霄應召於秦宮，新安聶師道行教於吳國，安定胡謙光、魯國孔宗魯十人，皆受思真鍊神之妙旨。其餘遊於聖跡，藏於名山，不復得而記矣。天復二年二月十四日，沐浴焚香，端拱而坐，俟亭午而化，顏色怡暢，屈伸自遂，異香芬馥，三日不散。弟子以從俗葬，舉以就棺，但空衣而尸解矣。葬於大滌洞之傍白鹿山。後有道俗於仙都山及廬山累見之，自言："我捨大滌洞，歸隱灊山天柱源也。"

聶師道

聶師道字通微，新安歙人也。性聰淳直，言行謙謹，養親以孝聞，深爲鄉里所敬。少師事道士于方外，即德誨之從兄也。德誨自省郎出牧新安之二年，方外從之荆南書記。早捨妻子入道，學養氣修真之術，周遊五嶽名山到新安。德誨乃於郡之東山選勝地，構室宇以居之，目爲問政山房。而師道事之，辛勤十餘年，傳法籙修真之要。後出遊績溪山[55]，自言嘗覽內傳，見服松脂法，乃與道侶上百丈山採松脂。崖石迥[56]聳百丈，遂以名之，其四望高千餘仞。夜宿於崖頂松下，天清月朗，忽聞仙樂起自東南紫雲上，遥遥而來，遲緩過於石金山。石金與百丈，其高相等，雖平地隔三十里，山頂相望咫尺間。乃聞仙樂到彼輒少時，敲小皷三通復奏樂，金石笙簫，絲匏響亮，擊鼓而拍，莫審其曲調，聲揭而清，特異人間之樂，自三更及雞鳴而止。後問於山下人，是夜皆聞之。其同侶歎曰："方採靈藥，遽聞仙樂，豈非有感？此亦君得道之嘉兆矣！"其後遊行歸南嶽，禮玉清及光天二壇[57]，後泊招仙觀，入洞靈源。時當春景，聞蔡真人舊隱處不遠，有花木甚異，採樵者時或見蔡真人在其間。師道喜之，乃辟穀七日，晨起獨趨，山中漸行，見花有異香，不覺日晚。忽到大溪傍，見一樵人臨水坐於沙上，師道驟欲親近之，乃負薪將下溪，迴顧師道，却駐樵檐問："獨此何往？"應之曰："學道尋仙，深心所切，聞蔡真人隱此山，願一禮謁耳。"樵人曰："蔡君所居極深，人不可到。"師道曰："攀蘿登崖，已及於此，有山通行，豈憚遠近？"樵人又曰："日將暮矣，且行過此山，東有人家可宿。"師道欲隨樵人去，樵人遽入水，甚淺。及師道入水，極深而急，不敢涉。樵人曰："爾五十年後，方過得此溪。"目送樵人步水面而去不見，乃迴山東行十餘里，遙望見草舍三間，有籬落雞犬。漸近，見一人青白色似農者，年可三十，獨居，見師道到，甚訝師道深山自行。忽曰："家累俱出，何爲主人？"又問師道："此來何之？"應曰："尋蔡真人居。"主人曰："路上見一樵人否？"曰："見。"主人曰："此蔡道者，適過也。"師道聞之，禮祝曰："凡愚見仙聖不識，亦命也。"已逼夜，山林深黑，投宿無地。又問曰："從何來？"具以發跡新安尋真之由以對，乃許入其舍。復指師道令近火鑪邊牀上坐，曰："山中偶食盡，求之未歸。"師道曰："絶粮多時，却不以食爲念。"見火側有湯鼎，復有數箇黃甆合。主人曰："合内物皆堪喫，任意取之。"乃揭一合是茶，主人以湯潑，及喫，氣味頗異於常茶。復思茶更揭之，合不可開，遍揭諸合，皆不能開。師道心訝不似村人家，而不敢言。主人別屋睡，日高不起，又無火燭，睡中曰："此孤寂之處，忽病無以相待，前村人家甚多，可以往彼。"師道便行數里，不見人家，悉是崖險，乃迴，已迷向宿之處。復行約三十餘里，即逢見一老人，欣喜邀於石上坐，問入山之意。具以前事對之。老人曰："蔡君父子俱隱於此山。昨夜所宿之處，即其子也。"又曰:"爾道氣甚濃,仙骨未就,入山飢渴,何能却迴?"俄折草一莖與師道,形如薑苗而長尺餘,嚼之味甘美。復令取泉水,喫次舉頭,已失老人所在。師道悲歎不已,而覺食茶草之後,氣力輕健,愈於來時。却欲[58]泝山路尋宿處,其路已爲棘蔓蔽塞,前去不通,却迴招仙觀。衆道士忽見師道,驚異曰:"此觀地雖靈嶽,側近蟲獸甚多,人罕能獨行,何忽去月餘日?實久憂望。"師道曰:"昨日方去,始經一宿。"具言見樵人及宿處,又逢老人。道士皆歎曰:"吾輩雖同居此觀,徒爲學道,知有蔡真人,無緣一見。吾子夙有仙分,已見蔡君父子。其老人者,昔聞彭真人亦隱此山,豈非彭君乎?子一入山[59],遽逢三仙人。一日一宿,人間月餘矣!其實積習之命也。"師道深自歎異。

駐招仙觀修鍊逾年,後以親老思歸,却回問政山[60]。每入諸山拾薪厲藥,或逢虎豹,見師道垂耳搖尾,俯伏於地。師道以手撫而呼之,乃起隨行,或以薪藥附於背上負之,送歸而去。昔郭文舉[61]之居大滌洞伏虎亦如之,歙之近山頗有猛獸,而不爲人之害者,自師道之感也。其親時問師道遊學所益,具陳其事。親聞之而喜曰:"汝以孝養我,以道資我,亦幸爲汝母矣!此蓋宿慶之及也。"後又出遊,復思往南嶽九嶷山,早聞梅真人蕭侍郎皆隱玉笥山,時人多見之。梅即漢南昌尉福也,蕭即子雲字景喬,梁之公子,自東陽太守避侯景之亂,全家入山,二人俱得道於此。師道且止玉笥清虛觀,思慕梅蕭,三遊郁木坑,或冀一見。堅心以去,山行極深。忽見一人布衣烏紗帽,顏若五十許人,師道禮敬問之。初自稱行者,問師道何往?乃以尋梅蕭爲答。行者曰:"聞爾精勤慕道,遍訪名山,情亦非易。欲見二君,行者可以相引。爾宿業甚淨,已應玉籍有名,雖未便飛昇,當亦度世爾。"行者又曰:"我謝修通[62]也,恐爾未識,故以自言。本居南嶽,與彭、蔡同隱已三百年,知爾常遊洞靈源。我適爲東華君命主玉笥山林地仙,兼掌清虛觀境土社令。爾與我素有道緣,是得[63]相見。然梅蕭日中爲小有天王所召,恐未便還,非可俟也。"師道於是虔拜曰:"凡世肉人,謬探大道；凝神注想，以朝繼夕，未知要妙，若浮于海，詎識其涯？不期今日獲見道君，實百生之幸也。"修通曰："丹心懇苦，深可憫哉！爾世事未了，且當送爾出山路，往我所止。"隨行數里，忽見草舍兩間，甚新潔，有牀席，小鐺然火煎湯，儼若書生所居而無人。修通命師道入坐於木兔上，修通自坐白石鹿牀上。俄有一鬐角童，以湯一盌與師道，呷之，神氣爽然。又指令架上取書一卷[64]，修通曰："此《素書》也，但習之無怠，當得真旨。"師道意欲求住師學，未之啓言，而修通已知，曰："爾有親垂老，雖有兄能養，若欲更南遊，此未可言住。我弟子紫芝在九嶷山，若往彼見之，爲我傳語，兼出《素書》示之，得盡其旨矣。或不見，但投《素書》於毛如溪上洞中，仍題石壁記我傳語之意，紫芝當自授爾要道。"言訖，乃發遣師道迴，俄不見修通，已在郁木坑外[65]，師道入清虛觀矣。衆道士驚曰："一去七日而返，何之也？"師道具以對之，有道士二人欣躍，乞與師道共入郁木坑。到舊處，巖石草樹，歷歷宛然，但失其草舍，竟日悵望而迴。師道得《素書》，文字可識，皆說龜山王母理化衆仙祕要真訣也。他仙習此，當得昇天；世人授之，跡參洞府。其間有疑義，不可究也。後到南嶽[66]九嶷山湘真觀月餘，尋問紫芝蹤跡。咸言毛如溪有一隱士，莫知姓名，人或見者。師道累入山尋之不見，乃如修通之言，投書題石壁。後常夢神人稱紫芝，教之以釋凝滯，意乃醒然。經歲餘，復還問政，居二十餘年，每焚修即以二蔡、彭、謝真形畫像瞻禮，仍自以管幅編異，傳於道俗。

其後吳太祖霸江淮間，聞師道名迹，冀其道德，護於軍庶，繼發徵召，及至廣陵[67]，建玄元宮以居之。每昇壇祈恩禱福，水旱無不應致，天地感動，煙雲呈祥，是以人情咸依道化，境若華胥，俗皆可封，雖古今異時，寔大帝之介君也。乃降褒美爲逍遙大師問政先生，以顯國之師也。弟子鄒德匡、王處訥、楊匡翌、汪用真、程守朴、曾景霄、王可儒、崔繹然、杜崇真、鄧啓遐、吳知古，皆得妙理[68]，傳上清法，散於諸州府，襲真風而行教，朝廷皆命以紫衣，光其玄門。有秦、吳、荊、齊、燕、梁、閩、蜀之士，咸來逾紀，勤苦奉事。師道常謂之曰：

"我無道術，何以遠來若此？"弟子皆曰："昔張君居蜀，天下之人悉往師之，隨其所修，各授以道要焉，羣弟子執奴僕之役，久而不去者，方得成仙。今悉是枯骨子孫，日逼朽腐，思避短景，希度長生，願無却懇切也。"然師道以仁慈接衆，言不阻違，隨其性識，指以道要，若久行霧露，餘潤漬衣，近羅沉檀，輕香襲體。由是居廣陵三十餘年，有弟子五百餘人。而師道胎息已久，鍊丹有成，一旦告弟子曰："適爲黑幘朱衣一符吏告，我爲仙官所召，必須去矣！"頃之，異香滿室，雲鵠近庭，若真靈所集，爽然言別而化，弟子殮之，棺忽有聲，視之若蟬蛻，尸解矣！後數日，人自豫章來，見之領一鬠角童隨行，道俗多識之，咸問："何爲遠遊？"曰："離南嶽多年，今暫往爾。"所在多泊舊遊宮觀而去。半年後，有人自長沙來，亦如豫章所見，復言衡陽路見歸洞靈源去。樵人言五十年後過此溪，適足驗矣！詳其由來，是二蔡、彭、謝之儔侶也。隱化而往，絕世思望，神仙皆然矣。

殷文祥

殷七七名文祥，又名道筌，常自稱七七，俗多呼之，不知何所人也。遊行天下，人言久見之，不測其年壽，面光白，若四十許人，到處或易其姓名不定。曾於涇州賣藥，時靈臺蕃漢，疫癘俱甚，得藥入口即愈，皆謂之神聖。得錢即施之於人，而常醉於城市間。周寶於長安識之，尋爲涇原節度，迎之禮重，慕之道術還元之事。及寶移鎮浙西數年後，七七忽到復賣藥。寶聞之驚喜，遽召之，師敬益甚。每醉自歌曰："解醞須臾酒，能開頃刻[69]花。琴彈《碧玉調》，鑪鍊白朱砂。"寶嘗試之，悉有驗。其於種瓜釣魚，若葛仙公術也。鶴林寺杜鵑花高丈餘，每春末花爛熳。僧傳言："貞元年中，有外國僧自天台鉢盂中以藥養其根來種之。"自後構飾，花院鎖閉，人或窺見女子紅裳艷麗，遊於樹下。有輒採花折枝者，必爲所祟，俗傳女子花神也。所以人共保惜，故繁艷異於常花。其花欲開，探報分數，節度使賓寮官屬，繼日賞翫，其後一城士女四方之人，無不以酒樂遊從。連春入夏，自旦及昏，閭里之間，殆于廢業。寶一日謂七七曰："鶴林之花，天下奇絕，嘗聞能開非時之花，此可開否？"七七曰："可也。"寶曰："今重九將近，能副此日否？"七七諾之，乃前三日往鶴林寺宿焉。中夜女子來謂七七曰："道者欲開此花耶？"七七乃問："何人深夜到此？"女子曰："妾爲上玄所命，下司此花，在人間已逾百年，非久即歸閬苑去，今與道者共開之，非道者無以感妾。"於是女子倏然不見。來日晨起，寺僧或[70]訝花漸拆藥。及九日，爛熳如春，乃以聞寶，一城士庶異之，遊賞復如春夏間。數日花俄不見，亦無落花在地。後七七偶到官僚家，適值會賓次，主與賓趨而迎之，有佐酒倡優共輕侮之。七七乃白主人："欲以二栗爲令，可乎？"咸喜，謂必有戲術資於歡笑。乃以栗巡行，嗅者皆聞異香驚嘆。惟佐酒笑七七者二人嗅之，化作石，綴於鼻，掣不落，但言穢氣不可堪。二人共起狂舞，花鈿委地，相次悲啼，粉黛交下，優伶輩一時辭舞[71]，鼓樂自作聲，頗合節奏，曲止而舞不已，一席之人，笑皆絕倒。久之，主人祈謝於七七，有頃，石自鼻落復爲栗，傳之皆有異香，及花鈿粉黛悉如舊，略無所損，咸敬事之。又七七酌水爲酒，削木爲脯，使人退行，止船即住，呼鳥自隨，唾魚即活，撮土畫地狀山川形勢，折茆聚蟻變城市人物，有人曾經行處見之，言歷歷皆似，但小狹爾。凡諸術不可勝紀。後二年，薛玄[72]、劉浩作亂，寶南奔杭州。而寶總戎爲政，刑或[73]無辜，前上饒牧陳全裕經其境，構[74]之以禍，赤[75]其盡族。寶八十三，筋力尤壯，女妓百數，蓋得七七之術，後爲無辜及全裕作厲，一旦忽殂。七七，劉浩軍變之時，在甘露寺爲眾僧推落北崖[76]，謂墮江死矣。其後，人見在江西十餘年賣藥，入蜀莫知所止。其鶴林花，兵火焚樹失根株，信歸閬苑矣。

譚峭

譚峭字景升，國子司業洙之子。幼而聰明，及長頗涉經史，強記，問無不知，屬文清麗。洙訓以進士爲業，而峭不然，迥好黃老諸子，及周穆漢武茅君《列仙內傳》，靡不精究。一旦告父出遊終南山，父以終南山[77]近京都，許之。自經終南、太白、太行、王屋、嵩、華、泰嶽，迤邐遊歷名山，不復歸寧。父馳書責之，復謝曰："茅君昔爲人子，亦辭父學仙，今峭慕之，冀其有益。"父母以其堅心求道，豈以世事拘之？乃聽其所從。而峭師於嵩山道士十餘年，得辟穀養氣之術，惟以酒爲樂，常醉騰騰，周遊無所不之。夏則服烏裘，冬則綠布衫，或臥於風雨雪霜中經日，人謂[78]已斃，視之氣出咻咻[79]然。父常念之，每遣家僮尋訪，春冬必寄之衣及錢帛，捧之且喜，復書遽遣家僮，乃厚遺之。纔去，便以父所寄衣出街路，見貧寒者與之，及寄於酒家，一無所留。人或問之："何爲如此？"曰："何能看得？盜之所竊，必累於人。不衣不食，固無憂也。"常欣欣然，或謂風狂。每行吟曰："線作長江扇作天，靸鞋拋向海東邊。蓬萊信道無多路，只在譚生柱杖前。"爾後居南嶽鍊丹成，服之，入水不濡，入火不灼，亦能隱化，復入青城而去。

杜　昇

杜昇字可雲，自言京兆杜陵人也，莫測其年壽。不食，常飲酒，三斗不醉，顏甚悅澤，若三十許人。裹大方巾，破帽，冬夏常著綠布衫。而言談甚高，頗有文學。人有與換新巾衫必受之，舊者堅不脫，得新者出門逢人便與。常遊城市間[80]，醉行能沙書，好於水椀及盆內，以沙書龍字浮而左右轉，或叱之則飛起高丈餘，隱隱若雲霧，作小龍形，呼之復下水中。不就人求錢，人自以錢與之，召人穿擔行，少頃之間，得錢甚多，便散與貧人及酒家。如此到處日日爲之，人皆不厭，以錢與之，疑以術惑於衆也。冬則臥於雪中三兩日，人以爲殭斃矣，或撥看之，徐起抖擻雪而行，猶若醺酣，氣出如夏醉睡醒也。杜孺休，邠國公琮之子也，爲蘇州牧，或聞可雲在城市，極喜，乃延入州拜之，呼爲道翁。賓客僚屬皆訝之，孺休曰："先君出鎮西川，日與此道翁深相喜重[81]，常來去書齋中，時孺休纔年十餘歲，今五十餘歲，別道翁四十年，而裝飾顏貌一如當時。"乃留之郡齋，咨以道術。可雲曰："但以政化及人，慈愛爲意。況今多事，尤在保身。未能脫屣世塵，委家林野，宜遠於兵傷，道術詎可問也？"時郡人以錢帛與之，阻讓不可，出城便散與人，孺休敬之愈甚。可雲或與孺休賓僚聚飲，有唱和者，而可雲出口成章，屬章[82]深遠，多神仙旨趣，人無以綴之。後軍亂，孺休果爲兵傷而死；可雲，人見亦被傷殺。頃之，但有舊衫一領，作三四段斫破痕在地。後數日，人多見過松江浙江，經杭越衢信入江西，巿[83]醉吟沙書如故。又一年，人於湖南見之，問蘇州事，歷歷話而笑。復言："曾居南嶽，即當去矣！"詳而究之，是得隱形解化之道，人莫可知也。

羊愔

羊愔，太山人也。以世禄官，家於縉雲。明經擢第，解褐嘉州[84]夾江縣尉，罷歸縉雲。兄忻[85]爲台州樂安令，愔幽棲括蒼山，性惟沉静，薄於世榮，志尚逍遥，常慕道術。一旦妻暴亡，曰："莊生皷盆，洞[86]爲達者，今樂矣，葬之不亦宜乎！男且有業，女已有歸，永無累也。"後遊阮郎亭，崖上去地十餘丈，有篆書刻石，字極大，世傳言阮肇題。後盛成使匠人鑿石摸搭，驗之，乃唐李陽冰常爲縉雲令遊此亭題。詩曰："阮客身何在？仙雲洞口橫。人間不到處，今日此中行。"愔於亭側，與縉雲觀道士數人花時飲酒，日午忽仆地若斃，氣息猶暖，乃舁還家，七日方醒。鄉里之人與道士俱往問之，愔曰："初爲一人，青幘絳服，自稱靈英，邀入洞府中。見樓觀宏麗，鸞鵠徘徊，天清景暖，異於人間。須臾，一石穴中有物飛出，狀如簦，青色柄長。靈英指之曰：'此青靈芝也，可食之得仙。'愔覺飢方甚，取坐於石上食之，味甘美，俄而都盡。靈英曰：'爾夙有仙分，今日遽得見仙官。'乃引見仙官戴遠遊冠霞帔三人，文武侍從極多。靈英謂憎曰：'一人小有天王君，一人華陽大茅君，一人隱玄天佐命君。'憎歷拜之，咸曰：'有仙骨，未能飛昇，猶宜地上修鍊。'俄而靈英送出，乃括蒼洞西門也。憎方悟。"此身後不喜穀氣，但飲水三升，日食百合一盞，身輕骨節皆動，抖擻如竹片及拍板聲。又多言語吟詠，若與人談話，晝夜不已。時或以紙三二百幅書之，頃刻皆遍文字，人莫識之。憎讀之，悉是文章。道侶好事者依口錄之，實亦清辭麗句，多神仙瀛洲閬苑之意。如此經年，清瘦輕健。有不信者，謂之妖物所魅。及二年，漸肥白，不喜食百合，惟飲水飲酒。三年鬢髮如漆，面有童顏，行步輕健似飛，飲酒三斗不醉。衣布褐[87]，後南行入委羽山，人莫得見。

【校記】

〔1〕"難"，《道藏》本《續仙傳序》作"稀"。

〔2〕"載"，上序作"長"。

〔3〕"述云"二字，上序無。

〔4〕"質"，上序無。

〔5〕"西塞山邊白鳥飛"，《全唐詩》卷三〇八張志和《漁父歌》"邊"作"前"，"鳥"作"鷺"。

〔6〕"傳寶"，《太平廣記》卷二七《玄真子傳》作"寶傳"。

〔7〕"王玄真"，《道藏》本《續仙傳》卷上《朱孺子傳》作"王元正"，下同。

〔8〕"頗好道愛客，務行陰德爲意"，《道藏》本《續仙傳》卷上《王老傳》"意"作"善"，無"愛客"二字。

〔9〕"收"原作"以"，據《道藏》本《續仙傳》卷上《馬自然傳》改。

〔10〕"但使以飯"，上書及《太平廣記》卷三三《馬自然傳》"使"作"資"，《仙鑑》卷三六《馬湘傳》作"但使人以飯"。

〔11〕"致"前，《道藏》本《續仙傳》卷上《馬自然傳》有"兩截"二字。

〔12〕"已"字原無，據上書增。

〔13〕"無定"原作"定止",據《道藏》本《續仙傳》卷上《鄔通微傳》改。

〔14〕"迥"原作"迴",據《道藏》本《續仙傳》卷上《金可記傳》改。

〔15〕"遂"原作"道",據上書改。

〔16〕"看待",上書作"看侍"。

〔17〕"居"原作"房",據上書改。

〔18〕"言不作蒜氣味,如異香",《道藏》本《續仙傳》卷上《宋玄白傳》作"言不作蒜味,有如異香"。

〔19〕"詿",上書作"怪"。

〔20〕"忏悞",上書作"不悟",《太平廣記》卷四七《宋玄白》作"干忤"。

〔21〕"其"原作"具",據《道藏》本《續仙傳》卷上《鄭去奢傳》改。

〔22〕"謂"原作"爲",據上書改。

〔23〕"劒",上書作"神仙告"。

〔24〕"小蛇",《道藏》本《續仙傳》卷中《孫思邈傳》作"小青蛇"。

〔25〕"人"字原無,據上書增。

〔26〕"白帢帽"原作"裕帽",據上書改。

〔27〕"呼帢帽爲君王"原作"呼裕帽君王",據上書改。

〔28〕"與先生",上書作"與思邈,謂曰"。

〔29〕"時"原作"盛",據上書及《大唐新語》卷十《孫思邈傳》改。

〔30〕"盛"原作"時",據上二書改。

〔31〕"遐夭",《大唐新語》卷十《孫思邈傳》作"彭殤"。

〔32〕"竭而爲焦枯"原作"竭此而爲焦枯",據上書及《道藏》本《續仙傳》卷中《孫思邈傳》刪。

〔33〕"體"原作"人",據上二書改。

〔34〕"疢"原作"疾",據上二書改。

〔35〕"往"原作"生",據《道藏》本《續仙傳》卷中及《仙鑑》卷三七《張果傳》改。

〔36〕"失"原作"夫",據《仙鑑》卷三七《張果傳》改。

〔37〕"今則將行朝禮,爰升寵命",《道藏》本《續仙傳》卷中《張果傳》作"今則將命鶴書之禮,爲旌蟬蛻之流"。

〔38〕"時人莫問我,穿雲入翠微",《道藏》本《續仙傳》卷中《許宣平傳》作"路人莫問歸何處,穿白雲行入翠微"。

〔39〕"常"原作"當",據上書改。

〔40〕"入",上書作"之"。

〔41〕"景",《太平廣記》卷四六《劉商傳》作"陰"。

〔42〕"瞎山栖求道,無巾裹鬢角,布衣事道士爲文",《道藏》本《續仙傳》卷中《劉瞎傳》作"爲文,而瞎性唯高尚"。

〔43〕"惟"字,《道藏》本《續仙傳》卷中《羅萬象傳》無。

〔44〕"禎",原避宋仁宗諱作"貞",據《道藏》本《續仙傳》卷下及《仙鑑》卷二五《司馬承禎傳》改,下同。

〔45〕"順於自然,乃無私焉,而天下理",《莊子·應帝王》"於"作"物","乃無"作"而無容","理"作"治矣"。

〔46〕"三十",《道藏》本《續仙傳》卷下《司馬承禎傳》作"二十"。

〔47〕"莫"原作"其",據《四部叢刊》本改。

〔48〕"明皇在宥天下"至"初明皇登封泰山迴"一〇三字,《道藏》本《續仙傳》卷下、《仙鑑》卷二五《司馬承禎傳》作"明皇詔於王屋山置壇室以居之。承禎善篆隸金剪刀書,自成一家體。帝命以三體寫老子,刊正文句。嘗鑄含象鑑震景劍進之。命光禄卿韋滔至所居按金籙設祠厚賜。上封泰山回"。

〔49〕"而能出雷雨"至"仙官主之"二十六字,上二書作"而能出雲降雨,爲國之望。然靈仙所隱,別有仙官主之"。

〔50〕"謝自然",上二書作"焦静真"。

〔51〕"精通詩書,學易於廬山陳元晤","晤"原作"晤",據《道藏》本《續仙傳》卷下及《仙鑑》卷四〇《閭丘方遠傳》改。"精通詩書",上二書作"通經史"。

〔52〕"唐昭宗景福"原作"唐景祐",據上二書改。

〔53〕"文"原作"又",據上二書改。

〔54〕"陸隱周","陸",上二書分別作"凌""陵"。

〔55〕"績溪山","績"原作"續",據《道藏》本《續仙傳》卷下及《仙鑑》卷四一《聶師道傳》改。

〔56〕"迥"原作"迴",據上二書改。

〔57〕"光天二壇",上二書作"光天碧玉二壇"。

〔58〕"却欲",上二書作"欲却"。

〔59〕"山"原作"見",據上二書改。

〔60〕"山"後疑脱"房"字。

〔61〕"舉"原作"泰",據《道藏》本《續仙傳》卷下及《仙鑑》卷四一《聶師道傳》改。

〔62〕"謝修通",上二書作"謝通修",下同。

〔63〕"得"原作"時",據上二書改。

〔64〕"架上取書一卷"原作"架上自袖取書一卷",據上二書删。

〔65〕"外"字原無,據上二書增。

〔66〕"後到南嶽",《道藏》本《續仙傳》卷下《聶師道傳》作"後南遊到"。

〔67〕"繼發徵召,及至廣陵"原作"繼發召止及廣陵",據上書改。

〔68〕"皆得妙理",《仙鑑》卷四一《聶師道傳》作"皆爲入室弟子",其前尚有"范可保劉日祥康可久王栖霞等"十三字。

〔69〕"頃刻",《太平廣記》卷五二《殷天祥傳》作"非時"。

〔70〕"或",《道藏》本《續仙傳》卷下《殷文祥傳》作"忽"。

〔71〕"辭舞",上書及《仙鑑》卷三八《殷文祥傳》作"亂舞"。

〔72〕"薛玄",《道藏》本《續仙傳》卷下《殷文祥傳》作"薛朗"。

〔73〕"或",上書作"及"。

〔74〕"構"原作夾注"御名",據上書改。

〔75〕"赤"原作"亦",據《仙鑑》卷三八《殷文祥傳》改。

〔76〕"在甘露寺爲衆僧推落北崖",原無"在"字、"僧"字,據《道藏》

本《續仙傳》卷下《殷文祥傳》增。

〔77〕"終南山"原無"終"字，據《道藏》本《續仙傳》卷下《譚峭傳》增。

〔78〕"謂"原作"爲"，據上書及《仙鑑》卷三九《譚峭傳》改。

〔79〕"咻咻"原作"怵怵"，上二書分別作"休休""怵怵"，按文意改作"咻咻"。蔣力生等校注本引《四庫》本作"恷恷"。

〔80〕"間"原作"門"，據《道藏》本《續仙傳》卷下及《仙鑑》卷三九《杜昇傳》改。

〔81〕"深相喜重"，《道藏》本《續仙傳》卷下《杜昇傳》作"深相善"。

〔82〕"屬章"，上書作"意思"，《仙鑑》卷三九《杜昇傳》作"屬意"。

〔83〕"市"，《道藏》本《續仙傳》卷下《杜昇傳》作"市中"。

〔84〕"嘉州"原作"喜州"，據《道藏》本《續仙傳》卷下《羊愔傳》改。

〔85〕"忻"，上書作"忱"。

〔86〕"迥"，上書作"深"，《仙鑑》卷三九《羊愔傳》作"以"。

〔87〕"衣布褐"，《道藏》本《續仙傳》卷下《羊愔傳》及《仙鑑》卷三九《羊愔傳》分別作"始衣布褐""居常衣布褐"。

雲笈七籤卷之一百一十四

傳

墉城集仙錄叙[1]

　　《墉城集仙錄》者，紀古今女子得道昇仙之事也。夫去俗登仙，超凡證道，駐隙馬風燈之景，享莊椿蟾桂之齡，變泡沫之姿，同金石之固，長生度世，代有其人。綿歷劫年，編載經誥，玄圖祕錄，燦然可觀。神仙得道之蹤，或品昇上聖，或秩預高真；或統御諸天，或主司列嶽；或騎箕浮漢，或隱月奔晨；或朝宴九清，或徊翔八極。開皇已往，劫運之前，《三洞》寶書，多所詳述。洎九皇三古之後、服牛乘馬已還，皆輟天府而下拯生靈，由仙曹而暫司宰制，垂法立教，秉國佐時，儒籍史臣，備顯其事。至有韜光混跡，駕景登晨。或功著巖林，遡煙霞而輕舉；或身離囂濁，控鸞鶴以沖虛；或躬贊帝王，或樂居畎俗。陰功克就，玄德昇聞，使雞犬以俱飛，拔庭除而共舉。光于簡冊，無世無之。昔秦大夫阮蒼、漢校尉劉向，繼有述作，行於世間。次有《洞冥書》《神仙傳》《道學傳》《集仙傳》《續神仙傳》《後仙傳》《洞仙傳》《上真記》，編次紀錄，不啻十家。又《名山》《福地》之篇，《括地》《山海》之説，《搜神》《博物》之記，仙方藥品之文，旁引姓名，別書事跡，接於聞見，詎可勝言？則神仙之事，煥乎無隱矣！

　　常俗之流，或言神仙者，必俟身形委謝，魂識成真，而後謂之神仙，非是骨肉昇騫，此蓋愚瞽，未達之甚也！何者？《真經》云："得道去世，或隱或顯。證道雖一，修習或殊。"故云神仙之道百數，非一途所限，非一法所拘也。或爲真人之友，或爲天帝之賓，倏忽而龍駕來迎，參差而雲駢遐邁者，則谷希、長里[2]、青光、赤松之例是也；或受書稟籙，陰景鍊形，靈肉再生，前功克懋者，則五老上帝、四極真王之例是也；或精誠不易，試難不移，目注崑丘，心朝大帝，而得道者，黃觀、韋道微、傅君之例是也。況復《大洞》《七變》，《八稟》《三圖》，《胎精》《斑符》，《隱芝》《曲素》，《玉精》《金液》，《黃水》《祕符》，赤樹青英，環剛絳實，白羽皇象，九轉八瓊，服之而化鳳化龍，餌之而爲金爲玉。復有《金璫》《玉珮》之訣，《三皇》《八景》之文，《華丹》《素奏》之靈，《神虎》《金真》之要，飛行之羽，超虛躡空；流金之光，攝神制逆。翱翔則翠羽玄翮，控御則飛蓋曲晨。《七十四方》之所修，靡虧毫髮；三十七色之所授，漸備羽儀。至或降九錫以騰凌，踐七試而貞介，資師祕訣，證自我心，曆象不能易其堅，雷霆不能駭其聽，富貴不能惑其志，聲色不能誘其衷，此則我命在我，長生自致。故古今得者，詎可殫論。南真云："功滿三千，白日昇天。弘道无已，自致不死。"此之謂也。

夫神仙之上者，雲車羽蓋，形神俱飛；其次牝谷幽林，隱景潛化；其次解形託象，虵蛻蟬飛。然而沖天者爲優，尸解者爲劣。又有積功未備，累德未彰；或至孝至忠，至貞至烈；或心不忘道，功未及人，寒棲獨鍊於己身，善行不加於幽顯者，太上以其有志，太極以其推誠，限盡而終，魂神受福者[3]，得爲善爽之鬼。地司不制，鬼錄不書，逍遙福鄉，逸樂遂志，年充數足，得爲鬼仙。然後昇陰景之中，居王者之秩，積功累德，亦入仙階矣。如此則善不徒施，仙固可學，功無巨細，行無洪纖，在立功而不休，爲善而不倦也。修習之士，得不勖哉！

又一陰一陽，道之妙用，裁成品物，孕育羣形，生生不停，新新相續。是以天覆地載，清濁同其功；日照月臨，晝夜齊其用。假彼二象，成我三才。故木公主於《震》方，金母尊於《兌》澤，男真女仙之位，所治昭然。觀夫誥籍之中，圖傳所述，混同載錄，未有解張。今按上清七部之經，存注修行之事；日月五星之内，空常飛步之篇。元父玄母以兼行，陽號陰名而具著，纂彼衆説，集爲一家，女仙以金母爲尊，金母以墉城爲治，編記古今女仙得道事實，目爲《墉城集仙録》。上經曰："男子得道，位極於真君；女子得道，位極於元君。"此傳以金母爲主，元君次之，凡十[4]卷矣。廣成先生杜光庭撰。

西王母傳[5]

西王母[6]者，九靈太妙龜山金母也，一號太靈九光龜臺金母，亦號曰金母元君[7]，乃西華之至妙洞陰之極尊。在昔道氣凝寂，湛體無爲，將欲啓迪玄功，生化萬物。先以東華至真之氣，化而生木公焉。木公生於碧海之上，蒼靈之墟，以主陽和之氣，理於東方，亦號曰王公焉。又以西華至妙之氣，化而生金母焉。金母生於神洲伊川，厥姓緱氏，生而飛翔，以主陰靈之氣，理於西方，亦號王母。皆挺質太无，毓神玄奥，於西方眇莽之中，分大道純精之氣，結氣成形，與東王木公共理二氣，而育養天地，陶鈞萬物矣。體柔順之本，爲極陰之元，位配西方，母養羣品。天上天下，三界十方，女子之登仙得道者，咸所隸焉。所居宫闕，在龜山之春山西那之都[8]，崑崙玄圃閬風之苑，有金城千重，玉樓十二，瓊華之闕，光碧之堂，九層玄臺，紫翠丹房，左帶瑶池，右環翠水，其山之下，弱水九重，洪濤萬丈，非飆車羽輪不可到也。所謂玉闕墅天，緑臺承霄，青琳之宇，朱紫之房，連琳綵帳，明月四朗。戴華勝，佩靈章，左侍仙女，右侍羽童，寶蓋沓映，羽旂麾庭，軒砌之下，植以白環之樹，丹剛之林，空青萬條，瑶榦千尋，無風而神籟自韻，琅然皆九奏八會之音也。神洲在崑崙之東南，故《爾雅》云"西王母日下"是矣。又云，王母"蓬髮戴勝，虎齒善嘯"者，此乃王母之使，金方白虎之神，非王母之真形也。元始天王授以萬天元統龜山九光之籙，使制召萬靈，統括真聖，監盟證信，總諸天之羽儀，天尊上聖朝宴之會，考校之所，王母皆臨映焉！《上清寶經》，《三洞玉書》，凡所授度，咸所關預也。

昔黃帝討蚩尤之暴，威所未禁，而蚩尤幻化多方，徵風召雨，吹煙噴霧，師衆大迷。帝歸息太山之阿，昏然憂寐。王母遣使披玄狐之裘[9]，以符授帝曰："太一在前，天一在後，得之者勝，戰則剋矣"。符廣三寸，長一尺，青瑩如玉，丹血爲文。佩符既畢，王母乃命一婦人，人首鳥身，謂帝曰："我九天玄女也。"授帝以三宮五意陰陽之略[10]，太一遁甲六壬步斗之術，陰符之機，靈寶五符五勝之文[11]，遂尅蚩尤於中冀，剪神農之後，誅榆岡於阪泉，而天下大定，都於上谷之涿鹿。又數年，王母遣使白虎之神，乘白虎，集帝之庭，授以《地圖》。其後虞舜攝位，王母遣使授舜白玉環，又授益《地圖》，遂廣黃帝之九州爲十有二州。王母又遣使獻舜皇琯，吹之以和八風。《尚書帝驗期》曰："王母之國，在西荒之野。"昔茅盈字叔申，王褒字子登，張道陵字輔漢，洎九聖七真，凡得[12]受書者，皆朝王母於崑陵之闕焉。時叔申、道陵侍太上道君乘九蓋之車，控飛虬之軒，越積石之峰，濟弱流之津，渡白水，凌黑波，顧盼倐忽，謁王母於闕下。子登清齋三月，王母授以《瓊華寶曜七辰素經》。茅君從西城王君詣白玉龜臺朝謁王母，求乞長生之道曰："盈不肖之軀，慕龍鳳之年，欲以朝菌之脆，求積朔之期。"王母愍其勤志，告之曰："吾昔師元始天王及皇天搏桑帝君，授我以玉珮金璫二景纏練之道，上行太極，下造十方，溉月咀日，以入天門，名曰玄真之經，今以授爾，宜勤修焉！"因敕西城王君一一解釋以授焉。又授寶書《四童散方》。洎周穆王滿，命八駿與七萃之士，騕褭、赤驥、盜驪[13]、山子之乘，駕以飛軿之輪，栢夭導車，造父爲右，風馳電逝三千里，越剖間無臬之鄉，犀玉玄池之野，吉日甲子，黿鼉魚龜爲梁，以濟弱水，而昇崑崙玄圃閬風之野，而賓于王母。穆天子持白珪重錦以爲王母之壽，謌白雲之謠，刻石紀迹于弇山之上，而還中土矣。

世之昇天之仙，凡有九品：第一上仙號九天真王，第二次仙號三天真皇，第三號太上真人，第四號飛天真人，第五號靈仙，第六號真人，第七號靈人，第八號飛仙，第九號仙人。凡此品次，不可差越。然其昇天之時，先拜木公，後謁金母，受事既訖，方得昇九天，入三清，拜太上，覲奉元始天尊耳。故漢初有四五小兒戲於路中[14]，一兒謳曰："著青裙，入天門。揖金母，拜木公。"時人皆莫知之，唯張子房知之，乃往拜焉，曰："此乃東王公之玉童也。"仙人行道昇天，當揖金母而拜木公也，自非沖虛登真之子，莫知其津矣。

漢孝武皇帝徹好長生之道，以元封元年登嵩高之嶽，築尋真之臺，齋戒精思。四月戊辰，王母使墉城玉女王子登來，語帝曰："聞子欲輕四海之祿，迁萬乘之貴，以求長生，真乎勤哉！七月七日，吾當暫來也。"帝問東方朔，審其神應，乃清齋百日，焚香宮中。夜二唱之後，白雲起於西南，鬱鬱而至，徑趣宮庭。漸近，則雲霞九色，簫鼓震空，龍鳳人馬之衆，乘麟駕鹿之衛，科車天馬，霓旍羽幢，千乘萬騎，光耀宮闕。天仙[15]從官，森羅億衆，皆長丈餘。既至，從官不知所在。王母乘紫雲之輦，駕九色斑龍，帶天真之策，佩金剛靈璽，黃錦之服，文彩鮮明，金光奕奕，腰分景[16]之劍，結飛雲大綬，頭上華髻，戴太真晨纓之冠，躡方瓊鳳文之履，可年二十許，天姿奄[17]藹，靈顏絶世，真靈人也。下車扶侍二女，登牀東向而坐。帝拜，跪問寒溫，侍立良久，呼帝使坐，設以天廚，芳華百果，紫芝萎蕤，紛若填擦，精珍異常，非世所有，帝不能名也。又命侍女取桃，玉盤盛七枚，大如鶬音保，與鴇同。子，四以與帝，母自食三。帝食桃輒收其核，母問："何爲？"帝曰："欲種之耳。"母曰："此桃三千歲一實，中國土地薄，種之不生如何？"於是王母命侍女王子登彈八珍之璈，董雙成吹雲和之笙，石公子擊昆庭之玉，許飛瓊鼓震靈之簧，婉凌華拊吾陵[18]之石，范成君拍洞陰之磬，段安香作九天之鈞，安法嬰[19]歌玄靈之曲，衆聲激朗，清音駭空。歌畢，帝下席叩頭，以問長生之道。王母曰："汝能賤榮樂卑，耽虛味道，自復佳耳！然汝情[20]恣體欲，淫亂過甚，殺伐非法，奢侈恣性。夫侈者，裂身之車也；淫者，破身之斧也；殺者，響對；奢者，心爛。積欲則神隕，聚穢[21]則命斷，以子蕞爾之身，而宅殘形之賊；盈尺之材，乃攻之者百刃，欲以解脫三尸，全身永久，不可得也。

有似無翅之鷃，願鼓天池；朝生之菌，而樂春秋者哉！若能蕩此衆亂，撥穢易意，保神氣於絳府，閉淫宮而不開，静奢侈於寂室，愛衆生而不危，守慈務施，鍊氣惜精。儻有若斯之事，豈無髣髴耶？若不爾者，譬如抱石而濟長河耳！"帝跪受王母之誡，曰："徹不才，沉淪流俗，承禪先業，遂羈世累，刑政乖謬，罪積丘山。今日之後，請事斯語矣！"王母曰："夫養性之道，理身之要，汝固知矣，但在勤行不息也。我師元始天王昔於嚴[22]霄之臺，授我要言曰：'欲長生者，先取諸身。堅守三一保靈根，玄谷華醴[23]灌沉珍，溉長清精入天門。金室宛轉在中關，青白分明適泥丸，養液閉精具身神。三宮備衛存絳宮，黃庭戊己無流源，徹通五臟十二綸。吐納六府魂魄欣，却此百病辟熱寒，保精留命永長存。'此所謂呼吸太和，保守自然，真要道者也。凡人爲之，皆必長生，亦可役使鬼神，遊戲五嶽，但不得飛空騰虛而已。汝能爲之，足可度世也。夫學仙者，未有不由此而始也。至若太上靈藥，上帝奇物，地[24]下陰生，重雲妙草，皆神仙之藥也。得上品者，後天而老，乃太上之所服，非中仙之所寶。其中品者，有得服之，後天之逝，乃天真之所服，非下仙之所逮。其次藥有九丹金液，紫華虹英，太清九轉，五雲之漿，玄霜絳雪，騰躍三黃，東瀛白香，玄洲[25]飛生，八石千芝，威喜九光，西流石膽，東滄青錢，高丘餘糧，積石瓊田，太虛還丹，盛以金蘭，長光絳草，雲童飛干，有得服之，白日昇天。此飛仙之所服，非地仙之所聞。其下藥有松栢之膏，山薑沉精，菊花澤瀉，苟杞茯苓，菖蒲門冬，巨勝黃精，靈飛赤板，桃膠木英，升麻續斷，威蕤黃連，如此下藥，略舉其端，草類繁多，名數有千，子得服之，可以延年。雖不能長享無期，上昇青天，亦可以身生光澤，返老童顏，役使羣鬼，得爲地仙。求道之者，要先憑此階漸，而能致遠勝也。若能呼吸御精，保固神氣，精不脫則永久，氣長存則不死，不用藥石之費，又無營索之勞，取之於身耳。百姓日用而不知，此故爲上品[26]，自然之要也。且夫一人之身[27]，天付之以神，地付之以形，道付之以氣。氣存則生，氣去即死。萬物草木，亦皆如之。身以道爲本，豈可不養神固氣，以全爾形也！形神俱全，上聖所貴。形滅神逝，豈不痛哉！一失此身，萬劫不復，子其寶焉！我之所言，乃我師元始天王所授之詞也。"即勑玉女李慶孫書出之，以付於帝[28]："汝善修之焉。"

王母命駕將去，帝下席叩頭請留，王母即命侍女召上元夫人同降帝宮。良久，上元夫人至，復坐設天廚。久之，王母命夫人出八會之書、《五嶽真形》、五帝六甲靈飛之符凡十二事云："此書天上四萬劫一傳，若在人間，四十年可授有道之士。"王母乃命侍女宋靈賓開雲錦之囊，取一策以授帝，王母執書起立以付帝，王母呪曰："天高地卑，五嶽鎮形。元真[29]激氣，太澤玄精。天回九道，六和長平。太上《八會》，飛天之成。真仙節信，由茲通靈。泄墜滅腐，寶歸長齡。徹其慎之，敢告劉生。"祝畢，帝拜受[30]之。王母曰："夫始學道受符者，宜別祭川嶽諸真靈，潔齋而佩之焉！四十年後，若將傳付汝之所有，董仲君、李少君可授之爾[31]。況為帝王，可勤祭川嶽，以安國家，投簡真靈[32]，以祐黎庶也。"言訖，與上元夫人命車言去，從官互集，將欲登天。因笑指方朔曰："此我隣家小兒，性多滑稽，曾三來偷桃矣。昔為太上[33]仙官，因沉湎于玉酒，失部御之和，謫佐於汝，非流俗之夫也。"其後武帝不能用王母之戒，為酒色所惑，殺伐不休，征遼東，擊朝鮮，通西南夷，築臺榭，興土木，海內愁怨，自此失道。幸回中，臨東海，三祠王母，不復降焉。所受之書，置於栢梁臺上，為天火所焚。李少君解形而去，東方朔飛薈不還，巫蠱事起，帝愈悔恨，元始二年，崩於五柞宮，葬於茂陵。其後茂陵所藏道書五十餘卷，盛以金箱，一旦出於抱犢山中，又玉箱玉杖出於扶風市，驗茂陵宛然如故，而箱杖出於人間，此亦得託形尸解之驗也。

又大茅君盈南治句曲之山，元壽二年八月己酉，南嶽真人赤君、西城王君、方諸青童並從王母降於茅盈之室。頃之，天皇大帝遣繡衣使者泠廣子期賜盈神璽玉策，太微帝君遣三天左官御史管脩條賜盈八龍錦輿紫羽華衣，太上大道君遣協晨大夫石叔門賜盈《金虎真符》、流金之鈴[34]，金闕聖君命太極真人使正一上玄玉郎王忠、鮑丘等賜盈以四節燕胎流明神芝。四使者授訖，使盈食芝佩璽，服衣正冠，帶符握鈴而立。四使者告盈曰："食四節隱芝者位爲真卿，食金闕玉芝者位爲司命，食流明金英者位爲司禄，食長曜雙飛者位爲真伯，食夜光洞草者總主左右御史之任，子盡食之矣，壽齊天地，位爲司命，授東嶽上卿[35]，統吴越之神仙，綜江左之山源矣。"言畢，使者俱去。五帝君各以方面車服降於其庭，傳大帝之命，賜盈紫玉之版，黄金刻書九錫之文，拜盈爲東嶽上卿司命真君太元真人，授事訖俱去。王母及盈師西城王君爲盈設天廚酣宴，歌玄靈之曲。宴罷，王母攜王君及盈，省顧盈之二弟，各授道要。王母命上元夫人授茅固、衷《太霄隱書》《丹景道精》等四部寶經。王母執《太霄隱書》，命侍女張靈子執交信之盟，以授於盈、固及衷。事訖，西王母昇天而去。

其後紫虛元君魏華存夫人清齋於陽洛[36]隱元之臺，西王母與金闕聖君降於臺中，乘八景輿同詣清虛上宫，傳《玉清隱書》四卷以授華存。是時，三元夫人馮雙禮、紫陽左仙公石路成、太極高仙伯延蓋公子、西城真人王方平、太虛真人南嶽赤松子、桐栢真人王子喬等三十餘真，各歌太極陰歌陽歌之曲，母爲之歌曰："駕我八景輿，欻然入玉清。龍旌拂霄上，虎旂攝朱兵。逍遥玄津際，萬流無暫停。哀此去留會，劫盡天地傾。當尋無中景，不死亦不生。體彼自然道，寂觀合太冥。南嶽挺真幹，玉映輝穎精。有[37]任靡其事，虛心自受靈。嘉會絳河曲，相與樂未央。"歌畢，三元夫人答歌亦竟，王母及三元夫人紫陽左仙公太極仙伯清虛王君乃攜南嶽魏華存同去東南行，俱詣天臺霍山，過句曲之金壇，宴太元茅真人於華陽洞天，留華存於霍山洞宫玉宇之下，衆真皆從王母昇還龜臺矣。太真金母，師匠萬品，校領羣真，聖位尊高，總録幽顯。至若邊洞玄躬朝而受道，謝自然景侍而登仙，故《洞玄》及《自然傳》謂金母師即王母也。玄經所證，事跡蓋多，此未備録矣。

九天玄女傳

九天玄女者，黃帝之師，聖母元君弟子也。黃帝在昔爲有熊之國君[38]，佐神農之孫。榆岡既衰，諸侯相伐，干戈相尋，各據方色，自稱五行之號。太皥之後，自爲青帝；榆岡，神農之後，自號赤帝；共工之後，自號白帝；葛天氏之後，自號黑帝；帝起有熊之墟，自號黃帝。帝乃恭己下士，側身修德。在位二十一年，而蚩尤肆孽，弟兄八十一人，獸身人語，銅頭鐵額，噉砂吞石，不食五穀，作五虎之形以害黎庶，鑄兵於葛鑪之山，不用帝命。帝欲征之，博求賢能，以爲己助。得風后於海隅，得力牧於大澤，以大鴻爲佐，天老爲師。置三公以象三台，風后爲上台，天老爲中台，五聖爲下台。始獲寶鼎，不爨而熟，迎日推筴。以封胡爲將，以夫人嫘修之子爲太子，用張若、𩷯朋、力牧、容光、龍行[39]、倉頡、容成、大撓、奢龍衆臣以爲輔翼，戰蚩尤於涿鹿，帝師不勝。蚩尤作大霧三日，內外皆迷。風后法斗機作大車，以杓指南，以正四方。帝用憂憤，齋於太山之下，王母遣使披玄狐之裘，以符授帝曰："精思告天，必有太上之應。"居數日，大霧冥冥，晝晦，玄女降焉。乘丹鳳，御景雲，服九色彩翠之衣，集于帝前。帝再拜受命，玄女曰："吾以太上之教，有疑可問也。"帝稽首曰："蚩尤暴橫，毒害蒸黎，四海嗷嗷，莫保性命，欲萬戰萬勝之術，與人除害，可乎？"玄女即授帝六甲六壬兵信之符，靈寶五符策使鬼神之書，制妖通靈五明之印，五陰五陽遁甲之式，太一十精四神勝負握機之圖，五嶽河圖策精之訣，九光玉節，十絕靈幡，命魔之劍，霞冠火珮，龍戟霓旂，翠輦綠輧，虬驂虎騎，千花之蓋，八鸞之輿，羽籥玄竽，虹旌玉鉞，神仙之物。五龍之印，九明之珠，九天之節，以爲兵信，五色之幡，以辨五方。帝遂復率諸侯再戰，蚩尤驅魑魅雜妖以爲陣，雨師風伯以爲衛，應龍蓄水以攻於帝，帝盡制之，遂滅蚩尤于絕轡之野中冀之鄉，塚分其四肢以葬之[40]。由是榆岡拒命，又誅之於版泉之野。北逐獯鬻，大定四方。步四極，凡二萬八千里，乃鑄鼎，立九州，置九行[41]九德之臣，以觀天地，祠萬靈，垂法設教。然後採首山之銅，鑄鼎於荆山之下，黃龍下迎，帝乘龍昇天，皆由玄女之所授符策圖局也。

【校記】
〔1〕"墉城集仙錄叙"，《道藏》本《墉城集仙錄》闕。
〔2〕"里"，《四部叢刊》本作"異"。
〔3〕"限盡而終，魂神受福者"，"終"原作"絡"，"魂"原作"塊"，據上本改。
〔4〕"十"，《道藏》本《墉城集仙錄》作"六"。
〔5〕"西王母傳"後原有"下仕道"三字，上書卷一及《仙鑑後集》卷一均作"金母元君"，《四部叢刊》本作"西王母傳"，據删。
〔6〕"西王母"，道藏本《墉城集仙錄》卷一及《仙鑑後集》卷一《金母元君傳》作"金母元君"。
〔7〕"亦號曰金母元君"，上二書作"一號曰西王母"。
〔8〕"春山西那之都"，"春"原作"昏"，據上二書改。"西那之都"四字，上二書無。
〔9〕"王母遣使披玄狐之裘"，本書卷一百《軒轅本紀》"使"作"道人"，"裘"作"衣"。
〔10〕"三宮五意陰陽之略"，上書作"三宮祕畧五音權謀陰陽之術"，按《漢志·五行》載有"五音"書而無"五意"書，"意"疑當作"音"。
〔11〕"陰符之機，靈寶五符五勝之文"，本書卷一百《軒轅本紀》作"陰符三百言，靈寶五符真文"。
〔12〕"得"，《太平廣記》卷五六《西王母傳》作"得道"。
〔13〕"盜驪"原作"蹈驪"，據《道藏》本《墉城集仙錄》卷一、《仙鑑後集》卷一《金母元君傳》及《穆天子傳》卷一改。
〔14〕"戲於路中"，《真誥》卷五《甄命授第一》作"路上畫地戲"。
〔15〕"天仙"原作"大仙"，據《道藏》本《墉城集仙錄》卷一《金母元君傳》改。

〔16〕"景"後原有"色"字，據上書删。

〔17〕"奄"，上書作"晻"。

〔18〕"吾陵"，《漢武帝内傳》作"五靈"。

〔19〕"安法嬰"原無"安"字，據上書增。

〔20〕"情"原作"性"，據上書及《道藏》本《墉城集仙録》卷一《金母元君傳》改。

〔21〕"穢"，道藏本《墉城集仙録》卷一《金母元君傳》作"淫"。

〔22〕"嚴"，《漢武帝内傳》作"蕢"。

〔23〕"醴"原作"體"，據《道藏》本《墉城集仙録》卷一《金母元君傳》改。

〔24〕"地"，《仙鑑後集》卷一《金母元君傳》無。

〔25〕"玄洲"，《漢武帝内傳》作"炎洲"。

〔26〕"品"後，《道藏》本《墉城集仙録》卷一《金母元君傳》有"之道"二字。

〔27〕"一人之身"，上書作"人之一身"。

〔28〕"帝"後，《仙鑑後集》卷一《金母元君傳》有"曰"字。

〔29〕"元真"，《道藏》本《墉城集仙録》卷一《金母元君傳》及《漢武帝内傳》均作"元津"。

〔30〕"受"原作"授"，據《道藏》本《墉城集仙録》卷一《金母元君傳》改。

〔31〕"汝之所有，董仲君李少君可授之爾"，"授"原作"校"，據上書改。"有"，《仙鑑後集》卷一《金母元君傳》作"友"。

〔32〕"投簡真靈"，"投"原作"授"，據《道藏》本《墉城集仙録》卷一《金母元君傳》改。

〔33〕"上"原作"山"，據上書及《仙鑑後集》卷一《金母元君傳》改。

〔34〕"流金之鈴"，本書卷五一《祕要訣法》作"流金火鈴"。

〔35〕"位爲司命，授東嶽上卿"，《道藏》本《墉城集仙録》卷一《金母元君傳》作"位居司命上真東嶽上卿"。

〔36〕"陽洛",上書作"陽洛之山"。

〔37〕"有"原作"在",據上書及本書卷九六《王母贈魏夫人歌》改。

〔38〕"黃帝在昔爲有熊之國君",《道藏》本《墉城集仙錄》卷六《九天玄女傳》作"黃帝世爲有熊國之君"。

〔39〕"行",上書作"紆"。

〔40〕"塚分其四肢以葬之",上書作"分四塚以葬之"。

〔41〕"九行",上書作"五行"。

雲笈七籤卷之一百一十五

傳

梁母

梁母者，盱眙人也。孀居無子，舍逆旅于平[1]原亭。客來投憩，咸若還家不異。住客還錢，多少未嘗有言。客住經月，亦無所厭。麤衣糲食之外，所得施諸貧病。曾有少年住經月，舉動異於常人，臨去云："我是東海小童。"母亦不知小童何人也。宋元徽四年丙辰，馬耳山道士徐道盛蹔至蒙陰，於蜂城西遇一青羊車，車自住，見一小童子喚云："徐道士前來。"道盛行進，去車三步許止。又見二童子年十二三許，齊著黃衣絳裏[2]，頭上角髻，容服端正，世無比也。車中人遣一童子傳語云："我是平原客舍梁母也。今被太上召還，應過蓬萊尋子喬，經太山，檢考召，意欲相見，果得子來。靈轡飄飄，玄崗崄巇，津驛有限，日程三千，侍對在近，我心憂勞，便當乘煙三清，此三子見送玄都。因汝爲我謝東方清信士女，太平在近，十有餘一，好相開度，過此無憂危也。"舉手謝去云："太平相見。"馳車騰遊，極目而沒。道盛還逆旅訪之，正是梁母度世日相見也。

鮑姑

鮑姑者，南海太守鮑靚之女，晉散騎常侍葛洪之妻也。靚字太玄，陳留人也。少有密鑒，洞於幽元，沉心冥肆[3]，人莫知之。靚及妹並先世累積陰德，福逮於靚，故皆得道，姑及小妹並登仙品。靚學通經緯，後師左元放受《中部法》及《三皇》《五嶽》劾召之要，行之神驗，能役使鬼神，封山制魔。東晉元帝大興元年戊寅，靚於蔣山遇真人陰長生授刀解之術。累徵至黃門侍郎，求出爲南海太守，以姑適葛稚川。稚川自散騎常侍，爲鍊丹砂，求爲句漏縣令。太玄在南海，小女及笄，無病暴卒。太玄時對賓客，略無悲悼，葬於羅浮山，容色若生，人皆謂爲尸解。靚還丹陽卒，葬於石子崗，後遇蘇峻亂，發棺無尸，但有大刀而已。賊欲取刀，聞塚左右兵馬之聲，顧之驚駭中間，其刀訇然有聲，若雷震之音，衆賊奔走。賊平之後，收刀別復葬之。靚與妹亦得尸解之道，姑與稚川相次登仙。

孫寒華

孫寒華者，吳人孫奚之女也。師杜契受玄白之要，顏容日少，周旋吳越諸山十餘年，乃得仙道而去。

李奚子

李奚子者，晉東平太守李忠祖母也，不知姓氏。忠祖父貞節丘園，性多慈憫，以陰德爲事。奚子每與一志，務於救人。大雪寒凍路，積稻及穀於園庭，恐禽鳥餓死，其用心如此。今得道，而居華陽洞宮中也。

韓西華

韓西華者，不知何許人也。慈愛於物，常行陰功，至於蛸翹微命，皆愛而護之。學道得仙，今在嵩山洞天之中。

竇瓊英

竇瓊英者，竇武之妹也。其七代祖名祎，常以葬枯骨爲事，以活死爲心，故祚及瓊英，令行[4]女仙，在易遷宮中。

劉春龍

劉春龍、郭叔香，並不知何許人也[5]。以其先世有陰德，故皆得遁化練景，入華陽易遷宮中。劉春龍、竇瓊英、韓太華、李奚子，並天姿嚴麗，儀觀[6]駭衆，才識偉鑠，皆得爲明晨侍郎，以居洞中。侍郎之任，以良才舉之，不限男女也。

趙素臺

趙素臺者，漢幽州刺史趙熙之女也。熙少有善行，常濟窮困，救王惠等族，殊有陰德數十年[7]，熙得身詣朱陵，兒子得遊洞天。素臺在易遷宮中已四百年，不肯移去[8]，自謂天下無復樂於此處也。數微服遊行，眄山澤以自足。易遷夫人者，乃其品也。

傅禮和

傅禮和者，北地傅建之女也[9]。舉家奉佛，禮和常日日灑掃佛前。每發願云，獨慕仙道。常服五星精，身生光華，得道仙去。善爲《空洞之歌》[10]，歌則禽鳥翔舞而集，飛聚其前以聽之。此乃至誠所感，而獲道也。

黃景華

黃景華者，漢司空黃瓊之女也。景華少好仙道，常密修至要，後師韓君[11]，授其《岷山丹方》，服之得入易遷宮，位爲協晨夫人，領九宮諸神女，亦總教授之。

張微子

張微子者，漢昭帝大匠[12]張慶之女，不知何郡人也。微子少好道，因得尸解去，在太元司命華陽含真臺，師東華玉妃受服霧氣之道。云霧是山澤水火之華，金石盈氣，久服之，能散形入空，與雲霧合體。微子修之，得其仙道也。

丁淑英

丁淑英者，不知何許人也。有救窮之陰德，度趙阜之急難，上感皇人，授其道要，今爲朱陵嬪，數遊三清[13]，司命亦令聽政也。

王法進

王法進者，劍州臨津縣人也。孩孺之時，自然好道。家近古觀，雖無道士居之，其嬉戲未嘗輕侮於尊像，見必歛手致敬，若有凛懼焉。十餘歲，有女官自劍州歷外邑過其家，父母以其慕道，託女官以保護之。與授《正一延生籙》，名曰法進。而專勤香火，護持齋戒，亦茹栢絕粒，時有感降。是歲三川饑歉，斛斗翔貴，死者十有五六，多採山芋野葛充饑。忽有二青童降於其庭，宣上帝之命曰："以汝宿禀仙骨，歸心精誠，不忘於道，今以青童召汝受事於玉京也。"法進即隨青童騰身凌虛，徑達太帝之所。命以玉盃霞漿賜之，飲訖，帝謂之曰："人禀五行之大，體天地之和氣，得爲人形，復生中土，甚不易也。而天運四時之氣，地禀五行之秀，生五穀百果，以養於人。而人不知天地養育之恩，輕棄五穀，厭捨絲麻，使耕農之夫，紡織之婦，身勤而不得飽，力竭而不免寒，徒施其勞，曾不愛惜，斯固神明所責，天地不祐也。近者地司獄瀆日有奏，言人厭賤米麥，不貴衣食之本。我已勑太華之府，收五穀之神，令所種不成，下民饑餓，因示責罰，以懲其心。世愚悠悠，曾未覺悟。旋奉太上所勑，以大道好生，不可因彼惡民，以害衆善。雖天地神明罪之，愚民亦不知過之所起，因無懺請首原之路，虛受其苦耳。汝當爲無上侍童，入侍天府。今且令汝下於世，告諭下民，使其悔罪，寶愛桑蠶，貴敬農事，惜五穀百果，知大道之養人，厚地之育物，宗奉正道，崇事神明。至於水火之用，不可厭棄，衣食之養，儉己約身，皆能行此明戒，天地愛之，神明護之，風雨順調，家國安泰，此乃增益汝之陰功也。"即命侍女披琅笈珠韞，出《靈寶清齋告謝天地法》一卷付之，傳行於世，曰："世人可相率幽山高静之處，置齋悔謝。一年之內，春秋兩爲。春則祈於年豐，秋則謝於道力。如此，則宿罪可除，穀父蠶母之神爲置豐衍也。龍虎之年，復當召汝矣！"命青童送還其家，已三箇月也。所受之書，即今《靈寶清齋告謝天地之法》是也。其法簡易，與《靈寶自然齋》大率相類。但人間行之，立成徵効。苟或几席器物，小有輕慢濁污者，營奉之人少有不公心者，即飄風驟雨壞其壇筵，迅霆吼雷毁其器用。自是三川梁漢之人，歲皆崇事，雖愚朴之士，狂暴之夫，罔不戰慄兢戒，肅恭擎跽，知奉其法焉。或螟蝗旱潦，害稼傷農之處，衆誠有率，勉於修奉之處，炷香告玄[14]，旦夕響應，必臻其祐。與不虔不信之徒，立可較其徵驗矣！巴南謂之清齋，蜀土謂之天功齋，蓋一揆矣。法進以天寶十一年壬辰歲，雲鶴迎之而昇天。此乃亦符龍虎之運，神人之言矣！

王　氏

　　王氏者，中書舍人謝良弼之妻也，東晉右軍逸少之後，會稽人也。良弼進士擢第，爲浙東從事而婚焉。既而抱疾沉痼，歷年未愈，良弼赴闕，竟不果行，而加綿篤。時吳筠天師遊四明天台蘭亭禹穴，駐策山陰，王氏之族謁而求救，爲禁水吞符，信宿即愈。王氏感道力救護，乃詣天師，受籙精修，焚香寂念，獨處靜室，志希晨飛。因絶粒嚥氣，神和體輕，時有奇香異雲，臨映居第，髣髴真降，密接靈仙，而人不知也。忽謂其女曰："吾昔之所疾，將僅十年，賴天師救之，而續已盡之命。悟道既晚，修奉未精，宿考過往，懺之未盡。吾平生以俗態之疾，頗懷妬姤。今猶心閉藏黑，未通於道。當須陰景鍊形，洗心易藏，二十年後，方得蟬蜕耳。吾死勿用棺器，可作栢木帳，致尸於野中，時委人檢校也。"是夕而卒，家人所殯如其言，凡事儉約，置其園林間，偃然如寐，亦無變改。二十年，有盜發殯，棄其形於地。隆冬之月，帳側忽聞雷震之聲，舉家驚異，馳行看之。及舉其尸，則身輕如空殼，肌膚爪髮，無不具備，右脇上有拆痕長尺餘，即再收瘞焉[15]。南嶽夫人嘗言："得道者，上品白日昇天，形骨俱飛，上補真官；次者蛻如蚍蟬，亦形骨騰舉，肉質登天，皆爲天仙，不居山嶽矣！"良弼亦執弟子之禮，躬侍天師，仍與天師立傳，詳載其事迹矣。

花　姑

　　花姑者，女道士黃靈微[16]也。年八十而有少容，貌如嬰孺，道行高潔，世人號爲花姑，躧履徐行，奔馬不及，不知何許人也。自唐初來往江浙湖嶺間，名山靈洞，無所不造。經涉之處，或宿於林野，即有神靈衛之。人或有不正之念，欲凌侮者，立致顛沛。遠近畏而敬之，奉事之如神明矣！聞南嶽魏夫人平昔渡江修道，有壇靖在臨川郡，臨汝水西石井山有仙壇，遂訪求之。歲月且久，榛蕪淪翳，時人莫得知之。以則天長壽二年壬辰冬十月，詣洪都西山謁道士胡超而問焉。超字拔俗，能通神明，即爲指南郭六里許有烏龜原，古有石龜，每犯田苗，被人擊其首折，則其處也。姑訪之，見龜之左右，壇跡宛然，立處當壇中矣。於其下得尊像油甕錐刀燈盞之類，因葺而興之。復夢夫人指九曲池於壇南，訪而獲之，塼砌尚在。景雲中，睿宗皇帝使道士葉善信將繡像幡花，來修法事，仍於壇西建洞靈觀，度女道士七人住持。洎明皇〔17〕，醮祭祈禱不絕。每有風雨，或聞簫管之聲。凡是禮謁，必須嚴潔，不爾，有虵虎驚吼之異。時有雲物如烏，羣飛垂帶，直下壇上，倏忽西出，如向井山，前後非一而已。花姑肸蠁靈通，密有所告曰："井山古跡，汝須崇修。"俄聞異香從西來，姑累得嘉兆，躬申葺理，行宿洞口，聞聲磬之音，雖荒梗多時，若有人接導，寓宿林莽，怡然甚安。達明入山，果遇壇殿餘址，遂立屋宇，聞步虛仙梵之響，環壇數里。有樵採不精潔者，必有怪異之驚。有野象中箭來投花姑，姑爲拔之。其後，每齋前則銜蓮藕以獻姑。開元九年辛酉歲，姑欲昇化，謂其弟子曰："吾仙程所促，不可久住。吾身化之後，勿釘吾棺，只以絳紗羃覆棺上而已。"明日無疾而終，肌膚香潔，形氣溫煖，異香滿於庭堂之内。弟子依所命，棺不釘，以絳紗覆之而已。忽聞雷震，擊紗上有孔，大如雞子，棺中唯有被覆木簡，屋上穿處可通人，座中奠瓜，數日生蔓，結實如桃者二焉。每至忌辰，即風雲鬱勃，直入室内。明皇聞而駭之，使覆其事，明日使道士蔡偉編入《後仙傳》。開元二十八年庚辰三月乙酉，勅道士齋龍璧來醮。忽有白鹿自壇東出，至姑塚間而滅，即花姑葬空棺木簡之處。又有五色仙蛾集於壇上，刺史張景佚以爲聖德所感，立碑頌述。天寶八載己丑，以魏夫人上昇之所，度女道士二人常修香火。大曆三年戊申，魯郡開國公顔真卿爲撫州刺史，舊跡荒毀，闕人住持，召仙臺觀道士譚仙巖、道士黃道進二七人住洞靈觀，又以高行女道士黎瓊仙七人居仙壇院。顔公述《仙壇碑》而自書之，以紀其事跡焉。

徐仙姑

徐仙姑者，北齊[18]僕射徐之才女也。不知師奉何人，已數百歲，狀貌常如二十四五歲矣。善禁呪之術，獨遊海内，三江五嶽，天台四明，羅浮括蒼，名山勝賞[19]，無不周徧。多宿巖麓林窟之中，亦寓止僧院，忽爲豪僧數輩，微詞巧言[20]，姑輒罵之。羣僧激怒，欲以刃制之，詞色愈敦[21]。姑笑曰："我女子也，而能棄家雲水，不避蛟龍虎狼，豈懼汝鼠輩乎？"即解衣而卧，遽撤其燭，僧輩喜以爲得志也。明日姑理策出山，諸僧一夕皆殭立尸坐，若被拘縛，口噤[22]不能言。姑去數里，僧乃如故。來往江表，吳人見之四十餘年矣，顔色如舊，其行若飛，所至之處，畏而敬之若神明矣！無敢以非正之意戲侮者。咸通初，謂贍縣白鶴觀道士賈雲陶曰："我先君仕北齊[23]，以方術聞名，陰功及物，今亦得道。故我爲福所及，亦延年長生耳！"以此詳之，即實之才之女也。

緱仙姑

緱仙姑者，長沙人也。入道居衡山，年八十餘，容色甚少，於嶽之下魏夫人仙壇精修香火，十餘年孑然無侶。壇側多虎狼，常人遊者，須結侶執兵器方敢入，仙姑深隱其間，曾無所畏。數年後，有一青鳥，形如鳩鴿，紅頂長尾，飛來所居，自語曰："我南嶽夫人使也。以姑修道精苦，獨棲窮林，命我爲伴耳。"他日又言："西王母姓緱，乃姑之聖祖也。聞姑修道勤至，將有真官降而授道，但時未至耳，宜勉於修勵也。"每有人遊山，必青鳥豫説其姓字及其日，一一皆驗。又曰："河南緱氏[24]，王母修道之處；故鄉之山也[25]。"又一日，青鳥飛來曰："今夕有暴客，無害，勿以爲怖也。"其夕，果十餘僧來。魏夫人仙壇乃是一片巨石，方可丈餘，其下宛然浮寄他石之上，或一人以手推之則搖動，人多則屹然而住。是夜羣僧持火杖刀，將害仙姑。入其室，姑在牀上而僧不見。既出門，即推壞仙壇，轟然有聲，山震谷裂，謂已顛墜矣！而終不能動。僧相率奔去。及明，有至遠村者，分散九僧爲虎噬殺，一僧推壇之時不同其惡，免爲虎害，夫人仙壇儼然無損，姑亦無恙。歲餘，青鳥語姑遷居他[26]所。因徙居湖南，鳥亦隨之，而他人未嘗會其語。相國文昭鄭公畋自承旨學士左遷梧州牧，師事於姑。姑謂文昭公曰："此後四海多難，人間不可久居，吾將卜隱九疑矣！"一旦遂去。

廣陵茶姥

廣陵茶姥者，不知姓氏鄉里。常如七十歲人，而輕健有力，耳聰目明，頭髮鬢黑。晉元南渡之後，耆舊相傳見之，百餘年顏狀不改[27]。每持一器茗，往市鬻之，市人爭買。自旦至暮，所賣極多，而器中茶常如新熟，而未嘗減少，人多異之。州吏以冒法繫之於獄，姥乃持所賣茗器，自牖中飛去。

【校記】

〔1〕"平"原作"十"，據《四部叢刊》本及《仙鑑後集》卷四《梁母傳》改。

〔2〕"裏"，《仙鑑後集》卷四《梁母傳》作"裹"。

〔3〕"洞於幽元，沉心冥肆"，《仙鑑後集》卷四《鮑姑傳》"元"作"無"，"肆"作"思"。

〔4〕"行"，《仙鑑後集》卷四《竇瓊英傳》作"得"。

〔5〕"劉春龍郭叔香，並不知何許人也"，《仙鑑後集》卷四《劉春龍傳》作"劉春龍，漢宗正劉春仙之女"，而將"郭叔香"置於下"李奚子"之後。

〔6〕"觀"原作"冠"，據《真誥》卷十三《稽神樞第三》改。

〔7〕"救王惠等族，殊有陰德數十年"，《仙鑑後集》卷四《趙素臺傳》作"救王惠等族誅，有陰德數十事"。

〔8〕"移去"，上書及《真誥》卷十三《稽神樞第三》作"徙"。

〔9〕"北地傅建之女也"，《仙鑑後集》卷四《傅禮和傳》及《真誥》卷十三《稽神樞第三》作"漢桓帝外甥侍中傅建女也，北地人。"北"原作"此"，據上二書改。

〔10〕"善爲空洞之歌"，上二書分別作"善爲空同之歌""禮和善歌"。

〔11〕"後師韓君"，《真誥》卷十二《稽神樞第二》及《仙鑑後集》卷四《黄景華傳》"君"作"終"。

〔12〕"大匠"，《真誥》卷十三《稽神樞第三》及《仙鑑後集》卷四《張微子傳》作"將作大匠"。

〔13〕"上感皇人，授其道要，今爲朱陵嬪，數遊三清"，《仙鑑後集》卷四《丁淑英傳》作"上感皇人，授以黄庭祕要之訣而昇仙，今爲朱陵仙嬪，數遊三清"；《真誥》卷八《甄命授第四》"皇人"作"玄人"，"三清"作"上清"。

〔14〕"衆誠有率，勉於修奉之處，炷香告玄"，《仙鑑後集》卷四《王法進傳》作"有率衆誠，勉於修奉，炷香告天"。

〔15〕"焉"原作"爲"，據《仙鑑後集》卷五《王氏傳》改。

〔16〕"黄靈微"，《太平廣記》卷五八《魏夫人傳》作"黄靈徽"，《類説》卷八十《拾遺類總》作"黄虚徹"。

〔17〕"明皇"，《仙鑑後集》卷四《花姑傳》作"玄宗"。

〔18〕"北齊"原作"隋朝"，據《太平廣記》卷七十《徐仙姑傳》改。按《北齊書》卷三三本傳載，之才"天統四年累遷尚書左僕射"，又以"武平元年重除尚書左僕射"，據改。

〔19〕"賞"，《太平廣記》卷七十及《仙鑑後集》卷四《徐仙姑傳》作"境"。

〔20〕"微詞巧言"，《太平廣記》卷七十及《仙鑑後集》卷四《徐仙姑傳》分別作"微詞所嘲""巧言挑侮"。

〔21〕"敦"，《太平廣記》卷七十《徐仙姑傳》作"悖"。

〔22〕"噤"原作"禁"，據上書改。

〔23〕"仕北齊"原作"仕歷周隋"，據上書改。

〔24〕"河南緱氏"，《仙鑑後集》卷四《緱仙姑傳》"氏"作"山"。

〔25〕"王母修道之處，故鄉之山也"，《太平廣記》卷七十《緱仙姑傳》作"乃王母修道之故山也"。

〔26〕"他"原作"仙"，據上書改。

〔27〕"晉元南渡之後，耆舊相傳見之，百餘年顏狀不改"，《太平廣記》卷七十《茶姥傳》作"耆舊相傳云，晉元南渡後見之，數百年顏狀不改"。

雲笈七籤卷之一百一十六

傳

南溟夫人

南溟夫人者，居南海之中，不知品秩之等降，蓋神仙得道者也。有元徹、柳實二人，同志訪道，於衡山結廬，棲遁歲餘，相與適南。至廣州合浦縣，登舟，將越海而濟，南抵交阯，維舟岸側[1]。適村人享神，簫鼓喧奏[2]，舟人水工至于僕使，皆往觀焉。唯二子在舟中。俄爾颶風斷纜，漂舟入海，莫知所之，幾覆没者二三矣。忽泊一孤島，風浪亦定。二子登岸，極目于島上，見白玉天尊像，瑩然在石室之内，前有金爐香爐，而竟無人。二子周覽悵望，見一巨獸出于波中，若有所察，良久而没。俄爾紫雲湧於海面，瀰漫三四里，中有大蓮花，高百餘尺，葉葉旋舒，内有帳幄，綺繡錯雜，虹橋闊數十尺[3]，直抵島上。有侍女捧香於天尊像前，炷香未已，二子哀叩之，以求救拔，願示歸路。侍女訝曰："何遽至此耶？"以事白之。侍女曰："少頃南溟夫人與玉虛尊師約，子可求而請之也。"侍女未去，有一道士乘彩雲白鹿而至。二子哀泣以告之，道士曰："可隨此女謁南溟夫人也。"二子受教，隨侍女登橋，至帳前再拜稽首，以漂汎之由，述其姓字。夫人命坐，尊師亦至，環坐奏樂，頃之進饌。尊師曰："二客求人間饌以享之。"饌畢，尊師以丹篆一卷授夫人，夫人拜受訖，尊師告去，謂二子曰："有道氣，無憂歸路也。合有靈藥相贈，子分未合，當自有師[4]，吾不當爲子之師也，他日相見矣。"二子拜辭，尊師乘鹿而去。頃有武夫長十餘丈，金甲執劍，進曰："奉使天吴，清道不謹，法當顯戮，今已行刑。"遂趨而没。夫人即命侍女示二子歸路，曰："從百花橋去。"贈以玉壺，曰："前程有事，可叩此壺也。"遂辭夫人，登橋而去。橋長且廣，欄干上皆異花，二子花間窺見千虬萬龍，互相繳結而爲橋矣。見向之巨獸，已身首異處，浮于波間。二子問所送使者斬獸之由，答曰："爲不知二客故也。"使者謂二客曰："我不當爲使送子，蓋有深意，欲奉託也。"衣帶間解合子琥珀與之，中有物隱隱然若蜘蛛形。謂二子曰："我輩水仙也。頃與番禺少年情好之至，有一子三歲，合棄之，夫人令與南嶽郎君爲子矣。中間迴鴈峯使者有事于水府，吾寄與子所弄玉環與之，而爲使者隱却，頗以爲恨[5]。望二客持此合子於迴鴈峯廟中投之，若得玉環，爲送嶽廟，吾子亦當有答，慎勿開啓。"二子受而懷之，又問："玉虚尊師云：'子自有師。'誰也？"曰："南嶽太極先生耳，自當遇之。"須臾橋盡，與使者相別，已達合浦之岸，問其時代，已十二年矣[6]。於是將還衡山，中途餒甚，試叩玉壺，則珍味至。二子一食，不復飢渴。及還，妻已謝世，家人曰："郎君溺海十餘年矣。"自此二子益有厭俗之志，無復名宦之心，乃登衡嶽，投合子於迴鴈峯廟。瞬息之間，有黑龍長數丈，激風噴電，折木撥屋，霹靂一聲，廟宇立碎。戰慄之際，空中有人以玉環授之，二子得環送於嶽廟。及歸，有黄衣少年持二金合以酬二子曰："南嶽郎君持此還魂膏以報君也，家有斃者，雖一甲子，猶可塗頂而活。"既受之，而失其使。二子遂以膏塗活其妻。後因大雪，見一樵叟，負重凌寒，二子哀其老，以酒飲之。忽見其檐上有"太極"字，遂禮而爲師。曰："吾得神仙之道，列名太極矣。太上勑我來度子耳。"因見玉壺曰："此吾貯玉液之壺，亡來數十甲子，甚喜再見。"遂以玉壺獻之。二子隨太極先生入朱陵宫祝融峯，歷遊諸仙府，與妻俱得昇天之道[7]。

邊洞玄

邊洞玄者，范陽人女也。幼而高潔敏慧，仁慈好善，見微物之命有危急者，必俯而救之，救未獲之間，忘其飢渴。每霜雪凝冱，鳥雀飢棲，必求米穀粒食以散餵之。歲月既深，鳥雀望而識之，或飛鳴前導，或翔舞後隨。年十五，白其父母，願得入道修身，絕粒養氣。父母憐其仁慈且孝，未許之也。既笄，誓以不嫁，奉養甘旨。數年，丁父母憂，毀瘠不食，幾至滅性。服闋，詣郡中女官，請爲道士。終鮮兄弟，子無近親，性巧慧，能機杼，衆女官憐而敬之。紡織勤勤，晝夜不懈，每有所得，市胡麻茯苓人參香火之外，多貯五穀之類。人或問之："既不食累年，而貯米麥何也？豈非永夜凌晨有飢渴之念耶？"笑而不答。然每朝於後庭散米穀以飼禽鳥，於宇內以飼鼠，積歲如之，曾無怠色。一觀之內，女官之家，機織爲務，自洞玄居後，未嘗有鼠害於物，人皆傳之，以爲陰德及物之應也。性亦好服餌，或有投以丹藥，授以丸散，必於天尊堂中焚香供養訖，而後服之。往往爲藥所苦，嘔逆吐痢，至於疲劇，亦無所怨嘆。疾纔已，則吞服如常，其同道惜之，委曲指喻，丁寧揮解，而至信之心，確不移也。苟遇歲饑，分所貯米麥以濟於人者亦多矣。一旦有老叟負布囊入觀賣藥，衆因問之，所賣者何藥也？叟曰："大還丹，餌服之者，長生神仙，白日昇天。"聞之皆以爲笑。叟面目黧黑，形容枯槁。行步傴僂，聲纔出口，衆笑謂之曰："既還丹可致不死，長生昇天，何憔悴若此而不自恤邪？"叟曰："吾此丹初熟，合度人立功。度人未滿，求仙者難得，吾不能自服便飛昇沖天耳！"衆問曰："舉世之人，皆願長生不死，延年益壽，人盡有心，何言求仙者難得也？"叟曰："人皆有心好道而不能修行，能好道復能修行，精神不退，勤久其事，不被聲色所誘，名利所惑，奢華所亂，是非所牽，初心不變，如金如石者難也。百千萬人無一人矣！何謂好道也？"問曰："貴爲天子，富有四海，有金丹之藥何不獻之？令得長生永壽也。"叟曰："天上大聖真人高真上仙，與北斗七元君輪降人間，以爲天子，期滿之日，歸昇上天，何假服丹而得道也？"又問曰："既盡知之，今天子是何仙也？"曰："朱陽太一南宮真人耳。"問答之敏，事異於人，發言如流，人不可測。逡巡，暴風雷雨，遞相顧視，驚悸異常，衆人稍稍散去。叟問衆曰："此有女道士，好行陰德，絕粒多年者何在？"因指其院以示之。叟入院不扣問，徑至洞玄之前曰："此有還丹大藥，遠來相救，能服之邪？"洞玄驚喜延坐，問藥須幾錢？叟曰："所直不多，五十萬金耳。"洞玄曰："此窮窘多年，殊無此錢，何以致藥耶？"叟曰："勿憂，子自幼及今，四十年矣。三十年積聚五穀，飼飼禽蟲，以此計之，不啻藥價也。"即開囊示之，藥丸青黑色，大如梧桐子者二三斗，令於藥囊中自探之。洞玄以意於藥囊中取得三丸。叟曰："此丹服之易腸換血，十五日後方得昇天，此乃中品之藥也。"又於衣裾內解一合子大如錢，出少許藥如桃膠狀，亦似桃香，叟自於井中汲水調此桃膠，令吞丸藥。叟喜曰："汝之至誠，感激太上，有命使我召汝。既服二藥，無復易腸換血之事。即宜處臺閣之上，接真會仙，勿復居臭濁之室，七日即可以昇天，當有天衣天樂自來迎矣。"須臾雨霽，叟不知所之。衆女官奔詣洞玄之房，問其得藥否？具以告之，或嗤其怪誕，或歎其遭遇，相顧驚駭。由是郡衆之人有知者，亦先馳往觀之。於是洞玄告人曰："我不欲居此，願登於門樓之上。"顧眄之際，樓猶肩鑣。洞玄告人曰："我不於此。"語猶未終，已騰身在樓上矣。異香流溢，奇雲散漫，一郡之內，觀者如堵。太守僚吏，遠近之人，皆禮謁焉！洞玄告衆曰："中元日早必昇天，可來相別也。"衆乃致齋大會，七月十五日辰時，天樂滿空，紫雲蓊鬱，縈繞觀樓，衆人見洞玄昇天，音樂導從，幡旌羅列，直南而去，午時雲物方散矣。太守衆官具以奏聞。是日辰巳間，大唐明皇居便殿，忽聞異香紛郁，紫炁充庭，有青童四人導一女道士，年可十六七，進曰："妾是幽州女道士邊洞玄也，今日得道昇天來，以辭陛下。"言訖，冉冉而去。乃詔問所部，奏函亦馹騎馳至，與此符合，勑其觀爲登仙觀，樓曰紫雲樓，以旌其事。是歲，皇妹玉真公主咸請入道，進其封邑及實封。由是上好神仙之事，彌更勤篤焉。仍勑校書郎王端敬之爲碑，以紀其神仙之盛事者也。

黃觀福

黃觀福者，雅州百丈縣民之女也。自幼不食葷血，好清淨，家貧無香，取栢葉栢子焚之。每凝然靜坐，無所營爲，經日不以爲倦。或食栢葉，飲水自給，不嗜五穀。父母憐之，聽其率性任意。既笄，欲嫁之。忽謂父母曰：「門首水中，極有異物。」常時多與父母説奇事先兆，往往信驗，聞之固以爲然[8]。隨往看，水果洶湧不息，乃自投水中，良久不出。父母撈摝，得一木像天尊，古昔所製，金彩已駁，狀貌與女無異，水即澄清如舊，無復他物。便以木像置於路側，號泣驚異而歸。其母時來視之，憶念不已。忽有彩雲仙樂，導衛甚多，與女伴三人下其庭中，謂父母曰：「女本上清仙人也，有小過謫在人間，年限既畢，復歸上天，無至憂念也。同來三人，一是玉皇侍女，一是大帝侍晨女，一是上清侍女，姓黃名觀福[9]，此去不復來矣！今年此地疾疫，死者甚多。」以金遺父母，使移家益州，以避凶歲。即留金數餅，昇天而去。父母如其言，移家蜀郡。其歲疫毒黎民，雅地尤甚[10]，十喪三四，即麟德年也。今俗呼爲黃冠佛，蓋以不識天尊像，仍是相傳語訛，以黃觀福爲黃冠佛也。

陽平治

陽平治謫仙妻，不知其名。九隴居人張守珪家甚富，有茶園在陽平化仙居山内。每歲召採茶人力百餘輩，男女傭工者雜之園中。有一少年賃爲摘茶，自言無親族。性甚了慧勤願，守珪憐之，以爲義兒。又一女年二十餘，亦無親族，願爲義兒之婦，孝義端恪，守珪甚善之。一旦山水汛溢，市井路絶，鹽酪既闕，守珪甚憂。新婦曰：「此可買耳。」取錢出門十數步，置錢樹下，以杖扣樹，得鹽酪而歸。後或有所要，但令扣樹取之，無不得者，其夫術亦如此。因與隣婦十數人，於埘[11]口市相遇，爲買酒一盌，與衆婦飲之皆醉，而盌中酒不減。遠近傳說，人皆異之。守珪請問，其術受於何人？少年曰："我陽平洞中仙人耳，因有小過，謫於人間，不久當去。"守珪曰："洞府大小，與人間城闕相類否？"答曰："二十四化各有一大洞，或方千里、五百、三百里。其中皆有日月飛精，謂之伏神之根，下照洞中，與世間無異。其中皆有仙王仙卿仙官輔相佐之，如世之職司。有得道之人及積功遷神反生之者，皆居其中，以爲民庶。每年三元大節，諸天各有上真下遊洞天，以觀其所理善惡，人世死生興廢，水旱風雨，預關於洞中焉。其龍神祠廟血食之司，皆爲洞府所統也。二十四化之外，其青城、峨嵋、益登、慈母、繁陽、嶓冢皆亦有洞，不在十大洞天三十六小洞天之數。洞之仙曹，如人間郡縣聚落耳，不可一一詳記之也。"旬日之間，忽夫婦俱去。

神　　姑

神姑者，盧眉娘是也，後魏北祖帝師盧景祚[12]之後，生而眉長且綠[13]，因以爲名。永貞[14]元年，南海太守以其奇巧而神異，貢於京。盧眉娘幼而慧晤，能以一絲析爲三縷，染彩於掌[15]中，結爲傘蓋五重，其中有十洲三島，天人玉女，臺殿麟鳳之像，而外列執幢捧節仙童，不啻千數。其闊一丈，秤之無三數兩。自煎靈香膏傅之，則虯硬不斷，順宗皇帝歎其巧妙，二宮内謂之神姑。入内時方年十四，每日但食胡麻飯三二合。至元和中，憲宗皇帝嘉其聰慧，因賜金鳳環以束其腕。久之，不願在宮掖，乃度爲女道士，放歸南海，賜號曰逍遙。數年不食，常有神人降會，一旦羽化，香氣滿室。將葬，舉棺覺輕，撤其蓋，唯舊履而已，往往人見乘紫雲於海上。羅浮李象先作《盧逍遙傳》[16]，蘇鶚載其事於《杜陽編》中焉。

王奉仙

王奉仙者，宣州當塗縣民家之女也。家貧，父母以紡績自給。而奉仙年十三四，因田中餉飯，忽見少年女十餘人，與之嬉戲，久之散去。他日復見如初，自是每到田中餉飯，即聚戲爲常矣。月餘，諸女夜會其家，竟夕言笑，達曉方散。或攜奇果，或設珍饌，非世所有。其房宇湫陋，來衆雖多，不以爲窄。父母聞其言笑，疑焉！伺而察之，復無所見。又疑祆魅所惑，詰之甚切，必託他詞以對。自是諸女不復夜降，常晝日往來。或引其遠遊，凌空泛迥，無所不到，至暮乃返。仍不飲不食，日加殊異。一日將夕，母氏見其自庭際竹杪墜身於地。母益爲憂，懇問其故。遂以所遇之事言之，父母竟未諭其本末。諸女剪奉仙之髮，前露眉，後垂至肩，自此數年，髮竟不長。不食歲餘，肌膚豐瑩，潔若冰雪，蠑首蠐領，皓質明眸，貌若天人，智辯明晤[17]，江左之人謂之觀音焉。咸通末，相國杜公審權鎮金陵，令狐公綯鎮維揚，延請[18]供養，聲溢江表。其後秦彥請留於江都，展師敬之禮。高士主父懷杲正直倜儻，疑以爲邪，詣而問之，奉仙欣然加敬，話道累日。主父問："所論之理頗合玄要，何復有觀音之目耶？"奉仙曰："某所遇者道也，所得者仙也，嗤俗之徒，加我以觀音之號耳。然頃歲杜公搜於蓬茅之下，欲貢於宮掖之內，適以斷髮免，未容歸侍膝下，遂霑留寺中。閭巷不知，騰口虛譽，至有擎香捧燭，施寶投金，囂然經年，莫知竄免。而今日遂其修養，不拘閉於後庭者，亦是真仙冥祐，斷髮齊領之明効也，得不自以爲慰喜耳！且名之與道，兩者無滯。莊生云：人以我爲牛，而我爲牛；人以我爲馬，而我爲馬[19]。忘形體真者，不以名爲累也，故亦不鄙人爾。且某所見之女，年可十八九，容貌異常，著雲霞錦繡大袖之衣，執持者仙花靈草，吟詠者仙經洞章，所話乃神仙長生度世之事。隨其所行，逍遙迅速，不知其倦。所到天宮仙闕，金樓玉堂，脩廊廣庭，芝田雲圃，神禽天獸，珍木靈芳，非世間所覩。過星漢之上，不知幾千萬里，朝謁天尊。天尊處廣殿之中，羽衛森列，告奉仙曰：'汝寄生人世，五十年後當還此。'勅左右以玉漿一盃見賜，飲畢戒曰：'百穀之實，草木之果，食之殺人，夭汝年壽，特宜絕之。'是以不食二十年矣。夫天尊行化天上，教人以道，延人以生，主宰萬物，覆育周徧，如世人之父也。釋迦行化世上，勸人止惡，誘人求福，如世人之母也。仲尼儒典行於人間，示以五常，訓以百行，如世人之兄也。世之嬰兒[20]，但識其母，不知有兄父之尊，故常常之徒，知道者稀，尊儒者寡，不足怪也。且所見天上之人，男子則雲冠羽服，或丱髻青襟；女子則金翹翠寶，或三鬟雙角。手執玉笏，項負圓光，飛行乘空，變化莫測。亦有龍麟鸞鶴之騎，羽幢虹節之仗，如人間帝王耳，了不見有菩薩佛僧之像也。"因出其所供養圖繪甚多，率是天人帝王道君飛仙之狀，亦無僧佛之容焉。自咸通迄光啓四十年間，遊淮浙，之宛陵，所至之處，觀者雲集。其警俗也，常以忠孝貞正之道，清淨儉約之言，修身密行之要，故遠近瞻敬。凡金寶貨，委之於前，所施億萬，皆棄之去，而未嘗顧也。雖三淮沸浪，四野騰煙，棲止自若，曾不爲患。其有擁衆威悍如孫儒、趙宏畢、師鐸，欲以不正逼之，白刃憯之，及覿其神貌，不覺折腰屈膝，伸弟子之禮。後與二女弟俱入道，居洞庭山。光啓初，遷餘杭界千頃山。山下之人，爲棟華宇以居之。歲餘，無疾而化，年四十八，有雲鶴異香之瑞，果符五十年之言矣。況其不食三十年，童顏雪肌，常若處子，非金丹玉液之効，豈能與於此哉！又往往神遊天界，端坐逾月，或下察地府冥關之事，坐見八極，多與有道者言之，世人不知，以爲坐忘耳。乃南極元君及東陵聖母之儔侶者乎！

薛玄同

薛氏者，河中少尹馮徽之妻也，道號玄同。適馮徽二十年，乃言素志，託疾獨處，誓焚香念道，持《黃庭經》日三兩遍。又十三年，夜有青衣玉女二人降其室内。將至，有光如月，照其庭廡，香風颯然。時當初秋，殘暑方甚，而清涼虛爽，颯若洞中。二女告曰："紫虛元君主領南方下教之籍[21]，命諸真大仙於四海之外，六合之内，名山大川，有志慕長生心冥真道者，必降而教之。玄同善功爲地司累奏，簡在紫虚之府，况聞女子立志，元君尤嘉其用心，即日將親降於此。"如是凡五夕，焚香嚴盛，以候元君。咸通十五年甲午七月十四日，元君與侍女羣真二十七人降於其室，玄同拜迎于門。元君憩坐良久，示以黄庭填神存修之旨，賜九華之丹一粒，使"八年後吞之，當遣玉女颷車，迎汝於嵩嶽矣！"言訖散去。玄同自是冥心静神，往往不食。雖真仙降眄，光景燭空，靈風異香，雲璈鈞樂，奏於其室，馮徽亦不知也。徽以玄同別室修道，邈不可親，愚妲之懷，常加毁笑，每獲東陵之疑矣。洎廣明庚子之歲，大寇犯闕，衣纓奔竄，所在偷安，馮與玄同寓跡於常州晉陵，存注不輟，益用虔恭。中和元年十月，舟行至直瀆口，欲抵別墅，親隣女伴數人乘流之際，忽見河濱有朱紫官吏及戈甲武士，立而序列，若候玄同舟檝之至也。四境多虞，所在寇盜，舟人見之，驚駭不進。玄同曰："無懼也。"即移舟及之，官吏皆拜。玄同指揮曰："未也，猶在春中，私第去[22]，無速也。"其官吏遂各散去。而同舟者雖見，莫究其由。明年壬寅二月，玄同沐浴，餌紫虚所賜之丹，二仙女密降其室，促嵩高之行。是月十四日，示以有疾，一夕終于私第，有仙鶴三十六隻，翔集室宇之上。玄同形質柔煖，狀若生人，額中炅然[23]白光一點，良久化爲紫氣。沐浴之際，玄髮重生，立長數尺。十五日夜，雲彩滿室，忽聞雷電震霹之聲，棺蓋飛起在庭中，失尸所在，空衣衾而已。異香雲鶴，浹旬不去。浙西節度使相國周寶奏曰："伏聞趙夫人登遐之日，玉貌如生，陶先生獸世之時，異香不絕。同其羽化，録在仙經。豈謂明時，復覩斯事！伏以馮徽妻薛氏，早抛塵俗，久息玄門。神仙祕密之書，能採奧旨；女子鉛華之事，不撓沖襟。非絕粒茹芝，守真見素，履聖世無爲之化，窮玄元守一之規？不然者，安得方念鼓盆，靈禽疊降，正悲鸞鏡，玄髮重生，雷電顯祥，雲霞表異？天迥而但聞絲行，棺空而唯有衣衾。謫來暫住人間，仙去却歸天上。事傳千古，美稱一時，雖屬郡之休禎，乃國朝之盛事。臣忝分優寄，輒具奏聞，干冒天廷，無任戰越喜賀之至。"是歲二月十五日奏於成都行在。勅曰:"惟天法道,著在仙經。上德勤修,玄功是致。覽兹申奏,頗叶殊祥。同魏氏之登仙,比花姑之降世。光乎郡縣,煥我國朝。宜付史官,編於簡册。仍委本道以上供錢於其住處修金籙道場,以答上玄,用伸虔感者。"時駐蹕成都之三年也。

【校記】

〔1〕"維舟岸側",《仙鑑》卷三三《柳實傳》作"艤舟合浦岸"。

〔2〕"奏",上書作"譁"。

〔3〕"虹橋闊數十尺",上書作"耀奪人目,見虹橋忽展"。

〔4〕"子分未合,當自有師",上書作"但子宿分自有師"。

〔5〕"頗以爲悵",上書作"吾頗爲恨"。

〔6〕"已十二年矣",上書作"已十年也"。

〔7〕"二子隨太極先生入朱陵宫祝融峯,歷遊諸仙府,與妻俱得昇天之道",上書作"遂拉二子同上祝融峰,更不復出矣"。

〔8〕"聞之固以爲然","之"原作"乏",據《四部叢刊》本及《太平廣記》卷六三《黄觀福傳》改。"固",《太平廣記》作"因"。

〔9〕"一是大帝侍晨女,一是上清侍女,姓黄名觀福",《太平廣記》卷六三《黄觀福傳》"大"作"天","侍女"作"侍書",無後五字。

〔10〕"其歲疫毒黎民,雅地尤甚",上書作"其歲疫毒,黎雅尤甚"。

〔11〕"栅"原作"珊",據本書卷二八《二十八治·陽平治》及《太平廣記》卷三七《陽平謫仙》改。

〔12〕"後魏北祖帝師盧景祚",按《魏書》卷八四《盧景裕傳》,齊獻武"聞景裕經明行著,……使教諸子",又《北齊書》卷二《神武紀》"始范陽盧景裕以明經稱,……教授諸子","祚"疑當作"裕"。又《太平廣記》卷六六《盧眉娘傳》作"後漢(魏)盧景裕、景祚、景宣,景融兄弟四人,皆爲帝王之師,因號帝師"。"後魏"宜作"北齊"。

〔13〕"生而眉長且緑",《太平廣記》卷六六《盧眉娘傳》作"眉娘生,眉如線且長","緑"疑當作"線"。

〔14〕"貞"字原爲空格,據《四部叢刊》本補。

〔15〕"掌"原作"堂",據上本改。

〔16〕"羅浮李象先作盧逍遥傳",《太平廣記》卷六六《盧眉娘傳》作"羅浮處士李象先作羅逍遥傳","盧"誤作"羅"。

〔17〕"晤",《仙鑑後集》卷三《王奉仙傳》作"悟"。

〔18〕"請"原作"詩",據《四部叢刊》本改。

〔19〕以上十八字,《莊子·天道》作"呼我爲牛也,而謂之牛;呼我爲馬也,而謂之馬"。

〔20〕"世之嬰兒",《仙鑑後集》卷三《王奉仙傳》作"舉世人如嬰兒焉"。

〔21〕"下教之籍",《太平廣記》卷七十《薛玄同傳》作"下校文籍"。

〔22〕"私第去",上書作"但去"。

〔23〕"炅然",上書作"有"。

雲笈七籤卷之一百一十七

道教靈驗記

宮　觀[1]

真宗皇帝御製叙

夫妙道本於混成，至神彰於不測。經誥所以宣契象，宮觀所以宅威靈，符籙所以備真科，齋詞所以達精懇。驗徵應之非一，明肸蠁之無差，誠覺悟於蒼黔，而彰宣於善惡也。朕顧惟寡昧，獲纂隆平。荷祉福之咸臻，務齋盟而匪懈。思揚妙理，普示羣生。因覽杜光庭所集《道教靈驗記》二十卷[2]，其事顯而要，其指實而詳，今昔所聞，盈編而有次；殊尤之迹，開卷以斯存。冀永流傳，俾列[3]方版；庶資訓範，克暢淳風，直叙厥由，題於篇首云爾。

廣成先生序

道之爲用也，無言無爲；道之爲體也，有情有信。無爲則任物自化，有信則應用隨機。自化則冥乎至真，隨機則彰乎立教。經曰："善者吾善之，不善者吾亦善之。"此明太上渾其心，而等觀赤子也。書曰：不獨親其親，天下皆親；不獨子其子，天下皆子。此明聖人體其道，而慈育蒼生也。惡不可肆，善不可沮，當賞罰以評之。經曰：人之不善，何棄之有？故立天子，置三公，此聖人教民捨惡從善也。又曰：爲惡於明顯者，人得而誅之；爲惡於幽闇者，鬼得而誅之。又曰：爲善者，善氣至；爲惡者，惡氣至。此太上垂懲勸之旨也。書曰："惟上帝不常。作善降之百祥，作不善降之百殃。"此聖人法天道，禍淫福善之戒也。由是論之，罪福報應，猶響答影隨，不差毫末，豈獨李釋[4]言其事哉？抑儒術書之，固亦久矣！宣王之夢杜伯，晉侯之夢大厲，恭世子之非罪，渾良夫之無辜，化豕之報齊侯，結草之酬魏氏，良霄[5]之狙駟帶，鄭玄之捽劉蘭，直[6]筆不遺，良史攸載，足可以爲罪福之鑒戒，善惡之準繩者也。況積善有餘福，積惡有餘殃，幽則有鬼神，明則有刑憲，斯亦勸善懲惡至矣！大道不宰，太上好生，固無責於芻狗，而示其報應。直以法字像設，有所主張。真文靈科，有所拱衛。苟或侵侮，必陷罪尤。故歷代已來，彰驗多矣！成紀李齊之《道門集驗記》十卷，始平蘇懷楚《玄門靈驗記》十卷，俱行於世。今訪諸耆舊，採之見聞，作《道教靈驗記》凡二十卷[7]。庶廣慎微之旨，以匡崇善之階，直而不文，聊記其事。

饒州開元觀神運殿閣過湖驗[8]

饒州開元觀舊在湖水之北，去郭二里。巨殿層樓，迴軒廣廈，枕湖有水閣，松徑有虛亭，松竹森疎，花木秀茂。郡人避暑尋春，爲一州勝賞之所。其後道流既少，廊廡摧損，唯上清閣大殿齋堂三門皆在。里中民庶，多葬於觀地中，壇殿之外盡爲墟墓矣。大中二年，郡中夜聞千萬人聲，如風雷之響。及明，見開元殿閣門堂四十餘間，移在湖水之南平地之內。其所布列，形勢遠近，殿閣相去，與舊不殊。太守上聞，請易其名額，以旌神異。詔旨依舊爲開元觀，只改上清閣爲神運閣，別命崇修，遠近歸心，爭捨美利，遂加繕葺，觀殿鼎新。記云："所移之地，途超二里，水越一湖，出自神功，事資聖感"是也。

洋州馮行襲毀素靈宮驗[9]

洋州素靈宮，云漢武帝爲素靈夫人降真内殿，於太白之前，爲築宮宇，即其地也。年代寖遠，遺址僅存。我唐高祖既至長安，受隋恭帝禪。是歲夢素衣神人云："我太白之主也，居素靈臺，以荒毀爲告。"詔訪其地，特創臺殿，命爲素靈宮。開元中，傅天師曾奉詔齋醮於其上。德宗幸梁洋，欲駕幸其地，又加營飾。由是材石之功，最爲宏壯。馮行襲自金州遙統洋州武定軍，命其子守之。欲毀素靈屋宇，以修公署。工人揭瓦，皆有毒虺，居於雷中，莫知其數，竟無所措手，以事白焉。馮子怒，使吏焚之，曳薪炷火。而雷電大震，風雨總至，羣吏奔駭，數輩死之。靈跡巋然，無敢犯者。

文銖臺二僧擊救苦天尊像驗〔10〕

文銖者，長安人也。父母令於別業讀書，爲〔11〕莊前堆阜之上置書堂焉。而性本踈誕，不樂文字，但與隣里少年彈射飛鳥，捕格野獸，以爲戲樂。至於筌笱之具，罻羅之屬，弋網罝罩，弓矢槌刃，靡不置之。數年之間，殺獲不可勝記。忽有道士見之謂曰："子之頭何遽變也？"銖驚而問之，乃引於臺下，令其窺井照之，自見其人形而獸頭矣。欲求道士悔謝，更令熟視井中，頃刻之間，身形不改，而頭已百變，或鳥或獸，或蛇或魚。銖見之異常憂懼。道士曰："萬物營營，各貪其生，至於飛動，皆重其命。爾反天道而殺之，當有此報耳！每變一頭，則受一生，終爾所殺之數，一一償之，積月累日，計其壽限，自此之後，爾身則死。乃歷生異類之中，報所殺之命，百千萬年，未有還復人身之日。"銖號泣求救，願焚弋獵之具，以謝前愆，洗心改悔，不敢更犯。道士見其誠至，乃謂之曰："我奉太上之勑，歷救衆生之苦，名曰救苦真人。爾有昔緣，早合遇道，此若不救，淪陷無期。"乃以道士衣與之，令其終身修道，陰功救世，廣濟物命，方免前罪。道士即踴身而起，去地數丈，立於金蓮花上，左執瓊椀，右執柳枝，金冠鳳履，身逾三丈，通身有五色之光，上連天表，照曜一川，逡巡乃隱。文銖乃焚羅網之具，披道士天衣，於其處立殿，製所見之像，晝夜精勤，焚香懺罪。居十餘年，又感真仙授以藥訣，令遊行海內，救人疾苦，後乃得道而去。其俗所居處，相傳號曰文銖臺，而救苦天尊之像猶在。忽有僧數人遊行見之曰："既是文銖聖跡，何得有道士功德？固知道士無良，侵我古跡已多年矣。"因拔得大木，唯二僧共擊天尊像手折耳傷，口鼻亦壞。力擊其項，未能致損。用力甚困，二僧少歇。看天尊所傷之處，並已如舊。唯二僧口耳鼻項，痛楚極甚。及看其手，亦已折矣。匍匐號叫，告於眾人，自述其事，良久而死。

亳州太清宮老君挫賊驗[12]

亳州真源縣太清宮，聖祖老君降生之宅也。歷殷周至唐，而九井三檜，宛然常在。武德中，枯檜再生。天寶年，再置宮宇。其古跡自漢宣、漢桓增修營葺，魏太武、隋文帝別授規模，邊韶、薛道衡爲碑以紀其事，唐高祖、太宗、高宗、中宗、睿宗、明皇六聖御容，列侍於老君左右。兩宮二觀，古檜千餘樹，屋宇七百餘間，有兵士五百人鎮衛宮所。咸通中，龐勛據徐州，十道徵師招討，長圍將合。龐勛恐力不支久，遂領徒三千餘人徑來，欲奪宮所，據爲營壘。是日避難士庶千餘家，咸在宮內，見黑氣自九井中出，良久昏曀一川，老君空中應現，龐勛徒黨迷失道路，自相蹂踐，蘄水橋斷，盡溺死水中。逡巡開霽，賊黨無孑遺矣！廣明中，黃巢將領徒伴，欲焚其宮，亦有黑霧遍川，迷失行路。又有草賊遍地，自欲凌毀太清宮，迷路乃往亳州城下，因圍逼州城，攻打彌急。刺史潘稠望宮焚香，以希神力救護。頃之，黑霧自宮中而來，周繞城外，腥風毒氣，聞者頓仆，密雪交至，寒凍異常，死者十有五六。初攻城之時，有神鴉無數，銜接賊箭，投於城中，賊輩已加驚異。既而城內朗晏，城外風雪，賊人懼此神力，解圍而去，尋亦散滅。潘稠奏云："自大寇犯闕之後，羣兇誅殄已來，大小寇逆，前後一十八度，欲犯太清宮。或迷失道途，或龍神示見，終挫兇計，宮城晏然。所庇護居人，不知其數。請移真源縣，就宮安置。"勅旨恐移縣就宮，必多穢瀆，縣依舊所，宜准萬年例，昇爲赤縣。仍降青詞，修齋告盟。

周真人居上經堂基驗[13]

周真人名太玄,陶隱居弟子也。年二十一而得道,先於隱居證位。其所居即今紫陽觀,處茅嶺之前,平陸爽塏,實為福地。堂側一片地稍高,如舊屋基而無甎甓蹤跡。太玄於其上植花木,時見有人高冠褒衣,或三或二,亦有介金之士,明月靜夜立於其中。家有小兒名小豆,纔五六歲,遊戲其上,逡巡有人送置庭中,如是者數四,而無傷損。一旦問陶君,説此祥異。陶曰:"晉朝許君舊宅,乃上經堂基,正當其地,速作靜室為焚香之所,不可褻瀆也。"太玄因問:"上經所安之地,何神明如此耶?"陶曰:"《三洞寶經》所在之地,萬靈侍衛,百神朝揖,豈可不尊之耶?"太玄曰:"真經已去,其地久虛,而猶真靈衛之耶?"陶曰:"上經所安之地,地祇守之七百年,法宇之地千年,《正一》所安之地,善神護之三百年。經法雖去,年限未滿,所以然耳。"太玄遂作靜室,每旦夕香燈,而不敢於此室朝拜存修,恐法位高卑,有真凡之隔爾。

魏夫人壇十僧來毀九遭虎噬驗[14]

魏夫人壇在南嶽中峯之前,巨石之上,是一片大石,方可丈餘,其形方穩,下圓上平,浮寄他石之上。嘗試一人推之,似能轉動,人多即屹然而定,相傳以為靈異,往往神仙幽人遊憩其上,奇雰靈氣彌覆其頂。忽有衲僧十餘人,秉炬挾杖,夜至壇所,欲害緱仙姑。入其居處,仙姑在牀上,而僧不見。乃出詣壇所,推壞夫人壇,轟然有聲,若已顛墜。迴燭照之,元不能動。知其靈異,奔迸遁去。及明,有至遠村者,大都不過走十餘里。十人同志,九人為虎噬殺。一人推壇之時,不同其惡,遂免虎害。乃以其事白於村鄉之人,遠近驚異焉!

嚴譔掘洪州鐵柱驗[15]

洪州鐵柱,神仙許真君所鑄也。晉朝豫章有巨蛟長蛇水獸,肆害於人。許君與其師吳君得《正一斬邪三五飛步之術》，制禦萬精，自潭州井中，奮劍逐蛟出於此井。君出謂吳君曰："此井之下，蛟螭所穴。若不鎮之，每三百年一度爲民之害，後來復何人制之？"役鬼神運鐵數百萬斤，鑄於井中，溢於井外數尺，屹若柱焉。於井之下，布巨索八條，以鑹地脉。自是鍾陵之境，無妖惑之事，無墊溺之災。誓之曰："後人壞我柱者，城池湮没，江波泛溢。"人皆知之，固不敢犯。或有漁人敲柱上鐵，用墜其網，所損頗甚，近亦官中禁之。嚴譔節制江西，信誹毀之詞，使人掘鐵柱，將欲碎之。迅霆大擊，江波遽溢，掘未二三尺，城池震動，內外驚懼。譔方信之，焚香告謝而止。柱側道院，爲其所毀，近亦再修矣。

王峯吳行魯毀掘成都龍興觀驗[16]

成都龍興觀，即後周至真觀也。基址廣袤，四面通街，大殿講堂玉華宮碑碣皆在。有王峯者，事潁川王，於小蠻坊創置私第，以基地卑濕，乃使力役者𣂪觀門土墻及廣掘觀地，取土數千車築基址。土木未畢，已數口凋亡。一旦自衙歸宅，於其門外見二黃衣人，曰："爲觀中取土事，要有對勘。"應答之間，下馬而卒。其觀內有鍾樓，曰靈響臺，有門樓宏壯，制度精巧。節度使吳行魯奏移門樓於天王寺，拆其鍾樓，遺蹤勝賞，併爲毀蕩矣。頃年駕在蜀，明道大師尹嗣玄云："行魯之吏因疾入冥，數日復活，言見行魯爲鬼吏所驅，般運龍興材木，鐵鑹繫械，晝夜不休，木纔積垜，又却飛去，如是搋運，不知何年當得息爾。欲求子孫爲立觀門贖其罪，子孫貧窘，固不及爾。"

劉將軍取東明觀土修宅驗[17]

劉將軍者，隸職右神策軍。居近東明觀，大修第宅，於觀內取土築基脫墼，計數千車。功用既畢，劉忽得疾沉綿，旬日稍較，忽如風狂，於其堵庭之中，攫土穴地，指爪流血，而終不已。骨肉扶救之，似稍歇定，又須匍匐穴土，似有驅迫之者。時聞爲物捶擊痛楚之聲，但流淚嗚咽而已，問之竟無所答。日又沉困垂命，巫醫殫術，略無徵應。偶召瞽者筮云，求道法救之。劉素不信道，未嘗有道士過其家。妻子既切，因詣金仙觀請符理之，置符於牀前，又焚數道，和水飲之。劉乃言曰："我以无知，犯暴道法，取東明觀土修築私舍，地司已奏天曹，罰令運土塡陪，不知車數。計我獨力般運，三二百年恐未可足，稍或遲怠，冥官考責，鞭撻極嚴，卒無解免之日。"言訖，嗚咽號叫，若有所訴，一家聞之，俱爲嗟痛。其妻子就東明大殿上焚香祈乞，續[18]買淨土五千車，塡送所穿坑處。設齋告謝，求賜寬赦，疾乃稍定。一旦又自言曰："天符有勅，穿掘觀土，修築私家，雖已陪塡，尚未塞責。有十二年祿命，並宜削奪，所連累子孫，即可原赦。"是夕遂死。余按道科，凡故意凌毀大道及福地靈壇，殃流三世。今劉生以陪塡首謝，罪止一身，得不爲戒爾！

南康王夢二神人告以將富貴驗[19]

南康王太尉中書令韋公皋爲成都尹相國張公之愛壻，而量深器大，舉止簡傲，不狎於俗。張家奕世相家，德望清貴，張族皆輕侮於韋，以此見薄，亦未之悟也。忽夢二神人謂之曰："天下諸化領世人名籍，吾子名係葛璝，祿食全蜀，富貴將及，何自滯耶？勉哉行矣！異日當富貴，無以葛璝爲忘也！"由是韋有干祿之志，謀於其室，室家復勉勵之，以粧奩數十萬金，資其行計。既達秦川，屬歲饑久雨，因知友所聘，署隴州軍事判官。俄而駕出奉天，郡守奔難行在，皋率士客甲士饋輓軍儲，以申扈衛。以功就拜防禦使，復請赴覲行朝，德宗望而器之。既平寇難，大駕還京，以功檢校右僕射鳳翔節度使。懇讓，乞改西川。乃授西川節度，與張公交代焉！擁師赴任，張假道歸闕，以避其鋒[20]。既而累年蜀境大稔，金帛豐積，南詔內附，乞爲臣妾，威名益重，而貢賦不虧，朝廷倚注，戎蠻讋伏。由是請許南詔置習讀院，入質子學生，習《詩》《書》《禮》《樂》。公文翰之美，冠於一時，南詔得其手筆，刻石以榮其國，而葛璝之事，久已忘矣！又夢二神人曰："富貴而忘所因，其何甚耶？"公夢覺流汗，驚駭久之。乃躬詣雲林，炷香禱福。遂命工度木，揆日修崇，作南宮飛閣四十間，巨殿脩廊，重門邃宇，範金刻石，知無不爲。支九隴租賦，於山下列屯輸貯，糗糧山積，匠石雲趨。自製碑刊于洞門之側，上構[21]層樓，棘僮[22]七十人以供洒掃，良田五百畝以贍齋儲，在鎮二十餘年，封以王爵矣！即本命丁卯，屬葛璝化也。

果州開元觀工匠同夢得材木驗[23]

果州開元觀接郡城，頗爲爽塏，以形勝之美，選立觀額，雖州使旋具結奏[24]而制置之，內猶闕大殿。州司差工匠及道流，將泝嘉陵江，於利州上游採買材木。臨行，道流工匠同夢有人云："朱鳳潭中有木，可以足用。"如此者三，因聚議曰："夢兆如斯，必有大商貨木，沿江而至，可躊躇三五日以伺之，或免遠適。"頗以爲便。一匠曰："吾於朱鳳山下江中尋之，莫有商筏已到來否？"即往山下尋求，潭水澄澈，忽見潭底有木。因使善沉者鈎求，得梓木千段，構成三尊殿[25]，鍾樓經閣，三門[26]廊宇，咸得周足。又市塼甃壇，內有黃赤色者，疑其火力未足，棄而不用，信宿皆化爲金。起觀之費，過於豐資。殿宇既成，將塑尊像。又於白鶴山觀掘地，得鐵數萬斤，鑄三尊鐵像，僅高二丈，今謂之聖像，遠近祈禱，立有徵驗。起觀道流何氏家，世代豐足，今爲胄族焉。至今負販之徒，錐刀求利者，每以三日五日，必詣聖像前焚香祈祐。或闕而不精信者，即貿易無利，貨鬻不售焉。

北都潛丘臺崔相國應夢修觀驗[27]

北都潛丘臺有古觀焉，像設精嚴，樓臺宏麗，地形顯敞，迥出於都城之中。制創多年，久無崇葺，風號雨漬，日以傾摧。相國崔公彥昭，常夢野步尋幽，至古臺之下，翹首仰望，其上有紫氣氤氳，祥光四照，无登躡之路，良久復聆天樂笳簫之音，尋訪之意彌切。但四隅陡絶，咫尺萬里。忽前有金橋如梯，層級寬博，遂攀梯而上，中路三四級，板闕欄摧，躋登不得。即見巨手[28]金色，引指而接之，公握[29]指未定，已登臺上矣！徘徊四顧，唯古殿欲摧，荒壇蕪没，歎嗟數四。復到天尊之前，認金橋乃座前之橋耳，金手乃天尊之手耳。不復聞天樂之聲，亦絶紫氣之像，因言曰："豈天尊有所付囑耶？何變化如此也？"天尊忽言曰："子即居此地，無忘摧殘也。"俄而驚覺，旬日授北都留守，到鎮暮月，恍恍然似有所失，似有所疑。因命駕縱遊，用攄其志，聞潛丘臺不遠，造而觀焉。唯古殿摧殘，深草堙翳，乃瞻拜天尊，見儀像侍衛，宛若曾所遊覿。徐視座前，金橋在焉，欄折板斷矣。復睇金臂及指，皆醒然頓寤，即前之所夢也。施俸金，募工役，革故之弊，鼎新其宇，惟殿之且久，隨[30]其古制，增修而已。其餘垣墻廊宇，壇庭門房，圖繢丹臒，赭堊金翠，靡不畢備焉。締構之功，香花之獻，爵爲一時之盛也。

相國劉瞻夢天尊言再居相位驗[31]

相國劉公瞻南遷交趾，道過江陵。既登扁舟，將欲解纜。迴首道左，見像設甚嚴，而朽殿傾圮。問其名，即真符玉芝觀也。入門昇階，拜手潛祝。是夕舟中夢青童前導，登大山之上，松徑連延，崖巘奇秀，芳芝幽草，好鳥靈花，燦然在目。行一里許，見元始天尊坐寶花座上，瞻仰粹容，乃玉芝殿中天尊也。拜祝曰："某得罪聖朝，竄逐且遠，非敢怨望，但祈生還爾！"天尊曰："爾之青簡，列於方諸矣！何憂於世難乎？再居相位，而後得道。自此齋一旬，戒三日，則蠻陬瘴海魑魅之鄉，無所憚矣。辰末巳午，與子爲期也。"自是劉公南征至湖嶺間，所在藩方勞問相繼。旋得金帛，寓信於荆帥，特創天尊殿齋廳廊宇，選精介焚修之士以居之。於是再徵入掌鈞軸，洎厭俗棄世，果符夢中之言，歲辰亦無爽矣。

李蔚相國應夢天尊修觀驗[32]

李相國蔚擁旄汴州，兼太清宮使。每翹心玄關，思真念道。一夕夢野步郊外叢箔間，見奇光五色中有天尊像，頂光半缺，手握玉芝，狀如白蓮花，而圓莖條[33]細，芝有八秀，歷歷詳記，注于心目。翌日，因送賓出郊，顧見有道像暴露，問其所，即玉芝觀也。相國異之，迴鑣而禮謁，莎莠盈庭，蕭蒿蔽路，披榛而後進。所觀尊像，與夢同焉。雖不握玉芝，而名與夢叶，遂廣加崇飾焉。巨殿森沉，飛甍烜赫，齋宮講肆，月牖霜壇，前闚通街，雄臨郛郭，爲藩方之壯觀焉。噫！開元皇帝，尊祖奉先，躭玄味道，精誠上徹，禎貺下通。得真符於靈峰，產玉芝於内殿。因勑大鎮重地置觀，以真符玉芝爲名。封太白山爲靈應公，改華陽爲真符縣。上瑞已彰於昔日，嘉徵復顯於茲辰。所以相國名臣，皆符吉夢，夷門渚宮[34]之完葺，自非大道應靈，其孰能與於此乎！

鄭相國還願修寧州真寧觀驗[35]

寧州真寧縣通聖觀，即開元皇帝夢二十七真得刻石真像之所置也。歲祀寖深，旋已摧毀，邊徼素寡道流，繕修之事，因已曠絕矣。相國司空鄭公畋登龍之年，偶嘗遊禮，賦詩三十韻，以紀其故實，亦冥祝曰："異日官達，必冀增修。"洎入掌絲綸，尊居鈞軸，樞機少暇，前願都忘。一夕夢遊洞府之中，羣仙賞翫，奏鈞天廣樂，以恣嬉遊。俄而，幢節羽衛自天而下，使者一人降曰："太上有命，徵還上清。"於是羣仙或控鳴鶴，或駕飛龍，騰躍而去。相國亦欲振袂騫飛，一仙人廻首笑曰："還畢真寧之願，然後可此來爾。"既覺，省憶真寧修觀之事，乃輟鼎食之資，爲締構之費。邠帥李尚書侃命都校以董其事，十旬而靈觀鼎新矣！相國嘗話斯夢，以爲洞天者，羅川之洞也；羣仙者，二十七真也。驚其忽忘，戀此巨功，信大道之明徵矣。

段相國報願修忠州仙都觀驗[36]

　　忠州豐都縣平都山仙都觀，前漢真人王方平、後漢真人陰長生得道昇天之所。蕪没既久，基址僅存。晉代高先生首爲崇構[37]。太元中，姚泓再加繕飾。其後梁隋共葺，國朝繼修，華閣翔虛，丹簷照日，黔荆蜀梓，元戎重臣，或弭棹登臨，必命修葺。相國鄒平、段文昌旅寓之年，遭廻峽内，時因登眺，炷香稽首，祝於二真曰："苟使官達，粗脱棲遲，必有嚴飾之報。"自是不十歲，擁旄江陵，視事之夕，已注念及此。俄夢二真仙，若平生密友，引公登江渚之山，及頂，乃陰君洞門矣，二真亦不復見。翌日，施一月俸錢修觀宇，一月俸爲常住本錢，常俾繕完，以答靈貺。

樓觀赤光示人以避難驗[38]

　　樓觀者，周康王大夫尹喜宅也。在京兆盩厔縣神就鄉聞仙里，居終南之陰。觀内有周穆王、秦始皇、漢武帝所置殿宇，及秦始皇墨跡，尹喜靈井、老君支革[39]樹、昇天臺，晉宋謁板，秦漢銘記，歷代存焉。大唐將受命，義師起於河東，觀内有赤光屬天者六七夜。廣明庚子，寇犯長安，觀中有光如義寧之歲。近車駕幸鳳翔，盩厔將陷，觀中復有光景之異，由是避難士庶，多投觀中。靈跡巋然，人莫敢犯，高祖時賜號爲宗聖觀焉。

【校記】

〔1〕"宫觀"，《道藏》本《道教靈驗記》作"宫觀靈驗"，置之於"序"之後，正文之前。

〔2〕"道教靈驗記二十卷"，上書作十五卷，凡《宫觀靈驗》三卷，《尊像靈驗》二卷，《老君靈驗》二卷，《天師靈驗》一卷，《真人王母將軍神王童子靈驗》一卷，《經法符籙靈驗》三卷，《鐘磬法物靈驗》一卷，《齋醮拜章靈驗》二卷。闕五卷。

〔3〕"列",《道藏》本《道教靈驗記序》作"刊"。

〔4〕"李釋",上書作"道釋"。

〔5〕"霄"原作"宵",據《左傳·昭公七年》改。

〔6〕"直"原作"之",據《道藏》本《道教靈驗記序》改。

〔7〕"道教靈驗記凡二十卷",《道藏》本作十五卷,闕五卷,本書卷一二一後半及卷一二二收有佚文。此本當在《道藏》本之前。

〔8〕"饒州開元觀神運殿閣過湖驗",《道藏》本《道教靈驗記》卷一作"饒州開元觀驗",其前行標題曰"宮觀靈驗"。

〔9〕"洋州馮行襲毀素靈宮驗",上書作"洋州素靈宮驗"。

〔10〕"文銖臺二僧擊救苦天尊像驗",上書作"城南文銖臺驗"。

〔11〕"爲",上書作"爲學"連上,且後有"於"字連下。

〔12〕"亳州太清宮老君挫賊驗",上書作"亳州太清宮驗"。

〔13〕"周真人居上經堂基驗",《道藏》本《道教靈驗記》卷二無"居"字。

〔14〕"魏夫人壇十僧來毀九遭虎噬驗",上書作"南嶽魏夫人仙壇驗"。

〔15〕"嚴譔掘洪州鐵柱驗",上書作"洪州鐵柱驗"。

〔16〕"王峯吳行魯毀掘成都龍興觀驗",上書作"益州龍興觀取土驗"。

〔17〕"劉將軍取東明觀土修宅驗",上書無"修宅"二字。

〔18〕"續",上書《劉將軍取東明觀土驗》作"請"。

〔19〕"南康王夢二神人告以將富貴驗",上書卷二作"韋臯令公修葛璝化驗"。

〔20〕"既達秦川"至"以避其鋒"凡一百十七字,上書《韋臯令公修葛璝化驗》文字有異。

〔21〕"構"原作"棕",據上書改。

〔22〕"棘僮"原作"棘僮",據《史記·西南夷傳》改。

〔23〕"果州開元觀工匠同夢得材木驗",《道藏》本《道教靈驗記》卷二作"果州開元觀驗"。

〔24〕"奏",上書作"奉"。

〔25〕"三尊殿"，上書作"三清殿"。

〔26〕"三門"二字，上書無。

〔27〕"北都潛丘臺崔相國應夢修觀驗"，上書卷三作"安邑崔相夢潛丘堂觀驗"。

〔28〕"手"原作"千"，據上書改。

〔29〕"握"原作"掘"，據上書改。

〔30〕"隨"，上書卷三《安邑崔相夢潛丘堂觀驗》作"惜"。其上"之"字，《四庫》本作"屋"。

〔31〕"相國劉瞻夢天尊言再居相位驗"，上書卷三作"劉瞻相夢江陵真符玉芝觀驗"。

〔32〕"李蔚相國應夢天尊修觀驗"，上書作"李蔚相修汴州玉芝觀驗"。

〔33〕"條"，上書作"修"。

〔34〕"渚宮"，上書《李蔚相修汴州玉芝觀驗》作"諸宮"。

〔35〕"鄭相國還願修寧州真寧觀驗"，上書卷三作"鄭畋相國修通聖觀驗"。

〔36〕"段相國報願修忠州仙都觀驗"，上書作"段相國修仙都觀驗"。

〔37〕"崇構"原作"崇御名"，據上書改。

〔38〕"樓觀赤光示人以避難驗"，上書作"盩厔縣樓觀驗"。

〔39〕"支革"，上書作"芝草"。

雲笈七籤卷之一百一十八

道教靈驗記

尊像見[1]

木文天尊見像驗[2]

木文天尊者，開元七年，蜀州新津縣新興尼寺，四月八日設大齋聚食之次，有一道流後至，就衆中坐，衆人輕侮之，不與設齋。齋畢，道流起入佛殿中，良久不出，人皆異之，爭入殿尋求，無復蹤跡。忽見道流隱形在殿柱中，隱隱分明，以刀斧削之，益加精好。其像於殿柱中自然而見，高三尺五寸以來，雲冠霞衣，左手執手鑪[3]，右手炷香於煙上，冠中有鳥如鴛鴦形，足下方頭履，履下蓮花，花後荷葉上有神龜之形，左肘後有雲片連焰光，中有青龍之首，右肩之前有虎形廻顧於左。此外周身光焰，如太一天尊，眉髯鬢髮細於圖畫，自外繞身，有雲葉天花一十二處，頭光之上，有大花如蓋，以廕其身。長史張敬忠具以上聞，勑內官林昭隱就川迎取像柱，令作寶輿，好好立安。至京，進於內殿，上躬親禮謁。三日大齋訖，令衛尉寺於東明觀陳設，宣送天尊就觀安置，大開道場，許臣庶瞻禮，仍令兩街大宮觀，每處作道場七日。是時僧等上表抗論云："寺中示現，必是維摩詰之像，非關道門所有。"上令宣示曰："朕觀像柱之異，是天尊之冠，非維摩詰巾也。"僧等既憖於妄奏，乃雇有力之士，使於東明觀道場中竊之。既供養數日，人心怠倦，力士夜於道場中抱取像柱，以絹繩繫縛，負之而出觀院之外，歷街坊，極遠約十餘坊，力疲而坐歇。須臾既曉，只在道場之前。衆遂擒之，訊其所以。乃西明寺僧召募三十人，令其竊取像柱。具事密奏，明皇不令尋究，收像柱於大內，其後榻寫絹本，宣賜諸道及宰臣焉。

漢州什邡縣水浮鐵像天尊驗[4]

漢州什邡縣鐵像天尊，高丈二三，俗謂之烏金像。元在金堂峽中崖壁之下，大水石摧，像仍露現，或浮於水上，出五六尺，其側即昌利化也。道衆焚香備幡花迎引，尋却[5]沉隱不見，稍晴又泛泛而出。昌利三迎之，皆不可致。明年夏，大水泛濫，乃泝流至什邡縣興道觀，後水脈甚小，不知其所來之由。邑人迎引上岸，初只百人引拽，已及平地。欲置於大殿之中，數百人挽之，竟不能動，因立講堂以蓋之。至今頻經亂離，雖堂宇盡焚，此像不損。

青城丈人真君賜錢驗鐵像驗附[6]

青城山丈人觀真君像，冠蓋天之冠，著朱光之袍，佩三亭之印，以主五嶽，威制萬神。開元中，明皇感夢，乃夾紵製像，送於山中。自天國祠宇，移觀於今所。蓋取春秋祭山，去縣稍近，以天國太深故也。數十年金冠之色，宛如新製。有村人无知，以賦稅所迫，徵促鞭箠，一夕走投觀中，齎三數錢神香，於真君前[7]燒香，告以官稅所切，累遭杖責，乞真君頭冠，賣以充稅。因睡，忽夢見真君謂之曰："我頭上冠非是純金，乃金薄耳，賣無所直，汝或得金，亦爲官中所責，損汝性命，其禍不小。山門廟前有十千錢，碑傍木葉下，可以取之，官稅之外，資汝家產。"此人禮敬致謝，出山得錢，租稅既畢，家亦漸富，自是每月送香油觀中。至今真君頭冠低俯向前，傳云令此人看驗冠非純金，所以然矣。

雲頂山鐵像天尊高三四尺，亦是則天朝濛陽匠人廖元立所鑄。其山本是仙居觀，有兩處洞門及盧照鄰[8]碑，近無道士住持，爲僧徒所奪爲寺碑，及洞穴亦已掩蔽摧損。唯天尊一軀，每有僧徒創意欲毀之，立有禍患，搥擊不壞，鎚鍛不傷，僧徒託言山神有靈，掩閉天尊之驗，遠近莫能知之。廖元立初鑄天尊之時，有紫雲如城，其上吐五色，以捧於日，衆共瞻禮。忽有靈鶴數隻，引一大鳥，翼廣丈餘，通身赤色，其形如鳳，衆鶴繞鑪盤旋，嘹唳相應，大鳥飛勢迅疾，徑入鑪中。衆方驚異，即有火焰高三五十丈，其聲如雷，邐迤屬天，迸散流溢，直遍山上。衆人奔駭，但聞異香之氣，彌日方歇。既鑄成天尊，儀相奇妙，四方禱請，立蒙福祐。靈驗如此，豈常凡之意可以毀傷哉！

金州洵陽縣望仙觀天尊理訟驗[9]

金州洵陽縣望仙觀天尊古跡，所造極多靈應。縣境之人，有論訟難理之事，公私攘竊之徒，但焚香披陳，即有響答。有隱情誣蔽者，即夜有神人詣門喚之，遽令對會。被喚者見宮闕官署，在大殿之後，別有樓閣十餘間，兩廊下列曹吏鞠勘，一如人間官府矣。故有匿情狡蠹朋黨姦惡者，亦見送於獄中。送獄者於此即死，對會者但具情狀，即復放還。由是境內畏威，各洗心改過而爲善矣。其邑中失走貓犬，巨細論訟，陳狀於殿壁之上，動盈百幅矣！至今常然。

張仁表念太一救苦天尊驗[10]

左街道士張仁表，辯博多才，應內殿講論，逗機響答，抗敵折衝，莫能當之也。而所履浮誕，未嘗有由衷之言，及於儕友，險躁詭妄，人多薄之。因疾作逾月，醫不能効。夢爲司命所攝，步卒騎吏就所居以捕之，亦如世上之擒寇捕姦爾。竄匿無所，縻束將去，歷荒徑曠原，皆荊棘之地，牽頓昇曳，其速如飛，衣罥叢刺，肉碎芒棘[11]，苦[12]不可堪。行可三十餘里，遙見黑城，上有煙焰，漸近視之，乃鐵城也。擁關衛門，守陣抗敵，皆獸頭人身，辮蛇臂蛇之士[13]。或四口八目，或十臂九頭，齒若霜雪，牙如鋒劍，真世之所畫地獄狀也。入門則珠宮瓊堂，玉樓金殿，非常目所覩，頓異於冥關之中。行四五里，一无所觀，徐問所驅捕者，此何處也？與門外所見不同。或答曰："此太一天尊宮爾，過此方到本司。"仁表聞太一之名，忽記得平常講說之處，多勸人念太一救苦天尊，今此乃天尊之宮，何可不念？即高聲念太一救苦天尊十餘聲，牽頓者皆笑曰："臨渴穿井，事同噬臍，胡可得也？"既聞衆笑，不阻其念，更唱十餘聲，其調哀楚，其音悲切，亦淚下沾衣。如是忽有赤光照其左右，牽頓者一時捨去，獨在光明之中，顧昐四方，即山川明媚，雲物閑暇，頃之，天尊與侍從千餘人現其前矣！仁表禮謁悲咽，叩搏稽顙，述平生之過，願乞懺悔。天尊坐五色蓮花之座，垂足二小蓮花中，其下有五色獅子九頭，共捧其座，口吐火焰，繞天尊之身，於火焰中別有九色神光周身及頂，光焰鋒鋩外射，如千萬槍劍之形，覆七寶之蓋，後有騫木寶花，照曜八極，真人力士金剛神王玉女玉童，充塞侍衛，陰陽太一四十六神，自領隊從，亦侍左右，雲車羽蓋，遍滿空中。天尊謂仁表曰："人之在生，大慎三業十惡。三業之中，口過尤甚。一人妄說，萬人妄行。妄說之人，首當其罪。汝之三業，罪無不爲，吾不救護，永淪幽苦。汝壽命已盡，不當復還。今赦汝七年，誘化於世，以吾此像，廣示於人，開引進之門，爲趣善之要，勉宜行之。"即使童子引還，疾已瘳矣！數日後，以己之財帛，於肅明觀畫天尊之像，東洛關外，畿輔之間，傳寫其本，遍令開悟。仁表因出城，於春明門外見蒿棘之中，如曾行之處，視棘刺之末，有所冒掛衣綫紫縷，及棘上微有血痕，果是所追之夕，經行其路。七年而終。

李邵畫太一天尊驗[14]

李邵者，爲葭萌縣令，云其妻亡已八九年。素不在京國，忽因參選入京，稅居於三洞觀側客院之中[15]。偶見其家亡婢自隣居而出，熟視之，果其婢小玉也。以名呼之，歛袵而至。問其故，即云："某隨娘子在此，已歲餘矣。暫出買物，逡巡即回，回即與報娘子矣。"邵待之，食頃方至，買果實茶餅之屬，奔馳還家，良久延邵相見。所居兩間，自有庭除少許。既見，叙存没之事，或泣或悲，而頻令小玉看時節。久之，小玉報云："來矣。"顔色慘悴，語聲哽咽，揖邵請去。邵未出門，有一少年張蓋而入，邵忽遽避之，小玉即引於簾後且立。其妻出迎少年，拜亦不顧，擲蓋於地，化爲大鑊，水滿火起，煙焰蓬勃，少時即沸。少年去大帽，即牛頭神人也，持叉立於鑊前，以叉叉[16]其妻，抛於鑊中。號叫痛楚，不久即爛，骨肉分張，尋亦火滅。以叉挑其骨，排於庭中，張蓋而去。其妻身亦復舊，蘇而徐起，泣謂邵曰："平生罪業，合受三年，今已一年餘矣！每日如此，痛苦難言。"邵見其變化苦楚，亦深悲歎，問妻曰："今既相見，所須何物，莫要作功德救拔否？"妻曰："適令小玉相邀，全爲[17]功德相託爾。此處隣里有受苦者，畫太一天尊一身，便得免罪。知之數月，無託人處，今得君來，將有離苦之望矣。"邵即於三洞觀中訪太一天尊之像，殿上有古本剥落，厚以金帛召工畫之，亦就觀設齋表祝。只三日内，事事周畢，躬自檢校，無暇到妻所居。功德既了，方得往報，見其所止，已空屋爾。留託隣母，深荷太一功德，已得解脱往生矣。昨日辰巳間，與小玉俱去也。邵每勸人作太一天尊像，其福報可以立待矣。

楊師謨修觀享壽驗[18]

合州慶林觀多年摧朽，殿宇不修，穿漏尤甚，雨滴太上尊容。刺史楊師謨夢太上示現，而左目有淚痕。乃巡謁諸觀，朝禮功德，至慶林，方驗尊像左目前[19]漏滴之痕，宛若垂淚。因剗薙荒蕪，恢張制度，創兩殿二樓，裹門遂宇，壯麗華盛，冠絶一時。既畢，復夢太上謂之曰："子以崇葺之功，上簡玄府，當流化十郡矣。"其後師謨累典符節[20]，日深渥恩，凡一十一郡，享壽九十焉。大中年[21]。

吕細修觀仙人來往驗[22]

益州唐隆縣大通觀，晉義熙元年乙巳置。周末摧殘，僅存基址。武德中，邑人吕細因過其地，遇一道士乘青驢，自天而下於觀基之内，盤廻指畫，良久昇天。吕細與范仲良[23]同受其教，即日共出金帛，特造觀宇。有紫微閣高八十餘尺，尤爲宏壯。太尉南康王韋皐再加修飾。其側有市城觀，在縣西南八里，有石像天尊一十三，身高一丈三尺。每至齋月吉辰，鐘或自鳴，夜有神燈，晝有仙人來往，遠近共知焉。

黑髭老君召代宗遊十洲三島驗[24]

黑髭老君在京左街務本坊光天觀東聖祖院，夾紵所作，功用精能，相好周圓，常作所不可及，日月角隆起，身長丈五六餘。左右侍立玉童玉女十二人，真人八身，金剛力士神王各四身。兩壁畫金甲神王各八人，天樂一部。老君黑髭山水帔，黄金九鳳冠，凭机而坐，帳幄嚴備，不知所置年月，亦不知所製之由。代宗皇帝常夢爲二青童所召，混元聖祖命皇帝從遊四海之外。夢中隨二童至老君所，帝著絳紗衣平天冠，執圭立於老君之後，遊十洲三島，六合四方，海嶽山川，無不備到。歷歷記之，隊從儀衛，一無遺忘。既覺，命畫工圖之，宣示京師，求訪其像。於光天觀所驗部仗人物，與所夢同焉。勅塑御容乘五色雲立從老君之後，選高德道士七人焚修住持，内庫及度支別給服用齋廚，刻石以紀其瑞焉。

玉局化玉像老君應夢驗[25]

玉局化玉像老君，天寶中，觀前江内，往往夜中有光，從水而出，高七八尺，上赤下白，其末如煙。衆人瞻之，以爲有寶器之物，撈摝求訪，又無所見。明皇幸蜀，夢有聖祖真容在江水之内。果有人見神光，於光處得玉像老君以進，高餘一尺，天姿瑩潔，其相圓明，殆非人工所製。駕廻，留鎮太清宮，其光見處，號爲聖容壩，亦是玉女壩，金砂泉古跡連接矣。玉像老君自近年以來，不知所在。

自然石文老君降雨驗[26]

閬州石壁自然石文老君像，中書舍人高元裕責授[27]閬州刺史，是歲大旱，元裕禱祈，山川祠廟，无不周詣。忽於玉臺觀前，瞻望山東叢林之上，見有異氣。披榛徑往，果有嵌竇懸泉在峭巖之曲，喬木之下，有石壁奇文自然老君之狀。前有玉童，襃袖捧爐，雙髻高竦。後有神王之形，恭若聽命。元裕焚香叩祈，以崇葺爲請雨。還未及州，甘雨大霑，聯綿兩夕，遠近告足。乃翦薙蕪翳，創爲齋宫，立碑以紀其事。於懸泉之下堰爲方塘，引水注爲流杯小池[28]，植花木松竹，遂成勝賞。光啓年，大駕還京，光庭奏置玄元觀，寵詔褒允。至今郡中水旱祈祝，靈驗益彰矣。

賴處士預言老君降生作幼主驗[29]

賴處士者，江湖人也。在楊公玄默門舘爲客十餘年矣，不知其道術所習，楊公每盡禮敬之，若師友焉。多在宅內，少有見者。楊公時爲左軍，有小判官數人，有王有梁。王則辯博聰明，人多致敬，必謂其有非常之位也。梁則謙默謹靜，慎重寡言，人多踈之，必謂其不肖也，唯使宅軍將成君常[30]與梁稍狎。賴處士忽於宅門與成語曰："致身之道，先須識貴人，頗識之乎？"成曰："某愚暗，何以能辨？願仙[31]丈教之。"處士曰："梁大夫貴人也，此後當主樞機重務，吾子立身領旄節，須在其手，善依託焉！王大夫雖聰穎如此，壽且不永，將殁於他鄉。此後宗社不寧，天下荒亂，兵戈競起，祚曆甚危。太上老君自降王宫作幼主，以扶此難，社稷可以存爾。梁大夫主機務，吾子領藩方，皆在幼主之手。可自保愛爾！吾自此不復留也。"數日，處士辭楊公而去。成異其言，禮敬於梁，交結甚固。俄而楊公罷權位，王有罪竄於南方，死于道路，其言愈驗。咸通十四年秋，梁爲內樞密，成爲軍使。僖宗即位，三日對軍，日色初出，微照堪砌，聖上起更衣未坐，梁公醒然憶悟賴處士之說，因臨堪與成話之，左軍韓公頗異其私語，詰之再三，梁與成以實白之。韓以少主初立，中外未安，聞此言極爲慰喜。自是成持節滄州，皆如賴處士之說。中原紛擾，禍亂積年，社稷晏安，宮城再復，駐蹕數年，聖德如一，僖宗中興之力也。

賈湘嚴奉老君驗[32]

賈湘累世好道，崇奉香燈，隸職計司，家頗富贍，然其修奉勤至，人所不及。有一幅老君像幀，持以自隨。所至之處，雖一日一夕，亦設焚香之位，應感之効，不可殫述。黃巢既陷長安，大駕西幸。湘捷金帛，挈骨肉，自東渭橋出。道路剽掠之人，不知紀極。其一家百餘人，行李無所驚懼。遂於龍角山下，葺居避難。衣冠及遠近道流，皆投其家，各與拯給。請道流轉《道德》《度人經》，不啻萬卷。有羣賊忽圍其家，湘入告老君，乃出與語。賊投刃於地，羅拜其前。湘問其故，默而不答，拜亦不已。湘捨而入門，羣賊猶拜，唯稱罪過。湘哀之，持繒帛使人與之，慰勉移時，稍稍而去，一無所取。自此外戶不扃，人無敢犯。或問羣惡："有何所見而反拜之？"曰："我見賈湘常侍左右神兵極多，皆長數丈，呀口瞪目，似欲吞噬，不覺亡魂喪膽，唯恐不得命耳。"時既修宮闕，車駕將還，湘於老君前請進退之兆。忽見香爐邊有粟苗甚茂，上有兩穗，如風所動，粟穗西指。乃破產移家，歸京永興里，尋其舊第，已隳拆，有小舍一二十間，權爲栖止。三月駕歸京師，方薙草構宇，於基址之下，得銀六千兩，家產益贍。五載亂離，力未嘗闕，乃其嚴奉精專，太上垂祐，使之然也。

沈瑩供養老君驗[33]

吳興沈瑩宿奉至道，常供養老君。於越州剡縣市中有居第，時草寇裘甫起自農畝，聚集凶徒奔突。縣邑素無武備，官吏奔駭，甫因據有縣城。詔徵陳許鄭滑淮浙徐泗之軍以討之，八道天軍圍城以攻之。海內久無兵戈，居人不識征戰，師至之日，皆潛竄村落，瑩倉惶鏁其外門而逸。士馬既至，瑩誤鏁小童一人在舍中，却回將開門，則營幕施列，不敢窺犯而去。其後或勝或敗，兵勢不常，市肆半被焚爇，或逆徒所據，或官軍[34]所收，十餘月日，方至誅殄。罷兵之後，瑩所居六七間，扃鏁如常，籬垣完備。及開鏁，小童安然。問其故，云："門閉之後，有一童子青衣，年可十三四，云老君令與其嬉戲。良久引去一大宅內，得飲食果實湌啗了，却與童子爲伴遊戲，如半日頃。即聞老君令其添香，纔炷香了，即聞開門之聲。"瑩入門時，香煙未歇。問其鬭戰火燭鄰里焚燒驚[35]怕之事，一無所聞。是則十月戰爭，比鄰灼爇，如同頃刻，殊不覺知，列肆併焚，其家獨在，非大聖神通之力，孰能及於此乎？瑩亦自此棲心玄門，探真慕道，將有長往之志。尋離鄉邑，莫知所之，只領此童而去。

姚鵠修老君殿驗[36]

台州刺史姚鵠，因遊天台山天台觀，命於講堂後鑿崖伐木，創老君殿焉。將平基址，於巨石下得石函，方可三尺。發之，中有小石函，得丹砂三兩，玉簡一枚，長九寸，闊二寸，厚五六分，上有文曰："海水竭，台山缺，皇家寶祚無休歇。"具以上聞，勅曰："上天降祉，厚地呈祥。爰有白簡之靈書，出於玄元之寶殿。告國祚延洪之兆，示坤珍啓迪之符。惟此休徵，實爲上瑞。宣付史舘，頒示萬方。"乃咸通十三年壬辰之歲也。鵠塑老君像，而山中土石相渾，求訪極難。夢青童告之曰："殿東丈餘所，有土如塁，可以用之。"求而果得，塑太上之容，侍衛凡八九身，土無餘矣。既成，天儀粲然，睟容伊穆，月玄日角，若載誕於渦川；雙柱三門，疑表靈於相野。洎潔齋以贊之，則景氣融空，奇光煒爍，似聞[37]笙磬絲竹之音，咸以爲休瑞。昔桐栢初構天尊之堂，有雲五色，浮靄其上，三井有異雲氣，入堂復出者三。書於國史，以紀符應，清河崔尚，碑文詳焉！此聖祖殿亦自有記。

楊鬧兒奉事老君驗[38]

成都楊鬧兒，父母崇道，常奉事老君，精懃不怠。鬧兒在軍伍中，於金堂把截，爲敵人擒，虜往南山寨中，不被傷殺，晝夜常念老君，願再見父母。忽夢老君賜雲一朵，令童子引之，送於平地。童子曰："可以歸矣。"及覺，已出山寨，因得還家。到家之日，父母爲其作百日齋矣！

【校記】

〔1〕"尊像見"，《道藏》本《道教靈驗記》卷四作"尊像靈驗"。

〔2〕"木文天尊見像驗"，上書無"見像"二字。

〔3〕"左手執手鑪"，上書作"執手鑪寶香"。

〔4〕"漢州什邡縣水浮鐵像天尊驗"，上書作"什邡縣興道觀鐵像天尊驗"。

〔5〕"却"，上書作"即"。

〔6〕"青城丈人真君賜錢驗鐵像驗附"，上書作"青城山丈人真君驗"，自篇中"雲頂山鐵像天尊"起，上書另起一篇，題曰"雲頂山鐵像天尊驗"。

〔7〕"前"字原無，據上書《青城丈人真君驗》增。

〔8〕"鄰"原作"璘"，據《舊唐書》本傳改。

〔9〕"金州洵陽縣望仙觀天尊理訟驗"，《道藏》本《道教靈驗記》卷四作"洵縣望仙觀天尊驗"。

〔10〕"張仁表念太一救苦天尊驗"，《道藏》本《道教靈驗記》卷五作"張仁表太一天尊驗"，卷五卷首題曰"尊像靈驗"。

〔11〕"衣罥叢刺，肉碎芒棘"，上書作"衣罥叢棘，肉碎芒刺"。

〔12〕"苦"原作"若"，據上書改。

〔13〕"辮蛇臂蛇之士"，上書作"蛇臂之士"。

〔14〕"李邵畫太一天尊驗"，"李"原作"季"，據上書改。又上書無"畫"字。

〔15〕"稅居於三洞觀側客院之中","稅居"原作"就","院"原作"陀",據上書改。

〔16〕"叉叉",原不重,據上書增。

〔17〕"爲"原作"無",據上書《李邵太一天尊驗》改。

〔18〕"楊師謨修觀享壽驗",《道藏》本《道教靈驗記》卷五作"合州慶林觀尊像驗"。

〔19〕"前",上書作"有"。

〔20〕"符節"原作"符竹",據上書《合州慶林觀尊像驗》改。

〔21〕"大中年",上書作"大中年間卒"。

〔22〕"呂細修觀仙人來往驗",《道藏》本《道教靈驗記》卷五作"益州唐隆縣大通觀驗"。

〔23〕"范仲良",上書作"花仲良"。

〔24〕"黑髭老君召代宗遊十洲三島驗",《道藏》本《道教靈驗記》卷六作"京光天觀黑髭老君驗",卷首題曰"老君靈驗"。

〔25〕"玉局化玉像老君應夢驗",上書無"應夢"二字。

〔26〕"自然石文老君降雨驗",上書作"閬州石壁成紋自然老君驗"。

〔27〕"責授",上書作"謫授"。

〔28〕"引水注爲流杯小池",上書《閬州石壁成紋自然老君驗》作"注爲流杯曲水小池"。

〔29〕"賴處士預言老君降生作幼主驗",《道藏》本《道教靈驗記》卷六作"賴處士説老君降生事驗"。

〔30〕"成君常",上書作"成君賞"。

〔31〕"仙"原作"山",據上書《賴處士説老君降生事驗》改。

〔32〕"賈湘嚴奉老君驗",《道藏》本《道教靈驗記》卷七作"賈湘事老君驗"。

〔33〕"沈瑩供養老君驗",上書作"沈瑩事老君驗"。

〔34〕"官軍"原作"家軍",據上書改。

〔35〕"驚"原作"篤",據上書《沈瑩事老君驗》改。

〔36〕"姚鵠修老君殿驗",《道藏》本《道教靈驗記》卷七作"天台觀老君驗"。

〔37〕"聞"原作"間",據上書《天台觀老君驗》改。

〔38〕"楊鬧兒奉事老君驗",《道藏》本《道教靈驗記》卷七"奉事"作"夢"。

雲笈七籤卷之一百一十九

道教靈驗記

昭成觀壁畫天師驗絹畫驗附[1]

昭成觀壁畫天師，歲月既深，彩粉昏剥，在通廊之下[2]，未嘗有香燈之薦。頒政坊內居人姓李，患痁逾年，醫不能愈，日以羸瘠，待時而已。忽夢一道流，長八九尺，來至其前，以大袖布衣拂其面目之上，頓覺清涼，謂之曰："自此差矣！勿復憂也。"於是醒然疾愈，稍能飲食。洎晚，策杖行繞其家，不覺爲倦，但覺所夢道流，猶在其前，遽欲入昭成觀，家人慮其困憊，亦頗多止之[3]，不聽。入觀，於天師真前瞻睞良久，曰："即所夢也。"拜禮數四，乃命[4]夾紵塑人劉處士塑天師真，改葺堂宇，旦夕供養，人所祈禱，福祥立應。其所塑夾紵真，於夾紵內畫羅隔布肉色，縫絳綵爲五臟腸胃，喉嚨十二結十二環，與舌本相應。臟內填五色香，各依五臟兩數。當心置水銀鏡，一一精至，與常塑不同。其塑中土形，移在天長觀，金彩嚴飾，亦皆靈驗[5]。

彭城劉存希《天師靈驗》云：自幼以來，於唐興觀瞻禮天師，發心圖寫供養。因得絹本，出入護持，雖祇命遠行，奉使南北，未嘗一日闕香火之薦。黃巢犯闕，時在內署，蒼惶之際，隨駕不及，唯捲天師幀捧持而行。同伍三十餘人，皆爲擄捉，或被殺傷，獨於眾中得免。將入南山，夜深村落行次，遇避難人偶語，而聞妻在其間，因得同往洋州大巖山深處，結草寓居。況素無骨肉，唯夫婦而已，既免支離，決志林谷，不復有名宦之望，野麋山鹿，性已成矣。山下居人，以其口食不多，時亦助其糧儲，饋其鹽酪。此外拾栢子焚香，禮敬天師而已。无何，舊交宋開府入掌樞務，知其在洋山之中，強之使出，錫以朱紱，加以品位，固辭不獲，黽俛從焉。又駕出石門，因便奔竄，投莎城山中，自匿數月。有軍士搜山谷，不得安居。夫婦棄繒帛之衣，夜行四十餘里。出及平陸，遥見馬軍十餘騎，兩面交至，已擒擄行人數輩。存希夫婦驚恐而立，馬軍過其側，似若不見，由是得免。後數年，奉使西川，携天師幀而至，余亦傳寫其本。存希深山窮谷虎狼之中，軍士紛擾白刃之下，心常坦然，若與數人居。憂懼之際，隱隱然若侍立在天師之側。亦有感降之事，祕而不言。

陵州天師井塡欠數鹽課驗[6]

陵州天師井，《本傳》云：天師經行山中，有十二玉女來謁天師，願奉箕箒。天師知其地下陰神也，謂之曰："汝等何以爲獻？將觀汝心厚薄，選而納焉。"玉女各持一玉環，徑皆數寸。天師曰："所獻一般，不可併納，吾化此十二環令作一環，投之入地，有得之者，即納之焉。"遂合十二環爲一大環，徑餘一尺，投於地中，隨即深陷，已成井矣。玉女皆脱衣入井，以探玉環，竟不能得。天師取其衣藏石匣中，玉女至今只在井内。今陵州鹽井，直下五百七十尺，透兩重大石，方及鹹水。每年一度淘洗其中，須歌唱喧聒，然後入井，不然，必見玉女躶居井中，見者多所不利。井既深不可數，入或緪索斷損，皮囊墜落，唯於天師前炷香良久，玉女自與掛之，依舊不失。頃年井屬東川，有張常侍主其鹽務，於事稍怠，鹽課不登，欠數千斤，交替之後，縻留填納，未得解去。替人素亦崇道，因與虔告天師云："張塡所欠之鹽，家資已盡，空此留滯，益恐困窮。於三五日内，願借神力，增加所出，爲其塡納。"與張俱拜，祈訴懇切。自是[7]每日所煎水數四十五函如常，而鹽數羨溢，五六日内塡之果足。此後一如舊數，無復增減矣！十二玉女，戌亥二人在天，唯十人在井，所煎鹽至戌亥時亦歇。天師初以兹地荒梗，无人安居，山川亦貧，不可耕植，化鹽井以救窮民。民聚居井傍，户口日衆，遂置州統之，以天師名，故曰陵州。天師誓曰："我所化井以養貧民，若官奪其利，千年外井當陷矣。"今諸井皆有天師玉女之像焉。

李瓖夢遇天師告授陵州刺史驗[8]

李瓖咸通中爲王府長史，以勳貴之族，不慣食貧，居閑力闕，鬱鬱不得志。中夜而寐，夢入深山窮谷，棧閣縈折，流水潺湲，如此者不知其幾千百里。又見闤闠雜遝，城闉爽塏，飛宇橫樓，摩霄椉[9]日，不知其幾千萬家。縱神遊目，熙熙自得。又出郊甸，涉岡源，荒榛茂草，小松巨木，間以果林，厠以筠篠，山嶺危峭，或迂或平。山回遥[10]盡，抵一小郡，茅棟縱橫，臨路欹側。傍有公署，署內白氣屬天，其大如屋，中有悲歌號呼之聲。見一青童，引瓖即路，躡危磴，步石梯，入門甚峻，門内古樹芳草，若古觀宇焉。瓖素崇玄教，頗爲慰悅，俄而昇殿，見像設尊儀笑而謂之曰："爾來耶，吾待爾久矣！入天門，漱玄泉，古人所修也；注丹田，存白元，上士所修也。混而合之，子其行之。陰功及人，陰德濟物，千百之家，待子而字之。勉哉勉哉！明年之春。"瓖再拜稽首，受其言而覺。是冬頻訴於宰執，復希入用，乃授陵州刺史之任。是時經歷山川郡邑，神思懌悅，皆如常所經行，素未入蜀，莫可知其由也。至郡乃謁天師，昇階及門，至于殿所，覩其真像侍衛屋宇布列，醒然而悟，乃叶其所夢矣。乃以俸金修天師之堂，加以丹臒，立爲銘碑誌。其白氣屬天，乃鹽井之所也。悲歌之聲，乃轉車之人也。而内修之訣，瓖未得之矣。瓖即西平王孫也。

謝貞精意圬墁遇天師授符驗[11]

謝貞者，臨邛工人也，善圬墁，而用意精確。鵠鳴化天師修道、老君感降之所，頂上有上清古宮，相傳云天師時所制。歲月甚多而結構如舊，但瓦破壁壞而已，貞賃工爲修泥之。貞精研盡意，墁飾周密。有道流引二從者，觀其功用，神彩異常，身逾九尺，自門而入，謂貞曰：

"山中難值修葺，頗媿用心。"以手畫地作一符，使貞再三審記之，曰："此後有疾者，雖千里之外，行符必効。勿多取錢，但可資家，給終身衣食。"而貞具記符，行之極効，大獲金帛，家業殷豐。鵠鳴諸山无天師真像，陵州井中所塑，又非世代子孫所傳之真。貞忽於青城山遇峽中賈客修齋，有天師小幀供養，乃是授符應現之真爾。

道士劉方瀛依天師劍法治疾驗[12]

天台道士劉方瀛師事老君，精修介潔，早佩畢道[13]法籙，常以丹篆救人。與同志弋陽縣令劉翩按天師劍法，以五月五日就弋陽葛溪鍊鋼造劍，勅符禁水，疾者登時即愈。嘗於黄巖縣修齋勅壇，以救疫毒。有見鬼巫者潛往眎之，見鬼神數千，奔北潰散，如大陣崩敗，一縣之疫，數日而愈。咸通末，方瀛无疾而終，戒其門人，使與劍俱葬，莫敢違之。乾符中和間，台州帥劉文下裨將李生領徒發其墓，欲以取劍，見其尸柔軟，容色不變，如醉卧而已。顧眎其劍，哮吼有聲，羣黨驚懼，卒不敢取，李生命瘞之而去。不獨劍之有靈，劉方瀛亦陰景鍊形得道之流也。

西王母塑像救疾驗 三將軍附[14]

玉局化西王母塑像多年，頃因觀宇燒焚，廊屋頹壞，而儀像不損，人稱其靈。居人范彦通忽患風癩，瘡痍既甚，眉鬚漸落。因入觀於王母前發願，但所疾較損，即竭力修裝。是夕夢一玉女，手執花盤，以衣袖拂其身曰："王母令我救汝，疾即愈矣。"數日之間，所疾漸退，瘡腫皆息，眉鬚復生。遂造紗窗，裝金彩，通檐兩楹，嚴潔修奉，每月自送香燈，近年方稍不見。觀中三將軍，亦古之所塑。觀因南詔焚燒，屋宇摧盡，而三將軍塑像不壞。起觀之日，再於其上立堂宇。居人閻士林，卧疾月餘，迨將不救，夢三將軍以戟揮其身上，穿一物去，狀如黑犬。自此疾愈，乃捨衣物，製紗幒，重加彩繢矣。

歸州黃魔神峽水救船驗[15]

歸州黃魔神，因相國李吉甫自忠州除替，五月下峽，至峽水之中，波濤極甚，忽有神人湧於水上，為其扶船，三面六手，醜眸朱髭，袒而虺譀[16]，風濤遽息。李公祝而謝曰：「是何靈神拯危救難？」神曰：「我是黃魔神也。」既而歸州駐船旬月，選地立宇，於紫極宮作黃魔堂，言是黃天魔王，橫天檐力之神也，刻石紀焉。相國蕭遘自拾遺左遷峽內，徵還京師，峽水泛漲，舟船將沒，亦見其神捧船以救之。復命修飾，加其粉繢，嚴其室宇，刻石為誌，亦列於次焉。

青城丈人同葛璝化靈官示現驗[17]

青城丈人真君，太和六年壬子，節度使贊皇李公德裕差軍將蔡舉二人，就山修齋，便令訪尋草藥。蔡舉於六時巖下，忽有勁風自谷中出，因見二神人行虛空中，一人在前，長丈餘，著大袖衣平冠；一人居後，著青衣大袖，捧一帙書。舉驚悸問曰：「何鬼神也？」前一人答曰：「我是竹枝老。」又指其後人曰：「此是璝之璪。我有密語兩紙，可一一記之，錄與尚書。今年西蜀合有水災，以修齋之故，我回後山一峯堰水向東，梓州當秋大水，即其應也。」於是授以密語，述李公吉凶未兆之事。蔡舉一一記之，歸常道觀錄於紙上，果得兩紙，依神人之言，封題送李公。書寫既畢，併亦遺忘矣。是年八月，東川水深數丈，西蜀無害。李公歷問官寮及道流，解隱語不得。李公曰：「竹枝老，丈人也，此當是丈人真君耳。璝之璪者，本命屬葛璝化，亦恐是化中靈官，特此示見，以彰靈應也。」

羅真人降雨助金驗[18]

羅真人，即神仙羅公遠也。于濛陽羅江壩接九隴什邡之界，在漓沅化後，今相傳號羅仙范仙宅。修道於青城之南，今號羅家山。明皇朝出入帝宮，輔導聖德，自有內傳。至今隱見於堋口什邡楊村濛陽新繁新都，畿服之内，人多見之。不常厥狀，或爲老嫗，或爲丐食之人。每風雨愆期，田農曠廢，則必見焉。疑其仙品之中，主司風雨水旱之事也。楊村居人衆以旱暵，將禱於洛口後城李冰祠廟，熱甚，憩於路隔樹陰之下。忽有老嫗歇而問曰："衆人欲何往也[19]？"以祈雨事答之。嫗曰："要雨須求羅真人，其餘鬼神不可致也。"言訖不見。衆知嫗即羅真人也，於是見處焚香以告焉。俄而風起雲布，微雨已至，衆乃還家。是夕數十里内，甘雨告足，乃於其所置天宫塑像焉。諸鄉未得雨處傳聞此説，以音樂香花就新宫祈請，迎就本村，别設壇場，創宫室，雨亦立應。如是什邡綿竹七八縣界，真人之宫，處處皆有，請禱祈福，無不徵効。忽爲乞士，於堋口江畔謂人曰："此將大水，漂損居人，信我者遷居以避之，不旬日矣。"有疑其異者，即移卜高處，以避水災；其不信者，安然而處。五六日，暴水大至，漂壞廬舍，損溺户民，十有三四焉。居人以爲信，立殿塑像以祠之。金銀行人楊初在重圍之内，配納贍軍錢七百餘千，貨鬻家資，未支其半。初事母以孝，每爲供軍司追促，必託以他出，恐母爲憂。嘗於山觀得真人像幀一幅，香燈嚴奉已數年矣。至是真人託爲常人，詣其肆中，問以所納官錢，以何准備？具以困窘言之。此人令市生鐵，備炭火。明日復來，燃炭疊鐵投之，一夕而去。臨行謂之曰："我羅公遠也，在青城山中。以爾孝不違親，心不忘道，以此金相助，支官錢之外，可以肥家。"復引初往山中，時令歸覲。初亦得丹藥，以奉其親，髮白還青，老能返壯矣。

嘉州開元觀飛天神王像捍賊驗[20]

嘉州開元觀，後周所創，本名弘明觀。隋大業中，方製大殿，於殿西頭塑飛天神王像，坐高二丈餘，坐二鬼之上。初修觀，道士吕元璪數夕夢神人在山頂，其形接天，或白日髣髴如見，郡人有好道者時亦見之，或通夢寐，遂商議塑此形像。本有十身，初製其一，而隋末多事，中原沸騰，不果徧就。像之靈應，郡人所知矣。疾瘵之家，祈禱必驗。其下二鬼青黑者，往往見於人家。太和中，相國杜元穎鎮成都，壇場不修，關戍失守，爲南詔侵軼木源川，路境上夷人導誘蠻蜑，分三道而來，掩我不備，將取嘉州。去州四十餘里，寇乃大驚，奔潰而去。州境稍安，方設備禦。有擒得夷人覘候者，大寇及境，何驚而去？云："三路蠻寇本欲徑取嘉州，謂州中无備，去州四十里，忽旗幟遍山，兵士羅立，不知其數，有三五人大將軍，金甲持斧，長三二丈，聲如雷霆，立二鬼之上，麾諸山兵士，齊爲拒捍，自量力不可敵，驚奔而去。"是日，蠻中主軍酋帥死者三人。蠻國之法，行軍有死傷及糞穢，旋即瘞藏，不令露見，由是不知酋帥瘞埋之所。時衆聞之，皆言飛天神王兵示現，以全州境，自是祈福禱願，迨无虛日。又嘗有人下峽之時，曾詣飛天求乞保護。至瞿唐，水方汎溢，波濤甚惡，同艤三船，一已損失，二皆危懼。忽見神人立於岸上，如飛天之形，使二大鬼入水扶船，鬼亦長丈餘，船乃安定，風濤亦止。驚迫之際，莫知所自，徐而思之，乃飛天所坐二鬼救其船耳。一赤一青，形與所塑无異[21]。

成都乾元觀在鹽市，創制多年，頃因用軍，焚毀都盡。三門之下，舊有東華南極西靈北真四天神王，依華清宮朝元閣樣，塑於外門之下，並金甲天衣。門既隳壞，而神王无損，風雨飄潰，亦无所傷，邑人相傳，頗爲靈應。時蜀王既尅川蜀，移軍收彭州，圍州久矣，因暫還成都。方當暑月，參從將吏所在取便而行。大將杜克修先至神王之所，見衆人聚觀塑像，問其故，云："塑神皆動。"克修以器盛水，致神手中，果搖動而水溢出。頃之蜀主至，復祝而試焉，曰："若即尅彭州，更觀搖動之應。"良久而振動數四。不逾月，而尅州城，殲殄大敵。乃施金幣，命本邑創制堂宇，以崇飾之。

楚王趙匡凝北帝祥應[22]

楚王趙匡凝鎮襄州也，州郭舊有北帝堂，歲久蕪毀，在營壘中。一旦楚王寢室之上，有物如曳戟皮革之聲，瓦皆震動，潛起覘之，見黑氣一道，自北帝舊基之所至板屋上。楚王異之，密加虔祝，將欲興創堂宇，以答祥應。詰朝[23]际事之際，先嘗選將校五十人，俾往營田，日給以衣裝農器，指揮教命，一無應者。楚王疑有異圖，拘而訊之，得其搆孽之狀，咸勤戮焉。王乃謂人曰："北帝靈驗，信有徵矣。中夜有雲氣之異，詰朝乃姦慝彰明，若非玄功告示，幾有不測之禍。"遂締飾堂廡，崇嚴像貌，俾焚[24]謁之士主其香燈，闔境瞻禱，累獲符應矣。

李昌遐誦消災經驗[25]

李昌遐者，後漢兗州刺史之後也。生而奉道，常誦《太上靈寶昇玄消災護命經》，而稟性柔弱，每爲衆流之所侵虐。忽因晝寢，夢坐煙霞之境，四顧而望，熊羆虎豹，圍繞周匝，莫知所措，不覺傷歎，何警戒之甚邪！謂積善之无驗。于時空中有一道士，呼其名而語之曰："吾即救苦真人也。汝勿驚駭，吾奉太上符命，與諸神將密衛於汝。且汝常念者經云：'流通讀誦，則有飛天神王、破邪金剛、護法靈童、救苦真人、金精猛獸、各百億萬衆，俱侍衛是經。'"昌遐既覺，豁然大悟，因知自前侵虐我者，未有无禍患殃咎，蓋誦經之所驗也。

崔畫誦度人經驗[26]

崔畫者，漢汝陽侯仲牟之後。嘗謁白雲先生，學修身之術。先生曰："汝富貴之子，何思淡泊？"崔子避席而對曰："以財賑人，財有數而人无厭矣；以爵賞人，爵既崇而人或驕矣。如何示我以道，將以普濟生靈。"先生曰："吾道之内，有《度人經》在，汝可誦之。"崔畫乃作禮承受，至誠誦之。厥後有使者馳一緘遺崔公曰："子之先君，令吾持此謝汝。"言訖，使者忽然不見。於是啓緘熟眎，果備認得先君親札，云："感汝念誦《度人經》功德之力，累世之祖盡得生天。"自後，崔畫一家至今念誦。

姚元崇女精志焚修老君授經驗[27]

開元宰相姚元崇，昔出官爲馮翊太守。有一女名長壽，年七歲，不茹葷，不飲酒，父母常令於玄元像前焚香點燈。忽晝寢，夢見老君，有二侍童二神將夾侍左右。侍童語長壽曰："爾之焚修精志，可隨口授汝《九天生神經》一章。"云云。

王道珂誦天蓬呪驗〔28〕

王道珂，成都雙流縣南笆居住，當僖宗幸蜀之時，常以卜筮符術爲業，行坐常誦《天蓬呪》。每入雙流，市貨符卜得錢，須喫酒至醉方歸。其郭門外有白馬將軍廟，曉夕有人祈賽，長垂簾，簾內往往有光，及聞吹口之聲，以此妖異，人皆競信，所下酒食，忽忽不見，愚民畏懼，無有輒敢正視者。道珂因喫酒回歸，入廟朗誦神呪，則廟堂之上悄悄然。傍人睬之，无不驚駭。道珂異日，晨鷄初叫，忽隨村人擔蒜〔29〕赴市夜行，至廟前忽然倒地。蒼惶之間，見野狐數頭，眼如火炬，銜拽入廟堂堦之下。聞堂上有人呵責曰："你何得恃酒入我廟內，念呪驚動我眷屬？"道珂心中默持《天蓬神呪》，逡巡却蘇。蓋緣其時與擎蒜人〔30〕同行，神兵遠其穢臭，而不衛其身，遂被妖狐擒伏。泪擎蒜人去〔31〕，道珂心中想念神呪，即妖狐便致害不得。既蘇息之後，遂歸家沐浴清潔，却來廟內大詬而責曰："我是太上弟子，不獨只解持《天蓬呪》，常誦《道經》。經云：'天得一以清，地得一以寧，神得一以靈。'爾若是神明，只合助道行化，何以惡聞神呪？我知非白馬明神，必是〔32〕狐狸精怪，傍附神祠，幻惑生靈。今日我決定於此止泊，持呪爲民除害。"遂志心朗念神呪，至夜不歇。廟堂之上，寂然無聲，亦无光透簾幕，唯聞自撲呻吟之聲。至明，呼喚鄰近居人睬之，唯見老野狐五頭〔33〕，皆頭破血流滿地，已斃。自後寂无妖異，竟絶祭祀，廟宇荒廢。是知凡持此呪，勿得食蒜，至甚觸穢。天蓬將軍是北帝上將，制服一切鬼神，豈止誅滅狐狸小小妖怪矣！

王清遠誦神呪經驗[34]

王清遠世居北邙山下，唐咸通年，時多疫疾，清遠身雖在俗，常服氣行藥誦《神呪經》，自稱是緱山真人遠孫。是時天子蒙塵入蜀，兵火不息，疫癘大行，連州匝縣，飢荒病患衆矣！清遠佩受《神呪經籙》，每行符藥救人，多不受錢，只要少香油供養經籙。鄉人迎請醫療，日夕喧闐。清遠有表弟一人爲僧，名法超，亦持《大悲輪行祕字》，妬清遠之醫道大亨，忽一日冒夜來投宿止，潛以瓶盛狗血，傾於清遠道堂內。至二更已來，忽聞空中有兵甲之聲，頃聞法超於牀上，如有人挽拽叫諕，唯言乞命。清遠命燈照之，但見以頭自頓地，頭面血流，至平明不息。須臾之間，但見兩脚直下，如人拖拽，奔竄入緱水江內，浮屍水上。闔市目擊，無不驚歎。是知《神呪真經》，實有神將吏兵守護，豈容嫉妬庸僧將穢惡之物犯冒？所謂爲不善於幽暗之中，神得而誅之。清遠襲氣持經，陰功濟物，壽一百七歲。辭世之夕，闔境皆聞異香仙樂，斯亦證道之漸階矣。

忠州平都山仙都觀取太平經驗[35]

忠州平都山仙都觀陰真人鎮山《太平經》，武德中刺史獨孤晟取經欲進。舟行半日，有二龍一青一白，横江鼓波，船不得進。舟人驚懼，復泝流還郡。晟即命所由墊江路，陸行進經。時山川之中，久無摯獸。至是蛇虎當道，經使恐懼，將經却迴。晟即脩黃籙道場，拜表上告，然後取經以進，在內道場供養，綿歷歲年。開元中，供奉道士司馬秀准詔祭醮名山，開函取經，但空函而已。訶詰道衆，疑是觀司隱藏。法侶驚懼，无詞披雪，遂焚香告真，述武德中經已將去，今詔旨搜訪，无經上進，仰憂譴責。時景氣晴朗，野絕塵埃，忽陰雲覆殿，迅雷震擊，俄而簷宇溢霽，經在案上，異香盈空，祥煙紛靄，復得昔日所取之經以進。會昌中，賜紫道士郭重光、晏玄壽復齎詔醮山，取經石函之中，經復如舊。至今鎮觀者猶是此經，不知何年歸還爾！

天台玉霄宫葉尊師符治狂邪驗[36]

天台山玉霄宫葉尊師修養之暇，亦以符術救人。婺州居人葉氏，其富億計。忽中狂瞀之疾，積年不瘳，數月沉頓，後乃叫號悲笑，裸露奔走，力敵數人。初以絹索縻繫之，俄而絕絆，出通衢，犯公署，不可枝梧。官以富室之子，不能加罪，頻有所犯，亦約束其家，嚴爲守衛。加持禳制，飯僧祈福，祠神鬼，召巫覡，靡所不作，莫能致効。其家素不信道，偶有人謂之，令詣天台，請玉霄宫葉尊師符，可祛此疾，不然，莫知其可也。乃備繒帛器皿，入山請符。尊師謂使者曰："此符到家，疾當愈矣！"无以器帛爲用，盡歸之。使者未至三日，疾者方作，斷緄投石，舉家閉户以拒之。折關拔樞，力不可禦，如此狂猛，非人所遏。忽[37]遽歛容，自歸其室，盥洗巾櫛，束帶鞞足，執板磬折於門內道左，其色怡然。一家忻喜，爭問其故，笑而不答，但言天使即來。飲食都忘，夕不暇寢，孜孜焉企踵翹足，延頸望風，汗流浹背，不敢爲倦。如此二日三夕，使者持符而至，入門迎拜，懽呼踴躍前導，得符服之，瞑然食頃，疾已瘳矣！由是躬詣山門，厚施金帛，助修宫宇，一家脩道，置靖室道堂，旦夕焚脩焉。初玉霄賜二符，一己吞之，一帖房門之上。葉之女使竊酒飲之，嘔於符下。葉見一神人，介金執劍，長可三四寸，從符中出去。焚香拜謝，而不見其歸。數日親戚家女使，近患風魔，疾尚未甚困[38]，來葉房之前，立且未定，忽叫一聲。葉見符中將軍如前之形，揮劍加女使頭上。問其故云，適有神人，以劍於頭上斬下一物，墜於衣領中。令二三女僕扶[39]持，驗有蛇頭如指，斷在衣領中，血猶滴焉。風魔之疾，自此亦愈。

賈瓊受童子籙驗

成都賈瓊年三歲，其母因看鹽市，三月三日過龍興觀門，衆齊受籙，遂詣觀受《童子籙》一階。十餘年後，因女兄有疾，母爲請處士吳太玄爲入冥，看檢致疾之由，仍看弟兄年命凶吉。經宿，太玄還言，疾在汪瀆[40]，求之即差，籍中不見有賈瓊之名。父母愈憂，復請太玄看之。時太玄每與人入冥檢事，必鑷於一屋中，安寢而往，不復人驚呼，候其自醒，喚人開門乃開之，歷歷說冥中之事，有如目擊，言必信驗，或兩宿然後迴爾。既再往檢瓊名字，云："年三歲時，三月三日於龍興觀受《正一籙》，已名係天府，不屬地司，籍中不見名字，於天曹黃簿之内，檢得其名。"

尹言念陰符經驗[41]

尹言者，修德坊居，與明道大師尹嗣玄爲宗姓之弟。常崇道慕善，孜孜不倦，因詣嗣玄受《陰符經》，至誠諷[42]念。爲其常少記性，願得心神聰爽。受之數年，念逾萬遍，稍覺心力開悟。因本命日齋潔焚香，念三十遍，忽己憶前生之事，姓張名處厚，在延壽坊居，家有巨業，兒女皆存，記其小字年幾，一一明了。與其家説之，乃往尋訪，述張生死年月形色情性，無所差異。張之兒女，聞之嗚咽感認，言其今之狀貌，與昔不殊，但性較舒緩爾。自是兩家契爲骨肉，黄寇犯闕之前，其二家皆在。

趙業受正一籙驗[43]

趙業，定州人，開成中爲晉安縣令。因疾暴卒，手足柔軟，心上微暖，三日乃蘇。云初爲冥官所追，牽拽甚急，問其所以，但云爲欠債抵諱事。自思身心無此罪犯，必恐誤追。行三五十里，過一山嶺，上有宫闕崇麗，人物甚多。有一青衣童子前來問云："汝非道士趙太玄乎？"某答云："晉安縣令趙業爾。"童子笑曰："豈得便忘却耶！"又一童子續來云："太一令喚趙太玄。"追事人一時散去。即與童子到宫闕中，不見太一，但見一道流云："汝六歲時，爲有疾受《正一八階法籙》，名爲太玄，豈得流於俗官，併忘此事耶？太一有命，便令放還。却須佩籙修真，行功及物，居官理務，勿貪瀆貨財，輕人性命。"言訖不見，所疾已蘇。遂於思依山參受法籙，累置壇場，廣崇功德，復以法名太玄矣。

僧法成竊改道經驗[44]

僧法成姓陳，不知何許人。立性拘執，束於本教，而矯飾多端。因遊廬山至簡寂觀，不遇道流，而堂殿經厨素不關鑰，遂取《道經》看之，將三十四卷往靈溪觀棲止，詃云："某在僧中，本意好道，欲於此駐泊，轉讀《道經》，兼欲長髮入道。"人皆善其所言。又取觀中經百餘卷，日夕披覽。每三五日一度下山化糧，人聞其所説，施與甚多，糧鹽所須，計月不闕。乃改换道經題目，立佛經名字，改天尊爲佛言，真人爲菩薩羅漢，對答詞理，亦多换易，塗抹剪破，計一百六十餘卷。忽山下有人請齋，兼欲求丐紙筆，借觀奴一人同去。行三二里，見軍吏隊仗訶道甚嚴，謂是刺史遊山，法成與奴下道於林中迴避。良久，見旗幟駐隊有大官立馬於道中，促唤地界令捉僧法成來。法成與奴聞之，未暇奔竄，力士數人就林中擒去，奴隨看之。官人責曰："大道經教，聖人之言，關汝何事？輒敢改易，決痛杖一百，令其依舊修寫，填納觀中，填了報來，別有處分。"即於道中決杖百下，仆於地上，瘡血徧身，隊仗尋亦不見。奴走報觀中，差人看驗，微有喘息而已。扶舁入山，數日方較，遂出所改换經本，呈衆道流。法成本有衣鉢，寄在江州寺中，取來貨賣，更求乞紙筆，經年修寫經足，送還本觀，燒香懇謝，欲願入道。道流以其無賴，无人許之。是夜叫呼數聲，如被毆擊，耳鼻血流而死矣。

僧行端輒改五厨經驗[45]

僧行端性頗狂譎，因看道門《五厨經》只有五首呪偈，遂改添題目云《佛説三停厨經》，以五呪爲五如來所説，經末復加轉讀功效之詞，增加文句，不啻一紙。《五厨經》屬《太清部》，明皇朝諫議大夫肅明觀主尹愔注云："蓋五神之祕言，五臟之真氣，持之百遍，則五氣自和，可以不食。"其經第一呪云："一氣和太和，得一道皆泰。和乃无不和[46]，玄理同玄際。"開元中，天師趙仙甫爲疏，皆以習氣和神爲指。行端旁附此說，即云讀誦百二十遍，可以呪水飲之，令[47]人不食，名爲《三停廚經》。詞理鄙淺，與尹趙注疏，殊不相近。改經既了，已寫五六本，傳於他人。於窗下寫經之際，忽有神人長八九尺，仗劍而來，謂之曰："太上真經，歷代所寳，何得輕肆庸愚，輒爲改易？"奮劍斬之，以手拒劍，傷落數指。同居僧二人，共見其事，驚爲哀乞。神人曰："如此无良，也解惜命。"促令追收寫換，然後奏聽勅旨。行端與同居僧散尋所行之本，只得一半，餘本已被僧將出關。別寫元本經十本，燒香懺謝，所改添本，香上焚之。神人復見曰："訾毁聖文，追收不獲，不宜免死。"逡巡頓仆而卒。其所改經，至今往往傳行諸處，覽觀其義，自可曉焉。

崔公輔取寳經不還驗[48]

崔公輔明經及第，歷官至雅州刺史。至官一年，忽覺精神恍惚，多悲恚狷急，往往忽忘，舉家異之。一旦无疾而終，心上猶暖，三日再蘇，亦即平復。謂其寮佐曰：昨爲冥使齎帖見追，隨行三五十里，甚爲困憊。至城闕，入門數重，追者引到曹署之門，立於屏外。逡巡有官人著緋執版，至屏迎之先拜。公輔驚曰："某爲帖所追，乃罪人也，官人見迎致拜，深所不安。"官人曰："使君固應忘之矣！某是華陰縣押司錄事巨簡，使君初官，曾獲伏事[49]庭廡。近奉天符，得酆都掾地司所奏，使君任酆都縣令之日，於仙都觀中取真人陰君《寳經》四卷，至今不還，天符令追生魂勘責。使君一魂，日夕在此對會，恐使君不知，故欲面見，具此諮述，以報往日之恩耳。使君頗覺近日忿怒悲愁精神遺忘否？此是生魂被執繫故也。"於是引至廳中，良久言曰："此有茶飯，不可與使君食，食之不得復歸人間矣。但修一狀，請置黃籙道場，懺悔所犯，兼請送經却歸本山，即生魂釋放矣。"因[50]本司檢使君年禄遠近。逡巡有吏執案云："崔公輔自此猶有三任刺史，二十三年壽。"言訖，公輔留手狀，官人差吏送還。乃於成都及雅州紫極宮、忠州、仙都山三處，修黃籙道場，齋送經還本觀。公輔平復如常，其後歷官年壽，皆如所說。此事是開成年中，任雅州刺史也。

劉載之誦天蓬呪驗〔51〕

彭城劉載之，儒家子，修辭學外，常事北極，香火不懈，多寓京師〔52〕。少而神氣怯懦，每驚魘，往往不悟〔53〕。嘗遇蘇門道士劉大觀，授以《天蓬神呪》，令持誦千遍。載之勤而行焉，絕葷腥，專香火，逆旅之中，亦拳拳修尚，自是无復魘悸矣。寇陷長安，在宣楊里爲寇所虜，力役勞苦之事，素非其所能，稍或遲舒，必承之以劍，性命憂迫，在乎頃刻，而密誦《神呪》，以求其祐。是夕有一人如軍士之飾，謂之曰："勞役之事，吾爲子免之。此有徑路，可以脫禍，可相隨而行也。"載之疑爲寇所試，辭焉。此人引其手，若騰躍於空中，良久覆地。是夕月光如晝，但見山川參差，泉聲流激，已在巨石之上。驚異之際，有村童前引入洞府中，宮闕深嚴，層城煥麗，金樓玉堂，奇禽珍木，周還數十里。有謁者平冠褒袖，云："太帝君令於賓宇憩息。"俄賜酒饌仙果，二仙官與之宴飲。載之問："太帝君所主何國？某未曾朝拜，忽奉恩勑，深所憂懼。"仙官曰："太帝是北斗之中紫微上宮玄卿太帝君也。上理斗極，下統酆都，陰境帝君乃太帝之所部，天蓬上將即太帝之元帥也。吾子冥心北元，尊奉《神呪》，而值此危難，將陷鋒鏑。太帝閱籍，當在驅除之伍。仰軫聖慮，已奏章太上，述勤瘁之心，延壽三紀，使還於故里爾。"頃之，得朝謁太帝，叩顙謝恩於闕下。命二童送之，食頃已達泗州。其友人謝良奏事行朝，具話其事，載之今猶在江表。是則太帝之昭鑒，天蓬之威神，不遺毫分之善也。

姚生持黃庭經驗[54]

　　姚生者，華原人也。幼而好道，持《黃庭經》。光啓中，僖宗再幸陳倉，遠近驚擾。姚爲賊所迫夜走，墮枯井中傷足，求出未得。乃旁有窨穴，匿於其中，晝夜念經，因不饑渴，足疾亦愈。時襄土既平[55]，大駕歸闕，鄉里人户稍復。有遊軍夜宿井側，見井中有光，拯而出之。具述經靈驗，遂爲道士，居華原西界觀中焉。

【校記】

〔1〕"昭成觀壁畫天師驗絹畫驗附"，《道藏》本《道教靈驗記》卷八作"昭成觀天師驗"。篇中自"彭城劉存希"起，上書另起一篇，題曰"劉存希天師幀驗"。又卷八卷首題"天師靈驗"。

〔2〕"下"原作"卞"，據上書改。

〔3〕"亦頗多止之"，上書《昭成觀天師驗》無"頗"字。

〔4〕"命"後，上書有"善"字。

〔5〕"驗"，上書作"應"。

〔6〕"陵州天師井填欠數鹽課驗"，《道藏》本《道教靈驗記》卷八作"陵州天師井驗"。

〔7〕"是"字原無，據上書《陵州天師井驗》增。

〔8〕"李瓌夢遇天師告授陵州刺史驗"，《道藏》本《道教靈驗記》卷八作"李瓌夢天師驗"。

〔9〕"槩"，疑當作"墍"。

〔10〕"遥"，《道藏》本《道教靈驗記》卷八《李瓌夢天師驗》作"徑"，《四庫》本作"途"。

〔11〕"謝貞精意圬墁遇天師授符驗"，《道藏》本《道教靈驗記》卷八作"謝貞見天師授符驗"。

〔12〕"道士劉方瀛依天師劍法治疾驗"，上書作"劉方瀛天師靈驗"。

〔13〕"道"字，上書無。

〔14〕"西王母塑像救疾驗三將軍附"，《道藏》本《道教靈驗記》卷九作"西王母驗"。卷首題"真人王母將軍神王童子靈驗"。

〔15〕"歸州黃魔神峽水救船驗"，上書作"歸州黃魔神救蕭李二相公船驗"。

〔16〕"虓譈"，按《詩經·大雅·常武》有"闞如虓虎"，《漢書·敘傳》有"七雄虓闞"，疑當作"虓闞"。

〔17〕"青城丈人同葛璝化靈官示現驗"，《道藏》本《道教靈驗記》卷九作"青城丈人真君示現驗"。

〔18〕"羅真人降雨助金驗"，上書作"羅真人示現驗"。

〔19〕"也"原作"心"，據上書《羅真人示現驗》改。

〔20〕"嘉州開元觀飛天神王像捍賊驗"，《道藏》本《道教靈驗記》卷九作"嘉州飛天神驗"。

〔21〕此下，上書另起一篇，題曰"乾元觀四天神王驗"。

〔22〕"楚王趙匡凝北帝祥應"，上書作"襄州北帝堂驗"。

〔23〕"朝"原作"明"，據上書改。

〔24〕"焚"字原無，據上書增。

〔25〕"李昌遐誦消災經驗"，《道藏》本《道教靈驗記》卷十作"李昌遐念昇玄護命經驗"，卷首題"經法符籙靈驗"。

〔26〕"崔晝誦度人經驗"，上書無"誦"字。

〔27〕"姚元崇女精志焚修老君授經驗"，上書作"姚元崇女九天生神章經驗"。

〔28〕"王道珂誦天蓬呪驗"，上書無"誦"字。

〔29〕"村人擔蒜"，上書《王道珂天蓬呪驗》作"擔蒜村人"。

〔30〕"人"字原無，據上書增。

〔31〕"去"原作"拋去"，據上書刪。

〔32〕"必是"原無，據上書增。

〔33〕"五頭"，上書作"二頭并山野狐五頭"。

〔34〕"王清遠誦神呪經驗"，《道藏》本《道教靈驗記》卷十無"誦"字。

〔35〕"忠州平都山仙都觀取太平經驗",《道藏》本《道教靈驗記》卷十一作"仙都觀石函經驗",卷首亦題"經法符籙靈驗"。

〔36〕"天台玉霄宮葉尊師符治狂邪驗",上書作"玉霄葉尊師符驗"。

〔37〕"忽"原作"怨怨",據上書改。

〔38〕"困",上書《玉霄葉尊師符驗》作"因"連下句。

〔39〕"扶"原作"捧",據上書改。

〔40〕"疾在汪瀆",《道藏》本《道教靈驗記》卷十一《賈瓊受童子籙驗》作"疾由江瀆"。

〔41〕"尹言念陰符經驗",《道藏》本《道教靈驗記》卷十一無"念"字。

〔42〕"諷"原作"誖",據上書改。

〔43〕"趙業受正一籙驗",上書作"趙業授正一八階籙驗"。

〔44〕"僧法成竊改道經驗",《道藏》本《道教靈驗記》卷十二作"僧法成改經驗",卷首亦題"經法符籙靈驗"。

〔45〕"僧行端輒改五廚經驗",上書無"輒"字。

〔46〕"和乃无不和",本書卷六一《五廚經氣法》作"和乃無一和"。

〔47〕"令"原作"今",據《道藏》本《道教靈驗記》卷十二《僧行端改五廚經驗》改。

〔48〕"崔公輔取寶經不還驗",《道藏》本《道教靈驗記》卷十二作"崔公輔仙都經驗"。

〔49〕"伏事",上書《崔公輔仙都經驗》作"服事"。

〔50〕"因",上書作"因令"。

〔51〕"劉載之誦天蓬呪驗",《道藏》本《道教靈驗記》卷十二作"曹戩天蓬呪驗"。

〔52〕以上二十四字,上書作"曹戩者,字載之,泗州人也。廣明乾符間在京師"。

〔53〕"每驚魘,往往不悟",上書"每"作"多","悟"作"蘇"。

〔54〕"姚生持黃庭經驗",上書無"持"字。

〔55〕"襄土既平",上書作"襄王既平寇"。

雲笈七籤卷之一百二十

道教靈驗記

處州青田縣清溪觀古鐘自歸驗[1]

處州青田縣清溪觀古有銅鐘，因袁晁亂後，失其所在，有墨書"青田"字，人或記焉！其後溫州島嶼山下水中，舟人時聞鐘聲幽咽不遠。一旦有人忽見水中一物，如半鐘之形，側露水上，盪槳視之，既近即覆矣。露其一半，認其模範之跡，蒲牢之形，乃鐘也。以物觸之，沉於水中矣。與人語其異，好事者乘舟看之，天氣晴霽，亦時一見。州寺僧結彩舫，具幡花，致齋迎之；或經宿水上道場，禮懺而請，或得見之，尋又沉去。道門亦備幡花舟舫香火迎之，見而不得。清溪道士時亦在迎鐘衆中，稽首祝之曰："此州觀寺皆自有鐘，唯清溪觀無鐘多年，極是闕事，遠地不辦香花，丹心而已。鐘若有靈，願泝流自往，某旬日即歸，於觀前溪中奉候。"衆聞其說皆笑之。十餘日，道士歸青田，鐘已在觀前潭中矣。焚香迎之，汎汎就岸，重千餘斤，數人挽拽懸掛，若百許斤爾。自後，時亦飛去，旬日却迴，今以大鎖繫之，不復去矣。其上墨書"青田"字，久在水中，宛然不滅。井邑老人詳認其字，乃觀中舊鐘也。

青城山宗玄觀銅鐘不能損驗[2]

青城山宗玄觀古跡銅鐘三千餘斤，隱花文飛仙幢節之狀，工甚精好。劉闢據成都，取管內銅像、大鐘，鑄兵器及錢。此鐘差縣人挽拽下山，磨其上隱起花文欲盡，頻以巨石搥擊，終不能損。拽至江干，將入竹筏，力敵萬斤，竟亦不動。縣狀申闕，闕異之，令送山中，三二十人牽送上山，纔若一二百斤爾。既復懸掛，時或擊之，立致雲雨，至今見在。

溫江縣太平觀鑄鐘道士得道驗[3]

溫江縣太平觀有任尊師者，於市中每日戶乞一錢，鑄鐘萬斤，數年鐘成，尊師年已八十餘矣。作大齋表讚，扣鐘數百下，辭決而去，即大曆年中也。其後劉潼僕射擁旄西川，觀寺鐘上皆鐫刻《陁羅尼呪》，至是任尊師復歸，領巧工於呪邊刻云："觀家銅鐘，不合妄刻佛呪。"別立誓詞數句。而人見任狀貌，益少壯於當時，信是得道者。

眉州故彭山市觀大鐘傷寺匠驗[4]

眉州故彭山市，觀有大鐘重千斤。觀去[5]州二十餘里，每扣鐘之時，聲應州郭。頃年僧輩誆陳文狀，云："觀无道士，鐘在草中，當用運之。"時官无正理，遂移於州寺懸掛。上鐘之時，折匠人之足，人以爲靈驗。寺當州門，扣擊之聲，不聞州內。羣僧別鑄大鐘，此鐘不還本觀，賣與嘉州寺中。下樓之時，傷其二匠，斷足折腰，入船出岸，皆有傷損。聾俗不以爲靈驗，至今流俗[6]未還，良可惜也。

浴爰赤木古鐘水洗瘡驗古鐘驗附[7]

爰赤木古鐘，開元中所進，云：赤木莊在玉山之下，時聞地中隱隱然有鐘聲，尋求莫能致。一旦赤木患瘡，疾且甚，醫不能袪。夢一青童曰："得浴鍾水洗之即愈。"赤木就近觀寺中，以水洗鐘，用器盛之，歸以洗瘡，微加痛劇。乃令人於常聞鐘聲處聽之，果聞鐘在地下，掘數尺而得，形上有坐師子爲鼻[8]，鼻下平闊，其頂圓大，圍三尺餘，六七寸頓小，如腰鼓形，向下復大，奇文隱鏤，萬狀千名，迨非鎔範所作。

既得，以水浴去泥土，取其水洗瘡，即日痊愈。夜有光影，時或自鳴，爲隣里所異，不敢藏隱，奉表進焉。敕賜景龍觀，黃巢前此鐘猶在。

寶應中，盩厔縣居人耕地，亦得古鐘百餘斤，上有伏虎形爲鼻，自鼻以下頓大，數寸而小殺之，如是再殺，三成共高一尺八九寸，徧身天花雲葉，工用殊妙，比赤木所得圓厚而重。既得，夜夜有光，或飛於空中，聲韻清越，亦表上進。詔送玄真觀，久之，取留內殿。

渝州南平縣道昌觀古鐘奇巧驗[9]

渝州南平縣道昌觀有古鐘焉，以二獅子對立捧花座，蛟螭爲鼻，蛟尾分繞獅之足，盤於鐘上。鐘形再殺三成，如盩厔古鐘之狀。於其殺處，細花文五條。當中一條黃色明淨，累累若珠貫焉。次珠條之外，作花片之狀，屈曲相繁。又外一重，雲葉纏繞，蹤跡奇巧，工甚周[10]細，若非人工。此外周身有花，不可細記，云是湘東王送與隱居陶貞白。近因亂離，鐘已遺失。

黔南鹽井古鐘多年無毀蝕驗[11]

黔南鹽井中因摧損修築，得一古鐘，長三四尺，中細而實，如腰鼓瓦腔之狀，兩頭圓厚，扣之皆有聲，奇音響亮，與常鐘異。在鹽井多年，益加光膩，無毀蝕之勢，時有金色，精明異常。節度使僖公，留鎮府庫焉。

天台山玉霄宮古鐘僧偷而卒驗[12]

天台山玉霄宮古鐘，高二尺，重百餘斤，制度渾厚，形如鐸，上有三十六乳，隱起之文亦甚精妙，相傳云夏禹所鑄，或云是越王樂器。頃年於空中，夜夜飛鳴，人皆聞之。忽墮於禹廟內，藏之府庫，綿歷七八十年，累有名僧求請，欲彰其異，而皆廉問[13]不與。咸通中，左常侍李綰爲浙東觀察使，請玉霄峯葉尊師修齋受籙，於使宅立壇，出此鐘以擊之。既而水部員外柳韜自上京得老君夾紵像，高三四尺，聖相奇妙，乃重裝修，作盝頂寶帳，以白金香鴨香龜數事，送於玉霄，亦便留籙壇內供養。齋畢，李貂[14]命賓爲鐘銘，具以歲日，刻於鐘上，並老君像，皆送山中。所刻之處，燦然金色。禹跡寺僧，頻求此鐘不得，既知鐫勒銘篆，已送天台，計无所出。乃揚言曰："天台所得古鐘，乃真金也。匠人所刻之末是數兩金，況於鐘乎！又有香鴨器皿，計其所直多矣。"因有衲僧與不道輩十餘人，夜入玉霄宮，伏於版閣之下，中夜踰欄干而上，於道場中取香鴨香龜金龍道具，實於囊中，縻鐘於背，出門羣呼而去。尊師知之，不許徒弟追之。僧等約行三十餘里，憩一大樹下，良久天明，只在閣柱之側。衆小師往視之，背鐘者已殭死矣。其餘徒黨，癡懵凝然，不辨人物。鐘及金帛，一无所失。尊師呪水灑之，良久僧亦稍醒，羣賊乃蘇，發願立誓，乞不聞於官。乃盡釋之，扶昇病僧而去，僧至山下乃卒。

開州龍興觀鐘雪寃驗雲安鐘附[15]

開州龍興觀鐘七八千斤，未有鐘樓，懸於殿上而已。相傳云，州中有戴敩之徒，遺失之物，諍訟不決之事，沉滯抑屈之情，焚香扣鐘，立有明効。至有囚徒刑獄，推鞫不得其實者，即入款請擊鐘，便可分雪明白。余頃駐泊觀中，忽見官吏押領囚徒，來於鐘前，焚香告誓，援槌將擊之際，有人抑止之，更令取款，如是數四，都不擊鐘，論訟已得其理矣。因問其故，云："累有公案不決者，請擊此鐘。擊鐘之後，旬日之內，誣謁寃抑於人者，必暴病而死；情有相黨，事有連累者，一年之中，无孑遺矣！有理被抑之人，宛然无苦。由是刑獄大小，无敢有欺，以鐘爲準的也。"雲安白鶴觀鐘亦類於此，遠近傳焉。

施州清江郡開元觀鐘見夢驗[16]

施州清江郡開元觀有鐘焉，其形絕古，用麟爲鼻，以系於簴，狀若懸匏。扣之，初則清音纖遠，俄而震然，響聞數里，然不知何代之器也。初有郡民牧牛，於郡南田間，忽聞有異聲自地中發，民與牧童數輩聞之，皆驚走辟易。其後，民熱病旬餘，夢一丈夫衣青襦，告之曰："汝遷我於開元觀。"民亦不悟其旨，又到田間，再聞其聲如前，而密誌其地，即以事白於郡守。郡守封君怒曰："此民昏妄，輒以不急之事干[17]我耶！"叱去之。是夕，民又夢青襦者曰："吾委跡於地下有年矣，汝不速出者，必有大咎。"民大懼，及曉，與其子皆往鑿其地，深丈餘得此鐘，色青如所夢丈夫色也。遂再白郡守，置於開元觀，是日辰時，不擊自鳴，震響極遠，郡人俱異而歎之。郡守以其事上聞，明皇詔編於國史，復命宰臣李林甫寫其奏，以頒示天下矣。

洪州遊帷觀鐘州官彊取入寺驗[18]

洪州遊帷觀有二鐘：一是觀司特勅所鑄，一是許真君修行鐘，歷代傳之在真君殿，稍小於觀鐘爾。節度使嚴譔創置節制，威令風行，素重緇徒長老，增修其院。長老欲取許真君鐘，嚴令官吏取而授之，道士皆不敢論其曲直。取鐘之日，雷風震擊，是時大設齋筵，費用極廣，風雨暴至，曾不施張，頃刻水溢數尺。及扣其鐘，如擊土木，並无音響。長老謂嚴曰："此州道士，例多妖法，必是禁鐘，使无聲爾。"嚴怒，捕諸道士，所在禁繫，責其邪幻，將加重法。官吏畏威，無敢諫者。嚴忽沉然思寐，夢見許真君與二從者來至其前，謂嚴曰："無知無道，彊取我鐘，又加法於道士。若不送鐘還觀，禮謝大道，令侍者斷其頭來。"即見授劍於侍者。嚴驚覺汗流，而侍者持劍，髣髴在其前，遽釋諸道士，送鐘還觀，自詣遊帷，焚香致謝。迴顧見持劍侍者謂之曰："汝為不道，加害於人，上帝所責。斷頭之事，恐將不免。"言訖而去。不久，以開江事敗，斷鞅而死[19]。

天師劍愈疾驗[20]

天師劍五所，鑄狀若生銅五節，連環之柄，上有隱起符文星辰日月之象，重八十一兩，嘗用誅制鬼神，降剪兇醜。昇天之日，留劍及都功印傳於子孫，誓曰："我一世有子一人傳我[21]印劍及《都功籙》，唯此非子孫不傳於世[22]。"頂上有朱髮十數莖，以表奇相，于今二十一世矣。其劍時有異光，或聞吟吼，乍存乍亡，頗彰靈應。至十六世天師，好以慈惠及人，憂軫於物。以神劍靈効，每有疾苦者，多借令供養，即所疾旋袪。隣家夜産，性命危切，亦以此劍借之，既至産家，有神光如燭，閃然照一室之中，墮地而折。經數十年，十八世孫惠欽性溫和，守謙退，與物无競，俗機世務，泛然不經其心，人有所言，雖譎詐者亦皆信用，略無疑慮。一旦，有人挈布囊入雲錦山仙居觀，周行廊廡之下，瞻禮功德，云解磨鏡釘鉸。門人令其綴銲小銅鎖子，師見之問曰："我有折劍，銲綴得乎？"此人請劍看之，云："可矣。"請別掃一室，須炭數斤，反扃其門，以巨石爲礎，熾炭鎚擊，聲聞于外，門人皆股慄心戰，憂此劍碎於其手，師殊不爲慮。頃之，鎚鍛聲絕，工人執劍以呈，果完綴如舊，所銲之處，微有黑痕如絲髮爾。師以錢半千酬之，此人得錢媿謝，致於老君前，負囊而去，出門數步，尋失所在[23]。識者疑是天師化現，降於人間，自續其劍。不然，何得重新若此？而鎚擊不傷，完復如故？

張讓黃神印救疾驗[24]

張讓家于桂州，客遊湘鄂間，因得心疾。初則迷忘，在途忘行，在室忘坐，惑於昏曉，迷其東西。累月之後，復多狂怒，詬責鬼神，凌突於人。至於髁露馳騁，不知避忌。履水火，冒鋒刃，不爲憂患。時亦燒灼害之，傷割及之。道士袁歸真新刻《黃神越章印》，醮祭方畢，試爲焚香，依法以印印之，印心及背。讓正狂走，執而印焉，昏然而睡。歸真知印之効也，復染丹炷香，再印其心，倏然疾愈。有物如鶻，從其口中飛去，數丈之外，墜於地上。衆往視之，乃大蝙蝠耳！背上印字宛然，讓乃平復如舊。歸真持此印，所在救疾，大獲靈驗。

范希越天蓬印祈雨驗[25]

范希越，成都人也。事北帝修奉之術，雕《天蓬印》以行之，祭醮嚴潔，逾於常法。廣明庚子歲，三月不雨，五月愈望，人心燋然，穀稼將廢，願於萬歲池試行神印，爲生靈祈雨。於是詣至真觀致齋，是日庚辰，以戌時投印池中，陰風遽起，雲物周布，亥時大雨，達曉及辰，大雷迅電，驚震數四，至巳少霽，乃得歸府。昇遷橋水，漸及馬腹，羅城四江，平岸流溢，螟蝗之屬，淹漬皆死，自是有年矣！駕駐成都[26]，上知其道術，召對，問以逆寇誅鋤、宮城剋復之事，命持印於內殿奏醮。積雨之中，雲霽月朗，是夕夢神人示以誅寇復城之兆。上大悅，授太常寺奉禮郎，累遷主客員外郎衛尉少卿，錫以朱紱。黄巢捷至，果符聖夢之旨，特加寵異。自言初居賣膠巷，印篆初成，而蠻寇凌突，居人奔散，藏印於堂屋瓦中。蠻去之後，四隣焚燼，其所居獨在，疑印之靈也。

越州上虞縣鐘時鳴地中驗[27]

越州上虞縣郛郭間，有隙地數畝，時聞鐘鳴地中。咸通年，縣令夏侯頗傾心崇道，以縣邑无觀，買其地創造觀宇。掘地獲古鐘百餘斤，上有文字曰"正觀"。是冬賜額，以降誕節祝壽所奏，賜名延慶觀焉。

王謙據蜀隋文帝黄籙齋剋平驗[28]

隋文帝開皇之初，干戈不施，寰海克定。唯王謙後周舊臣，勳名素重，畏憚隋祖，恐禍及身，遂據三蜀以圖變。帝出師征之，頻戰不克，兵士多病，死者相枕。乃於內殿修黄籙道場，祈天請祐。三日夜，夢神人降曰："帝王上承天命，下順人心，天人合符，然後有國。今陛下革周立隋，天所命也。一方之力，何以敵於四海之力乎？"帝曰："剋蜀弔民，蓋不獲已。但主帥疾疫，以此爲憂爾！"神人曰："疾疫者，北人不堪瘴毒，所以多病。壇中法水可救億兆，況偏師乎？"即見神人取壇中禁水，向西南噀之，曰："雨至即愈，无煩聖慮也。子日進軍，必當剋蜀。"旬日軍中奏，某夜雷雨，灑營壘之上，三軍疾者皆蘇，無復疾疫矣。其後王謙傳首，三蜀底寧，果是子日也。

青城丈人授黃帝龍蹻并降雨驗[29]

青城山，黃帝詣龍蹻真人[30]甯先生受《龍蹻經》，得御飛雲之道。乃封先生爲五嶽丈人，戴蓋天之冠，著朱光之袍，佩三庭之印，爲五嶽之上司，與潛山司命廬山使者爲三司之尊，勅五嶽神一月再朝，虛中灑水，以代晷漏。其後歷代帝王雖置祠齋祭，未再加封號。僖宗皇帝中和元年辛丑七月十五日，詔内臣袁易簡、刺史王兹、縣令崔正規："與朕詣山修醮，封爲五嶽丈人希夷真君。"是時縣境亢旱，苗穀將燋。封醮之夜，龍吟於觀側，溪中風雨大至，枯苗再茂，縣境乃豐，以事上聞，編于國史矣。

天師葉法善設醮攝魅驗[31]

天師葉法善，括州人也。三世爲道士，皆有神術攝養登真之事。法善符籙，尤能劾役鬼神。顯慶中，高宗徵入内道場，恩禮優異。時駕幸東都，法善於陵空觀作火壇[32]，設大醮，城中士女，咸往觀之。俄有數十人奔投火中，衆皆大驚，救之而免，亦無傷損。法善曰："此人皆有魅病，爲吾法所攝。"及問之，果然。盡爲劾之，其病皆愈。法善自高宗、中宗、則天、睿宗、明皇五朝，來往名山，累召入内。先天二年，拜鴻臚卿越國公，贈其父歙州刺史焉。

范陽盧蔚醮本命驗[33]

范陽盧蔚，弱冠舉進士，有日者言其年壽不永，常宜醮本命，以增年祿。蔚素崇香火，勤於修醮，未嘗輟焉。年二十五，寢疾於東都，逾月益困。忽夢爲親友所招，出門乘馬，其行極速，疑爲冥司所攝。有一人乘馬奔來，所在留滯，必爲攔解遮救，言旨懇切。及到所司，此人又懇爲請託，因得却還，部署行里，有如親吏焉。所還道中，見兵士數千，初頗疑懼。此人曰："此皆他日郎君所主兵士也。"將至所居，自後垣乘虛而入，徑及庭中，有門旗麾鏘武器之屬。此人曰："他日當用之。"瘞於兩階之下。將別去，蔚曰：素未相識，何憂勤之甚也？答曰："某乃本命神爾！郎君爲冥官所召，大限欲及，某已於天司奏陳，必及中壽，疾亦就痊，無以爲憂也。"蔚愧謝而去，疾亦尋愈。其後策名金紫，亦享中年。除宿州刺史角橋都知兵馬指揮使，不到任死，以其瘞武器門旗故也。

崔圖修黃籙齋救母生天驗

崔圖者，坊州中都人[34]。好遊獵，馳馬於野中獵次，馬忽不行，鞭箠數下亦不進。圖怒下馬，欲射之，馬作人言曰："吾是汝之母也，不得相害。曾竊取汝三十千錢，私與小女爲嫁資，不告於汝。吾死，冥司罰吾與汝爲馬八年，今限已畢，吾將死矣。"圖聞之，舉身自撲，迷悶良久，悲告母曰："兒之不孝，致令我母見受如斯罪。"馬亦流淚曰："吾爲馬身，報汝未了，更罰與汝爲瞽目之婢，仍復喑啞。"圖聞之，號哭言曰："如何免得此罪業？"母曰："吾聞罪障重者，須作黃籙道場懺悔，即得免苦。"言訖而死。圖收葬其馬，焚射獵之具，請道流修黃籙道場三日三夜。至第三夜，圖聞扣門之聲甚急，出看乃是其母，還現本形，立於門外，謂其夫婦曰："人生世間，願作善業，勿爲惡事，冥司報應，一一分明。母用子錢，尚被責罰如此，況他人非己之物，豈可偷盜乎？吾受此罪，苦痛萬般，不可言説，賴汝夫婦爲吾修無上黃籙寶齋，功德一切。吾乘此功德，已得生天，故來相別。"於是乘虛而去。圖自此知罪福必應，大道可依，夫婦詣王屋山同志修道矣。

赫連寵修黃籙齋解父冤驗

赫連寵者，靈州定遠縣人也。父惊領軍，於邊上殺降兵一千餘人。武德二年八月，死於邊上，冥司論對，受諸罪苦，寵總不知。寵為靈州押衙，貞觀八年，奉使入京。因與友人遊終南山，行至炭谷口，有道士楊景通結廬修行三百餘歲，寵醉歇廬前，謂景通曰："吾飢，有何所食？"景通素不飲食，笑而不對。寵令左右取火焚其廬室，景通曰："汝父屈殺生民，見受罪地府，不能修善救父，更害於吾。"寵曰："何以知之？"景通曰："汝坐於此，吾與汝喚，令汝見之。"言訖，書一符擲於空中，逡巡，有黑雲至於廬前，雲中有二十餘鬼，領一人枷杻鎖械來。景通前曰："汝子不孝，不能救汝。"寵見之，果父惊也。悲泣謂父曰："何故受苦如斯？"父曰："吾殺降兵，被他冤訟，於地獄下，受諸罪苦。汝何故更毀真人，令吾轉轉[35]罪重？"寵乃匍匐悲泣，懺悔謝過，乞捨己身之罪，救亡父之魂。景通曰："汝要免父之罪，修黃籙道場可以救拔，必得汝父生天，免此[36]罪報。"逡巡，父被諸鬼領去。寵乃禮謝景通，入城於三洞觀設黃籙道場七日七夜，至第五日，見父乘雲氣而來，謂寵曰："吾奉天符，乘黃籙功德，已生天堂。凡是所殺冤魂，皆已託生人世。"

唐獻修黃籙齋母得生天驗

唐獻者，蔡州平興縣人也。年二十三，隋大業四年，授導江縣尉，寵狎侍婢春紅，不親官務，公事數闕，兼患風勞，久未痊瘥。母曰："我兒狂疎疾病，皆嬖婢所致也。"母令貨此婢，婢告於獻，獻恨母擬貨其婢，與婢為計，遂鴆其母。母死月餘，獻亦暴死，三日心暖，家人不敢便葬。忽即起活曰："我有大罪，毒母之過也，冥司令我生受罪報。"自是每夜有二鬼使領夜叉數人，舁大鑊於堂中，良久火起湯沸，夜叉叉獻於鑊湯之中，痛楚號叫，至五更方息。如此三年，萬般捨施功德，終不能免。忽有賣藥道士，獻問其方術。道士曰："衆生罪業重大，無過黃籙道場，祈告天地，三日三夜，燒香散花，懸諸幡蓋，歌讚禮願，懺悔拔罪，救度亡魂，解除冤對，最爲勝妙之法爾。"獻遂請道士置黃籙道場，三日之後，鬼使夜叉不復更至，身心安愈，無復憂患。忽見黃衣使者一人曰："昨奉天符，以修齋之力，母生天堂，汝大逆之罪，亦已原赦，唯罪婢春紅令瘡疥三年爾。"自此春紅果患，三年方愈。獻棄家於晉州羊角山請爲道士，志修道矣！

李承嗣解妻兒冤修黃籙齋驗

李承嗣者，鄂州唐年人也。家富巨萬，而娶妻貌醜，有子年十歲，仍患腰腳，承嗣常惡之。乃娶小婦四人，終日伎樂，忽因酒醉，小婦佞言，與醜妻一百千錢，令其離異。妻欲詣官訟之，因此方免。承嗣遂與小妻爲計，夜飲之次，以毒藥殺其醜妻及兒。葬後旬日以來，每至午時，即見二烏來啄承嗣心，痛不可忍，驅之不去，迷悶於地，久而方定。如此一年，萬法不能救。青城道士羅公遠遊淮泗間，承嗣請命至家，問禳救方術。公遠曰："冤魂所爲，皆上告天帝，奉天符來報，人間方術不能免之，只有修黃籙道場，拜表奏天，可解斯罪爾。"承嗣遂修黃籙道場三日三夜，二日之後，烏鳥不復來。其妻與兒現於夢中曰："汝枉殺我母子二人，併命毒藥，我上訴於天帝，許報汝冤，今以黃籙善功，太上降敕，我已生天，受諸福報，與汝永解冤結，留一玉合子，可收之。"覺後於寢室中得玉合子一枚，承嗣捨於鄂州開元觀，大修道門功德，塑尊像，葺理觀宇，以報道恩矣！

吳韜修黃籙齋却兵驗

吳韜者，汴州開封人也。家富，爲魏大將軍，領兵三萬，泝江入蜀。至戎州，值蜀將關羽[37]總師五萬拒之，與韜水陸大戰。韜素好道，常持《黃帝陰符經》。是日陣敗，告天曰："吾聞持《陰符》者，危急之日，有陰靈助之，喪敗如此，願賜救護。"言訖，有二白衣謂韜曰："汝自入峽，縱意殺人，幽魂咨怨，致此亡敗。"韜曰："危既如此，何以免之？"二神人曰："汝速爲冤魂告天發願，請修黃籙大齋，拔贖亡者，如此當免失利。"韜如其言，即爲發願。關羽亦已收軍，韜收合敗卒，直至夷陵屯集，乃修黃籙道場三日。前二神人復見，謂之曰："冤魂並已託生諸方，汝亦沾此餘福，神兵密衛，必得大勝，慎勿殺人！夫天地生萬物，一草一葉，尚欲其生長成遂，況人命至重，上應星辰，豈可非理致殺，恣汝胸襟也？古今名將不及三世者，爲其心計陰謀，殺人利己，雖立功爲國，亦須道在其間，善分逆順，不枉物命，使功過顯明，即必征伐有功，神明祐助。今蜀不久，坐見敗亡矣。"旬月關羽兵至收夷陵，交兵之次，風雷震擊，大雨忽至，羽兵〔38〕潰散，韜開門納降，得蜀兵三千，擒其裨將。關羽領兵却迴，自茲蜀亦削弱矣。

公孫璞修黃籙齋懺悔宿冤驗

公孫璞者，雍州高陵人也。武德二年爲華州司馬，年四十餘，沉湎酒肉，荒淫財色，常令家童漁釣弋獵，恣殺物命，甘其口腹。忽夢千餘人，持刀劍弓矢入其家，擒璞殺之。璞流汗驚懼，因成瘡疾，遍身有瘡，皆有口及舌，日夜楚痛，求死不得。璞表兄華陰令賈宣古見其所疾，驚曰："未嘗見有此瘡，當是殺生太多，宿業所致然也。華山道士姚得一多記神方，可使人一往求問也。"璞依教，令其長子到華山，具述所疾，涕泣求救。得一曰："此疾是殺生害命，衆冤所爲，可修黃籙大齋，懺悔宿冤，疾冀可愈爾！"其子以此告璞，便於所居修黃籙道場七日。至第五日，璞夢青童二人，引至一處，門闕宏麗，有如府署。良久，天上有黃光如日，直照地司，其門大開，即見魚鼈鳥獸，猪羊牛馬，奇形異狀者千百頭，從門中出，乘此黃光，旋化爲人，飛空而去，逡巡化盡。青童曰："此是汝之所殺冤魂，今天符既下，乘功德力託生爲人，汝罪已除，瘡疾亦愈。"旬日之間，璞乃平復。遂入華山，禮謝姚尊師，看覽雲泉，戀慕幽境，直至日晚。得一曰："山中無食可以延留長者，若住宿宵，必恐僕從飢餒。此有徑路，可以還家。"取一卷仙經擲之，展於崖上，化爲一橋，二青龍負之，放五色光，其明如畫，送璞與僕從此而去，須臾到家。明日差人入山致謝，已失得一所在。璞全家修道，居於華陽山焉。

【校記】

〔1〕"處州青田縣清溪觀古鐘自歸驗"，《道藏》本《道教靈驗記》卷十三作"青田縣清溪觀鐘驗"，卷首題"鐘磬法物靈驗"。

〔2〕"青城山宗玄觀銅鐘不能損驗"，上書作"宗玄觀鐘驗"。

〔3〕"溫江縣太平觀鑄鐘道士得道驗"，上書作"太平觀鐘驗"。

〔4〕"眉州故彭山市觀大鐘傷寺匠驗"，上書作"眉州彭山觀驗"。

〔5〕"去"原作"云"，據上書改。

〔6〕"俗"，上書《眉州彭山觀驗》作"落"。

〔7〕"浴愛赤木古鐘水洗瘡驗古鐘驗附"，《道藏》本《道教靈驗記》卷十三作"愛赤木古鐘驗鰲屋南平黔中三古鐘附"，本篇中之"鰲屋鐘"及以下二篇之"南平鐘""黔南鐘"皆屬之。

〔8〕"形上有坐師子爲鼻"，上書作"鐘形上有坐獅爲鼻"。

〔9〕此標題，上書無。

〔10〕"周"原作"固"，據上書《愛赤木古鐘驗》改。

〔11〕此標題，《道藏》本《道教靈驗記》卷十三無。

〔12〕"天台山玉霄宮古鐘僧偷而卒驗"，上書作"玉霄宮鐘驗"。

〔13〕"廉"原作"嫌"，據上書改。

〔14〕"貂"，疑作"綰"，或因"左常侍"屬"八貂"而稱"李綰"爲"李貂"。又《四庫》本"貂"作"乃"。

〔15〕"開州龍興觀鐘雪冤驗雲安鐘附"，《道藏》本《道教靈驗記》卷十三作"開州龍興觀鐘驗"。

〔16〕"施州清江郡開元觀鐘見夢驗"，上書作"施州開元觀鐘驗"。

〔17〕"干"原作"工",據上書《施州開元觀鐘驗》改。

〔18〕"洪州游帷觀鐘州官彊取入寺驗",《道藏》本《道教靈驗記》卷十三作"洪州許真君鐘驗"。

〔19〕"斷鞅而死",上書《洪州許真君鐘驗》作"賜死"。

〔20〕"天師劍愈疾驗",《道藏》本《道教靈驗記》卷十三作"天師劍驗"。

〔21〕"我"原作"於",據上書改。

〔22〕"於世",上書作"世于","于"連下句。

〔23〕"在"原作"有",據上書《天師劍驗》改。

〔24〕"張讓黃神印救疾驗",《道藏》本《道教靈驗記》卷十三作"張讓黃神越章印驗"。

〔25〕"范希越天蓬印祈雨驗",上書無"祈雨"二字。

〔26〕"駕駐成都",上書《范希越天蓬印驗》"駕"上有"明年"二字。

〔27〕"越州上虞縣鐘時鳴地中驗",《道藏》本《道教靈驗記》卷十三作"越州上虞縣延慶觀鐘驗"。

〔28〕"王謙據蜀隋文帝黃籙齋剋平驗",《道藏》本《道教靈驗記》卷十四作"隋文帝黃籙齋驗",卷首題"齋醮拜章靈驗"。

〔29〕"青城丈人授黃帝龍蹻并降雨驗",上書作"僖宗封青城醮驗"。

〔30〕"黃帝詣龍蹻真人",上書作"昔黃帝詣龍師真人"。

〔31〕"天師葉法善設醮攝魅驗",上書作"葉法善醮靈驗"。

〔32〕"火壇"原作"大壇",據上書《葉法善醮靈驗》改。

〔33〕"范陽盧蔚醮本命驗"條,《道藏》本《道教靈驗記》無。此後至下卷"張邰妻陪錢納天曹庫驗"條之前,乃《道藏》本所闕五卷中佚文。

〔34〕"坊州中都人",按坊州,唐武德二年置,治所在中部縣,"都"疑當作"部"。

〔35〕"轉轉",《道藏輯要》本作"轉輾"。

〔36〕"此"原作"比",據《四部叢刊》本及上本改。

〔37〕"關羽",《道藏輯要》本作"關公"。

〔38〕"羽兵",上本作"蜀兵"。

雲笈七籤卷之一百二十一

道教靈驗記

胡尊師修清齋驗

胡尊師名宗，自稱曰檾，孚郭切。居梓州紫極宮。嘗泝江入峽，道中遇神人授真仙之道。辯博該贍，文而多能。齋醮之事，未嘗不冥心滌慮，以祈感通。梓之連帥皆賢相，重德慕下[1]，盡皆時英碩才，如周相國、李義山，畢加敬致禮，其志亦泊如也。洎解化東蜀，顯跡涪陵，方知其蚍蟬之蛻，得道延永爾！梓益褒閬間，自王法進受清齋之訣，俗以農蠶所務，每歲祈穀，必相率而修焉！至有白衣之夫，緇服之侶，往往冒科禁而蔽事者，固以為常矣。有郡人劉崧，慕師之道德，請於別地以致齋焉。師謂之曰："夫嘯儔侶，命儕友者，猶須正席拂筵，整籩洗爵，恭敬以成禮，嚴恪以致事，或懼其誚讓，責其不勤，況感降天真，禱求福祐，豈可陡然而買罪乎？俗之怠惰，有自來矣！子可訓勗于衆，必精必虔，乃可為爾。"崧承命誓衆，潔己率先，而撰香花，備壇墠，師然後往，猶丁寧戒誨。既昇壇展禮，思神之際，有黑雲暴起，旋飆入座，拔其二柱，飄其竹席，投其鎗釜於千步之外，而後卒事，而融風熙熙，祥氣亘野。師詰所投之物，其二柱嘗閣於豕圈之上，竹席嘗蔽於產婦之室，鎗釜嘗爨於縗絰之家，其不投者，皆物之潔矣。師曰："器用不潔，神明惡之，況爾之心乎？心苟有疵，行苟有玷，雖百牢陳于席，《九韶》奏于庭，適足以瀆神明，延大禍爾！人之修心，必使乎言行相胎，內外坦然，明不媿於人，幽不憝於鬼，吾知其可爾。反於是者，豈言行之足徵哉！"士君子里巷之人，聞師之言，各革惡趣善矣。

崔玄亮修黃籙齋驗 持經驗附

崔公玄亮奕葉崇道，雖登龍射鵠，金印銀章，踐鴛鷺之庭，列珪組之貴，參玄趨道之志，未嘗怠也。寶曆初，除湖州[2]刺史，二年乙巳，於紫極宮修黃籙道場，有鶴三百六十五隻，翔集壇所，紫雲蓬勃，祥風虛徐，與之俱自西北而至。其一隻朱頂皎白，无復玄翮者，棲於虛皇臺上，自辰及酉而去。杭州刺史白居易聞其風而悅之，作《吳興鶴讚》曰："有鳥有鳥，從西北來。丹頂火綴，白翎雪開。遼水一去，緱山不回。噫吳興郡，孰爲來哉？寶曆之初，三元四齋，當白晝下，與紫雲偕。三百六十，拂壇徘徊。上昭玄貺，下屬仙才。誰其尸之？太守姓崔。"

崔公常持《黃庭》《度人》《道德》諸經，未嘗曠矣！其後以感通之至，彌加篤勵。去世之時，入靖室誶[3]《黃庭》，無疾而化。將葬，棺輕若空衣焉。

武昌人醮水驗

武昌人寓居蜀之青城，其邑每歲修竹笒之堰，以隄川防水，賦稅之戶，輪供其役。武昌[4]是歲，籍在修堰之內，邑吏第名分地以授之，自冬始功，訖歲而畢。所受之地當洄水之穴，新有澓注，基址不立，雖運石以塞之，負土以實之，一夕之後，已復深矣。主吏疑其龍神所爲也，求陀羅尼幢三四尺投於其中，侵陷彌甚。晝勤夕勞，不離其所，諸家有緒，而獨未定其址，頗以爲憂。乃備禱醮之禮，撰詞以告焉。其大旨曰："國以人爲本，人以食爲先。人依神以安寧，神依人而變化。蜀之田疇既廣，租賦是資，所修隄堰二百餘里，或少有怠廢，則墊溺爲災，歲苟不登，則饑寒總至，人或失所，神何依焉？況復漂陷爲憂，淪胥是懼，有一於此，則粢盛不供，椒漿莫給，春祈秋報，何所望於疲民哉！

當使封畛克完，浸淫息患，地租天賦，无曠於循常；東作西成，克彰於幽贊矣。"如是潔其器用，豐其禮物，掃地而醮焉。是夕夢衆人紛紜，檐囊荷橐，襁嬰攜孺，若遷於他所。明日投石以實之，水乃退涸，遽成其堰。八月之後，方復摧陷，瀦爲洄潭焉。

徐翯爲父修黃籙齋驗

高平徐翯，漣水人也。因官遷于青州，貨殖殷贍。有子三人，其二癃殘，小者項有肉枷，人見所共驚畏。翯初銳意求官，驕佚自任，下輦成宴，言行事隨，欣欣然有凌雲霄之志。見二子之疾，未甚介意，及覩肉枷之異，悒悒不樂，道遽喪矣。因遊東海，山觀中與道士話其事。道士曰："三子之疾，非己之過，非子之罪，蓋宿業所鍾爾！道門所謂宿業，非是疾者前生之業，乃先人之罪，殃流後裔也。君家先世，當有酷於刑法，暴於捶楚，爲官不恤牢獄，不矜囚徒，意生法外，殘毒害物，遂使子孫受其報爾！"翯泫然流涕曰："實然！先父爲官，當則天之朝，世亂讒勝，誅鋤李氏諸王，屠害宗室。朝廷德望，必設法以陷之，殘刑以毒之，誅勤考掠，不勝其毒者，陷於狴牢，死於繫械，故不可勝紀。如武懿宗、來俊臣、周利貞、李義府之徒，恩渥隆異，回天轉日，天下畏之。以矜恕慈惠者爲懦夫，以彊愎忍酷者爲能吏，仁憫道息，貞正事隳，勢使然也。先父雖位卑威薄，時稱能官，累案大獄，寧無枉抑？今日之報，信而有徵。將祛此罪，滌此冤，柰何？"道士曰："拔先世之考，當修靈寶解厄齋；救存歿之苦，當修黃籙齋。勿悋金寶，一遵天科，竭財向善，孜孜不倦，可以謝其罪爾。"翯還家，大修黃籙道場三日。第二日夜，時方嚮晦中夜，聞門外車馬人物之聲甚衆，出門視之，則白光如晝，天兵千餘人，官吏數百，羅列門外，若有所候。良久，黑氣鬱勃，直北而來，中有三人，枷鏁械縛，鬼神數十人領之，列於官吏天兵之前，一人即翯父玄之也。俄而，黃赤光一道自西北來，照地上草木屋宇人物之形，皆若金色，異香盈空。光中神仙一人，青童十餘人，二力士執節前引，其左一人，武弁朱衣執金策，去地三丈許。衆官拜迎，神仙俯揖，武弁者稱太上之勅，讀金札曰："徐玄之侮法害人，宜加考謫。以其子精修黃籙，功簡上玄，即宜赦宥，同惡延逮，並爲原除。"於是神仙復去，官吏皆隱。即見其父素服麻衣，謂蕘曰："吾不知罪福，但恣瞀襟，法外害人，久被冤訴，考責已十八年，同官屬吏，皆均其罪，猶有十二年殃苦，報訖方履惡道，痛苦之狀，不可具言。賴汝歸向法門，精修此福，太上降赦，前罪併除。冤訟之人，先已解脫，延累之罪，自此亦銷，吾得生天去矣！勤於香火，以報道恩。"乃飛空而去。蕘之三子，旬月之間，殘病者完復，肉項亦銷。更修黃籙齋十壇，廣爲存歿。仍令小子於山觀入道，永奉香燈。蕘終身高閑，不窺祿利，常持誦真經，時亦鍊氣絕粒。

張郃妻陪錢納天曹庫驗[5]

成都張郃妻死三年，忽還家下語曰："聖駕在蜀之時，西川進軍在興平定國寨以討黃巢。其時鄰家馮老父子二人差赴軍前，去時留寄物直三十千在某處。馮父子歿陣不回，物已尋破用却，近忽於冥中論理，某被追魂魄對會，經今六年，近奉天曹斷下云，自是歿陣不歸，非關巨蠹故用，令陪錢三十貫，即得解免。緣臘月二十五日已後，百司交替，又須停住經年，其錢須是二十五日已前，就玉局化北帝院天曹庫子[6]送納，一張紙作一貫，其餘庫子門司，本案一一別送，與人間無異。"光化三年臘月二十三日，就北帝院奏前件錢訖，是夕妻夢中告謝而去。又成都縣押司錄事姓馮，死十餘年，其姪爲冥司誤追到縣，馮怒，所追吏放其姪，自縣後門倉院路而還。見路兩畔有舍六十餘間，云是天曹庫，收貯玉局化所奏錢。

蘇州鹽鐵院招商官修神呪道場驗[7]

蘇州鹽鐵院招商官姓王，其家巨富，貨殖豐積，而疾苦沉痼，逾年不痊，齋供像設，巫醫符呪，靡不周詣，莫能蠲除。玉芝觀道士陳道明，專勤清齋，拜章累有徵驗，而招商素不崇道，聞之蔑如也。攻理所疾，費貨財萬計矣！日以羸苶，俟時而已。其親友勸勉，俾請陳道明章醮祈禳，不獲已而召焉。道明爲於其家修神呪道場，疾方綿篤，不保旦夕，促以啓壇。當禁壇之際，疾士冥[8]然，家眷親友，相顧失色。禁壇既畢，道明持劍水詣房內外噴水除穢。疾士曰："請尊師就此噴水可否？"道明就臥內噴之，忽然起坐，稽首頂禮曰："深謝神功，我疾有瘳矣。"乃求衣命机隱坐而喜曰："一生錯用心，不知有大道，今日方荷天兵之力也。"徐與親友妻子言曰："我初困頓絕甚，謂今夕死矣。尊師開道場之時，都不醒悟，但聞空中有言：'大帝下降，領天兵討逆。'如是即黃光如日，照灼遠近，即見千乘萬騎，天兵神將，圍繞此宅，鬼物邪怪，並已擒縛去矣。方見大帝太一乘七寶車，對行前引，侍衛儀仗，如人間帝王。忽令召某至太一前，令神以水噴面，清涼徹心，無復痛楚，但氣稍羸苶。即云元始下降，乃見大帝太一對望迎拜，隊仗倍於前百倍多矣！元始天尊有光一道，下照某身，今則氣力亦似勝任矣。"速備盥洗，自要臨拜壇前。親友尚恐其未任，勸俟來日，懇要盥漱更衣，扶杖而立，良久捨杖而行，便於拜跪數四，家人扶策，揮手拒之。因坐觀法事，素若無疾，飲食氣力，逡巡如常。自是三日齋壇，炷香虔對，略無暫替。乃獨修創玉芝觀講堂大殿，三門通廊，齋廚道院，前及官河，開街廣四十餘步，土木之用，像設之製，牀机器皿，服玩庖廚，凡計錢數百萬，二年之內畢周備焉。自兹氣爽神清，智識明敏，乃乞解所職，養道閑居。

相國杜豳公修黃籙齋免閻羅王驗[9]

相國杜豳公，幼履顯榮，歷居大任，名藩重鎮，皆再領之，年九十餘，薨於荊渚。是夕中使楊魯周自五嶺使迴，止於傳舍。一更之後，風勢可懼，敲磕擊觸，若兵甲之聲，人人股慄，莫知所以。魯周馳騎所倦，尋亦成寐。夢[10]四衢之內師旅充斥，不通人行。問其故，皆曰："迎閻羅王，今夜四更去。"又問："王是何人？"曰："此州大將，官高年長者是。"既覺，召驛吏問之。時公不愈半月矣！官高年長，首冠衆人，疑其必有甍變，是夕四更果去世矣。魯周話此事於儕友間，自是京師亦有知者。明年春，女妓閒有暴殞而蘇，傳公之命云："我今居閻羅之任，要作十壇黄籙道場，以希退免。令送錢二百萬、圖幕各二百事於開元觀古栢院，詣沖真大師胡紫陽，嚴修齋法。"齋畢，前傳命之妓復暴殞如初云："我已奉上帝之命，爲他國之王，免冥官之任矣。"言罪福之報，信如影響，不可不戒也。凡修黄籙道場，表奏上帝，上帝降命，無所不可。

南康王韋臯修黄籙道場驗[11]

太尉中書令南康王韋臯節制成都，於萬里橋隔江創置新南市，發掘墳墓，開拓通街，水之南岸人逾萬户，鄽闠[12]樓閣，連屬宏麗，爲一時之盛。然每至昏暝，則人多驚悸，投礫擲石，鬼哭嗚咽，其喪失墳壠，平劃墟墓，無所告訴，故俗謂之虛耗焉。居既不安，市亦不甚完葺。韋公知之，請道流置黄籙道場，精伸懺謝。至第三日，鬼哭之聲頓息，居人亦安。韋公夢神人曰："所營南市，開發墳塚，使幽鬼之類，失其所居，喪其骸骨，相與悲怨，幾爲分野之災。賴黄籙之功，爲其遷拔，上帝勅窮魂三萬餘輩，皆乘此福，託生諸方，居人自此安矣！勿復爲憂也。"公深異之，自製《黄籙記》，立於真符觀。

李約妻要黄籙道場驗[13]

李約者，咸通十二年爲諸衛小將軍。妻王氏，死已逾年。忽一日還家，約勒大小，幹當家事，言語歷歷，一如平生。初一家甚驚，及旬月後，亦已爲常矣。約罷官二年，力甚困闕，頻入中書，見宰相求官，未有成命。妻忽謂約曰："人間命官，須得天符先下，然後授[14]官。近見陰司[15]文字，五月二十五日方得符下，必授黄州刺史，可用二十三日更入中書投狀也。"約如其言，二十三日入中書求官。時相侍中路巖性甚強正，早聞其妻還魂之事，又聞二十五日必除刺史，適會其日，路公知印[16]。因會話之際，已與諸廳有約云："李約袄妄之言，固不可聽，某已斷意不與除官矣。"至二十五日，路公知印。黃州刺史有闕，路遲疑多時，未欲注擬，忽下筆與署黃州刺史，亦總不知，敕下之後，方復醒悟。乃歎曰："此天道也！豈人力可爭乎？"約將赴任，妻亦隨之，發日及上官日皆其妻所擇。到任旬月，妻謂約曰："我人間世限盡，與君生死之決，所以未去者，爲天司與一主持處，日限未即赴任，又以平生過咎未得原免，今居官之際，可爲作少功德也。"約問："要何功德？"妻曰："請修黃籙道場三日。"約素不好道，意甚疑之，問："何故須修黃籙道場？"曰："天上地下，一切神明，無幽無顯，無小無大，皆屬道法所制。如人間萬國遵奉帝王爾！黃籙齋者，濟拔存亡，消解冤結，懺謝罪犯，召命神明，無所不可。上告天地，拜表陳詞，如世間表奏帝王，即降明敕，上天有命，萬神奉行。天符下時，先有黃光如日出之象，照地獄中，一切苦惱，俱得停歇，救濟拔贖，功德極速，故須修黃籙道場爲急矣！"約問曰："佛家功德，甚有福利，何得不言？"妻曰："佛門功德，不從上帝所命，不得天符指揮，只似世間人情，請託囑致而已。神鬼無所遵稟，得力極遲，雖云來世他生，亦恐難得其効。"約聞之，乃備法物，置黃籙道場三日三夜。其兒女復爲母氏，於紫極宮別修一壇，亦三日三夜。齋時，妻於壇前設位奉香，觀聽法事。既畢，謂約曰："此官二十九箇月，即當除替，授金吾小將軍，但勤心奉公，濟恤貧弱，矜憫孤獨，疎薄財貨，重人性命，哀矜刑獄，崇奉大道，清静身心，勿食珍鮮，勿衣華美，即爲上矣！勿以久貧，而貪財帛，人生各有定分，勉之思之！此去授一職任，足以自安，無以眷屬爲念也。長子後宰昌明，亦在道鄉；中子一尉，不足榮顯；小子當令入道，以奉香火。十年之內，四海多事，善自保焉！"言訖，不復影響，約更焚香虔請，竟無言矣。後三子及約官任，皆如其所言。

盧賁修黃籙道場驗[17]

盧賁者,邠州三水人也。晉永和二年,爲道州司法參軍,性強毒,凡推詰刑獄,鞭笞搥楚,人不勝酷,死者甚衆。忽一日廳前地裂,有二鬼昇一大鑊,置於庭中,發火煎之,水已沸湧。數人上廳,擒賁投入鑊中煎煮,楚痛叫喚,半日餘乃擎出於地上,諸鬼乃去。醒後,渾身猶如火色,官吏共見。如此半年,每日受苦,無方救拔。羅浮山道士孟知微,因遊州境,賁延請到家,告以斯苦。知微曰:"此乃枉害良善,魂告於天,乃受斯報。急修黃籙道場,得天符放救,冤魂生天,此罪方免。"遂請道士修黃籙道場三日禮謝。至第三日,夢三十餘人,有鬼吏引之,謂賁曰:"國之刑律,自有常科。訊獄詳刑,哀矜而勿喜。賞宜從重,所以示恩也;罰宜從輕,所以示仁也。憂人之情,惜人之命,常兢兢而慎之。豈可肆汝心智,法外加罰,苦毒搥楚,害及於人?非罪而死者,其魂告天,幽冥不能制,鬼神不能拒,上帝有命,許其雪冤,所以汝受其苦。今黃籙懺謝,救彼冤魂,魂既生天,冤即解矣!"此三十餘人,各執蓮花,乘雲氣,從道場之側,翩翩上天。自此鑊湯永息,賁遂捨官,入峨嵋山修道矣。

樊令言修北帝道場誅狐魅驗

樊令言者,汴州人也。莊在外縣,因晚歸莊,僕從行遲,其馬駿疾,不覺獨行三二十里。道傍見一少女悲泣,駐馬問之,睹其袄豔,遲回不去,遂與此女同入道側,數里之間,到其居處,屋宇宏麗,侍從繁奢,如公郡之家矣。是夕女之母約與令言爲婚,留連飲宴,親賓皆集,不覺已三日矣。懇欲還莊,母亦令從者車檐,侍女數人,使其女隨往莊所。嬾婉歡樂,彌日移時,令言日以瘦削,因而成疾,未及牀枕,體弱氣衰,唯荒誕是務。不接賓友,惡見於人,時多恚怒,心神恍惚。偶自莊還家數里,下馬頻頻憩息。於店中遇一道士,自言是終南圭峯杜太明,熟睞令言謂之曰:"子之邪氣貫心,袄疾已作,百脈奔散,五臟虛勞，若不救理，死亡無日矣。吾之山童善於雜術，子可遽還，與此童偕往，可密室之中，作北帝道場，今夕當有其効，勿爲驚怛，如此即性命可全，形骸可保矣。"令言異其說，奉其教，素亦貯疑，徑與此童還莊中，掃灑密室，備香火案几。其婦望而怒之曰："信邪妄之言，行非正之事，禍由自投，非我本[18]所知也。"洎晚，有十餘人將鷹犬弋獵之具，從空中而下，徑入堂內，殺其婦及女僕凡七八人，既死皆化爲狐矣。令言驚懼，投密室中，不見童子，但留朱字一行曰："太上命北帝鷹犬軍誅樊令言家害人狐魅之鬼，如符命。"自此，令言所疾日痊，心力日益，神氣充溢，年八十猶如少童，則天時爲東臺御史。

鮮于甫爲解冤修黃籙道場驗

鮮于甫者，鄧州南陽人也。屬隋朝喪亂，年三十七，膽勇多計，率莊戶一百餘人，初即自衛鄉里，尋乃攻劫近封，汝鄧荊襄之間，大爲劫奪，殺害戶口，侵掠行人。至武德初，甫忽患雙手痛疹，如被燒爇，三日一爛，疾狀異常，萬藥千醫，了不能救，捨數百千錢，作諸功德，亦無所應。乃入京尋醫，至藍田，與道士同店止宿，因話所疾。道士曰："此冤橫殺人，業報使然也。急詣宮觀，修黃籙道場，可以濟拔耳。"遂還家，置黃籙道場三日三夜，手不復痛，平復如常。有十餘人，或朱或紫，或官或庶，去壇百餘步，於東北隅髣髴而現，使人致謝於甫。甫往見之，欣然款晤曰："君昔以無辜殺我，實抱沉冤，上訴於天，乞報其酷。皇天降命，得以相讎。君忽值神仙，示以至道，依玄經聖典，開黃籙道場，奏表九天，垂恩大宥，非止我等之身，君之九祖亦同得生天矣！齋功重大，聖力顯明，所有冤對，自此永解。十華真人奉太上命，下校善功，但當修福，勿復念惡也。"甫捨錢三千餘貫，廣修宮觀，補葺尊像，施及貧病，救厄濟危，於鄧州修觀立碑，具紀靈驗之事。

竇德玄為天符專追求奏章免驗

都水使者竇德玄，貞觀中，奉詔於淮浙名山檢括真經。於汴河上逢一使者脚痛，途步甚爲艱難，欲託船後，謂從者曰："某遠道行役，脚疾忽甚，官程有限，又難駐留，欲寄船後，聊歇三五十里，不知可否？"從者白於德玄，德玄亦以牎中窺見，深有哀憫之心，因令船後安泊，日給茶飯。直過淮口，將息已較，欲辭德玄出船，方問其行止，曰："某太山使者，非世間人也。奉天符往揚州追竇都水耳。"聞之極驚，請天符一看，如人間符牒，不敢開之，因問曰："某都水使者竇德玄也。既是專追，何須待到揚州耶？"使者曰："某不識其人，但據文字行耳。所到之處，下天符之後，當處土地同共追收，未到之間，固不合妄洩於天機也。既君是都水，與牒中事同，數日存邮之恩，理須奉報。欲免此難，可徑詣揚州王遠知仙伯，拜章求請，某即未下天符，待上章了，必有勅命爾！此外不可禳之也。"德玄至揚州，主客參迎纜畢，便詣王仙伯，具述性命之急，懇乞拜章。仙伯曰："某退迹自修，不營章表，既有冥數之急，敢不奉爲也。"乃與自寫章拜之，是夕使者復來白："章已達矣！太上有勅，更延三十年，位爲左相。"其後年壽官秩，皆如其言矣。

馬敬宣爲妻修黃籙道場驗

馬敬宣者，懷州武陟人也。開元六年春，授司農寺丞，移家入京。妻亡，有二男一女，亦皆幼小，後妻姓謝，前室兒女多被抑挫，衣食不足，鞭楚異常，敬宣皆不得知。因夜作煎餅，前室女方七歲，飢甚，竊而食之。謝氏候敬宣不在，以熱火筯刺其手掌，不經旬日，女乃致死。數日，謝亦無疾而卒，心上微暖，三日却活。敬宣問其所見之事，曰："汝前妻訴我爲火筯之事，冥司罰我生受爛足之報，今乃雙足痛苦，不可堪忍。"敬宣遂看之，足已爛矣！膿血橫流，痛楚極甚。敬宣初不知火筯刺女手之事，及是聞之，甚加痛恨。謝之所病三年，求死不得，醫藥彌甚，廣作功德，亦無濟益。敬宣於永穆觀燒香，女冠杜子霞頗有高行，因以此事問之。子霞曰：「解冤釋結，除宿報之災，唯黃籙道場，可以懺拔。冤魂生天，疾病自損，過此不知也。」遂於景龍觀修黃籙齋七日七夜，謝夢前妻及亡女曰：「以功德故，捨汝大冤。天符下臨，不得久住，今則受福於天堂去矣！」足疾遂愈。敬宣夫婦常修齋戒，歸心妙門矣。

秦萬受斗尺欺人罪修黃籙齋驗

秦萬者，廬州巢縣人也。家富，開米麴綵帛之肆，常用長尺大斗以買，短尺小斗以賣，雖良友勸之，終不改悔。元和四年五月身死，冥司考責了，罰為大蛇，身長丈餘無目，在山林中被諸小蟲日夜嚼食，疼痛苦楚，無休歇時。託夢與其子，具說此苦，云：「汝明日於南山二十里林間看我，與少水喫，廣造功德。」其子夢覺語之，一家悲歎，坐以待旦。及明，徑至城南林中，果見大蛇無目，被衆蟲嚼食，鱗甲血流，異常醒穢。一家見之號泣，以水於盆飲之。飲水欣喜，舉身蟠屈，若有所告。其子廣求救護，歷問於人。紫極宮道士霍太清曰：「可修黃籙道場三日懺悔，必可濟拔。」其子即於宮中修齋三日三夜，至第二日，見一大蛇在道場中香案之下，與林中蛇大小無異，忽復不見。是夜妻夢見萬著白衣坐紫雲中，謂其妻曰：「深媿修此道場，已蒙天符釋放，前罪併盡，今便生天上。更可捨三千貫錢，大修道門功德，以救貧病，自此子孫不得輕秤小斗，短尺狹度，欺於平人，受無眼衆毒之報。此事顯然，如影隨形爾！非黃籙大齋懺拔，上達天宮，太上有勅，天符放赦，此罪萬劫不可卒除。吾有金裝割爪刀子，留以為驗。」夢覺果得此刀，乃是棺中隨殮之物，信知生天非謬。齋畢却往林中，不復見大蛇矣。乃施刀子入紫極宮，大修宮宇，立碑標載其事。

杜鵬舉父母修南斗延生醮驗

　　京兆杜鵬舉,相國鴻漸之兄也。其父年長無子,歷禱神祇,乃生鵬舉,二三歲間,終年多疾,十歲猶尫劣怯懦,父母常以爲憂。太白山道士過其家,説陰陽休咎之事,因以鵬舉甲子問之,道士曰:"此子年壽,不過十八歲。"父母大驚曰:"年長無子,唯此一兒,將以紹續祭祀,如其不永,杜氏之鬼神,將有若敖之餒乎?"相眎灑涕,請其禳護之法。道士曰:"我有司命延生之術,但勤而行之,三年之外,不獨保此一兒,更當有興門族居大位者。"父母拜而請之,因授以《醮南斗延生之訣》,使五月五日依法祈醮,然後每日所食,別設一分,若待賓客,雖常饌亦可設之。如是一年,當有嘉應。父母慇奉無闕,致醮之夕,有物如流星墜席中。一年之外,忽有青衣吏二人過憩其門,留連與語。吏曰:"主人每日常饌,亦設位致饗,何所求也?"具以前事白之。吏曰:"司命知君竭誠,明年復當有一子,此之二子皆保眉壽。其名有一邊著鳥,向下懸鍼者,當居重任,必爲相國,所食自此無煩致享。"明年果有此子,兄弟俱充盛無疾。自是兄名鵬舉,終安州都督;弟名鴻漸,爲國相西川節度使,並壽逾九十,終身無疾。

【校記】

〔1〕"慕下",《道藏輯要》本作"幕下",連下。

〔2〕"湖州",《白氏長慶集》作"虢州"。

〔3〕"諈",疑當作"啑"。《四庫》本作"諷"。

〔4〕"武昌"後,疑脱"人"字。

〔5〕"張邰妻陪錢納天曹庫驗",《道藏》本《道教靈驗記》卷十五作"張邰奏納天曹錢驗邛州成都奏錢事附"。卷首題"齋醮拜章靈驗"。

〔6〕"北帝院天曹庫子",原無"院"字,據上書增。"子",上書作"中"。

〔7〕"蘇州鹽鐵院招商官修神呪道場驗",上書作"王招商神呪齋驗"。

〔8〕"冥",上書作"瞑"。

〔9〕"相國杜豳公修黃籙齋免閻羅王驗",上書作"杜邠公黃籙齋驗"。

〔10〕"夢"字原無,據上書《杜邠公黃籙齋驗》增。

〔11〕"南康王韋皋修黃籙道場驗",《道藏》本《道教靈驗記》卷十五作"韋皋令公黃籙醮驗"。

〔12〕"閒"原作"閉",據上書《韋皋令公黃籙醮驗》改。

〔13〕"李約妻要黃籙道場驗",《道藏》本《道教靈驗記》卷十五作"李約黃籙齋驗"。

〔14〕"授"原作"受",據上書改。

〔15〕"陰司",上書《李約黃籙齋驗》作"天司"。

〔16〕"印"原作"即",據上書改。下"印"字同。

〔17〕"盧貢修黃籙道場驗"條,《道藏》本《道教靈驗記》無。自此篇以下,《道藏》本《道教靈驗記》均無,殆係所闕五卷佚文。

〔18〕"本",《道藏輯要》本作"之"。

雲笈七籤卷之一百二十二

道教靈驗記

衢州東華觀監齋隱常住驗[1]

衢州東華觀物產殷贍，財用豐美，主持綱領，多恣隱欺。有監齋一人，其過尤重，不知禍福，不信神明，或聞罪福報應，謂之虛誕。常曰："道士用常住物，如子孫用父母物耳！何罪之有？"以此故教誨所不及矣。辯於飾非，給於應對，人有文過者，率引之以爲語，端如俗中之說徐六侯白耳！既死數年，一旦道侶三五人，縱步園林，遊春肆目，坐石藉草之際，觀中牛十餘頭，飲齕於坐側[2]。一人偶曰："某監齋常能排斥罪善，不信報對，量其積過，莫在群牛中否？"衆方言笑，一牛直諸衆前，驅之不去，試以某監齋呼之，跪而雨淚，每呼名必隨應焉。道侶愍之，爲拜章修齋，謝過遷拔。二日夜寓夢致謝，言宿過已赦，徑得往生矣！三夕而牛斃。

婺州開元觀蒙刺史復常住驗

婺州開元，却倚小坡，形勢高爽。元置之地，四面通街，其後居人所侵，基地漸狹，大殿之後，便逼居人私舍。亦有州司勢要，占地造宅，道士明知其事，未嘗敢言。主觀道士夢天上官吏三五十人，自空而下，集於殿前，即喚此道士，問觀地疆界。答云："某後生晚長，自主觀來，秖據見在而已。據老人所言，此觀元置爲御容，四面通街，以防水火。今去街極遠，盡隔人家。"官人點頭曰："實然。"又見一人云：

"是地司所説亦同。"有朱衣吏一人進曰："此事不煩躬親指説，但處分刺史温璋。"即時忽見令人往傳處分，言訖昇空而去。明日刺史忽入觀行脚[3]，登尊殿上顧望，問道流："此觀形勢布置，不合隘窄如此，何得側近便有戶人居住？"道流逡巡未敢祗對。温郎中曰："固應難説。"即令懸牓發遣居人，四面以官街爲界，併還常住，所侵占地者，據侵住年月，限一月日內陪納租地錢，隨間數徵地租，約數百千，充版築垣墻，修飾屋宇，六十餘日，觀復舊制。温夜夢青童降曰："汝有政理常住之功，賜節鎮三任。若瀆貨殺人，得其一矣！"亦如其言。

杭州餘杭上清觀道流隱欺常住驗

杭州餘杭上清觀，田畝沃壤，常住豐實，主持道流，每減尅隱欺，以私於己。雖教門鈐轄，官中舉明，必廣費金帛，以請託於局吏。賄貨既行，多覆藏其[4]罪，掩蔽其惡，由是州吏縣曹，相知罔冒，積弊久矣！殿宇摧殘，香燈寖絶，遊客經過，略無投足之所，有識者爲之寒心，嫉惡者有[5]爲之扼腕，固有日矣！會昌中，人家併產兒女五六輩，皆形骸不具，瘖聾瞽躄。數歲，有白尊師自金華山至，駐留旬日。住持道流，因話其事。尊師促令召之，既至，愍然曰："汝何得作此重業，犯負大道，致玆考責邪！"謂觀中諸道流曰："此奴婢輩皆是此觀前輩道流，隱欺常住，恣爲罪業，不唯祇受此報，方欲更履諸苦，未有解免之期。"即次第呼其昔日姓名，一一問之。數輩亦以曉悟先身之罪，啼號嗚咽，悶絶於地。尊師令其家各備香油，爲之焚香懺謝，求乞赦宥。常住亦爲辦齋食供養。如是三日，尊師冥心靜定，經宿方起，曰："太上有明科，常住法物，供養三寶，傳於無窮之世，固不可輒有隱盜。侵欺之者，罪及七世，生受荼毒，死履諸苦，或爲賤人畜類，以償昔債，雖三元八節，天地肆赦，此罪不在可赦之例。吾以愍物之故，適爲冒禁，上干天府，此輩已得止此一報，即生身得於善處矣。三旬之後，相次有應。此後主持者，當明爲鑒戒，勿履此轍也。"月餘，瘖瞽聾者相續而死，惟躄者足稍能履，十餘年後平復如常。白尊師言："此奴罪名稍輕，即當赦免。此奴免之日，諸輩皆釋其幽牢也。"果如其言。以此奴平復能行，爲冥中赦宥之期爾。

李賞斫龍州牛心山古觀松栢驗

龍州牛心山古觀，即大唐遠祖隴西李龍遷，梁武陵王蕭紀理益州，使遷築城於此。所居[6]既没，葬於山側，鄉里立祠，號李古人廟。武德中改爲觀，其後武氏篡國，潛欲革命，敕鑿斷山脈，其岡斷處，水色變赤，其腥如血。天寶末，明皇幸蜀，駕入劍門，有老人蘇坦迎駕，奏曰："龍州牛心山，國之祖墓，因李古人名，遂爲州名，古老相傳，皆有靈應。陛下今日蒙塵之禍，乃則天掘鑿所致。請御衣一襲，藏於山脈斷處，修築復舊，山必有聲。如此，則克復兩京，回鑾有日矣！"明皇異其言，即命内使，齋御衣國信，祭山修築。刺史蘇逸准詔，以近山四鄉百姓，放明年租税，併功修填，還使如舊，山果有聲如牛呴焉[7]。明年誅禄山，復宮闕。至德二年十月二十八日，詔曰："江油舊壤，境帶靈山，自狩巴梁，屢昭感應，眷兹郡邑，合有增崇，可昇龍州爲都督府，賜號應靈郡。"長慶四年，中使張士謙、王元宥，刺史蔚[8]遲鋭修之。寶曆元年三月，内使閻文清又齋詔祈醮。僖宗朝，宗子李特立復以前事上奏，請修觀及廟，置金籙道場。乃授特立龍州録事參軍，與内使高品王彦忠就山修飾，委東川節度使楊師立選高法道士袁道常等，開黄籙道場，醮山祈福，山亦有牛呴[9]之聲。明年誅黄巢，復京邑，靈應復如[10]初。中和三年，詔昇江油爲望縣。其後，東川修造將李賞嘗過山觀，見貞松古栢，皆可材用。因修立廨署，苟圖其功，不奉使司指揮，徑往望林採伐。山臨江滸，便於運載，所斫材木搌運未半，日夜常有神人詬責之，賞歷歷聞所詬之聲，莫知禳謝之路。既而以贓賄發露，爲衆所怒，今相國瑯邪公斬之於都市。

蜀州新津縣平蓋化被盜毀伐驗

蜀州新津縣平蓋化，即第十六化也，神仙崔孝通得道之所，真像存焉。化有玉人長一丈，見則天下太平。殿左有玉女泉，水深三四尺，飲之愈疾。化之上，當山之半有榑木，樹徑六七尺，居人常聞其下有考楚號叫之聲，莫知所以。大順元年丁未，山下居人何六者，性本凶悍，不懼罪福，因值干戈，化中無道流棲止，乃毀拆屋宇，採伐林木，爲樵薪以貨之，固有日矣。一旦詣山前僧舍[11]中，求水漿以救其渴乏。僧素與相識，聞其聲哀切，出門際之，見其仰面反手，如被拘縛，喉口喘急，流涕於口。問其所疾，答曰："我爲毀平蓋化屋宇，斫伐樹木，今有黃衣使者追捉繫縛，將往榑木樹下地獄中考問去，渴乏既甚，乞少水相救耳。"以水與之，良久徑去，死於榑木之下，鄉里共所知焉。又有人取水泉側古跡雕塑二玉女，以爲奇玩，傳於人間，既無玉女之像，泉畔小舍亦被人毀拆。近化居人，見擒取盜玉女人生魂入化中，其人遂風癲焉。

嘉州開元觀門扉爲馬棧驗

嘉州開元觀在層崗之上，下眺城邑，俯睨江山，二水縈廻，衆峯環抱，頗爲郡中之勝。舊有高閣臨崖，崇樓切漢，制度宏巧，遠近稱之。久曠葺修，樓已摧壞，官收其材用之，餘者爲馬廄焉。有古制門扉，堅朽不蠹，亦置於木棧之旁，既而夜夜有光，烱然可鑒，以其爲怪，棄而不用。及遷於紫極宮玄元殿内，有小赤蛇蟠綴門橜之上，累日不去，雖衆人聚觀，以物驅斥，宛然猶在。涉旬之外，不知所之爾！

成都景雲[12]觀三將軍堂柱礎驗

成都景雲觀，舊在新北市内，節度使崔公安潛[13]置新市，遷於大西門之北。觀有三將軍堂，此頗靈應。既毀撤之後，唯柱礎一枚，穿掘不得，置手足於其上，熱愈於火，逡巡應心。側近居人有犯觸者，立有祥應，至今猶存。

成都卜肆支機石驗

成都卜肆支機石，即海客攜來，自天河所得，織女令問嚴君平者也。君平卜肆，即今成都小西門之北，福感寺南嚴真觀是也。有嚴君通仙井，圖經謂之嚴仙井，及支機石存焉。太尉燉煌公好奇尚異，多得古物，命工人鐫[14]取支機一片，欲爲器用，以表奇異。工人鐫刻之際，忽若風瞀，墜於石側，如此者三，公知其靈物，不復敢取，至今所刻之迹在焉！復令人穿掘其下，則風雷震驚，咫尺昏暗，遂不敢犯。

成都玉局化洞門石室驗

成都玉局化洞門石室，昔老君降現之時，玉座局脚，從地而湧，老君昇座傳道。既去之後，座隱地中，陷而成穴，遂爲深洞，與青城第五洞天相連。天師以爲玉局上應鬼宿，不宜開穴通氣，將不利分野，乃刻石以閉之，因爲石室，高六七尺，廣一步，中鏤玄元之像焉。節度使長史章仇兼瓊，開元中徧修觀宇，崇顯靈迹，欲開洞門，使人究其深淺。發石室之際，晴景雷震，大風拔木，因不敢犯。

漢州金堂縣三元觀轍迹驗

漢州金堂縣大廳前有雙轍迹，與三元觀殿前相連，入昌利江際而絕，無窪陷之狀，與平地一般。但隱隱然土色稍異，晝眎之其跡似黑，夜眎之其色似白，月中看之亦帶黑色。屈曲行勢，遠近相合，雨霽即先乾，雪即先消，此最爲異。綿歷歲年，雖鋤劚踐踩[15]，其迹常在。頃因離亂，主兵者斬人於其廳前，微汙其迹，所汙之處微不相續爾。青城山天倉峯側，地中亦有此迹，陷地四五寸，闊一尺，雖年歲更移，其迹依舊。緒雲仙都山、温州仙巖山皆有轍迹，或輾石上，或在平地，與此轍迹靈應無異矣。

玉局化九海神龍驗

玉局化九海神龍，會稽山處士孫立畫也。乾符庚子年九月庚辰辰時下筆，巳時已畢，蟠拏蹴縮者七十三尺，壁廣一丈八尺許，噴雲鼓波，頗爲奇狀。燕國公劉景宣因夢神龍降於玉局，遂畫其像。穎川王陳公敬瑄濬井[16]於其前，遠近居人，時有禱祈者，率言有應。一旦川境亢旱，有一健步者，恃酒卧於龍前井欄之上，慢罵曰："天旱如此，用汝何爲？"以大石擊畫龍之脚，其痕尚在。既還家，足疾忽甚，痛不可忍。使人焚香告謝，竟不能解，於是數日而殂。

青城絶頂上清宮天池驗 六時水驗附

青城絶頂上清宮，有天池焉。距宮之下東南十步，深三尺，廣亦如之。水常深尺許，滯雨不加，積旱不減。每春遊山致齋者，多則一二百人，少或三五十人，飲用其水，亦無涸竭。經夏霖霪，無人汲水，水亦不溢[17]。或人所汙穢，立致竭焉。頃因遊禮，有府中健步一人，隨余登山，令以梡汲水，誤投足於其間，頃刻即涸，數月經雨，竟亦無水。余宿於上清宮，焚香祈謝，一夕復舊矣。昔黄帝命甯君爲五嶽丈人，嶽神一月再朝，虛中灑水，以代刻漏，陽時則颯然而下，陰時即無，晝夜凡六時灑水，故號六時水焉。其所出處，在天倉巨巖之前，宗玄觀之南，三師壇側，其下有明皇御容碑，水所落處，側石爲六角池，闊三四尺，以貯之焉。上無泉源，亦無流注，應時懸降，勢若暴雨。人或炷香執鑪，祝而引之，自東自西，隨香而灑，可移數步之内。乾符己亥年，觀未興修，水常如舊。忽有飛赴寺僧，竊據明皇真碑舍中，擬侵占靈境，創爲佛院，其水遂絶。半歲餘，僧爲飛石所驚，蛇虺所擾，奔出山外。縣令崔正規秋醮入山，聞鄉間所説，芟薙其下，焚香以請，水乃復降，至今不絶。

葛璝化丁東水驗

葛璝化周回巖巒，左右嵌穴，地靈境秀，迥絶諸山，故有二十四峯八十一洞焉。觀下有磧泉，深在谷底，汲之非便。此宮之西，過崖磴十五步，巨石之下，有丁東水，出於崖腹，滴入窐石竅中，積雨不加，久旱不竭，人或污之，立致枯涸。中和年，刺史安金山准詔投龍，郡縣參從者三百餘人，忽有污觸其水者，頃刻乃竭。安公與道流頗爲憂懼，夜至泉所，拜手焚香，叩祈良久，涓涓而滴，雖從騎之衆，食之充足。每年三月三日蠶市之辰，衆逾萬人，宿止山内，飲食之外，水常有餘。

金堂縣昌利化玄元觀九井驗

金堂縣昌利化玄元觀南院玄元殿前，有九井焉。平陸之上，纔深一二尺，或方或圓，大者五六尺，小者三二尺，相去各數步，泉脈相通，而水色皆異，其味甘香，蓋醴泉之屬也。無水旱增減之變，常涵岸不溢。蜀王討東川之年，岐隴之師赴援，乘銳深入，來屆金堂江側，江水泛漲，雷雨異常，遂不克濟，師驚而遁。時以盛暑，探騎十餘人入昌利化，見井而喜，繫馬解衣，將赴泉以浴。忽大井中有馬絆蛇騰湧而出，首如白虎，大若車軸，噓氣噴毒，勢欲噬人，騎卒見之，奔迸而去。又每歲三月三日蠶市之辰，遠近之人祈乞嗣息，必於井中探得石者爲男，瓦礫爲女，古今之所効驗焉。

仙都山陰君洞驗[18]

仙都山陰君將欲昇天，謂門人劉玄遠曰："此山孤峙，勢若龍蟠，其首東向，必當吐雲送我。"言訖，有五色雲從地湧出，乘雲昇天。出雲之處，呀成洞穴，水旱祈禱，立有感通。大曆九年七月十五日，邑人宇文萬年女人阿仵等一十五人，以元節之辰，奉香花於洞門禮拜。忽見洞中波濤湧溢，出一金手一玉手，其大如扇，良久乃隱，水波亦不復見。長慶元年，江陵人傅[19]緗聞洞中雷吼之聲。咸通初，道士王芳芝聞洞中聲如羣鳥飛，異香紛郁，徧於山頂。鄉人常占於歲，鶴翔必致於年豐，鹿鳴必致於歲歉。不棲凡鳥，每有二烏。廣明辛丑歲，刺吏陳佖修置道場，有祥雲天樂之應，甘露泫於叢林，寵詔褒美。中和甲辰年，賜紫大德曹用言准詔齋醮，有卿雲瑞雪之祥。時既畢黃籙道場，未撤門篆。有神人見曰："靈山齋醮，必命神祇主張。某即近廟之神，差衛壇靖，齋功既畢，門篆未移，某不敢輒還本廟。"道衆聞其言，睹其異，遽圻門篆。其神見形，媿謝而去。茲山靈應，今古昭彰，傳於衆多，非可備述。

嘉州東觀尹真人石函驗

嘉州東十餘里，有東觀在羣山中，石壁四擁，殿有石函長三尺，其上鑿鳥獸花卉，文理纖妙，鄰於鬼工，緘鐍極固，泯然無毫縷之隙，相傳云："是尹喜真人石函也。"真人昇天之時，以石函付門弟子，約之曰："此函中有符籙，慎不可開，犯之必有大禍。"郡人遠近，咸所敬之。大曆中，清河崔公爲太守，惟剛果自恃，聞有真人石函，笑謂官屬曰："辛垣平[20]之詐見矣！"即詣觀際函，使破其鐍。道士白曰："真人有遺教：'啓吾函者必有大禍。'幸君侯無犯仙官之約。"崔怒曰："尹喜死且千年，安得獨有函在？"促命破鐍，而堅不可動，即以巨索繫函鼻，以數牛拽之，鞭驅半日，石函乃開，但有符籙數十軸，黃素爲幅，丹書其文，炳然如新矣。崔觀畢，謂道士曰："吾向者謂函中有奇寶，故開而閱之，今但符籙而已。"於是令緘鐍如舊。崔既歸郡，是夜暴卒，三日而蘇，官吏將佐且謁且賀。崔謂其衆曰："吾甚大愚，未嘗知神仙之事，無何開關尹真人石函。果有紫衣冥吏直至寢門曰：'我冥吏也，奉命召君，君不可拒，拒則禍益大矣。'始聞甚懼，不覺隨吏俱去。出郡城五十餘里，至一官署，其冥官即故相呂公諲也。謂吾曰：'子無[21]何開尹真人石函乎？今奉上帝命，削君之祿壽，果如何哉！'即召吏案吾名籍，吏曰：'崔公有官五任，有壽十五年。今奉上帝命，削五任官，削十三年壽，獨有二年在矣！'"於是聽崔還生。崔與呂公友善，泣告呂公曰："某之罪固不可逃，上帝之責，固非三赦所及矣。過自已招，甘心受責，知復何言！然故人何以爲救乎？"公曰："折壽削官，不可逃矣！吾爲足下致一年假職，優其祿廩，用副吾子之託耳。"崔拜謝，即爲吏所導還郡。廨中見其身臥于榻，妻子環而哭之。使者命崔俯眹其尸，魂神翕然相合即蘇焉！問其家已三日矣。本郡以白廉使。崔即治裝，盡室之成都，具以事告節制崔寧，署攝副使，月給俸錢二十萬。果二年而卒矣。

九嶷山女仙魯妙典石盆鐵臼驗

九嶷山，魯妙典仙女得道之所。妙典居山修道，自山門漸遷就高深岑寂之地，每居作一麓牀，蹤跡皆在。妙典初居山北無爲觀中，去何侯宅舜壇三二里。後居第一麓牀，已在山上，去舜壇五里，其居所有古鏡一面，闊三尺。次作第二麓牀，又直北上山三十里，中有石盆，可廣三尺，長四尺，自有神水，雨不加溢，旱不減耗，飲之不竭。又有鐵臼重二百五十斤。延唐縣令王翶令人強取藥臼，行未及縣，王翶家舉二十餘口，兩三日中，相次俱死。藥臼今在潭州麓山寺中，寺中有犯者輒病，極有靈驗。

真宗皇帝御製天童護命妙經序[22]

夫妙本難窮，至真善應。可道而非常道，無爲而靡不爲。是以瓊簡瑤函，爰敷寶訓；雲章鳳篆，咸演秘文。標示明科，形容造化。所以宣揚博利，攸助洪鈞。爲善教之筌蹄，道含靈之耳目。朕獲膺元命，茂育羣黎，冀廣真詮，潛資庶品。以《天童護命經》者，太清密語，金闕真符，素有前徵，播於別錄。其或洗心誠誦，結念奉持，固可却痾蠲邪，臻和致壽。類羲圖之立象，幽贊神明；同夏鼎之除祆，不逢魑魅。愈凶災於六極，集戩穀於百祥。因模寫以頒行，乃標題而敘列。所期寰海，共樂生成云耳！

太上天童經靈驗錄

益州西門内石笋街百姓李萬壽者，年五十餘，景福元年壬子歲三月中值亂，城門盡閉，家道罄竭，親屬二十餘口悉皆淪没，萬壽一身窮悴。其月城開之後，遂往漢州，投託親知。行至新都縣，覺日色猶早，乃更前去。殆至昏黑，無處止息，遥見西山之下，隔橋似有人居，茅齋四向，園林森聳。萬壽至門，扣扉良久，一女子出，年纔及笄，忽見萬壽，甚驚，問曰："君是何人？因何至此？"萬壽曰："欲往漢州，至此抵夜，願寄一宿，希不艱阻。"女子曰："君宜速去，此不可住。"萬壽再三懇告，乃曰："緣妾夫婿非人也。"萬壽堅問其故，乃曰："妾夫即行病鬼王也，啖食生人，莫知其數。妾即新都縣藍淀行内王萬回家女也，偶然被攝至此，無由歸得。"萬壽曰："某至此山路險惡，去亦死，住亦死，願得一處藏匿，必可免難，當爲娘子通報本家，令知在此。"女子良久欣然，遂引萬壽入大甕中，以物蒙之。萬壽既喜又懼，不敢喘息，但志心密誦《太上天童護命經》。四更以來，忽聞大風拔樹，走石飛砂，俄見鞍馬鏗訇，旗隊震耀，入於堂内，須臾而風止。俄又聞鼾睡之聲雷吼，達於屋外。夜未曉，女子潛至甕，間語萬壽曰："我王與羣鬼睡矣。然王問妾云：'適來忽見宅四面金剛力士，遍滿空中，紫雲之内，白鶴仙童，羅列前後，吾遂急歸，復遇一老翁四目，部領兵使三十餘萬，逐吾至大鐵圍山。吾奔迸竄避，直候兵散，崎嶇至此，今大困乏，豈是有術人至此否？'妾但答云：'此無人也。'君必有祕術邪？爲妾言之。"萬壽曰："某無所能，適但至心密誦《天童護命經》耳。"女子曰："君試誦之，我願聞也。"萬壽遂密密歷誦經一遍，女子稽首跪聽，移時讚歎，乃曰："豈非此經靈驗否？"言訖，復入室内，忽寂然無物，但有空房，四向尋覓，絕無影響，但聞香風颯颯，覺在土穴中，仰見天色皎然，遂奔至甕所，驚告萬壽，同尋香氣而出。天色漸曉，方知身在大古墓中，相顧悚懼。萬壽遂引女子至新都縣，尋其本家父母。聚族悲喜，問其事由。遠近人民，傳說驚歎。以錢十萬、莊一所贈萬壽，即於嚴真觀入道。其女子之父王萬回，即於萬壽處傳受《天童經》，於玉皇觀中入道。

【校記】

〔1〕"衢州東華觀監齋隱常住驗"條及以下各篇，《道藏》本《道教靈驗記》皆無，殆係所闕五卷佚文。

〔2〕"坐側"原作"坐倒"，據《四部叢刊》本及《道藏輯要》本改。

〔3〕"脚"，《四庫》本作"游"。

〔4〕"其"原作"具"，據《四部叢刊》本及《道藏輯要》本改。

〔5〕"有"，《四庫》本無，疑衍。

〔6〕"所居"二字，疑由上行"李龍遷"後誤移于此。

〔7〕"昫焉"二字，原爲空格，據《四部叢刊》本及《道藏輯要》本補。

〔8〕"蔚"，疑當作"尉"。

〔9〕"牛昫"原作"牛响"，據《四部叢刊》本及《道藏輯要》本改。

〔10〕"如"字原爲空格，據上二本補。

〔11〕"僧舍"原作"增舍"，據上二本改。

〔12〕"景雲"原作"景雪"，據正文改。

〔13〕"崔公安潛"，"潛"字原爲空格，據《四部叢刊》本及《道藏輯要》本補入。

〔14〕"鐫"原作"所"，據上二本改。

〔15〕"踐踩"原作"踩踩"，據上二本改。

〔16〕"井"原作"并"，據上二本改。

〔17〕"溢"原作"亦"，據上二本改。

〔18〕"仙都山陰君洞驗"後，上二本有"道場驗附"四字。

〔19〕"傅"原作"傳"，據《道藏輯要》本改。

〔20〕"辛垣平"，"垣"原作"坦"，據上本改。《史記·封禪書》作"新垣平"。

〔21〕"無"，《道藏輯要》本作"緣"。

〔22〕"真宗皇帝御製天童護命妙經序"與下篇"太上天童經靈驗錄"，非《道藏》本《道教靈驗記》原有，疑係張君房編時所加。

編後記

《雲笈七籤》是宋代張君房輯錄的一部大型道教類書。其書名稱"雲笈七籤"，大致是因為道教自謂其經籍是由空中雲氣凝結而成，為所謂雲篆天書；又如《四庫全書總目提要》所言，其書"以天寶君說洞真為上乘，靈寶君說洞元（玄）為中乘，神寶君說洞神為下乘。又太元（玄）、太平、太清三部為輔經。又正一、法文、遍陳三乘別為一部，統稱三洞真文，總為七部，故君房取以為名也"。

張君房，安陸人，宋景德中進士及第，官尚書度支員外郎，充集賢校理。祥符中自御史臺謫官寧海。適遇真宗崇尚道教，盡以秘閣道書付杭州戚綸、陳堯臣校正。戚綸等同王欽若共薦張君房主其事。君房乃編次得四千五百六十五卷，為《大宋天宮寶藏》以進之。復撮其精要總萬餘條，於是編成宋道藏菁華版的這部《雲笈七籤》。

該書共一百二十二卷，卷一至卷二十八總論經教宗旨及仙真位籍之事；卷二十九至卷八十六分類載錄道家服食、煉氣、內丹、外丹、方藥、符圖等術；卷八十七至卷一百二十二收錄与道家有關的詩歌傳記。該書不僅集宋以前《道藏》主要內容之大成，而且保留了不少原書已失傳的神仙故事，是研究我國道教文化的重要資料。《四庫全書總目提要》稱其"類例既明，指歸略備，綱條科格，無不兼該，道藏菁華亦大略具於是矣"。這一評價應該是中肯公允的。

本書由李永晟點校，以涵芬樓本《正統道藏》之《雲笈七籤》為底本，以《四部叢刊》影印明張萱所訂清真館本及清彭定求所輯《道藏輯要》本為參校本整理而成。由中華書局於2003年出版。現經中華書局授權，將該書納入《荊楚文庫》，由湖北人民出版社出版。

湖北人民出版社
2017年5月